Bedeutung und Rezeption des Art. 6 Abs. 1 EMRK
im deutschen und englischen Steuerrecht

Internationales und Europäisches Strafverfahrensrecht

Herausgegeben von Hans-Heiner Kühne und Robert Esser

Band 11

PL ACADEMIC RESEARCH

Andreas Neuendorf

Bedeutung und Rezeption des Art. 6 Abs. 1 EMRK im deutschen und englischen Steuerrecht

PL ACADEMIC RESEARCH

Bibliografische Information der Deutschen Nationalbibliothek
Die Deutsche Nationalbibliothek verzeichnet diese Publikation in der Deutschen Nationalbibliografie; detaillierte bibliografische Daten sind im Internet über http://dnb.d-nb.de abrufbar.

Zugl.: Trier, Univ., Diss., 2012

D 385
ISSN 1611-275X
ISBN 978-3-631-64259-7 (Print)
E-ISBN 978-3-653-03022-8 (E-Book)
DOI 10.3726/978-3-653-03022-8

PL Academic Research ist ein Imprint der Peter Lang GmbH.

Peter Lang – Frankfurt am Main · Bern · Bruxelles · New York · Oxford · Warszawa · Wien

www.peterlang.de

Meiner Familie

Vorwort

Die vorliegende Arbeit wurde im Wintersemester 2012/2013 vom Fachbereich Rechtswissenschaft der Universität Trier als Dissertation angenommen. Die Arbeit wurde im März 2012 abgeschlossen und für die Veröffentlichung geringfügig überarbeitet.

Mein besonderer Dank gilt meinem Doktorvater, Herrn Professor Dr. Dr. h.c. mult. Hans-Heiner Kühne, für seine stets interessierte und geduldige Betreuung. Für die Aufnahme der Arbeit in die Schriftenreihe „Internationales und Europäisches Strafverfahrensrecht" danke ich besonders ihm und Herrn Professor Dr. Robert Esser, der mich zudem mit wertvollen Anregungen inspiriert hat.

Herrn Professor Dr. Volker Krey danke ich für die zügige Erstellung des Zweitgutachtens.

Anregende und spannende Diskussionen mit Herrn Rechtsanwalt/Steuerberater Dr. Volker M. Jorczyk zur steuerrechtlichen Seite der vorliegenden Arbeit waren mir eine große Hilfe.

Frau Rechtsanwältin Katharina Burg danke ich, dass sie die Mühe des Korrekturlesens auf sich genommen hat.

Und nicht zuletzt schulde ich den Menschen ein großes Dankeschön, ohne die dieser lange Weg von der Idee bis zur Veröffentlichung nicht zu bewältigen gewesen wäre: Meinen Eltern und meiner Verlobten Annette, die mich aufopfernd und aufmunternd begleitet haben. Ihnen ist diese Arbeit gewidmet.

Viersen, im April 2013 *Andreas Neuendorf*

Inhaltsverzeichnis

Abkürzungsverzeichnis

2d	second
a. A.	anderer Ansicht
a. E.	am Ende
Abs.	Absatz
AC	Appeal Cases
AJP	Aktuelle Juristische Praxis
All ER	All England Law Reports
AnwBl.	Anwaltblatt
AO	Abgabenordnung
AöR	Archiv des öffentlichen Rechts
Art.	Artikel
B. & S.	Best & Smith Queen's Bench Reports
B.T.R.	British Tax Review
BayObLG	Bayerisches Oberstes Landesgericht
BayVBl.	Bayerische Verwaltungsblätter
Bd.	Band
BFH	Bundesfinanzhof
BFH/NV	Sammlung amtlich nicht veröffentlichter Entscheidungen des Bundesfinanzhofs
BFHE	Entscheidungen des Bundesfinanzhofs
BGBl.	Bundesgesetzblatt
BGH	Bundesgerichtshof
BGHSt	Entscheidungen des Bundesgerichtshofs in Strafsachen
BMF	Bundesministerium der Finanzen
BStBl.	Bundessteuerblatt
BT-Drs.	Bundestagsdrucksache
BVerfG	Bundesverfassungsgericht
BVerfGE	Entscheidungen des Bundesverfassungsgerichts
C.L.P.	Current Legal Problems
CA	Court of Appeal
Ch	Chancery
Ch.D.	Chancery Division Reports
CJA	Criminal Justice Act
CLR	Commonwealth Law Reports

Cm	Command paper
col.	column
CPIA	Criminal Procedure and Investigations Act
CPR	Civil Procedure Rules
Cr. App. Rep.	Criminal Appeal Reports
CRCA	Commissioners for Revenue and Customs Act
Crim. L.R.	Criminal Law Review
d.h.	das heißt
DB	Der Betrieb
Dec	December
Diss.	Dissertation
DÖV	Die öffentliche Verwaltung
DPA	Data Protection Act
DStR	Deutsches Steuerrecht
DStZ	Deutsche Steuerzeitung
DVBl.	Deutsches Verwaltungsblatt
E. & P.	International Journal of Evidence & Proof
ECHR	European Court of Human Rights
EFG	Entscheidungen der Finanzgerichte
EGMR	Europäischer Gerichtshof für Menschenrechte
Einl.	Einleitung
EKMR	Europäische Menschenrechtskommission
EMRK	Europäische Menschenrechtskonvention
EStG	Einkommensteuergesetz
EuGH	Gerichtshof der Europäischen Union
EuGHE	Entscheidungen des Gerichtshofs der Europäischen Union
EuGRZ	Europäische Grundrechte Zeitschrift
EuR	Europarecht
EWCA Crim	England and Wales Court of Appeal (Criminal Division) Decisions
EWHC	England and Wales High Court Decisions
f., ff.	und folgende
FG	Finanzgericht
FGO	Finanzgerichtsordnung
Fn.	Fußnote
FR	Finanz-Rundschau
FS	Festschrift
FU	Freie Universität
GA	Goltdammer's Archiv für Strafrecht
GG	Grundgesetz

GS	Gedächtnisschrift
Habil.	Habilitation
HdStR	Handbuch des Staatsrechts
HFR	Höchstrichterliche Finanzrechtsprechung
HHSp	Hepp/Hübschmann/Spitaler
HL	House of Lords
HM	Her Majesty's
HMRC	Her Majesty's Revenue and Customs
HRA	Human Rights Act
HRLJ	Human Rights Law Journal
Hrsg.	Herausgeber
i. S.	im Sinne
i. S. d.	im Sinne des
i. S. v.	im Sinne von
i. V. m.	in Verbindung mit
ICLQ	International and Comparative Law Quarterly
INF	Die Information über Steuer und Wirtschaft
IPBPR	Internationaler Pakt über staatsbürgerliche und politische Rechte
IStR	Internationales Steuerrecht
IWB	Internationale Wirtschaftsbriefe
J.F.C.	Journal of Financial Crime
JA	Juristische Arbeitsblätter
JR	Juristische Rundschau
Jura	Juristische Ausbildung
JuS	Juristische Schulung
JZ	Juristenzeitung
Kap.	Kapitel
KB	King's Bench
lit.	litera, Buchstabe
LR	Law Reports
m. E.	meines Erachtens
m. w. N.	mit weiteren Nennungen
MDR	Monatsschrift für Deutsches Recht
n. F.	neue Fassung
NILQ	Northern Ireland Legal Quarterly
NJW	Neue Juristische Wochenschrift
NStZ	Neue Zeitschrift für Strafrecht
NVwZ	Neue Zeitschrift für Verwaltungsrecht
OECD	Organisation for Economic Co-operation and Development

P.L.	Public Law
PACE	Police and Criminal Evidence Act
para.	paragraph
PC	Privy Council
PNLR	Professional Negligence and Liability Reports
QB	Queen's Bench
R	Rex, Regina
r.	rule
rkr.	rechtskräftig
Rn.	Randnummer
s.	section
S.	Seite
SI	Statutory Instrument
SLT	Scott's Law Times
SpC	Special Commissioners Decisions
StBp	Die steuerliche Betriebsprüfung
STC	Simon's Tax Cases
StGB	Strafgesetzbuch
STI	Simon's Tax Intelligence
StPO	Strafprozessordnung
StuW	Steuer und Wirtschaft
StV	Strafverteidiger
subs.	subsection
TC	Tax Cases
TMA	Taxes Management Act
TPR	Tribunal Procedure (First-tier-tribunal) (tax chamber) Rules
u. a.	und andere
U.S.	United States Reports
UK	United Kingdom
UK HC	United Kingdom House of Commons
UKHL	United Kingdom House of Lords Decisions
UKVAT	United Kingdom Value Added Tax Tribunal Decisions
UStG	Umsatzsteuergesetz
v	and, against
v.	von
VAT	Value Added Tax
VATA	Value Added Tax Act
vgl.	vergleiche
vol.	volume
Wheat.	Wheaton

wistra	Zeitschrift für Wirtschafts- und Steuerstrafrecht
WLR	Weekly Law Reports
z. B.	zum Beispiel
ZaöRV	Zeitschrift für ausländisches öffentliches Recht und Völkerrecht

A. Einleitung und Gang der Untersuchung

„[T]*he power to tax involves the power to destroy*“[1] – zu dieser Erkenntnis gelangte der *US Supreme Court* bereits 1819. Auch heute noch ist das Steuerrecht ein schneidiges Schwert. Es ist zum einen Eingriffsverwaltungsrecht und bereits als solches in besonderer Weise grundrechtsrelevant. Doch bezieht es seine besondere Eingriffsqualität daraus, dass es nicht nur durch die Auferlegung von Mitwirkungspflichten in die Privatsphäre des Steuerpflichtigen eingreift, sondern auch durch die Auferlegung von Geldleistungspflichten in dessen Vermögenssphäre.[2] Insoweit ist „Besteuerung [...] [staatliche] Teilhabe am *Privateigentum,* am privaten Wirtschaften“.[3] Zudem wird das Steuerrecht über seinen eigentlichen Zweck, der staatlichen Einnahmeerzielung, hinaus verstärkt für Zwecke des sonstigen staatlichen Verwaltungshandelns[4] und der Strafverfolgung eingesetzt.

Nicht zuletzt diese implizite Instrumentalisierung steuerlicher Informationen verdeutlicht die Notwendigkeit einer rechtsstaatlichen Verfahrensausgestaltung. Art. 6 EMRK definiert einen solchen verfahrensrechtlichen Mindeststandard seinem Wortlaut zufolge für zivilrechtliche und strafrechtliche Verfahren. Öffentlich-rechtliche Verfahren bzw. steuerrechtliche Verfahren im Besonderen finden dort keine Erwähnung. Doch hat der Europäische Gerichtshof für Menschenrechte (EGMR) im Rahmen seiner autonomen Auslegung einzelne Verwaltungsverfahren unter den zivilrechtlichen[5] oder strafrechtlichen[6] Schutzbereich des Art. 6 EMRK subsumiert.

Während das Verhältnis zwischen Steuerverfahren und den Gewährleistungen des Art. 6 EMRK in Deutschland eher wenig Beachtung in Rechtsprechung und Literatur gefunden hat, gewann die Thematik in England und Wales durch das Inkrafttreten des *Human Rights Act 1998* zum 2. Oktober 2000 Aktualität und eine rege Aufmerksamkeit. Dort ist das Steuerverfahren – insbesondere das Rechtsschutzverfahren – trotz kodifizierter Verfahrensordnungen von ausge-

1 M‘Culloch v Maryland 17 U.S. (4 Wheat) 316, 431 (1819).

2 Lang in Tipke/Lang, § 1, Rn. 11.

3 Lang in Tipke/Lang, § 1, Rn. 5 (Hervorhebung im Original); vgl. dazu auch Kirchhof in HdStR, Band V, § 118, Rn. 1 ff.

4 Dazu Weber-Grellet, DB 2002, 9 ff.

5 Beispielsweise EGMR, Urteil vom 28.06.1978, 6232/73 – König ./. Deutschland, Series A 27.

6 Beispielsweise EGMR, Urteil vom 08.06.1976; 5100/71, 5101/71, 5102/71, 5354/72, 5370/72 – Engel u. a. ./. Niederlande, Series A 22.

prägter Informalität gekennzeichnet,[7] so dass sich hier insbesondere die Frage einer rechtsstaatlichen Verfahrensausgestaltung und der Einbeziehung der konventionsrechtlichen Garantien stellt.

Ziel dieser Arbeit ist es, die Geltung der in Art. 6 Abs. 1 EMRK normierten Verfahrensgarantien im Steuerverfahren herauszuarbeiten und mit der Verfahrensausgestaltung in Deutschland sowie England und Wales abzugleichen. Ferner soll die Rezeption der Rechtsprechung des EGMR in der deutschen und englischen Finanzrechtsprechung untersucht und verglichen werden, um festzustellen, inwieweit dem Schutz des Art. 6 Abs. 1 EMRK im deutschen und englischen Steuerverfahren tatsächlich Geltung verschafft wird.

Zunächst soll die Geltung der EMRK in der deutschen und englischen Rechtsordnung untersucht werden (Teil B). Anschließend soll die Anwendbarkeit des Art. 6 Abs. 1 EMRK auf das steuerliche Verfahren herausgearbeitet und kritisch beleuchtet werden (Teil C). Auf dieser Basis erfolgt dann die Untersuchung von Geltung und Reichweite dreier Garantien des Art. 6 Abs. 1 EMRK im Steuerverfahren (Teil D). Die Verfahrensgarantien der Selbstbelastungsfreiheit, der angemessenen Verfahrensdauer und der Akteneinsicht erscheinen für das Steuerverfahren von besonderer praktischer Bedeutung. Die Selbstbelastungsfreiheit ist im Spannungsfeld zwischen sanktionsbewehrter Mitwirkungsverpflichtung und prozessualem Schutz gerade im Steuerrecht von ungebrochener Aktualität. Das Gebot einer angemessenen Verfahrensdauer stellt nicht nur die meistgerügte Verletzung des Art. 6 Abs. 1 EMRK dar[8], sie gewinnt gerade in den nicht selten komplexen steuerrechtlichen Streitigkeiten Bedeutung. So betrug beispielsweise die durchschnittliche Verfahrensdauer im Klageverfahren vor den Finanzgerichten in Deutschland im Jahr 2010 17,5 Monate,[9] ein Revisionsverfahren mit Sachentscheidung vor dem Bundesfinanzhof dauerte im Jahr 2010 durchschnittlich nochmal 18 Monate.[10] Das Recht auf Akteneinsicht schließlich ist nicht nur Ausprägung des Gebots der Waffengleichheit[11], seine Ausgestaltung steht im Steuerverfahren auch stets im Spannungsverhältnis zur Wahrung des Steuergeheimnis Dritter bzw. der Wahrung des Steuergeheimnisses des beteiligten Steuerpflichtigen im Verhältnis zu Dritten. Steuerstrafrechtliche Aspekte finden im Rahmen der Untersuchung insoweit Berücksichtigung, als deren steuerlichen Besonderheiten betroffen sind.

---

7 So selbst Ministry of Justice, Tribunals Service, Transforming Tribunals – Implementing Part 1 of the Tribunals, Courts and Enforcement Act 2007 – The Government's Response, S. 28, 29.

8 So Grabenwarter/Pabel, EMRK, § 24, Rn. 69.

9 Statistisches Bundesamt, Fachserie 10 Reihe 2.5 – Rechtspflege Finanzgerichte 2010, S. 16.

10 BFH, Jahresbericht 2010, S. 1.

11 So Grabenwarter, Verfahrensgarantien, S. 601.

Schließlich soll die Rezeption der Straßburger Rechtsprechung in Deutschland und England beleuchtet und verglichen werden (Teil E). Das Gesamtergebnis wird dann in Teil F zusammengefasst.

B. Die EMRK und ihr Einfluss auf die innerstaatliche Rechtsanwendung

Die EMRK enthält keine ausdrückliche Regelung, wie ihren Bestimmungen in den nationalen Rechtsordnungen der Konventionsstaaten Geltung zu verschaffen ist. Auch trifft sie keine explizite Aussage, welche Stellung ihre Garantien innerhalb dieser Rechtsordnungen einzunehmen habe.[12]

Einige Literaturmeinungen sehen in Art. 1 EMRK und Art. 13 EMRK jedoch Anhaltspunkte für eine Inkorporationsverpflichtung. Aus der in Art. 1 EMRK statuierten Pflicht der Konventionsstaaten, die in Abschnitt I der Konvention niedergelegten Individualrechte zu gewährleisten, wird die Pflicht gefolgert, diese Rechte innerstaatlich unmittelbar zu gewährleisten.[13]

Art. 13 EMRK verpflichtet die Vertragsstaaten lediglich, eine wirksame Beschwerdemöglichkeit gegen die Verletzung von Konventionsrechten zu eröffnen. Dies könne zwar dadurch geschehen, dass Konventionsrechte durch Inkorporation national unmittelbar anwendbares Recht werden, doch ist dasselbe Ergebnis auch zu erreichen, wenn die Beschwerde auf innerstaatliche, den Konventionsgarantien entsprechende Rechte gestützt werden kann.[14] Zwingend ist die Folgerung einer Inkorporationsverpflichtung aus Art. 1 EMRK oder Art. 13 EMRK nicht. Beide Artikel können auch als in völkerrechtlichen Verträgen übliche Ergebnisverpflichtung ausgelegt werden.[15]

Ein direkter Rechtsanwendungsbefehl ist der EMRK also nicht zu entnehmen.[16]

---

12 Vgl. hierzu die Ausführungen von Giegerich in Grote/Marauhn, Kap. 2, Rn. 4; Bernhardt, The Convention and Domestic Law, S. 25 ff.

13 Frowein in Gardner, S. 3 f; Kleeberger, S. 29 f., 38, 46, 48; Polakiewicz, S. 35 f.; Chryssogonos, EuR 2001, 49, 52, 61; Giegerich in Grote/Marauhn, Kap. 2, Rn. 6.

14 Giegerich in Grote/Marauhn, Kap. 2, Rn. 6.

15 Giegerich in Grote/Marauhn, Kap. 2, Rn. 4, 6.

16 Bernhardt, The Convention and Domestic Law, S. 25.

I. Deutschland

1. Geltung der EMRK

1.1 Grundsatz: Geltung als einfaches Bundesgesetz

Der EMRK kommt nach der Rechtsprechung des Bundesverfassungsgerichts und der überwiegenden Meinung der Literatur der Rang eines Bundesgesetzes zu.[17] Sie wird damit – „ungeachtet ihres verfassungsrechtlichen Inhalts" – wie alle anderen völkerrechtlichen Verträge behandelt, deren Normen anwendungsfähig sind.[18]

1.2 Konsequenzen aus der Geltung als Bundesgesetz

Aus der Geltung im Range eines Bundesgesetzes ergibt sich zunächst, dass nach Art 31 GG der EMRK Vorrang vor jeglichem Landesrecht zukommt.[19] Nach der lex superior-Regel geht sie zudem untergesetzlichem Bundesrecht vor.[20] Die lex posterior-Regel räumt der Konvention schließlich Vorrang vor früheren Bundesgesetzen ein.[21]

Hingegen tritt sie gemäß der lex superior-Regel hinter das Grundgesetz zurück[22], nach der lex posterior-Regel jedoch zudem hinter später erlassene Bundesgesetze[23], denen sie im Kollisionsfall weichen müsste[24] mit der Folge, dass Gerichte und Behörden die nachkonventionelle Norm anwenden müssten, selbst wenn sie im Widerspruch zur EMRK steht. Der Erlass konventionswidriger Gesetze bedeutet jedoch einen Vertragsbruch.[25]

---

17 BVerfG, Beschluss vom 14.10.2004, 2 BvR 1481/04, BVerfGE 111, 307, 317; BVerfGE 74, 358, 370; BVerfGE 82, 106, 114; Bernhardt, EuGRZ 1996, 339 ff.; Uerpmann, JZ 2001, 568, 570; Schmalz S. 9 m.w.N.

18 Giegerich in Grote/Marauhn, Kap. 2, Rn. 43.

19 Giegerich in Grote/Marauhn, Kap. 2, Rn. 43; Echterhölter, JZ 1955, 689; Bausback, BayVBl. 1995, 737, 739.

20 Giegerich in Grote/Marauhn, Kap. 2, Rn. 43; Kirchhof, EuGRZ 1994, 16, 25.

21 Giegerich in Grote/Marauhn, Kap. 2, Rn. 43; Kirchhof, EuGRZ 1994, 16, 25.

22 Giegerich in Grote/Marauhn, Kap. 2, Rn. 43.

23 Stern, Bd. III/2, S. 1624; Kirchhof, EuGRZ 1994, 16, 25; Giegerich in Grote/Marauhn, Kap. 2, Rn. 43.

24 Kirchhof, EuGRZ 1994, 16, 25.

25 Stern, Bd. III/2, S. 1624.

1.3 Lösungsansätze

Der Vorrang eines nachkonventionellen Bundesgesetzes vor der EMRK mit der Folge eines Vertragsbruchs bei seiner Konventionswidrigkeit ist „als unbefriedigend empfunden worden".[26] Rechtsprechung und Literatur haben eine Vielzahl an Lösungsversuche unternommen: Zum einen zielten die Ansätze auf eine Lösung durch Rangerhöhung der EMRK, zum anderen wurde eine Lösung durch Aussetzung der lex posterior-Regel vorgeschlagen.[27]

Nach der Rechtsprechung des Bundesverfassungsgerichts kommt der EMRK mittelbarer Verfassungsrang zu, der aus dem Grundsatz der Völkerrechtsfreundlichkeit des Grundgesetzes gefolgert wird.[28] Das Grundgesetz zielt durch seine programmatische Festlegung der öffentlichen Gewalt auf internationale Zusammenarbeit (Art. 24 GG) und die europäische Integration (Art. 23 GG), durch die Einräumung des Vorrangs der allgemeinen Regeln des Völkerrechts vor dem einfachen Gesetzesrecht (Art. 25 S. 2 GG), der Eingliederung des Völkervertragsrechts in das System der Gewaltenteilung und der Möglichkeit der Einfügung in Systeme der kollektiven Sicherheit (Art. 24 Abs. 2 GG), durch den Auftrag zur friedlichen Beilegung zwischenstaatlicher Streitigkeiten (Art. 24 Abs. 3 GG) und durch das Verbot der Friedensstörung (Art. 26 GG) auf die Einfügung der Bundesrepublik in die internationale Staatengemeinschaft ab.[29] Diese Einfügung erfordert zur Vermeidung etwaiger Konflikte eine völkerrechtskonforme Auslegung des Grundgesetzes.[30]

Dies ändert jedoch nichts an der unmittelbaren Geltung der EMRK im Range eines Bundesgesetzes. Eine Konventionsverletzung kann nicht unmittelbar vor dem Bundesverfassungsgericht im Wege einer Verfassungsbeschwerde gerügt werden.[31]

Im Folgenden soll für den Bereich des Steuerrechts untersucht werden, ob die Anwendung von § 2 Abs. 1 AO das Problem zu lösen vermag. Diese Frage wurde – soweit ersichtlich – erstmals von *Mössner*[32] angesprochen, jedoch nicht beantwortet und seitdem nicht mehr aufgegriffen.

---

26 Stern, Bd. III/2, S. 1624.

27 Hierzu ausführlich die Darstellung bei Schmalz, S. 9–16.

28 BVerfG, Beschluss vom 14.10.2004, 2 BvR 1481/04, BVerfGE 111, 307, 317 f.; Kadelbach, Jura 2005, 480, 485.

29 BVerfG, Beschluss vom 14.10.2004, 2 BvR 1481/04, BVerfGE 111, 307, 318.

30 BVerfG, Beschluss vom 14.10.2004, 2 BvR 1481/04, BVerfGE 111, 307, 318 f.

31 BVerfG, Beschluss vom 14.10.2004, 2 BvR 1481/04, BVerfGE 111, 307, 317.

32 Mössner, StuW 1991, 224.

1.3.1 Vorranganordnung aus § 2 Abs. 1 AO

Für das Steuerrecht könnte sich ein Übergesetzesrang der EMRK aus § 2 Abs. 1 AO ergeben. Nach dem Willen des Gesetzgebers soll die Norm klarstellen, „dass völkerrechtliche Vereinbarungen, soweit sie innerstaatliches Recht geworden sind, Vorrang vor den innerstaatlichen Steuergesetzen haben und deshalb allein durch spätere innerstaatliche Gesetze nicht abgeändert werden können“[33]. Ein Übergesetzesrang kann sich jedoch nur insoweit ergeben, als dass die Vorschrift die bezeichnete Rechtsfolge auch bewirken kann. Als einfaches Bundesgesetz kann es nach der Transformationslehre einem völkerrechtlichen Vertrag keinen höheren Rang als den eigenen einräumen.[34] Ein anderes Ergebnis kann sich auch nicht aus der Vollzugslehre ergeben, wenn man § 2 Abs. 1 AO als generellen Vollzugsbefehl auffasst. Insoweit ist anerkannt, dass durch die Vorschrift kein unmittelbarer Übergesetzesrang völkerrechtlicher Verträge begründet werden kann.[35] Dazu hätte es der Einfügung einer dem Art. 25 S. 2 GG entsprechenden Norm für das Völkervertragsrecht in das Grundgesetz bedurft.[36]

Ein Übergesetzesrang der EMRK wenigstens für den Bereich des Steuerrechts kann also auch nicht auf § 2 Abs. 1 AO gestützt werden.

1.3.2 Aussetzung der lex posterior-Regel

Da nach der lex posterior-Regel die EMRK hinter später erlassene Bundesgesetze im Kollisionsfall zurücktreten muss[37] und es damit zu einem Bruch völkerrechtlicher Verpflichtungen kommt, wird von einer stillschweigenden Ablehnung der Derogierbarkeit der EMRK durch den Gesetzgeber ausgegangen, basierend auf der Vermutung völkerrechtsfreundlichen Verhaltens des Gesetzgebers.[38]

Die Versagung der Derogierbarkeit der EMRK könnte jedoch für das Steuerrecht auch unmittelbar auf § 2 Abs. 1 AO gestützt werden, so dass es hier der Konstruktion einer stillschweigenden Ablehnung der Derogierbarkeit nicht bedürfe.

---

33 BT-Drs. 7/4292, 15. Vgl. dazu auch Balmes in Kühn/v. Wedelstädt, § 2 AO, Rn. 1.

34 Schweitzer, Rn. 426.

35 BFH, Urteil vom 13.07.1994, I R 120/93, BStBl. II 1995, 129; Vogel in Vogel/Lehner, Einl. Rn. 202; Drüen in Tipke/Kruse, § 2 AO, Rn. 1; wohl auch Schwarz, § 2, Rn. 6.

36 Seer, IStR 1997, 481, 484; Schweitzer, Rn. 447; Birk in HHSp, AO, § 2, Rn. 3, 160; Drüen in Tipke/Kruse. § 2 AO, Rn. 1; Balmes in Kühn/v. Wedelstädt, § 2 AO, Rn. 1.

37 Stern, Bd. III/2, S. 1624; Kirchhof, EuGRZ 1994, 16, 25; Giegerich in Grote/Marauhn, Kap. 2, Rn. 43.

38 BVerfG, Beschluss vom 26.03.1987, 2 BvR 589/79, 740/81, 284/85, BVerfGE 74, 358, 370; Grupp/Stelkens, DVBl. 2005, 133, 134; Pache, EuR 2004, 393, 400; Ehlers, DVBl. 2004, 1441, 1448; Bernhardt, EuGRZ 1996, 339; Stern, Bd. III/2, S. 1624.

§ 2 Abs. 1 AO soll als Kollisionsnorm die lex-posterior-Regel aussetzen.[39] Diese Regel basiere auf der Vermutung, dass der spätere Gesetzgeber dem früheren an Einsicht und Wissen überlegen sei und durch eine inhaltlich abweichende neue Regelung die bisherige konkludent aufheben wolle.[40] Da die lex-posterior-Regel damit keine rechtslogisch begründete Kollisionsregel darstelle, könne der Gesetzgeber sie außer Kraft setzen, folglich die Vorrangfrage abweichend lösen und mit § 2 Abs. 1 AO als Vorschrift des allgemeinen Steuerrechts einen entsprechenden Vorbehalt „vor die Klammer" ziehen.[41]

Voraussetzung ist jedoch, dass die in § 2 Abs. 1 AO angesprochenen völkerrechtlichen Verträge über die Besteuerung auch die EMRK umfassen. Völkerrechtliche Verträge im Sinne der Vorschrift sind zunächst zwischenstaatliche, von der Bundesrepublik mit anderen Staaten abgeschlossene Verträge, unabhängig davon, ob sie bilateral oder multilateral sind.[42] So werden auch Verträge über „abstrakte Regeln für künftige Tatbestände"[43] oder über die Errichtung supranationaler Organisationen erfasst.[44]

Problematisch erscheint jedoch das Merkmal *„über die Besteuerung"*. In der Literatur wird eine restriktive Auslegung vertreten. Der Wortlaut der Vorschrift lege eine Beschränkung auf Verträge nahe, deren Gegenstand Fragen der Besteuerung betreffe. Dafür spreche auch die Rechtsfolgenanordnung, die eine Kollisionslage zwischen innerstaatlichem Steuerrecht und völkerrechtlichem Vertrag voraussetze.[45] Daher seien unter Verträgen über die Besteuerung nur solche zu verstehen, die entweder darauf gerichtet sind, das Steuerrecht abweichend von der innerstaatlichen Rechtsordnung anzuwenden oder aber die Besteuerungsgewalt des Gesetzgebers zu beschränken. Zusätzlich müssen die vertraglichen Regelungen unmittelbare Auswirkungen auf die Steuerrechtsordnung haben.[46]

Unausgesprochen setzt diese Ansicht durch die Zweckrichtung der völkerrechtlichen Regelung ein Willenselement, also wenigstens ein Bewusstsein auf Seiten des Staates voraus, durch den Vertragsabschluss Einwirkungen auf das innerstaatliche Steuerrecht zuzulassen. Ein solches subjektives Element findet sich jedoch nicht in den Gesetzesmaterialien. Dort findet sich als einzige Ausführung, dass *„völkerrechtliche Verträge, soweit sie innerstaatliches Recht gewor-*

39 Drüen in Tipke/Kruse, § 2 AO, Rn. 2; Birk in HHSp, AO, § 2, Rn. 172ff.
40 Birk in HHSp, AO, § 2, Rn. 172.
41 Birk in HHSp, AO, § 2, Rn. 173f.
42 Birk in HHSp, AO, § 2, Rn. 25.
43 Birk in HHSp, AO, § 2, Rn. 25.
44 Schwarz, § 2, Rn. 2; Birk in HHSp, AO, § 2, Rn. 25.
45 Birk in HHSp, AO, § 2, Rn. 36.
46 Birk in HHSp, AO, § 2, Rn. 37.

den sind, Vorrang vor innerstaatlichen Gesetzen haben."[47] Das Merkmal „*über die Besteuerung*" wurde nicht thematisiert. Der gesetzgeberische Wille dürfte damit vielmehr auf eine möglichst weitgehende Vermeidung möglicher Normkollisionen des innerstaatlichen Steuerrechts mit völkerrechtlichen Verträgen abzielen. Soweit der Wortlaut des § 2 Abs. 1 AO und seine Rechtsfolgenanordnung für eine restriktive Auslegung herangezogen werden, ist zu bemerken, dass sich eine Kollisionslage auch im Verhältnis zu solchen völkerrechtlichen Verträgen ergeben kann, die zwar die innerstaatlichen Regelungen des materiellen Steuerrechts oder die zwischenstaatliche Aufteilung der Besteuerungshoheit nicht berühren, aber die verfahrensrechtliche Ausgestaltung des Besteuerungsverfahrens modifizieren.[48] Sollten die Verfahrensgarantien des Art. 6 EMRK in ihren Schutzstandards über diejenigen hinausgehen, die in der AO konkretisiert sind, so dürfte § 2 Abs. 1 AO nach Sinn und Zweck auch die Konventionsgarantien erfassen. Das Merkmal „*über die Besteuerung*" ist daher extensiv auszulegen. Es genügt, dass ein völkerrechtlicher Vertrag im innerstaatlichen Steuerrecht bloße Regelungsreflexe erzeugt.

1.4 Ergebnis

Die EMRK gilt in Deutschland im Rang eines einfachen Bundesgesetzes. Sie ist bei der Auslegung des Grundgesetzes heranzuziehen, insofern kommt ihr ein mittelbarer Verfassungsrang zu.[49] Eine Verfassungsbeschwerde kann nicht unmittelbar auf die Konvention gestützt werden.[50] Für den Bereich des Steuerrechts kommt ihr nach § 2 Abs. 1 AO durch eine Versagung der Derogierbarkeit ein Anwendungsvorrang zu.

2. Wirkung der EGMR-Entscheidungen

In Rechtsprechung und Literatur ist anerkannt, dass die endgültigen Urteile des Gerichtshofs nach Art. 42, 44 EMRK in formelle Rechtskraft erwachsen, völkerrechtlich nach Art. 46 EMRK *inter partes* bindend sind und materielle Rechtskraft entfalten, die jedoch im Individualbeschwerdeverfahren durch die perso-

47 BT-Drs. 7/4292, 15.

48 Zu einer solchen Auslegung scheint auch Gersch in Klein, § 2, Rn. 2, zu tendieren, wenn sie auch solche multilaterale Verträge dem Anwendungsbereich der Vorschrift unterworfen ansieht, die sich auf Gegenstände der Bundesgesetzgebung mit Bezug zum Steuerrecht beziehen.

49 Schmalz, S. 12.

50 BVerfG, Beschluss vom 14.10.2004, 2 BvR 1481/04, BVerfGE 111, 307, 317; Schmalz, S. 12.

nellen, sachlichen und zeitlichen Grenzen des Streitgegenstands begrenzt wird.[51] Ihnen kommt keine unmittelbare kassatorische Wirkung gegenüber Urteilen deutscher Gerichte zu und sind nicht unmittelbar in der Bundesrepublik vollstreckbar.[52]

Eine unmittelbare völkerrechtliche Bindungswirkung aller Organe des verurteilten Vertragsstaates kommt den Urteilen nicht zu.[53]

Problematisch ist jedoch die Frage nach der unmittelbaren innerstaatlichen Bindungswirkung.

2.1 Bindungswirkung endgültiger Entscheidungen des Gerichtshofs

Das Bundesverfassungsgericht hat in seinem *Görgülü*-Beschluss vom 14. Oktober 2004 ausgeführt, dass Gerichte und Behörden nach Art. 20 Abs. 3 GG in Verbindung mit dem Zustimmungsgesetz an die EMRK gebunden seien,[54] und zwar in der Auslegung, die sie durch den EGMR erfahren hat[55].

Diese Bindungswirkung schränkt das Bundesverfassungsgericht jedoch wieder ein, in dem es sie in einer bloßen Pflicht zur „Berücksichtigung der Gewährleistungen der Europäischen Menschenrechtskonvention und der Entscheidungen des Gerichtshofs im Rahmen methodisch vertretbarer Gesetzesauslegung“[56] konkretisiert[57] und eine schematische Vollstreckung der EGMR-Entscheidungen verbietet[58]. In seinem Urteil vom 4. Mai 2011 hat das Bundesverfassungsgericht ausdrücklich klargestellt, dass Entscheidungen des Gerichtshofs auch dann zu berücksichtigen sind, wenn sie nicht denselben Streitgegenstand betreffen.[59]

Ausgangspunkt dieser Einschränkung ist die Einordnung der EMRK und der Rechtsprechung des EGMR in die Normenhierarchie der Bundesrepublik als

51 BVerfG, Beschluss vom 14.10.2004, 2 BvR 1481/04, BVerfGE 111, 307, 319 f.; Beschluss vom 11.10.1985, 2 BvR 336/85, EuGRZ 1985, 654, 656; Cramer in Grote/Marauhn, Kap. 32, Rn. 56 f.; Polakiewicz, S. 23 ff.; Ress, EuGRZ 1996, 350; Schmalz, S. 22.

52 BVerfG, Beschluss vom 11.10.1985, 2 BvR 336/85, EuGRZ 1985, 654; Kühne, Strafprozessrecht, Rn. 41.

53 BVerfG, Beschluss vom 14.10.2004, 2 BvR 1481/04, BVerfGE 111, 307, 322; Esser, S. 835; Esser, StV 2005, 348, 349; Uerpmann, S. 173 ff.; Kilian, S. 209; Schmalz, S. 27.

54 BVerfG, Beschluss vom 14.10.2004, 2 BvR 1481/04, BVerfGE 111, 307, 322 f.; bestätigt in BVerfG, Urteil vom 04.05.2011, 2 BvR 2365/09, 740/10, 2333/08, 1152/10, 571/10, NJW 2011, 1931, 1935.

55 BVerfG, Beschluss vom 14.10.2004, 2 BvR 1481/04, BVerfGE 111, 307, 325 f.

56 BVerfG, Beschluss vom 14.10.2004, 2 BvR 1481/04, BVerfGE 111, 307, 323.

57 Cremer, EuGRZ 2004, 683, 693.

58 BVerfG, Beschluss vom 14.10.2004, 2 BvR 1481/04, BVerfGE 111, 307, 323 f.

59 BVerfG, Urteil vom 04.05.2011, 2 BvR 2365/09, 740/10, 2333/08, 1152/10, 571/10, NJW 2011, 1931, 1935.

unterhalb des Verfassungsrechts stehend.[60] Die Völkerrechtsfreundlichkeit entfalte ihre Wirkung „nur im Rahmen des demokratischen und rechtsstaatlichen Systems des Grundgesetzes".[61] Auch wenn das Grundgesetz eine „Einfügung Deutschlands in die Rechtsgemeinschaft friedlicher und freiheitlicher Staaten" erstrebe, verzichte es jedoch nicht auf die „im letzten Wort der Verfassung liegende Souveränität".[62] Diese Wertung hat das Bundesverfassungsgericht in seinem Urteil vom 4. Mai 2011 bekräftigt und betont, dass „das letzte Wort der deutschen Verfassung" die normative Grundlage eines internationalen und europäischen Dialogs der Gerichte bilde.[63] Da die EMRK hinsichtlich ihrer innerstaatlichen Durchsetzung ergebnisorientiert sei, seien auch bei der Heranziehung der EMRK als Auslegungshilfe für die Bestimmungen des Grundgesetzes die menschenrechtlichen Gehalte in einem aktiven Rezeptionsvorgang „in den Kontext der aufnehmenden Verfassungsordnung" umzudenken.[64] Grenze einer so verstandenen völkerrechtsfreundlichen Auslegung sei der Grundrechtsschutz des Grundgesetzes, der nicht eingeschränkt werden dürfe.[65]

Diesen ausdrücklichen „Souveränitätsvorbehalt"[66] überträgt das Bundesverfassungsgericht auf die Bindungswirkung der Entscheidungen des Gerichtshofs.[67] Hieraus fließt der den Beschluss tragende Gedanke, dass die EMRK und die endgültigen Entscheidungen des EGMR in die deutsche Rechtsordnung „eingepasst"[68] werden müssten.[69] So definiert der Zweite Senat als „Grenzpunkte" des Einpassens zwei „Pole"[70]: Zum einen den positiven Pol, wonach die fehlende Auseinandersetzung mit einer Entscheidung des Gerichtshofs seitens deutscher Gerichte und Behörden gegen Grundrechte in Verbindung mit dem Rechtsstaatsprinzip verstoßen könne, zum anderen den negativen Pol, wonach eine schematische Vollstreckung endgültiger EGMR-Entscheidungen ebenfalls einen Verstoß

60 Esser, StV 2005, 348, 350.
61 BVerfG, Beschluss vom 14.10.2004, 2 BvR 1481/04, BVerfGE 111, 307, 318.
62 BVerfG, Beschluss vom 14.10.2004, 2 BvR 1481/04, BVerfGE 111, 307, 319.
63 BVerfG, Urteil vom 04.05.2011, 2 BvR 2365/09, 740/10, 2333/08, 1152/10, 571/10, NJW 2011, 1931, 1935.
64 BVerfG, Urteil vom 04.05.2011, 2 BvR 2365/09, 740/10, 2333/08, 1152/10, 571/10, NJW 2011, 1931, 1936.
65 BVerfG, Urteil vom 04.05.2011, 2 BvR 2365/09, 740/10, 2333/08, 1152/10, 571/10, NJW 2011, 1931, 1936.
66 BVerfG, Beschluss vom 14.10.2004, 2 BvR 1481/04, BVerfGE 111, 307, 319.
67 BVerfG, Beschluss vom 14.10.2004, 2 BvR 1481/04, BVerfGE 111, 307, 319; Esser, StV 2005, 348, 350.
68 BVerfG, Beschluss vom 14.10.2004, 2 BvR 1481/04, BVerfGE 111, 307, 327.
69 So auch Kühne, Strafprozessrecht, Rn. 41.1; Cremer, EuGRZ 2004, 683, 693.
70 Cremer, EuGRZ 2004, 683, 693.

gegen höherrangiges Recht, insbesondere gegen Grundrechte in Verbindung mit dem Rechtsstaatsprinzip, konstituieren könne.[71]

Als Mindestanforderung an die Berücksichtigung der Konventionsgarantien und der Judikate des Gerichtshofs formuliert das Bundesverfassungsgericht deren Kenntnisnahme und Eingang in den Willensbildungsprozess des entscheidenden Gerichts bzw. der zuständigen Behörde.[72] Hierbei betont der Zweite Senat ausdrücklich das Gebot konventionskonformer Auslegung nationalen Rechts – unabhängig vom Zeitpunkt dessen Inkrafttretens.[73] Ist eine Entscheidung des Gerichtshofs für den zu entscheidenden Fall einschlägig, so seien grundsätzlich die Abwägungsaspekte des Gerichtshofs in die verfassungsrechtliche Würdigung, insbesondere in die Verhältnismäßigkeitsprüfung, einzubeziehen und es habe eine Auseinandersetzung mit dem vom Gerichtshof gefundenen Abwägungsergebnis zu erfolgen.[74] Für eine solche Auseinandersetzung verweist der Zweite Senat auf seinen Beschluss vom 1. März 2004[75].[76] Das dort praktizierte Einpassen der EGMR-Rechtsprechung unterscheidet nicht zwischen Urteilen gegen die Bundesrepublik Deutschland und solchen gegen andere Vertragsstaaten.[77]

2.2 Bindungswirkung von gegen die Bundesrepublik Deutschland ergangenen Entscheidungen des Gerichtshofs

Ist ein Urteil des Gerichtshofs gegen die Bundesrepublik Deutschland ergangen, so richte sich die in Art. 46 Abs. 1 EMRK normierte völkerrechtliche Befolgungspflicht in Verbindung mit dem Zustimmungsgesetz, dem Rechtsstaatsprinzip und der Rechtsschutzgarantie (Art. 20 Abs. 3, Art. 59 Abs. 2, Art. 19 Abs. 4 GG) an sämtliche Träger der öffentlichen Gewalt.[78] Hieraus folgt, dass eine Missachtung dieser Bindungswirkung mit der Verfassungsbeschwerde gerügt werden kann, wenn das durch die EMRK geschützte Verhalten, gegen das der Vertragsstaat verstoßen hat, auch von einer Bestimmung des Grundgesetzes geschützt wird.[79]

71 BVerfG, Beschluss vom 14.10.2004, 2 BvR 1481/04, BVerfGE 111, 307, 323 f.

72 BVerfG, Beschluss vom 14.10.2004, 2 BvR 1481/04, BVerfGE 111, 307, 324.

73 BVerfG, Beschluss vom 14.10.2004, 2 BvR 1481/04, BVerfGE 111, 307, 324.

74 BVerfG, Beschluss vom 14.10.2004, 2 BvR 1481/04, BVerfGE 111, 307, 324; BVerfG, Urteil vom 04.05.2011, 2 BvR 2365/09, 740/10, 2333/08, 1152/10, 571/10, NJW 2011, 1931, 1936.

75 BVerfG, Beschluss vom 01.03.2004, 2 BvR 1570/03, EuGRZ 2004, 317, 319 f.

76 BVerfG, Beschluss vom 14.10.2004, 2 BvR 1481/04, BVerfGE 111, 307, 324.

77 Cremer, EuGRZ 2004, 683, 693.

78 BVerfG, Beschluss vom 14.10.2004, 2 BvR 1481/04, BVerfGE 111, 307, 322 f. Vgl. dazu auch Esser, StV 2005, 348, 349.

79 Esser, StV 2005, 348, 349 unter Bezugnahme auf BVerfG, Beschluss vom 14.10.2004, 2 BvR 1481/04, BVerfGE 111, 307, 323 f. unter C I 3 vor a).

Diese Befolgungspflicht wird wiederum als Berücksichtigungspflicht definiert, diese erfordere von den zuständigen Gerichten und Behörden neben einer erkennbaren Auseinandersetzung gegebenenfalls zudem eine nachvollziehbare Begründung, warum der völkerrechtlichen Rechtsauffassung nicht gefolgt werde.[80] Zur Begründung dieses Maßstabes führt das Bundesverfassungsgericht an, dass gerade dann nicht auf eine „sensible Abwägung zwischen verschiedenen subjektiven Rechtspositionen" verzichtet werden könne, wenn „mehrpolige Grundrechtsverhältnisse" auszugestalten seien.[81]

Die Befolgungspflicht konkretisiert der Zweite Senat im Folgenden in Abhängigkeit von der Qualität des vom Gerichtshof für konventionswidrig erklärten staatlichen Handelns:

Im Falle einer für konventionswidrig erklärten Norm könne diese entweder konventionskonform ausgelegt werden oder aber der Gesetzgeber diese ändern.[82]

Ein konventionswidriger Verwaltungsakt sei nach den Regeln des Verwaltungsverfahrensrechts aufzuheben, eine konventionswidrige Verwaltungspraxis könne geändert und eine entsprechende Pflicht hierzu von den Gerichten festgestellt werden.[83]

Bei konventionswidrigen, rechtskräftigen Gerichtsentscheidungen hält das Bundesverfassungsgericht eine Berücksichtigung der Entscheidung des Gerichtshofs durch den Fortbestand der rechtskräftigen innerstaatlichen Entscheidung nicht für ausgeschlossen.[84] Weder EMRK noch Grundgesetz verpflichteten dazu, einem EGMR-Urteil eine die Rechtskraft der konventionswidrigen Gerichtsentscheidung beseitigende Wirkung beizumessen.[85]

Für das Strafverfahrensrecht sei in § 359 Nr. 6 StPO die Wiederaufnahme eines durch rechtskräftiges Urteil abgeschlossenen Strafverfahrens normiert für den Fall, dass der EGMR einen Konventionsverstoß festgestellt hat und das deutsche Urteil auf diesem Verstoß beruht. In anderen Verfahrensordnungen sei die Frage nach Reaktionsmöglichkeiten im Falle einer Verurteilung durch den Gerichtshof nicht abschließend beantwortet.[86] Doch könne es „Sachlagen geben, in denen

80 BVerfG, Beschluss vom 14.10.2004, 2 BvR 1481/04, BVerfGE 111, 307, 324.

81 BVerfG, Beschluss vom 14.10.2004, 2 BvR 1481/04, BVerfGE 111, 307, 324 f.

82 BVerfG, Beschluss vom 14.10.2004, 2 BvR 1481/04, BVerfGE 111, 307, 325.

83 BVerfG, Beschluss vom 14.10.2004, 2 BvR 1481/04, BVerfGE 111, 307, 325.

84 BVerfG, Beschluss vom 14.10.2004, 2 BvR 1481/04, BVerfGE 111, 307, 325.

85 BVerfG, Beschluss vom 14.10.2004, 2 BvR 1481/04, BVerfGE 111, 307, 325.

86 BVerfG, Beschluss vom 14.10.2004, 2 BvR 1481/04, BVerfGE 111, 307, 326. Mit dem 2. Justizmodernisierungsgesetz (BGBl. I 2006, 3416) hat der Gesetzgeber zwischenzeitlich in § 580 Nr. 8 ZPO einen weiteren Wiederaufnahmegrund eingeführt. Danach findet nunmehr die Restitutionsklage auch statt, wenn der EGMR eine Verletzung der EMRK oder ihrer Protokolle festgestellt hat und das Urteil auf dieser Verletzung beruht (vgl. Jesse, Rn. 774; vgl. hierzu auch ausführlich Braun, NJW 2007, 1620 ff.). Über den § 580 Nr. 8 ZPO findet dieser

deutsche Gerichte zwar nicht über die *res iudicata*, so doch über den Gegenstand, zu dem der Europäische Gerichtshof für Menschenrechte einen Konventionsverstoß der Bundesrepublik Deutschland festgestellt hat, erneut entscheiden können"[87]. Zwei Konstellationen führt das Bundesverfassungsgericht dann beispielhaft und nicht abschließend („Dies kann etwa der Fall sein, wenn")[88] an: Zum einen, wenn eine Neubefassung auf neuen Antrag hin oder aufgrund veränderter Umstände vorgesehen oder aber das Gericht in einer anderen Konstellation noch mit der Sache befasst sei. Maßgeblich sei jedoch, ob das Gericht im Rahmen des geltenden Verfahrensrechts die Möglichkeit zu weiterer Entscheidung habe.[89]

In einem weiteren Schritt wird die als Berücksichtigungspflicht definierte Befolgungspflicht dann weiter konkretisiert: Den staatlichen Organen wird aufgegeben, im Rahmen der Berücksichtigung Straßburger Judikate auch deren Auswirkung auf die nationale Rechtsordnung einzubeziehen.[90] Dies betont der Zweite Senat gerade im Hinblick auf in ihren Rechtsfolgen ausbalancierte Teilrechtssysteme, in denen verschiedene Grundrechtspositionen miteinander zum Ausgleich gebracht werden sollen.[91]

Diese Konkretisierung findet ihren Hintergrund in der Annahme des Bundesverfassungsgerichts, dass die Bipolarität des Individualbeschwerdeverfahrens nach Art. 34 EMRK die Tauglichkeit der EGMR-Entscheidungen mindere, solche Menschenrechtsfragen zu beurteilen, die in – durch eine differenzierte Kasuistik geformten – Teilrechtssystemen entstehen.[92]

Schließlich werden die auf den Beschwerdegegenstand bezogene Bindungswirkung und die Orientierungswirkung in einer „umfassenden Definition der Pflicht zur Berücksichtigung" von endgültigen EGMR-Entscheidungen zusammengefasst:[93] Ausgehend von der Feststellung der Pflicht, der konventionsgemäßen Auslegung den Vorrang zu geben, solange – „im Rahmen geltender methodischer Standards" – Auslegungsspielräume bestehen, formuliert der Zweite Senat zwei Ausnahmen von dieser Pflicht, nämlich Fälle, in denen die Beachtung von

Wiederaufnahmegrund über die jeweiligen Verweisnormen auch Eingang in andere Verfahrensordnungen, wie etwa über §134 FGO in die Finanzgerichtsordnung (vgl. BT-Drs. 16/3038, S. 39).

87 BVerfG, Beschluss vom 14.10.2004, 2 BvR 1481/04, BVerfGE 111, 307, 326.

88 BVerfG, Beschluss vom 14.10.2004, 2 BvR 1481/04, BVerfGE 111, 307, 326.

89 BVerfG, Beschluss vom 14.10.2004, 2 BvR 1481/04, BVerfGE 111, 307, 326 f.

90 BVerfG, Beschluss vom 14.10.2004, 2 BvR 1481/04, BVerfGE 111, 307, 327.

91 BVerfG, Beschluss vom 14.10.2004, 2 BvR 1481/04, BVerfGE 111, 307, 327; bestätigt durch BVerfG, Urteil vom 04.05.2011, 2 BvR 2365/09, 740/10, 2333/08, 1152/10, 571/10, NJW 2011, 1931, 1936.

92 So Cremer, EuGRZ 2004, 683, 695 unter Bezugnahme auf BVerfG, Beschluss vom 14.10.2004, 2 BvR 1481/04, BVerfGE 111, 307, 327 f. unter C I 3 c).

93 Cremer, EuGRZ 2004, 683, 696.

Entscheidungen des EGMR gegen Grundrechte Dritter oder gegen entgegenstehendes Gesetzesrecht verstoße, denn die EMRK genieße auch gegenüber dem Bundesrecht keinen „automatischen Vorrang".[94]

2.3 Problemfelder

Der *Görgülü*-Beschluss ist von einigen Autoren als Stärkung des Einflusses der EMRK auf das deutsche Recht begrüßt worden,[95] er ist aber auch auf scharfe Kritik gestoßen[96]. Einhellig gelobt wird insbesondere die Feststellung der Bindungswirkung aller staatlichen Organe und ihre aus Art. 20 Abs. 3 GG folgende grundsätzliche Verpflichtung zur Beendigung eines fortdauernden konventionswidrigen und zur Herstellung eines konventionsgerechten Zustandes.[97]

Die Kritik knüpft hauptsächlich an drei Punkte an: Die Formulierung des Souveränitätsvorbehalts, die undeutliche Formulierung der Bindungswirkung und die Formulierung des Gebot der Einpassung der Entscheidungen des Gerichtshofs ins innerstaatliche Recht.

2.3.1 Formulierung des Souveränitätsvorbehalts

Als zentrales Problem erscheint die Formulierung des Souveränitätsvorbehalts. Völkerrechtlich wird die Behauptung eines Vorrangs des Verfassungsrechts durch Art. 53 EMRK nicht bestätigt[98] und wird der völkerrechtlichen Bindung der Bundesrepublik nach Art. 46 EMRK nicht gerecht[99]. Da der Souveränitätsvorbehalt als Vorbehalt nicht spätestens bei der Ratifizierung erklärt wurde, ist er zudem völkerrechtswidrig.[100]

Verfassungsrechtlich kann der Souveränitätsvorbehalt lediglich den Vorrang für das Verfassungsrecht und die allgemeinen Grundsätze des Völkerrechts gegenüber der EMRK und der sie konkretisierenden Rechtsprechung des EGMR begründen, nicht aber für andere Bundesgesetze, da dies im Widerspruch zu den Grundsätzen der völkerrechtsfreundlichen Auslegung steht.[101] Auch lasse eine

---

94 BVerfG, Beschluss vom 14.10.2004, 2 BvR 1481/04, BVerfGE 111, 307, 329.

95 Esser, StV 2005, 348, 355; Meyer-Ladewig/Petzold, NJW 2005, 15, 20; Ruffert, EuGRZ 2007, 245, 251.

96 Kühne, GA 2005, 195, 207 ff.; Kühne in Löwe/Rosenberg, Einl. Abschn. D, Rn. 88 ff.; Cremer, EuGRZ 2004, 683 ff.

97 Esser, StV 2005, 348, 349, 355; Cremer, EuGRZ 2004, 683, 684.

98 Esser, StV 2005, 348, 350.

99 Kühne, GA 2005, 195, 209; Kühne in Löwe/Rosenberg, Einl. Abschn. D, Rn. 91; Esser, StV 2005, 348, 350.

100 Kühne, GA 2005, 195, 209, 212; Esser, StV 2005, 348, 350.

101 Esser, StV 2005, 348, 351.

solche Behauptung die Bindungs- und Umsetzungsverpflichtung nach Art. 46 EMRK und Art. 20 Abs. 3 GG außer Acht.[102] Ferner wirft die Verneinung eines automatischen Vorrangs der EMRK auf Ebene des Bundesrechts die lex-posterior-Problematik erneut auf, die über den Grundsatz völkerrechtsfreundlicher Auslegung späterer Gesetze bereits gelöst war.[103] In Kollisionsfällen käme demnach das speziellere oder das neuere Gesetz zur Anwendung, so dass die eher allgemeinen und bereits „alten" Garantien der EMRK aufgezehrt werden.[104]

Hingegen sieht *Klein* im Souveränitätsvorbehalt keinen maßgebenden Aspekt des Beschlusses, da der Souveränitätsvorbehalt sich nur auf Kollisionsfälle beziehe.[105] Hierbei geht er erst dann von einer Kollision aus, wenn das Grundgesetz die vom EGMR gefundene Feststellung einer Rechtsverletzung eindeutig missbilligen würde, also die vom EGMR getroffene Wertung in Widerspruch zum Grundgesetz stehe.[106] Ähnlich sieht *Papier* im Souveränitätsvorbehalt lediglich einen „theoretischen Vorbehalt", schließlich sei es bislang weder zu einer Auslegung der EMRK gekommen, die mit den tragenden Grundsätzen des Grundgesetzes unvereinbar sei, noch sei dies vorstellbar.[107]

Kühne weist zutreffend darauf hin, dass direkte Kollisionen der Rechtsprechung des Bundesverfassungsgerichts mit derjenigen des EGMR nicht denkbar seien: Das Bundesverfassungsgericht lege das Grundgesetz aus, der EGMR die EMRK. Trotz inhaltlicher Überschneidungen gelten Grundgesetz und EMRK jedoch unabhängig voneinander.[108] Allerdings könne es bei der Beurteilung von mehrpoligen Grundrechtsverhältnissen zu Abwägungsdivergenzen zwischen nationaler Rechtsprechung und der Judikatur des Gerichtshofs kommen. Solche Konstellationen seien im Strafrecht vorstellbar im Rahmen der Abwägung staatlicher Verfolgungsinteressen gegen das Interesse des Bürgers an Schutz vor staatlichen Eingriffen in seine Privatsphäre. Hierbei könne das staatliche Verfolgungsinteresse über den intendierten Opferschutz zu einem Abwägungskonflikt individueller Grundrechte umgestaltet werden.[109]

Weiteres Konfliktpotential besteht im konkurrierenden Geltungsanspruchs der Entscheidungen des Bundesverfassungsgerichts nach § 31 BVerfGG mit mit der Bindungswirkung der EGMR-Entscheidungen aus Art. 46 EMRK

102 Kühne, GA 2005, 195, 209, 211; Kühne in Löwe/Rosenberg, Einl. Abschn. D, Rn. 91.
103 Kühne, GA 2005, 195, 209 unter Fn. 74; Esser, StV 2005, 348, 351; Cremer, EuGRZ 2004, 683, 686.
104 Cremer, EuGRZ 2004, 683, 686. A.A. Klein, JZ 2004, 1176: EMRK grundsätzlich das speziellere Gesetz.
105 Klein, JZ 2004, 1176, 1178.
106 Klein, JZ 2004, 1176, 1178.
107 Papier, EuGRZ 2006, 1, 3.
108 Kühne, Strafprozessrecht, Rn. 38.1.
109 Kühne, GA 2005, 195, 209; Kühne in Löwe/Rosenberg, Einl. Abschn. D, Rn. 88.

i.V.m. Art. 20 Abs. 3 GG.[110] Dies zeigt sich in den Fällen, in denen das Bundesverfassungsgericht eine Rechtsposition für verfassungswidrig erklärt habe, anschließend jedoch der EGMR diese Rechtsposition „als Erfordernis der EMRK interpretiert".[111] Dieser Konflikt kann jedoch nur durch den Gesetzgeber gelöst werden,[112] denn eine Lösung über einen Vorrang des § 31 BVerfGG ließe den Wiederaufnahmegrund des § 359 Nr. 6 StPO leerlaufen, da dann das wieder aufnehmende Gericht die Auslegung des EGMR nicht berücksichtigen dürfe.[113] Zugleich scheitert eine Derogierbarkeit des § 31 BVerfGG nach der lex-posterior-Regel zugunsten der EMRK an der Ableitung des § 31 BVerfGG aus Art. 93, 100 GG.[114]

2.3.2 Formulierung der Bindungswirkung

Aufgrund der Stellung der EMRK und der Rechtsprechung des EGMR unterhalb der Verfassung postuliert das Bundesverfassungsgericht eine Rechtswirkung der Straßburger Judikate unterhalb des Verfassungsrechts, die von den Fachgerichten zu ermitteln sei. Damit lasse das Gericht die konkrete Bindungswirkung unklar erscheinen.[115] Offen bleibe, ob EGMR-Entscheidungen, die einen Konventionsverstoß feststellen, strikt, angepasst oder gar nicht zu befolgen seien.[116] Bei der Konkretisierung der Pflicht zur Berücksichtigung[117] fehle der Hinweis auf die Pflicht staatlicher Stellen, sich um eine Befolgung des Urteils „im Rahmen des methodisch Erlaubten nach Kräften zu bemühen".[118] So aber werde der Weg zu einer Nichtbefolgung „ohne größeren Begründungsaufwand" eröffnet[119] und als „allzu leicht gangbar dargestellt"[120]. Hierzu hat *Papier* zwar klargestellt, dass die Wertungen der EGMR-Rechtsprechung ohne Abstriche zu beachten seien, auch in den Fällen mehrpoliger Grundrechtsverhältnisse, hier aber ergänzt um die Rechte der vor dem Gerichtshof nicht beteiligten Parteien.[121] Doch kann eine bloße Berücksichtigungspflicht einen Völkerrechtsverstoß nicht wirksam verhindern.[122]

---

110 Kühne in Löwe/Rosenberg, Einl. Abschn. D, Rn. 92; Kühne, Strafprozessrecht, Rn. 41.1; Benda, AnwBl. 2005, 602, 608.

111 Kühne, Strafprozessrecht, Rn. 41.1.

112 Kühne in Löwe/Rosenberg, Einl. Abschn. D, Rn. 93.

113 Kühne in Löwe/Rosenberg, Einl. Abschn. D, Rn. 92.

114 Kühne in Löwe/Rosenberg, Einl. Abschn. D, Rn. 93

115 Esser, StV 2005, 348, 350; Cremer EuGRZ 2004, 683, 692 ff.

116 Esser, StV 2005, 348, 350.

117 Vgl. BVerfG, Beschluss vom 14.10.2004, 2 BvR 1481/04, BVerfGE 111, 307, 324 f.

118 Cremer, EuGRZ 2004, 683, 694.

119 Kühne, GA 2005, 195, 208 f.; Kühne in Löwe/Rosenberg, Einl. Abschn. D, Rn. 88.

120 Cremer, EuGRZ 2004, 683, 694.

121 Papier, EuGRZ 2006, 1, 3.

122 Ruffert, EuGRZ 2007, 245, 252.

Durch die Ausführungen zur allgemeinen Orientierungswirkung, dass EGMR-Entscheidungen gegen andere Vertragsstaaten den übrigen Vertragsstaaten lediglich Anlass geben, ihre nationale Rechtsordnung zu überprüfen und sich im Rahmen einer etwaig erforderlichen Rechtsänderung an der einschlägigen Rechtsprechung zu orientieren,[123] werde die Bedeutung der EMRK „heruntergespielt“[124] und die normative Leitfunktion der EGMR-Rechtsprechung verkannt.[125]

2.3.3 Formulierung des Einpassungsgebots

Das Gebot der Einpassung Straßburger Judikate ins innerstaatliche Recht wird in der Literatur grundsätzlich als notwendig angesehen.[126] Dafür spreche, dass der den Mitgliedstaaten vom Gerichtshof zugewiesene *margin of appreciation* sich auch in der Befolgungspflicht des Art. 46 EMRK niederschlage,[127] insbesondere aber, dass vor dem Hintergrund fehlender Kompatibilität der verschiedenen Rechtsordnungen in Europa – schon aus methodischen Erwägungen[128] – eine Einpassung ins nationale Recht erforderlich ist.[129]

Daher versteht *Papier* die Berücksichtigungspflicht auch als innerstaatliche Umsetzung der völkerrechtlichen Befolgungspflicht.[130]

Grenzen jeder Einpassung müssen die Feststellungen der einzupassenden Entscheidung des Gerichtshofs sein.[131] Wie weit die Feststellungen reichen, ist Frage des Einzelfalls.[132] Das Bundesverfassungsgericht habe versäumt, auf diese Begrenzung der Bindungswirkung einzugehen.[133] Gerade bei Abwägungsdivergenzen zwischen EGMR-Entscheidungen und nationaler Rechtsprechung könne sich die nationale Rechtsprechung nicht vorbehalten, ein Urteil nicht zu befolgen.[134] Anders als im Rahmen der *Solange*-Rechtsprechung gehe es nicht um die Vermeidung einer durch europäische Rechtsprechung bewirkten Verkürzung des

123 Vgl. BVerfG, Beschluss vom 14.10.2004, 2 BvR 1481/04, BVerfGE 111, 307, 320.

124 Cremer, EuGRZ 2004, 683, 693.

125 Cremer, EuGRZ 2004, 683, 694.

126 Kühne, GA 2005, 195, 214; Esser, StV 2005, 348, 352, 354; Meyer-Ladewig/Petzold, NJW 2005, 15, 17.

127 Esser, StV 2005, 348, 352.

128 Vgl. hierzu ausführlich Kühne, GA 2005, 195, 211–214.

129 Kühne, GA 2005, 195, 214; Kühne in Löwe/Rosenberg, Einl. Abschn. D, Rn. 87.

130 Papier in Hilf/Kämmerer/König, S. 135, 152f.

131 Esser, StV 2005, 348, 352; Meyer-Ladewig/Petzold, NJW 2005, 15, 17.

132 Esser, StV 2005, 348, 352.

133 Esser, StV 2005, 348, 352.

134 Kühne, GA 2005, 195, 210; Meyer-Ladewig/Petzold, NJW 2005, 15, 17.

Grundrechtsschutzes, sondern „eine Bestimmung der Kollisionssphäre inhaltlich unstreitiger Grundrechtspositionen".[135]

2.4 Ergebnis

Das Bundesverfassungsgericht hat in seinem *Görgülü*-Beschluss hinsichtlich der Verbindlichkeit von gegen andere Vertragsstaaten ergangenen Entscheidungen des Gerichtshofs klargestellt, dass es zur Bindung an Recht und Gesetz nach Art. 20 Abs. 3 GG gehöre, im Rahmen „methodisch vertretbarer Gesetzesauslegung" die Gewährleistungen der EMRK und die Entscheidungen des EGMR zu berücksichtigen.[136] Damit ist der übertragungsfähige Inhalt der gegen andere Vertragsstaaten ergangenen Urteile für die deutschen Gerichte und Behörden rechtlich verbindlich.[137] Die aus dem Zustimmungsgesetz fließende Pflicht zur Berücksichtigung erfordert die Kenntnisnahme der Entscheidungen durch das entscheidende Gericht bzw. der zuständigen Behörde und das Einfließen in deren Willensbildungsprozess.[138] Auch hat eine Auseinandersetzung mit den vom EGMR gefundenen Abwägungsergebnissen stattzufinden.[139] Die fehlende Auseinandersetzung mit einer Entscheidung des Gerichtshof kann gegen Grundrechte in Verbindung mit dem Rechtsstaatsprinzip verstoßen.[140]

II. England

1. Geltung der EMRK

1.1 Einfluss und Geltung der EMRK vor Inkrafttreten des Human Rights Act 1998

Das Vereinigte Königreich war Ende der Vierziger Jahre eine der treibenden Kräfte in Vorbereitung und Entwurf der EMRK[141] und hat als erster Signatarstaat die EMRK am 8. März 1951 ratifiziert[142].

135 Kühne, GA 2005, 195, 210; Kühne in Löwe/Rosenberg, Einl. Abschn. D, Rn. 90.
136 BVerfG, Beschluss vom 14.10.2004, 2 BvR 1481/04, BVerfGE 111, 307 (erster Leitsatz).
137 Esser, StV 2005, 348, 352.
138 BVerfG, Beschluss vom 14.10.2004, 2 BvR 1481/04, BVerfGE 111, 307, 324.
139 BVerfG, Beschluss vom 01.03.2004, 2 BvR 1570/03, EuGRZ 2004, 317, 319; BVerfG, Beschluss vom 14.10.2004, 2 BvR 1481/04, BVerfGE 111, 307, 324.
140 BVerfG, Beschluss vom 14.10.2004, 2 BvR 1481/04, BVerfGE 111, 307, 323 f.
141 Lester, P. L. 1984, 46, 49 f.
142 Lester, P. L. 1984, 46, 54.

Innerstaatlich anwendbares und für staatliche Institutionen verbindliches Recht wurden die Konventionsgarantien jedoch erst durch den am 2. Oktober 2000 in Kraft getretenen *Human Rights Act 1998* (HRA) für England und Wales.[143]

Das eigentümliche Auseinanderfallen von Ratifikation und Inkorporierung ist dem historisch gewachsenen englischen Verfassungsrecht und hierbei insbesondere dem tradierten Zusammenspiel zwischen den Prinzipien der Parlamentssouveränität und der königlichen Prärogative – *Royal Prerogative* – geschuldet.

Die Parlamentssouveränität stellt die *Grundnorm („the very keystone")* britischer Staatsordnung dar.[144] Seit der *Bill of Rights* vom 23. Oktober 1689 gilt das Parlament als alleinige Legislative. Sie schränkte die durch die *Royal Prerogative* der Krone zustehenden Rechte, Parlamentsgesetze zu suspendieren (d. h. das Inkrafttreten eines Gesetzes auf unbestimmte Zeit aufzuschieben) oder im Verordnungswege am Parlament vorbeizuregieren, ein.[145]

Die Parlamentssouveränität kommt der *Queen in Parliament*[146] unmittelbar zu, sie ist nicht vom Volke delegiert wie nach kontinentaleuropäischem Verfassungsverständnis.[147] Sie ist im Grundsatz „unteilbar und unbegrenzbar".[148] Das Parlament kann jedwedes Gesetz erlassen oder aufheben,[149] selbst fundamentale Verfassungsprinzipien sind davon nicht ausgenommen.[150] Aus dieser „Omnipotenz der Legislative"[151] wird die Unmöglichkeit einer richterlichen Normenkontrolle gefolgert.[152] Da die höchste legislative Autorität dem Parlament zukommt, bleibt kein Raum für Recht, das über dem Parlamentsgesetz steht. Nach traditionellem britischen, von den Lehren *Diceys* geprägtem Verfassungsverständnis existiert daher auch kein Maßstab, an dem ein Parlamentsgesetz überprüft werden könnte.[153] Keine Instanz hat die Kompetenz, ein Parlamentsgesetz außer Kraft zu setzen.[154] Für das Verhältnis zwischen englischem Recht und der EMRK fanden diese Grundsätze ihre Klarstellung im Urteil des *House of Lords* in der Rechtssache *R v Khan (Sultan)*, in dem *Lord Nolan* ausführt, dass „die Tatsache, dass das fragliche Verhalten einen Verstoß gegen die EMRK darstellt, keine größere

---

143 Vgl. hierzu ausführlich Grote, ZaöRV 1998, 309 ff.; Baum, EuGRZ 2000, 281 ff.

144 Dicey, S. 70.

145 Bradley/Ewing, S. 51.

146 Zu diesem Begriff näher Dicey, S. 39.

147 Loewenstein, S. 66.

148 Loewenstein, S. 66.

149 Dicey, S. 39 f.

150 Loewenstein, S. 66.

151 Loewenstein, S. 66.

152 Loewenstein, S. 66.

153 Lester, P. L. 1984, 46 f.

154 Dicey, S. 40.

Bedeutung für sich beanspruchen kann, als wenn es ein Verstoß gegen englisches Recht wäre."[155]

Schutz gegen Machtmissbrauch bieten nach Ansicht von *Lord Lester* nur nicht-justiziable Konventionalregeln, deren Einhaltung abhängig sei vom Sinn für *fair play* auf Seiten der Minister und Beamten, von der Wachsamkeit der Opposition und der einzelnen Abgeordneten, vom Einfluss der freien Presse, von einer informierten öffentlichen Meinung und nicht zuletzt von Möglichkeit des Regierungswechsels durch freie und geheime Wahlen.[156]

Gleichwohl ist die Möglichkeit einer Einschränkung der Parlamentssouveränität anerkannt. Im Rahmen der Inkorporierung der Gemeinschaftsverträge wurde in s. 2 *European Communities Act 1972* eine Vorrangklausel zugunsten des primären und sekundären Gemeinschaftsrechts aufgenommen und die Bindungswirkung von Handlungen der Gemeinschaftsorgane für das Vereinigte Königreich akzeptiert.[157] Die Rechtsprechung legt diese Klausel dahingehend aus, dass das britische Parlament nicht mehr wirksam gemeinschaftsrechtswidrige Gesetze erlassen kann.[158]

Das Konzept der *Royal Prerogative* ist schwer fassbar.

Blackstone definiert sie als „special pre-eminence, which the king hath, over and above all other persons, and out of the ordinary course of the common law, in right of his regal dignity"[159] („„spezielle Vorrangstellung ... über und jenseits aller anderen Personen und außerhalb des gewöhnlichen Verlaufs des *common law*, kraft seiner königlichen Würde"'[160]).

Moderne Autoren stellen darauf ab, dass sie dem Funktionieren der Regierung, nicht dem Vorteil der Krone diene und ihr Geltungsgrund im *common law*, und nicht Parlamentsgesetzen zu finden sei.[161] Doch auch dieser Ansatz vermag das Konzept nicht klar zu umreißen.

Am deutlichsten charakterisierte *Dicey* die *Royal Prerogative* als Überbleibsel der ermessensmäßigen Handlungsvollmachten der Krone nach *common law*.[162]

Ihren Ursprung hat die königliche Prärogative in den mittelalterlichen Zeiten feudaler Herrschaft der britischen Könige. Als oberstem Feudalherrn und Staatsoberhaupt standen dem König außerordentliche Vollmachten zu, insbesondere,

155 R v Khan (Sultan) [1996] 3 All ER 289.

156 Lester, P. L. 1984, 46, 47.

157 Grote, ZaöRV 1998, 309, 321; Baum, EuGRZ 2000, 281, 286.

158 Macarthys Ltd. v Smith [1979] 3 All ER 325; Macarthys Ltd. v Smith (No. 2) [1981] 1 All ER 111.

159 Blackstone, 1 Commentaries 232.

160 Loewenstein, S. 502, Fn. 1.

161 Bradley/Ewing, S. 246.

162 Dicey, S. 424, in der hier zitierten 10. Auflage bereits unter Bezugnahme auf Attorney-General v De Keyser's Royal Hotel Ltd. [1920] AC 508, 526.

aber bei weitem nicht ausschließlich, zur Abwehr äußerer Feinde.[163] Diese Vollmachten waren in der Regel jedoch unbestimmt.[164] Gleichzeitig stand die Krone jedoch nicht außerhalb der Rechtsordnung[165], so dass die Ausübung gewisser Prärogativrechte reglementiert war. Die Krone konnte beispielsweise nur durch die *common law courts* bzw. durch das *Privy Council* Recht sprechen.[166]

Als im 17. Jahrhundert *Charles I.* auf die königliche Prärogative gestützt versuchte, am Parlament vorbeizuregieren, kam es zum Konflikt mit dem Parlament, der schließlich mit der „Glorreichen Revolution" 1688 und der *Bill of Rights* endete.[167] Die *Royal Prerogative* wurde zugunsten der Parlamentssouveränität eingeschränkt und die legislativen Befugnisse ausschließlich dem Parlament zugewiesen. Damit verbunden ist naturgemäß auch die Kompetenz, durch Parlamentsgesetz die königlichen Prärogativrechte weiter in ihrer Rechtsgeltung einzuschränken.[168]

Mit dem Entstehen einer konstitutionellen Monarchie wurde es Brauch, dass die königlichen Prärogativrechte nur durch die Regierung ausgeübt werden.[169]

Die Ratifikation ist nach dem tradierten britischen Verständnis kein legislativer Akt, sondern fällt als Prärogativrecht grundsäzlich in die Zuständigkeit der Exekutive.[170] Das *common law* kennt keine Verpflichtung der Exekutive, das Parlament in Vertragsabschluss und Ratifikation einzubinden oder auch nur zu informieren.[171]

Seit 1924 muss ein völkerrechtlicher Vertrag, der der Ratifikation bedarf, vor Ratifizierung dem Parlament 21 Sitzungstage vorgelegen haben, sogenannte *Ponsonby Rule.*[172] Dieser Brauch dient der Information des Parlaments und der parlamentarischen Diskussion.[173]

Ausgenommen hiervon sind Verträge, die keiner Ratifikation bedürfen, Verträge, die zu ihrer völkerrechtlichen Geltung eine parlamentarische Bestätigung vorschreiben sowie Doppelbesteuerungsabkommen.[174]

---

163 Bradley/Ewing, S. 246; Loewenstein, S. 500.

164 Loewenstein, S. 500.

165 Bradley/Ewing, S. 246; Loewenstein, S. 500.

166 Bradley/Ewing, S. 246; Loewenstein, S. 500.

167 Bradley/Ewing, S. 246 f; Loewenstein, S. 501 f.

168 Loewenstein, S. 502 f.

169 Bradley/Ewing, S. 247.

170 McNair, S. 68; Loewenstein, S. 517 f.

171 Harrington, 55 ICLQ 121.

172 Harrington, 55 ICLQ 121, 127; Loewenstein, S. 518.

173 UK HC Parliamentary Debates, Series 5, vol. 171 col. 2005 (1. April 1924), zitiert nach Harrington, 55 ICLQ 121, 129.

174 Harrington, 55 ICLQ 121, 127.

Eine Verletzung der *Ponsonby Rule* zog ursprünglich keine Sanktionen nach sich. Die Ratifikation war vom Einhalten dieses Prozederes nicht abhängig, andererseits war und ist mit dessen Einhaltung auch noch keine parlamentarische Billigung im Sinne einer Inkorporierung verbunden.[175]

Gegen solch mangelnde Einflussmöglichkeiten des Parlaments auf den Abschluss völkerrechtlicher Verträge haben sich verschiedentlich Stimmen aus Schriftum und Politik gewandt. Das *Parliament's Joint Committee on Human Rights* sprach sich im Dezember 2004 in seinem Bericht zum 14. Zusatzprotokoll zur EMRK für eine stärkere Einbindung des Parlaments bei Abschlüssen auf den Menschenrechtsschutz gerichteter internationaler Verträge aus. Dies diene einer Verbesserung der demokratischen Legitimität der zu übernehmenden Verpflichtungen.[176] Erst im Jahr 2010 wurde in s. 20 *Constitutional Reform and Governance Act* dem Parlament ein Mitspracherecht bei der Ratifizierung eingeräumt sowie die *Ponsonby Rule* kodifiziert und deren Einhaltung damit Voraussetzung für eine Ratifizierung.

Zu ihrer innerstaatlichen Geltung bedürfen völkerrechtliche Verträge grundsätzlich der parlamentarischen Bestätigung in Form eines Parlamentsgesetzes.[177]

Es werden vier Gruppen unterschieden:

1. Verträge, die die parlamentarische Bestätigung zu ihrer völkerrechtlichen Geltung vorschreiben,[178]
2. Verträge, die die parlamentarische Bestätigung nicht vorschreiben, aber die Rechte britischer Staatsbürger betreffen,[179]
3. Verträge, die zu einer Änderung britischen Rechts oder Geldausgaben verpflichten,[180]
4. Verträge, die auf eine Abtretung britischen Hoheitsgebiets gerichtet sind.[181]

Die britische Rechtsprechung war bis zur Inkorporierung der einhelligen Auffassung, dass die EMRK – ungeachtet ihrer Zielsetzung – als völkerrechtlicher Vertrag zu ihrer innerstaatlichen Geltung eines Inkorporierungsgesetzes bedürfe.[182]

---

175 Harrington, 55 ICLQ 121, 128.

176 UK Joint Committee on Human Rights, HL Paper 8/HC 106, Session 2004–05 (1 Dec 2004), S. 6.

177 McNair, Law of Treaties, S. 83.

178 Parlement Belge (1880) LR 5 PD 197; McNair, Law of Treaties, S. 83.

179 Walker v Baird [1892] AC 491; McNair, Law of Treaties, S. 93.

180 McNair, Law of Treaties, S. 94.

181 McNair, Law of Treaties, S. 94.

182 R v Chief Immigration Officer, Heathrow Airport, ex parte Salamat Bibi [1976] 3 All ER 843, 847; R v Secretary of State for the Home Department, ex parte Brind [1991] 1 AC 696; R v Khan (Sultan) [1996] 3 All ER 289.

Trotz des dualistischen Völkerrechtsverständnisses hatte die EMRK jedoch schon vor ihrer Inkorporierung einen vielschichtigen Einfluss auf die Rechtsordnung in England, Wales und Nordirland.

War in den ersten Jahrzehnten nach der Ratifizierung die Rezeption an den Gerichten noch schwach, rückte seit Mitte der Siebziger Jahre – mit Aufkommen der „*Bill of Rights Debate*" – die Konvention zunehmend ins Blickfeld der Richter.[183] Zwischen Juli 1975 und Juli 1996 wurde in 316 Entscheidungen Bezug auf die EMRK genommen, von diesen 316 Entscheidungen ergingen allein 187 seit Februar 1991.[184] Diese Zunahme wird zurückgeführt auf die Ausweitung der Kategorien, in denen auf die EMRK Bezug genommen wird.[185] Die Rechtsprechung berücksichtigte die Konventionsgarantien sowohl im Rahmen der Gesetzesauslegung, als auch der Auslegung des *common law* und bei der gerichtlichen Überprüfung von verwaltungsrechtlichen Ermessensentscheidungen.[186]

1.2 Geltung der EMRK seit Inkrafttreten des Human Rights Act 1998

Durch den *Human Rights Act* wurden Art. 2 bis 12 und 14 EMRK sowie Art. 1 bis 3 des 1. ZP in Verbindung mit Art. 16 und 18 EMRK in das englische Recht inkorporiert, s. 1 (1) HRA.[187]

Nicht inkorporiert wurde Art. 13 EMRK, der die Gewährleistung einer wirksamen Beschwerdemöglichkeit vorsieht, da nach s. 8 HRA bereits ein effektiver und lückenloser Rechtsschutz ermöglicht sei.[188]

Normadressaten sind nach s. 6 HRA alle öffentliche Stellen (*public authorities*). S. 6 (1) HRA erklärt jedes Verhalten dieser Stellen für rechtswidrig, das nicht im Einklang mit den Konventionsrechten steht. Für die Klassifizierung als öffentliche Stelle ist der materiellrechtliche Charakter der Aufgaben maßgebend, nicht die Organisationsform.[189] Somit fallen auch privatrechtliche Einrichtungen hierunter, soweit sie in Erfüllung öffentlicher Aufgaben tätig werden, s. 6 (3) (b) HRA. Ferner werden nach s. 6 (3) (b) HRA auch Gerichte und Tribunale erfasst, unabhängig von der Verfahrensart. Auch im Rahmen der Anwendung

183 Starmer/Klug, P. L. 1997, 223.

184 Starmer/Klug, P. L. 1997, 223, 224.

185 Starmer/Klug, P. L. 1997, 223, 224.

186 Starmer/Klug, P. L. 1997, 223, 225. Hierzu ausführlich Baum, EuGRZ 2000, 281, 288–294.

187 Vgl. zur Inkorporierung ausführlich Grote, ZaöRV 1998, 309 ff.; Baum, EuGRZ 2000, 281 ff.

188 Stellungnahme Lord Chancellor Irvine, HL Official Report vom 18. November 1997, col. 477 f. Vgl. dazu Grote, ZaöRV 1998, 309, 337.

189 Grote, ZaöRV 1998, 309, 338.

von *common law*-Prinzipien auf privatrechtliche Streitigkeiten sind die Gerichte an die Konventionsrechte gebunden („mittelbare Drittwirkung"[190]).[191]

Nach s. 2 (1) HRA sind die Gerichte dabei verpflichtet, Urteile und Entscheidungen des EGMR, Entscheidungen und Stellungnahmen der Kommission oder des Ministerrates zu berücksichtigen. Sie sind dabei jedoch nicht an die Rechtsprechung der Straßburger Organe gebunden.[192] Hinter dieser recht schwach anmutenden Verpflichtung verbirgt sich grundsätzlich ein weiter Ermessensspielraum[193]: Zum einen, ob der Straßburger Rechtsprechung bei der Entscheidungsfindung zu folgen oder aber mit wohlüberlegter Argumentation („*on a reasoned basis*")[194] nicht zu folgen ist, zum anderen hinsichtlich der Gewichtung der Rechtsprechung der Konventionsorgane im Rahmen der Entscheidungsfindung.[195] In der Literatur finden sich schon recht früh nach der Verabschiedung des *Human Rights Act 1998* Vorschläge für mögliche Kriterien der Ermessensausübung hinsichtlich der Gewichtung der Straßburger Rechtsprechung. *Starmer* benennt, teilweise gestützt auf die Gesetzesmaterialien, drei Kriterien, die das Gewicht einer Entscheidung der Konventionsorgane im Rahmen der Entscheidungsfindung britischer Gerichte bestimmen sollten:[196]

- Je älter die relevante Entscheidung, desto weniger kann sie als verlässlicher Maßstab gelten.[197]
- Einem Urteil des EGMR ist mehr Bedeutung zu zumessen als einer Kommissionsentscheidung, insbesondere gegenüber einer bloßen Zulässigkeitsentscheidung.
- Einem Urteil der Großen Kammer des EGMR muss mehr Bedeutung zukommen als einem Urteil.

Die Rechtsprechung des *House of Lords* hingegen zeigt eine restriktive Handhabung dieses Ermessensspielraums und sieht eine Art intendierten Ermessens zugunsten der Rechtsprechung der Konventionsorgane. In *R (Alconbury Developments Ltd) v Secretary of State for the Environment, Transport and the Regions* formulierte das oberste Gericht den Grundsatz, dass die Gerichte einer

190 Grote, ZaöRV 1998, 309, 339.

191 HL Official Report vom 24. November 1997, col. 783; vgl. dazu auch Grote, ZaöRV 1998, 309, 338 f.

192 Stellungnahme Lord Chancellor Irvine, HL Official Report vom 18. November 1997, col. 514.

193 Masterman, P. L. 2004, 725.

194 R v Secretary of State for the Home Departement, ex parte Anderson [2002] 2 WLR 1143, Rn. 88.

195 Masterman, P. L. 2004, 725.

196 Starmer, S. 27.

197 Stellungnahme Lord Chancellor Irvine, HL Official Report vom 19. Januar 1998, col. 1272; Starmer, S. 27.

klaren und konstanten Rechtsprechung der Konventionsorgane folgen sollten, sofern keine besondere Umstände eine Abweichung erfordern.[198] Dies gebiete die Natur der EMRK als internationalem Vertragswerk, dessen maßgebende Auslegung dem EGMR obliege. Daraus folge die Pflicht, nicht ohne triftigen Grund die Wirkung der Straßburger Rechtsprechung zu schwächen oder zu verwässern.[199]

Ausdrücklich ausgenommen von der Bindung an die Konventionsrechte sind das Parlament und mit seiner Funktion zusammenhängende Tätigkeiten, s. 6 (3) HRA, soweit es nicht in seiner gerichtlichen Funktion handelt (*House of Lords*), s. 6 (4). Damit bleibt die Parlamentssouveränität uneingeschränkt. Dem liegt eine bewusste Entscheidung gegen eine Inkorporierung nach dem Modell des *European Communities Act 1972* zugrunde, da die EMRK – im Gegensatz zu den Gemeinschaftsverträgen – keine unmittelbare Anwendung im und keinen Anwendungsvorrang vor dem nationalen Recht verlange.[200] Die Gesetzesmaterialien heben die besondere Bedeutung der Parlamentssouveränität hervor und betonen die Unvereinbarkeit einer gerichtlichen Normenkontrolle mit diesem tragenden Prinzip britischen Verfassungsrechts.[201]

S. 3 HRA legt Gerichten und öffentlichen Stellen die Verpflichtung auf, Gesetze sowie Verordnungen und Satzungen (sogenannte *subordinate legislation*) in Übereinstimmung mit den Konventionsrechten auszulegen und anzuwenden, soweit dies möglich ist („*so far as it is possible*"). Dadurch soll vermieden werden, dass konventionswidrige Vorschriften, die vor dem *Human Rights Act* in Kraft getreten sind, aufgrund der *doctrine of implied repeal* aufgehoben werden und die Rechtssicherheit beeinträchtigt wird.[202] Die *doctrine of implied repeal* beruht auf dem Prinzip der Parlamentssouveränität und dient der Vermeidung von Normkollisionen.[203] Ihr zufolge kann der Gesetzgeber von ihm erlassene Gesetze durch eine inhaltlich abweichende Regelung des durch das frühere

---

198 R (Alconbury Developments Ltd) v Secretary of State for the Environment, Transport and the Regions [2001]UKHL 23, Rn. 26; bestätigt u. a. in R (Ullah) v Secretary of State for the Home Department [2004] UKHL 26, Rn. 20.

199 R (Ullah) v Secretary of State for the Home Department [2004] UKHL 26, Rn. 20.

200 Rights Brought Home: The Human Rights Bill, Cm. 3782, para. 2.12; vgl. dazu auch Grote, ZaöRV 1998, 309, 340.

201 Rights Brought Home: The Human Rights Bill, Cm. 3782, para. 2.13; vgl. dazu auch Baum, EuGRZ 2000, 281, 295.

202 Stellungnahme Lord Chancellor Irvine, HL Official Report vom 18. November 1997, col. 509; vgl. auch Grote, ZaöRV 1998, 309, 341; Baum, EuGRZ 2000, 281, 296.

203 Grote, ZaöRV 1998, 309, 340.

Gesetz geregelten Gegenstandes konkludent aufheben.[204] Letzlich dient s. 3 HRA somit der Wahrung der Parlamentssouveränität.[205]

Ist eine konventionskonforme Auslegung nicht möglich, so ergeben sich für das weitere Verfahren für Parlamentsgesetze andere Konsequenzen als für Verordnungen, Satzungen oder Verwaltungsakte: Aufgrund der auf der Parlamentssouveränität beruhenden Unmöglichkeit einer gerichtlichen Normenkontrolle können Parlamentsgesetze und – soweit das ermächtigende Gesetz es anordnet – auf ihnen beruhende sekundäre Rechtsakte nicht für nichtig erklärt werden. Dies stellen s. 4 (4) und (6) HRA klar. Die höheren Gerichte von *High Court* und *Court of Appeal* an können die Unvereinbarkeit der betreffenden Norm mit den Konventionsrechten in einer Unvereinbarkeitserklärung (*declaration of incompatibility)* förmlich feststellen, s. 4 (4) i. V. m. s. 4 (5) HRA. Die Wirksamkeit der Norm bleibt davon jedoch unberührt, s. 4 (6) HRA. Ebensowenig verpflichtet eine Unvereinbarkeitserklärung den Gesetzgeber dazu, die festgestellte Unvereinbarkeit zu beheben.[206] Eine Ausnahme dazu bilden nur die vom schottischen Regionalparlament erlassenen Gesetze. Das Regionalparlament ist an die Konventionsregeln gebunden, so dass auch seine Legislativakte von den Gerichten an diesem Maßstab gemessen werden und auch für nichtig erklärt werden können.[207]

Sekundäre Rechtsakte können im Rahmen des *judicial review* unter den den Gerichten zustehenden *remedial powers* für nichtig erklärt und aufgehoben werden.[208] Nach s. 8 HRA können Gerichte von den ihnen zur Verfügung stehenden Abhilfemöglichkeiten die sachgerechteste und angemessenste auswählen. Daneben kann das Gericht auch Schadensersatz gewähren, soweit ihm diese Befugnis in zivilrechtlichen Streitigkeiten zusteht, s. 8 (2) HRA.

Die Konventionswidrigkeit eines Verhalten öffentlicher Stellen kann s. 7 (1) HRA zufolge in jeder Phase eines gerichtlichen Verfahrens geltend gemacht oder aber im Wege einer eigenen Klage geltend gemacht werden, jedoch muss derjenige, der sich auf die Verletzung von Konventionsrechten beruft, Betroffener – *victim* – des öffentlichen Verhaltens sein. S. 7 (7) HRA konkretisiert den Begriff *victim* als Opfer im Sinne des Art. 34 EMRK. Opfer in diesem Sinne ist nach Auslegung des EGMR eine Person, die unmittelbar durch ein Tun oder Unterlassen betroffen ist.[209] Damit ist die Aktivlegitimation bei Geltendmachung einer

204 Ellen Street Ltd. v Minister of Health [1934] KB 590 CA; Grote, ZaöRV 1998, 309, 341.

205 Baum, EuGRZ 2000, 281, 295.

206 HC Official Report vom 16. Februar 1998, col. 774; vgl. dazu Grote, ZaöRV 1998, 309, 341 f.

207 Rights Brought Home: The Human Rights Bill, Cm. 3782, para. 2.9.

208 Rights Brought Home: The Human Rights Bill, Cm. 3782, para. 2.15; vgl. dazu Grote, ZaöRV 1998, 309, 341.

209 EGMR, Urteil vom 29.10.1992, 14234/88, 14235/88 – Open Door and Dublin Well Woman ./. Ireland, Rn. 43, Series A 246-A.

Verletzung von Konventionsrechten enger gefasst als im allgemeinen Verfahren des *judicial review*, in dem nach s. 31 (3) *Supreme Court Act 1981* ein ausreichendes Interesse des Beschwerdeführers genügt.[210]

Die Rechtsprechung erkennt keine Rückwirkung des *Human Rights Act* an. Eine Klage wegen Verletzung von Konventionsrechten ist nur zulässig, wenn das angegriffene Verhalten nach Inkrafttreten des *Human Rights Act* stattfand.[211]

Zur Sicherung konventionskonformer Gesetzgebung legt s. 19 HRA dem zuständigen Minister die Pflicht auf, vor der zweiten Lesung einer Gesetzesvorlage die Vereinbarkeit der Vorlage mit den Konventionsrechten zu erklären. Bei Zweifeln hat er ausdrücklich zu erklären, dass die Regierung eine Beratung der Vorlage im Parlament wünscht, obwohl sie eine Vereinbarkeitserklärung nicht abgeben kann. Dadurch soll eine intensive Auseinandersetzung der Ministerien mit den Auswirkungen der zu erlassenden Regelungen auf die Verpflichtungen aus der EMRK schon in der Vorbereitungsphase gewährleistet und die Aufmerksamkeit des Parlaments frühzeitig auf mögliche Konflikte mit den Konventionsrechten gelenkt werden.[212]

1.3 Ergebnis

Die Ratifikation völkerrechtlicher Verträge fällt als Prärogativrecht – anders als in Deutschland – in die ausschließliche Kompetenz der Exekutive. Das Parlament hat nur ein Informationsrecht (sog. *Ponsonby-Rule*), kein Entscheidungsrecht. Gleichwohl bedarf nach dem im britischen Recht herrschenden dualistischen Völkerrechtsverständnis ein völkerrechtlicher Vertrag zur innerstaatlichen Geltung regelmäßig eines Inkorporierungsgesetzes.

Vor ihrer Inkorporierung beschränkte sich die Bedeutung der EMRK im englischen Recht auf die Funktion einer Auslegungshilfe. Eine Möglichkeit der direkten Geltendmachung einer Konventionsverletzung vor britischen Gerichten bestand nicht.

Durch den *Human Rights Act* werden die Garantien der EMRK in das tradierte britische Verfassungsgefüge eingepasst. Das Prinzip der Parlamentssouveränität bleibt ausdrücklich unangetastet und soll durch s. 2 und s. 3 HRA aufrecht erhalten werden. Dieses Vorgehen wird dem subsidiären Charakter der Konvention einerseits gerecht: Durch den Verzicht auf eine Bindung an die Rechtsprechung der Konventionsorgane, die über die Bindungswirkung *inter partes* hinausgeht,

210 Grote, ZaöRV 1998, 309, 344.

211 R v Lambert [2002] 2 AC 545; R v Kansal (No. 2) [2002] 2 AC 69.

212 Rights Brought Home: The Human Rights Bill, Cm. 3782, Rn. 3.3.

wird den britischen Gerichten der Spielraum zur Entwicklung oder Erhaltung von Rechtsschutzmaßstäben gelassen, die über dem Standard der EMRK liegen.

Auf der anderen Seite gewährleistet der *Human Rights Act* durch die Versagung einer gerichtlichen Verwerfungs- oder Nichtanwendungskompetenz hinsichtlich konventionswidriger Parlamentsgesetze nur bedingt effektiven Rechtsschutz.

Die Ablehnung einer Inkorporierung nach dem Muster des *European Communities Act 1972*, die durch die Einräumung einer Vorrangstellung der EMRK faktisch die Parlamentssouveränität auf konventionsgemäße Akte beschränkt, stützt sich zum einen auf eine rein formale Argumentation, die zum anderen nur bedingt überzeugen kann. In ihrem *whitepaper* zieht sich die Regierung darauf zurück, dass die EMRK im Gegensatz zu den Gemeinschaftsverträgen keine Vorrangstellung vor dem nationalen Recht fordere[213] und deshalb kein Grund bestehe, auf ein Stück parlamentarischer Souveränität zu verzichten[214]. Damit könne nach dem traditionellen Verständnis der Parlamentssouveränität auch den Gerichten kein Recht eingeräumt werden, Parlamentsgesetze zu überprüfen.[215] Diese Argumente lassen außer Acht, dass die stückweise Aufgabe parlamentarischer Souveränität juristisch betrachtet möglich ist, sowohl in sachlicher Hinsicht (dies zeigen der *European Communities Act 1972* und die Rechtsprechung), wie auch in territorialer Hinsicht durch die Möglichkeit der Abtretung britischen Hoheitsgebietes durch Parlamentsgesetz[216]. Eine Vorrangstellung der EMRK nach dem Muster des *European Communities Act 1972* würde eine Möglichkeit der gerichtlichen Normenkontrolle eröffnen. Diese beruht nach s. 2 *European Communities Act* 1972 jedoch auf der Bindung an Akte der Gemeinschaftsorgane. Eine strenge Bindung – über die Bindungswirkung inter partes hinaus – an die Rechtsprechung der Konventionsorgane würde jedoch dem subsidiären Charakter der Konventionsrechte nicht gerecht, ein etwaig weiterreichender Schutzstandard des nationalen Rechts müsste durch das Günstigkeitsprinzip gelöst werden.

Auch wenn Art. 13 EMRK nach der Rechtsprechung des EGMR keine Möglichkeit der Normenkontrolle verlangt, wäre zur Gewährleistung eines effektiven Rechtsschutzes die gerichtliche Überprüfbarkeit formeller Gesetze anhand des Maßstabs der Konventionsrechte wünschenswert.

---

213 Rights Brought Home: The Human Rights Bill, Cm. 3782, Rn. 2.12.
214 Rights Brought Home: The Human Rights Bill, Cm. 3782, Rn. 2.13.
215 Rights Brought Home: The Human Rights Bill, Cm. 3782, Rn. 2.13.
216 Anglo-German Agreement Act von 1890.

2. Wirkung der EGMR-Entscheidungen

Wie bereits ausgeführt sind die englischen Gerichte und Tribunale nach s. 2 (1) HRA lediglich verpflichtet, Urteile und Entscheidungen des EGMR, Entscheidungen und Stellungnahmen der Kommission oder des Ministerrates zu berücksichtigen. Sie sind dabei jedoch nicht an die Rechtsprechung der Straßburger Organe gebunden[217]. Das *House of Lords* sieht hierin eine Art intendierten Ermessens: Die Natur der EMRK als internationales Vertragswerk, dessen maßgebende Auslegung dem EGMR obliege, gebiete, nicht ohne triftigen Grund die Wirkung der Straßburger Rechtsprechung zu schwächen oder zu verwässern.[218] Die Gerichte haben demnach einer klaren und konstanten Rechtsprechung der Konventionsorgane zu folgen, sofern keine besondere Umstände eine Abweichung erfordern.[219] Dies befreit sie jedoch nicht von der Bindung an höherrangige Rechtsprechung, insbesondere die des *House of Lords*, selbst wenn diese im Widerspruch zur Straßburger Rechtsprechung stehen sollte.[220] Damit ist der Spielraum englischer Gerichte im Umgang mit den Konventionsrechten sehr eng umgrenzt.

III. Ergebnis Teil B

Der EMRK kommt in England und Deutschland Gesetzesrang zu. Während ihr in Deutschland über ihre Berücksichtigung im Rahmen der Auslegung des Grundgesetzes auch ein mittelbarer Verfassungsrang und im Bereich des Steuerrechts über § 2 Abs. 1 AO durch eine Versagung der Derogierbarkeit ein Anwendungsvorrang zukommt, kommt ihr in England und Wales kein Vorrang gegenüber Parlamentsgesetzen zu. Der Gesetzgeber wollte gerade die Parlamentsouveränität unberührt lassen.

Die Entscheidungen des Gerichtshofs sind von deutschen und englischen Gerichten bei ihrer Entscheidungsfindung zu berücksichtigen. Während für die deutschen Gerichte der übertragungsfähige Inhalt der EGMR-Entscheidungen verbindlich ist, sind englische Gerichte zwar nicht an die Rechtsprechung des Gerichtshofs gebunden, sie haben aber einer klaren und konstanten Rechtspre-

217 Stellungnahme Lord Chancellor Irvine, HL Official Report vom 18. November 1997, col. 514.

218 R (Ullah) v Secretary of State for the Home Department [2004] UKHL 26, Rn. 20.

219 R (Alconbury Developments Ltd) v Secretary of State for the Environment, Transport and the Regions [2001]UKHL 23, Rn. 26; bestätigt u. a. in R (Ullah) v Secretary of State for the Home Department [2004] UKHL 26, Rn. 20.

220 Leeds City Council v Price [2005] 1 WLR 1825.

chung der Konventionsorgane zu folgen, sofern keine besondere Umstände eine Abweichung erfordern, jedoch bleibt die Bindung an höherrangige Rechtsprechung unberührt, selbst wenn diese im Widerspruch zur Straßburger Rechtsprechung stehen sollte.

C. Die Verfahrensgarantien des Artikels 6 Abs. 1 EMRK und ihre Anwendbarkeit im Steuer- und Steuerstrafrecht

I. Überblick

Art. 6 Abs. 1 EMRK[221] garantiert ein faires, zügiges und öffentliches Verfahren. Die Vorschrift ist „wesentliche Ausprägung des in der Konvention zum Ausdruck kommenden rechtsstaatlichen Prinzips“[222]. Diese Bedeutung verbietet nach ständiger Rechtsprechung des EGMR seit Beginn seiner Judikatur eine einschränkende Auslegung.[223] So ist Art. 6 EMRK die am häufigsten vor den Konventionsorganen als verletzt gerügte Norm und zugleich die Norm, deren Verletzung am häufigsten festgestellt wurde.[224] Allein die Rüge der überlangen Verfahrensdauer stellt in knapp der Hälfte aller Verfahren vor dem EGMR den Hauptstreitpunkt dar.[225]

Konkretisiert wird Absatz 1 für das Strafverfahren durch die in Art. 6 Abs. 2 EMRK statuierte Unschuldsvermutung und durch die in Art. 6 Abs. 3 EMRK besonders, jedoch nicht abschließend,[226] aufgezählten Mindest-Verfahrensgarantien.[227]

II. Persönlicher Anwendungsbereich

Die von Art. 6 Abs. 1 EMRK gewährten Rechte stehen „jedermann“ zu. Begrifflich sind damit natürliche wie juristische Personen, Inländer ebenso wie Auslän-

221 Art. 6 Abs. 1 EMRK:
„Jedermann hat Anspruch darauf, dass seine Sache in billiger Weise öffentlich und innerhalb einer angemessenen Frist gehört wird, und zwar von einem unabhängigen und unparteiischen, auf Gesetz beruhenden Gericht, das über zivilrechtliche Ansprüche und Verpflichtungen oder über die Stichhaltigkeit der gegen ihn erhobenen strafrechtlichen Anklage zu entscheiden hat.[...]“

222 Grabenwarter/Pabel, EMRK, § 24, Rn. 2.

223 EGMR, Urteil vom 17.01.1970, 2689/65 – Delcourt ./. Belgien, Rn. 25, Series A 11; EGMR, Urteil vom 30.10.1991, 12005/86 – Borgers ./. Belgien, Rn. 24, Series A 214-B mit weiteren Nennungen.

224 Peukert in Frowein/Peukert, Art. 6, Rn. 3; Baker, [2000] B.T.R., 211, 228.

225 Breuer, EuGRZ 2004, 445, 447.

226 Peukert in Frowein/Peukert, Art. 6, Rn. 2.

227 EGMR, Urteil vom 06.12.1988, 10590/83 – Barberá u.a. ./. Spanien, Rn.67, Series A 146; Urteil vom 24.11.1986, 9120/80 – Unterpertinger ./. Österreich, Rn. 29, Series A 110.

der oder Staatenlose erfasst, unabhängig von besonderen Statusverhältnissen wie Militärdienst[228] oder Strafhaft[229].[230] Staaten und Körperschaften des öffentlichen Rechts können sich auf Art. 6 EMRK hingegen nicht berufen, da ihnen das Individualbeschwerderecht nach Art. 34 EMRK nicht zusteht.[231] Hinsichtlich der verfahrensrechtlichen Stellung gilt nach ständiger Rechtsprechung der Konventionsorgane, dass nur Prozessparteien, bzw. im Strafverfahren der Beschuldigte, sich auf Art. 6 EMRK berufen können,[232] auch Privatkläger im Strafprozess, soweit diese Schadensersatz begehren und damit einen zivilrechtlichen Anspruch verfolgen[233]. Nicht auf Art. 6 EMRK berufen können sich Zeugen[234], Sachverständige[235] oder Verteidiger[236].

III. Sachlicher Anwendungsbereich

Seinem Wortlaut nach beschränkt sich Art. 6 Abs. 1 EMRK auf Verfahren vor Gerichten, in denen über „*zivilrechtliche Ansprüche und Verpflichtungen*" oder über eine „*strafrechtliche Anklage*" entschieden wird. Die in den Absätzen 2 und 3 enthaltenen Konkretisierungen des Rechts auf ein faires Verfahren gelten nur im strafrechtlichen Verfahren.[237]

Nach ständiger Rechtsprechung der Straßburger Organe sind die Merkmale der „*zivilrechtlichen Ansprüche und Verpflichtungen*" und der „*strafrechtlichen Anklage*" als autonome Begriffe unter Berücksichtigung des Sinn und Zwecks der Konvention und der vorherrschenden Auffassungen in den Rechtssystemen der Vertragsstaaten auszulegen.[238] Beide Merkmale können kumulativ vorliegen, doch genügt dem EGMR zu Bestimmung der Anwendbarkeit das Vorliegen eines

228 EGMR, Urteil vom 08.06.1976; 5100/71, 5101/71, 5102/71, 5354/72, 5370/72 – Engel u. a. ./. Niederlande, Rn. 80–85, Series A 22.

229 EGMR, Urteil vom 28.06.1984; 7819/77, 7878/77 – Campell u. Fell, Rn. 69, Series A 80.

230 Peukert in Frowein/Peukert, Art. 6, Rn. 4.

231 Peukert in Frowein/Peukert, Art. 6, Rn. 4; Partsch, S. 297.

232 EKMR, Beschluss vom 14.07.1981, 9234/81 – X ./. Bundesrepublik Deutschland, D. R. 26, 70.

233 EKMR, Beschluss vom 08.03.1979, 8366/78 – X ./. Luxemburg, D. R. 16, 198.

234 EKMR, Beschluss vom 29.06.1992, 17072/90 – P ./. Österreich; Frowein/Peukert, Art. 6, Rn. 4.

235 EKMR, Beschluss vom 14.08.1988, 14046/88; zitiert nach Frowein/Peukert, Art. 6, Rn. 4, Fn. 21.

236 EKMR, Beschluss vom 12.10.1978, 7909/77 – X und Y ./. Österreich, D. R. 15, 160; Frowein/Peukert, Art. 6, Rn. 4.

237 Grabenwarter/Pabel in Grote/Marauhn, Kap. 14, Rn. 12.

238 EGMR, Urteil vom 28.06.1978, 6232/73 – König ./. Deutschland, Rn. 89, Series A 27.

beider Merkmale, so dass bei Bejahung eines Merkmals die Prüfung des anderen unterbleibt.[239]

1. Zivilrechtliche Ansprüche und Verpflichtungen

1.1 Kriterien des EGMR

1.1.1 Geltendmachung des Anspruchs auf vertretbare Weise nach innerstaatlichem Recht

Art. 6 EMRK setzt für seine Anwendbarkeit auf der zivilrechtlichen Seite einen materiellen Anspruch nach innerstaatlichem Recht voraus.[240] Der Begriff des Anspruchs ist zwar nach ständiger Rechtsprechung der Konventionsorgane autonom auszulegen, eine solche Auslegung kann jedoch nicht zu einer Anerkennung von Rechten führen, die in der Rechtsordnung des betroffenen Staates jeder materiellrechtlichen Grundlage entbehren.[241] Der Gerichtshof lässt zur Annahme eines Anspruchs regelmäßig genügen, dass der Beschwerdeführer ein „individuelles Interesse"[242] geltend macht, dessen Grundlage in der jeweiligen innerstaatlichen Rechtsordnung wenigstens in vertretbarer Weise behauptet wird[243].

1.1.2 Zivilrechtliche Natur

Der Wortlaut von Art. 6 Abs. 1 EMRK in der als Vertragssprachen maßgebenden englischen und französischen Fassung („*civil rights and obligations*" bzw. „*droit et obligations de caractère civil*") lässt die Auslegung zu, dass nicht nur privatrechtliche Ansprüche im engeren Sinne, sondern auch Ansprüche umfasst sind, die ihren Ursprung im öffentlichen Recht haben.[244] In der Literatur wird zutref-

---

239 EGMR, Urteil vom 08.06.1976; 5100/71, 5101/71, 5102/71, 5354/72, 5370/72 – Engel u. a. ./. Niederlande, Rn. 86–88, Series A 22.

240 Grabenwarter/Pabel in Grote/Marauhn, Kap. 14, Rn. 16.

241 EGMR, Urteil vom 21.09.1994, 17101/90 – Fayed ./. Vereinigtes Königreich, Rn. 65, Series A 294-B; Urteil vom 19.10.2005, 32555/96 – Roche ./. Vereinigtes Königreich, Rn. 117, ECHR 2005–X; Peukert in Frowein/Peukert, EMRK, Art. 6, Rn. 7.

242 Bezgovsek, S. 121.

243 EGMR, Urteil vom 26.03.1992, 11760/85 – Editions Périscope ./. Frankreich, Rn. 35, Series A 234-B; Urteil vom 21.09.1994, 17101/90 – Fayed ./. Vereinigtes Königreich, Rn. 65, Series A 294-B; Urteil vom 19.10.2005, 32555/96 – Roche ./. Vereinigtes Königreich, Rn. 117, ECHR 2005–X.

244 EGMR, Urteil vom 16.07.1971, 2614/65 – Ringeisen ./. Österreich, Rn. 94, Series A 13; vgl. auch Grabenwarter/Pabel, EMRK, § 24, Rn. 7.

fend darauf hingewiesen, dass gerade der englische Begriff nicht auf privatrechtliche Ansprüche nach kontinentaleuropäischem Verständnis beschränkt sei.[245] Für die Qualifizierung als zivilrechtlich ist nach dem der Konvention unterliegenden autonomen Begriffsverständnis weder die Klassifizierung nach innerstaatlichem Recht der Vertragsparteien, noch die Zuordnung zu einer bestimmten innerstaatlichen Gerichtsbarkeit allein ausschlaggebend.[246] Demzufolge können auch Streitigkeiten zwischen Bürgern und hoheitlich handelnden staatlichen Stellen als zivilrechtlich anzusehen sein.[247] Vielmehr hat die Straßburger Rechtsprechung ausgehend von ihren Entscheidungen in *Ringeisen* und *König* regelmäßig auf das konkret in Streit stehende Rechtsverhältnis abgestellt.[248] Unproblematisch ist der zivilrechtliche Charakter zu bejahen, wenn das in Frage stehende Recht aus einem privatrechtlichen Rechtsverhältnis abgeleitet wird. Inwieweit auch andere Rechtsverhältnisse erfasst werden, ist nach der Rechtsprechung des EGMR eine Frage des Einzelfalls.[249]

Die Auslegungsmethodik des Gerichtshofs veränderte sich im Laufe der Zeit: Während zunächst die Auswirkungen des Streits auf Eigentum und vertragliche Rechtsbeziehungen ausschlaggebend waren („Auswirkungsjudikatur“[250] oder „Auswirkungsmethode“[251]), so wurde im Rahmen sozialversicherungsrechtlicher Streitigkeiten abgewogen, ob der zivilrechtliche oder der öffentlich-rechtliche Charakter des Anspruchs überwiegt („Abwägungsjudikatur“[252] bzw. Abwägungsmethode“[253]); in einem dritten Ansatz versuchte der EGMR den zivilrechtlichen Charakter des Anspruchs dann über positive und negative Kriterien zu ermitteln („Kriterienmethode“[254]).[255]

1.1.2.1 Auswirkungsmethode

Zur Bestimmung des zivilrechtlichen Charakters einer Streitigkeit stellt der Gerichtshof in bestimmten Fallkonstellationen darauf ab, ob die Entscheidung der Streitigkeit eine Auswirkung auf privatrechtliche, d.h. individualrechtliche Positionen

245 Kopetzki, EuGRZ 1983, 173, 174f.; Grabenwarter/Pabel EMRK, § 24, Rn. 7.
246 EGMR, Urteil vom 16.07.1971, 2614/65 – Ringeisen ./. Österreich, Rn. 94, Series A 13.
247 EGMR, Urteil vom 28.06.1978, 6232/73 – König ./. Deutschland, Rn. 90, Series A 27.
248 EGMR, Urteil vom 16.07.1971, 2614/65 – Ringeisen ./. Österreich, Rn. 94, Series A 13; Urteil vom 28.06.1978, 6232/73 – König ./. Deutschland, Rn. 89, Series A 27.
249 Peukert in Frowein/Peukert, Art. 6, Rn. 15.
250 Grabenwarter/Pabel, EMRK, § 24, Rn. 9.
251 Bezgovsek, S. 142–150.
252 Grabenwarter/Pabel, EMRK, § 24, Rn. 10.
253 Bezgovsek, S. 150–154.
254 Bezgovsek, S. 154–168.
255 Hierzu ausführlich Bezgovsek, S. 142–168.

zeigt.[256] Er sucht im innerstaatlichen Recht eine subjektive Rechtsposition privatrechtlichen Charakters, die durch den streitigen Verwaltungsakt wird.[257] Dabei legt der Gerichtshof besonderes Augenmerk auf die Folgen der Streitigkeit für die private Rechtsgestaltung des Beschwerdeführers, wobei weniger die Ursachen als das Ergebnis der Streitigkeit zwischen Bürger und Staat entscheidend sind.[258]

So klassifizierte er Streitigkeiten um die Rechtmäßigkeit von Enteignungsmaßnahmen wegen ihrer Auswirkung auf das Eigentumsrecht als zivilrechtlich,[259] ebenso einen Streit über die Versagung einer öffentlich-rechtlichen Genehmigung als Streitigkeit über einen zivilrechtlichen Anspruch, wenn sich die Versagung auf privatrechtliche Positionen des Beschwerdeführers auswirkte, wie beispielsweise auf ein konkretes privatrechtliches Vertragsverhältnis (hier ein Grundstückskaufvertrag),[260] oder auf das Recht, auf eigenem Grund und Boden zu bauen[261]. Eine solche Auswirkung auf privatrechtliche Positionen wurde auch hinsichtlich der Entscheidung in einem Klageverfahren gegen den Entzug der Approbation als Arzt bejaht, also auch, wenn die Auswirkung auf privatrechtliche Positionen nicht ein konkretes privatrechtliches Vertragsverhältnis betrifft, sondern vielmehr auf zukünftiges privatrechtliches, freiberufliches bzw. gewerbliches Handeln, das durch die staatliche Intervention erschwert bzw. unmöglich gemacht wurde.[262]

Auch Streitigkeiten über den Entzug oder die Versagung öffentlicher Lizenzen misst der Gerichtshof nach der Auswirkungsmethode zivilrechtlichen Charakter bei, wenn die Lizenz Grundlage der wirtschaftlichen Betätigung des Beschwerdeführers ist.[263] Ist die Lizenz auf Dritte übertragbar, so kommt ihr zudem vermögensrechtlicher Charakter zu, so dass bei Streitigkeiten über ihren Entzug ein ziviles Recht im Sinne von Art. 6 Abs. 1 EMRK betroffen ist.[264]

Schließlich hat der Gerichtshof die Auswirkungsmethode auch hinsichtlich staatlicher Beeinträchtigungen des Rechts auf Leben und körperliche Unversehrtheit angewandt.[265]

---

256 EGMR, Urteil vom 16.07.1971, 2614/65 – Ringeisen ./. Österreich, Rn. 94, Series A 13.

257 Bezgovsek, S. 145.

258 Schmidt-Aßmann, EuGRZ 1988, 577; Bezgovsek, S. 145.

259 EGMR, Urteil vom 23.09.1982, 7151/75, 7152/75 – Sporrong u. Lönnroth ./. Schweden, Rn. 79, Series A 52; Urteil vom 27.10.1987, 10930/84 – Bodén ./. Schweden, Rn. 28 ff., Series A 125-B.

260 EGMR, Urteil vom 16.07.1971, 2614/65 – Ringeisen ./. Österreich, Rn. 94, Series A 13.

261 EGMR, Urteil vom 25.10.1989, 10842/84 – Allan Jacobsson ./. Schweden, Rn. 73, Series A 163.

262 EGMR, Urteil vom 28.06.1978, 6232/73 – König ./. Deutschland, Rn. 92–95, Series A 27.

263 EGMR, Urteil vom 27.10.1987, 10426/83 – Pudas ./. Schweden, Rn. 37, Series A 125-A; Urteil vom 23.10.1985, 8848/80 – Benthem ./. Niederlande, Rn. 36, Series A 97.

264 EGMR, Urteil vom 23.10.1985, 8848/80 – Benthem ./. Niederlande, Rn. 36, Series A 97.

265 EGMR, Urteil vom 26.08.1997, 22110/93 – Balmer-Schafroth ./. Schweiz, Rn. 30–40, Reports 1997–IV.

Die Entscheidung des Rechtsstreits muss sich jedoch stets direkt auf privatrechtliche Positionen auswirken, sie müssen „Objekt des Rechtsstreits“ sein, eine nur schwache oder entfernte Auswirkung ist nicht ausreichend.[266]

1.1.2.2 Abwägungsmethode

Im Rahmen der Beurteilung von Ansprüchen auf Versicherungsleistungen gegen gesetzliche Sozialversicherungsträger als zivilrechtlich im Sinne von Art. 6 Abs. 1 EMRK ging der Gerichtshof dazu über, die öffentlich-rechtlichen und zivilrechtlichen Elemente der Sozialversicherungsansprüche gegeneinander abzuwägen.[267] Für den öffentlich-rechtlichen Charakter führte der EGMR die innerstaatliche Einordnung als Bestandteil des öffentlichen Rechts, der Zwangscharakter der Versicherung und die staatliche Pflicht zu sozialen Sicherung seiner Bürger an.[268] Für den zivilrechtlichen Charakter wurden der individuelle, vermögenswerte Charakter des Sozialversicherungsanspruchs, dessen Verknüpfung mit dem zugrunde liegenden Arbeitsverhältnis und die Vergleichbarkeit des Anspruchs mit Versicherungsansprüchen normalen Rechts in die Abwägung eingestellt.[269] Im Ergebnis maß der Gerichtshof den zivilrechtlichen Merkmalen zwar nicht für sich, sondern kumulativ betrachtet, das größere Gewicht bei.[270]

Im Urteil *Schuler-Zgraggen ./. Schweiz* ging der EGMR dann vor dem Hintergrund der Rechtsentwicklung in den Vertragsstaaten seit den Urteilen zu *Deumeland ./. Deutschland* und *Feldbrugge ./. Niederlande* und aufgrund des Grundsatzes der Gleichbehandlung davon aus, dass Art. 6 Abs. 1 EMRK generell auf Streitigkeiten des Sozialversicherungsrechts und der Sozialhilfe anwendbar sein solle.[271]

1.1.2.3 Kriterienmethode

Bei Anwendung der so genannten Kriterienmethode bestimmt der EGMR den zivilrechtlichen Charakter zweistufig anhand des positiven Merkmals des individuellen, vermögenswerten Rechts und des negativen Merkmals der Zuordnung der Streitigkeit zum Kernbereich des öffentlichen Rechts.

---

266 EGMR, Urteil vom 23.06.1981, 6878/75; 7238/75 – Le Compte u. a., ./. Belgien, Rn. 47, Series A 43.

267 EGMR, Urteil vom 29.05.1986, 9384/81 – Deumeland ./. Deutschland, Rn. 64–74, Series A 100; Urteil vom 29.05.1986, 8562/79 – Feldbrugge ./. Niederlande, Rn. 26–40, Series A 99.

268 EGMR, Urteil vom 29.05.1986, 9384/81 – Deumeland ./. Deutschland, Rn. 66–69, Series A 100.

269 EGMR, Urteil vom 29.05.1986, 9384/81 – Deumeland ./. Deutschland, Rn. 71–73, Series A 100.

270 EGMR, Urteil vom 29.05.1986, 9384/81 – Deumeland ./. Deutschland, Rn. 74, Series A 100.

271 EGMR, Urteil vom 24.06.1993, 14518/89 – Schuler-Zgraggen ./. Schweiz, Rn. 46, Series A 263.

Eine individuelle, vermögenswerte Rechtsposition hat der Gerichtshof in verwaltungsrechtlichen Angelegenheiten regelmäßig dann angenommen, wenn „*wirtschaftliches Fortkommen*" des Beschwerdeführers in Streit steht.[272] Ratio legis dieses Kriteriums ist nach Auffassung der Literatur die besondere Schutzbedürftigkeit des Bürgers in vermögensrechtlichen Streitigkeiten, da in diesen Streitigkeiten seine persönliche Lebensgestaltung stark beeinflusst werden könne.[273] Ein solcher Ansatz führe zu einer weiten Auslegung des zivilrechtlichen Charakters und erfasse auch Streitigkeiten um Subventionen, Steuern und sonstige Abgaben sowie finanzielle Aspekte des öffentlichen Dienstes wie Beamtenpensionen.[274]

Eingeschränkt wird die so ermöglichte weite Auslegung durch das negative Merkmal der Zuordnung der Streitigkeit zum Kernbereich des öffentlichen Rechts. Die Konturen dieses Kernbereichs sind in der Rechtsprechung der Konventionsorgane bis heute unscharf geblieben. In der älteren Rechtsprechung orientierte sich die Straßburger Rechtsprechung an der Subordinationstheorie und schloss pauschal ganze Rechtsbereiche, namentlich Streitigkeiten des Rechts des Militärdienstes[275] bzw. des Ersatzdienstes[276], des Ausländerrechts, des Rechts des öffentlichen Dienstes und des Steuerrechts, durch Zuordnung zum Kernbereich des öffentlichen Rechts aus dem zivilrechtlichen Anwendungsbereich des Art. 6 EMRK aus.[277] Die in diesen Bereichen bestehenden Rechte und Pflichten existierten nicht für das Individuum als Privatperson, sondern als Staatsbürger.[278] Von diesen Vorstellungen hat sich der Gerichtshof zunehmend gelöst, der pauschale Ausschluss ganzer Rechtsmaterien wurde zugunsten einzelfallbezogener Umschreibungen des Kernbereich des öffentlichen Rechts aufgegeben.[279]

1.2. Anwendung der Kriterien in Steuersachen

1.2.1 Die Rechtsprechung der EKMR

Soweit ersichtlich wurde die EKMR erstmals 1961 mit der Frage der Anwendbarkeit von Art. 6 EMRK auf steuerrechtliche Sachverhalte unter der zivilrechtlichen Rubrik konfrontiert.[280] In der Rechtssache *AX und BX ./. Deutschland* hatten

272 Bezgovsek, S. 156.
273 Bezgovsek, S. 156.
274 Kley-Struller, AJP 1994, 23, 33; Bezgovsek, S. 156.
275 EKMR, Entscheidung vom 19.07.1968, 3435/67 – 3438/67 – W., X., Y., Z. ./. Vereinigtes Königreich.
276 EKMR, Entscheidung vom 08.05.1987, 11734/85 – Nicolussi ./. Österreich, D. R. 52, 266.
277 Bezgovsek, S. 156.
278 EKMR, Entscheidung vom 08.05.1987, 11734/85 – Nicolussi ./. Österreich, D. R. 52, 266.
279 Bezgovsek, S. 157.
280 Hierzu eingehend Baker, [2000] B.T.R. 211, 229f.; Bezgovsek, S. 185–187.

die Beschwerdeführer sich gegen die Versagung einer mündlichen Verhandlung vor dem Bundesverfassungsgericht in einer steuerrechtlichen Frage gewandt. Die Kommission führte im obiter dictum knapp aus, dass die Streitigkeit weder eine Entscheidung über zivilrechtliche Ansprüche oder Verpflichtungen, noch eine strafrechtliche Anklage im Sinne von Art. 6 EMRK darstelle.[281]

Ausdrücklich nahm die Kommission erstmals in ihrer Entscheidung des Falls *X ./. Belgien* Stellung. Der Beschwerdeführer klagte vor der belgischen Gerichtsbarkeit gegen die seiner Meinung nach unzutreffende Veranlagung zu einer Gemeindesteuer. Gegen das abweisende Urteil war eine Revision nicht zulässig. Hierin sah der der Beschwerdeführer eine Verletzung des durch Art. 6 Abs. 1 EMRK gewährleisten Rechts auf rechtliches Gehör. Die Kommission stellte fest, dass steuerrechtliche Tätigkeiten in den Bereich des öffentlichen Rechts fallen und nicht als privatrechtliche Streitigkeit klassifiziert werden könne, obwohl die Streitigkeit Auswirkungen auf die Eigentumsrechte des Beschwerdeführers habe. Art. 6 Abs. 1 EMRK sei daher nicht anwendbar.[282]

In der nachfolgenden Entscheidung *A, B, C u. D ./. Niederlande*[283], der ein Bewertungsstreit im Rahmen der Vermögenssteuer zugrunde lag, bestätigte die Kommission diese Auffassung. In der Folgezeit erstarkte sie zur ständigen Rechtsprechung der Kommission, die seit der Entscheidung vom 5. Februar 1973 in *X. ./. Belgien*[284] auch als solche referiert wird.

Diese Rechtsprechung hielt die Kommission bis zu ihrer Auflösung durch das 11. Zusatzprotokoll aufrecht.[285] Aufgrund dieser Rechtsprechung wurden die Beschwerden zu steuerlichen Streitigkeiten von der Kommission regelmäßig für unzulässig erklärt und daher auch nicht dem Gerichtshof zur Entscheidung weitergeleitet. Dies erklärt die Tatsache, dass für die Zeit vor Inkrafttreten des 11. Zusatzprotokolls kaum konkreten Entscheidungen des EGMR direkt zur Frage der Anwendbarkeit des Art. 6 Abs. 1 EMRK auf steuerrechtliche Streitigkeiten unter der zivilrechtlichen Rubrik vorliegen.

Im Gegensatz zu dieser ständigen Rechtsprechung stehen eine Reihe von Entscheidungen, die Streitigkeiten über Steuerrückerstattungen als zivilrechtlich charakterisierten, wenngleich in recht ungleicher Ausgestaltung.

---

281 EKMR, Entscheidung vom 28.07.1961, 673/59 – AX u. BX ./. Deutschland, zitiert nach Baker, [2000] B.T.R. 211, 229.

282 EKMR, Entscheidung vom 01.10.1965, 2145/64 – X ./. Belgien.

283 EKMR, Entscheidung vom 23.05.1966, 1904/63 – A, B, C u. D ./. Niederlande, zitiert nach Baker, [2000] B.T.R. 211, 230.

284 EKMR, Entscheidung vom 05.02.1973, 5421/72 – X ./. Belgien; nicht zu verwechseln mit der gleichnamigen Entscheidung vom 01.10.1965.

285 Zuletzt in EMKR, Entscheidung vom 27.05.1998, 37416/97, 37418/97 + 37434/97 – Kappa Kanzlei- und Bürobetriebs GmbH u. a. ./. Österreich. Vgl. auch Baker, [2000] B.T.R. 211, 230.

In ihrer Entscheidung der Rechtssache *D.C. ./. Italien* stellt die Kommission fest, dass eine Streitigkeit über eine Steuerrückerstattung zivilrechtlichen Charakter habe.[286] Auch einer Anfechtungsklage gegen eine Steuerfestsetzung billigte die EKMR in der Rechtssache *Filippello ./. Italien* zivilrechtlichen Charakter zu, sofern diese Steuer bereits gezahlt sei und im Erfolgsfalle zurückgefordert werden kann.[287] Leider beließ es die Kommission bei dieser lapidaren Feststellung, ohne eine nähere Begründung zu geben. Diese Auffassung hat die Kommission jedoch im Fall *D'Andrei ./. Italien* wieder eingeschränkt: Eine Klage auf Steuererstattung habe dann keinen zivilrechtlichen Charakter, wenn hierbei die Steuerbemessungsgrundlage und die Auslegung des Steuerrechts in Streit stehen.[288]

Bejaht hat die Kommission auch die zivilrechtliche Natur von Ansprüchen in Zwangsvollstreckungsverfahren, die die Finanzbehörden zur Durchsetzung ihrer Steueransprüche angestrengt hatten.

In der Entscheidung *K ./. Schweden* hatten die Finanzbehörden Eigentum der Beschwerdeführerin zur Begleichung der Steuerschulden ihres Ehemannes beschlagnahmen lassen. Die Kommission sah das Widerspruchsverfahren gegen die Beschlagnahme als zivilrechtliche Streitigkeit an, da durch dieses Verfahren der Beschwerdeführerin die Möglichkeit eingeräumt werde, die Beschlagnahme anzugreifen und rückgängig zu machen.[289]

Im Fall *S ./. Österreich* klagte eine Bank auf Herausgabe von Schmuckstücken, die ihr sicherungsübereignet wurden und dann zur Sicherung der Sachhaftung für nicht gezahlte Zollabgaben des Sicherungsgebers beschlagnahmt wurden. Die EKMR ging in ausdrücklicher Abgrenzung zu ihrer ständigen Rechtssprechung von der zivilrechtlichen Natur der Streitigkeit aus, da nicht die Steuerpflichten der Beschwerdeführerin in Frage standen, sondern deren Rechte im Zwangsvollstreckungsverfahren.[290]

1.2.2 Die Rechtsprechung des EGMR

Aufgrund der dargestellten restriktiven Auslegung der Kommission wurde dem Gerichtshof vor Inkrafttreten des 11. Zusatzprotokolls kaum Fälle zur Entscheidung vorgelegt, die direkt die Frage der Anwendbarkeit des Art. 6 EMRK unter der zivilrechtlichen Rubrik auf steuerrechtliche Fragen betrafen[291].[292]

---

286 EKMR, Entscheidung vom 20.10.1992, 13120/87 – D.C. ./. Italien.
287 EKMR, Entscheidung vom 24.10.1995, 25564/94 – Filippello ./. Italien.
288 EKMR, 30601/96 – D'Andrei ./. Italien, zitiert nach Baker, [2000] B.T.R. 211, 235.
289 EKMR, Entscheidung vom 01.07.1991, 13800/88 – K ./. Schweden, D. R. 71, 110.
290 EKMR, Entscheidung vom 01.12.1993, 18778/91 – S ./. Österreich.
291 Bezgovsek, S. 188 f.
292 Eingehend zu dieser und zur bis 2001 ergangenen Rechtsprechung Bezgovsek, S. 190–192.

In der Rechtssache *Editions Périscope ./. Frankreich* wandte sich der Beschwerdeführer, der Herausgeber einer Zeitung, gegen die Verweigerung seiner Aufnahme in ein Berufsregister. Mit dieser Aufnahme waren nach französischem Steuerrecht Umsatzsteuerbegünstigungen und ermäßigte Postgebühren verbunden, so dass die Aufnahme eine Art „*Grundlagenbescheid*“ für die Gewährung dieser Begünstigungen darstellte[293]. Er rügte die überlange Verfahrensdauer und verlangte Schadensersatz vom französischen Staat.[294]

Der Gerichtshof entschied, dass ein monetärer Anspruch in Streit stand, der zivilrechtlicher Natur sei[295] und stellte dabei ausdrücklich auf den Anspruch auf Schadensersatz ab, und nicht auf die Versagung des steuerrechtlichen Grundlagenbescheides in Form der Eintragung in das Berufsregister.[296] Er führte jedoch auch aus, dass dieser Schadensersatzanspruch auf einer Verletzung von Rechten gründe, die ebenfalls als monetär anzusehen sind.[297] Damit meinte der Gerichtshof die mit der Versagung der Eintragung verbundene Versagung der Umsatzsteuerbegünstigungen und Postgebührenermäßigungen[298].

Die Argumentation des Gerichtshofs in *Editions Périscope ./. Frankreich* wurde von den Beschwerdeführern in *National & Provincial Building Society et. al. ./. Vereinigtes Königreich* – auch referenziert als *Building Societies ./. Vereinigtes Königreich*[299] – aufgegriffen. Sie rügten den Erlass eines rückwirkenden Gesetzes, das eine unwirksame Steuervorschrift heilen sollte und den Beschwerdeführern dadurch Steuererstattungsansprüche entzog.

Der der Entscheidung zugrunde liegende Sachverhalt war komplex: Zwischen Juni 1986 und März 1987 leistete die damalige *Woolwich Building Society* unter Vorbehalt Steuerzahlungen an die *Inland Revenue*. Der Vorbehalt bezog sich auf die damals neu eingeführte *Income Tax (Building Societies) Regulation 1986*, die – auf s. 343 (1A) *Income and Corporation Taxes Act 1970* gegründet – das bisherige System der Abführung der Zinsertragsteuer auf die Erträge der Anleger änderte, wonach zukünftig diese Steuer, für die die *Building Society* Haftungsschuldnerin war, quartalsweise anstatt jährlich abgeführt werden sollte. Zugleich statuierte die Verordnung eine erneute Abführungspflicht für Zeiträume vor dem 6. April 1986, für den die *Woolwich Building Society* bereits die Steuer abgeführt hatte. Unmittelbar nach der ersten Zahlung leitete die Woolwich Building Society ein *judicial review*-Verfahren zur gericht-

293 So Hahn, DStZ 2001, 453, 457.

294 EGMR, Urteil vom 26.03.1992, 11760/85 – Editions Périscope ./. Frankreich, Series A 234-B.

295 EGMR, Urteil vom 26.03.1992, 11760/85 – Editions Périscope ./. Frankreich, Rn. 40, Series A 234-B.

296 EGMR, Urteil vom 26.03.1992, 11760/85 – Editions Périscope ./. Frankreich, Rn. 37, Series A 234-B.

297 EGMR, Urteil vom 26.03.1992, 11760/85 – Editions Périscope ./. Frankreich, Rn. 40, Series A 234-B.

298 EGMR, Urteil vom 26.03.1992, 11760/85 – Editions Périscope ./. Frankreich, Rn. 37, Series A 234-B.

299 Vgl. Baker, [2000] B.T.R. 211, 225.

lichen Überprüfung der *Income Tax (Building Societies) Regulation* 1986 ein, die sie auf die behauptete Kompetenzüberschreitung der *Inland Revenue* bei Erlass der Verordnung stützte. Zusätzlich klagte die *Woolwich Building Society* auf Erstattung der für den Zeitraum vor dem 6.April 1986 aufgrund der *Income Tax (Building Societies) Regulation 1986* abgeführten Steuer. Mit Urteil vom 12. Juli 1988 wies der *High Court* die Klage ab. *Nolan J* kam in seiner Urteilsbegründung zu dem Ergebnis, dass die unter Vorbehalt erfolgten Zahlungen Ausdruck einer informellen Abrede seien, dass im Falle eines Obsiegens der *Woolwich Building Society* im Rahmen der Anfechtungsklage gegen den auf der *Income Tax (Building Societies) Regulation 1986* basierenden Steuerbescheid die zuviel abgeführte Steuer zu erstatten sei. Zu diesem Zeitpunkt war in der Anfechtungsklage jedoch noch keine rechtskräftige Entscheidung ergangen. Immerhin war mit diesem Urteil aber die Erstattungspflicht vom Ausgang dieses parallel laufenden Verfahrens abhängig gemacht worden. Dies wurde von der *Inland Revenue* nicht akzeptiert. Am 25. Oktober 1990 entschied das *House of Lords* dann letztinstanzlich, dass die *Inland Revenue* bei Erlass der *Regulation* tatsächlich die durch den *Taxes Act 1970* eingeräumten Befugnisse überschritten hatte und erklärte die Verordnung für nichtig. Im Mai 1991 urteilte dann der *Court of Appeal* im Rahmen der Klage auf Steuererstattung zugunsten der *Woolwich Building Society* und sprach ihr die Rückzahlung des zuviel gezahlten Betrages nebst Zinsen zu. Die von der *Inland Revenue* eingelegte Revision wies das *House of Lord* mit Urteil vom 20. Juli 1992 als unbegründet zurück.

In Folge der Entscheidung des *House of Lords* erhoben weitere Building Societies Klage auf die Erstattung der aufgrund der nichtigen Verordnung erhobenen Steuern.

Auf das Urteil des *House of Lords* reagierte der Gesetzgeber durch den am 25. Juli 1991 in Kraft getretenen *Finance Act 1991.* S. 53 *Finance Act 1991* legalisierte die *Income Tax (Building Societies) Regulation 1986* durch eine Fiktion, derzufolge s. 343 (1A) *Taxes Act 1970* die Berechtigung enthalten sollte, um rechtmäßig diese Verordnung erlassen zu können. Ausgenommen von dieser Fiktion sollten nur jene Building Societies sein, die vor dem 18. Juli 1986 ein Verfahren des *judicial review* zur gerichtlichen Überprüfung der Verordnung eingeleitet hatten. Dies traf ausschließlich auf die *Woolwich Building Society* zu. Allen anderen Building Societies wurde die rechtliche Grundlage zu Geltendmachung ihrer Steuererstattungsansprüche entzogen.[300]

Der EGMR klassifizierte die Erstattungsansprüche als zivilrechtlich im Sinne der Konvention, da die auf die Steuererstattung gerichteten Klagen eine Entscheidung über eine privatrechtliche Position hinsichtlich eines quantifizierbaren Geldbetrages beinhalteten. Dies gelte unabhängig von der Tatsache, dass die Erstattungsansprüche ihren Ursprung im Steuerrecht haben.[301] Auch sei das *judicial review* Verfahren zur gerichtlichen Überprüfung der Verordnung trotz seiner öffentlich-rechtlichen Natur als Entscheidung über privatrechtliche Positionen und damit als zivilrechtlich im Sinne der Konvention anzusehen, da sie „*Teil*

300 EGMR, Urteil vom 23.10.1997, 21319/93 – Building Societies ./. Vereinigtes Königreich, Rn. 19–44, Reports 1997–VII.

301 EGMR, Urteil vom 23.10.1997, 21319/93 – Building Societies ./. Vereinigtes Königreich, Rn. 97, Reports 1997–VII.

einer kalkulierten Strategie zur Geltendmachung" der Erstattungsansprüche und damit eng mit diesen verbunden seien.[302]

In *Vidacar S.A. u. Opergrup S.L. ./. Spanien*, dem ersten Fall nach Inkrafttreten des 11. Zusatzprotokolls und der Neukonstituierung des Gerichtshofs, der die Anwendbarkeit von Art. 6 Abs. 1 EMRK auf steuerrechtliche Sachverhalte unter der zivilrechtlichen Rubrik betraf, hatte der EGMR einen Sachverhalt zu entscheiden, der dem in *Building Societies ./. Vereinigtes Königreich* sehr ähnlich war.

Zwei im Glücksspielgeschäft tätige Unternehmer sahen sich in ihrem Recht auf Zugang zu Gericht verletzt. Nachdem der spanische Staat Mitte 1990 eine Pauschalsteuer auf Glücksspielautomaten rückwirkend zum Jahresbeginn erhöht hatte, zahlten die Beschwerdeführer zunächst die erhöhte Steuer, klagten jedoch gegen deren Erhebung. Unter anderem bezweifelten sie die Verfassungsmäßigkeit der Rückwirkung und forderten das Gericht zur Vorlage der Frage an das spanische Verfassungsgericht auf. Das Gericht folgte dem nicht. Unter Hinweis auf die bisherige Rechtsprechung des Verfassungsgerichts, wonach „rückwirkende Effekte" in der Steuergesetzgebung verfassungsrechtlich nicht zu beanstanden seien, wies es die Klagen ab.

Gegen das Urteil suchten die Beschwerdeführer Rechtsschutz beim spanischen Verfassungsgericht. Dort machten sie unter anderem geltend, dass dieselbe Frage von einem anderen spanischen Gericht dem Verfassungsgericht zur Entscheidung vorgelegt sei. Das Verfassungsgericht stellte zunächst das Ersuchen der Beschwerdeführer zurück, bis es in der Vorlagefrage des anderen Gerichtes entschieden habe. In seiner Entscheidung der Vorlagefrage hielt das Verfassungsgericht schließlich die rückwirkende Steuererhebung für verfassungswidrig. In der Folge wies es jedoch das Rechtsschutzersuchen der Beschwerdeführer als unzulässig zurück. Nur Gerichte seien zur Vorlage berechtigt, deren Nichtvorlage-Entscheidung endgültig.

Aufgrund der abweisenden Urteile war es den Beschwerdeführern nicht möglich, Steuererstattungsansprüche geltend machen, im Gegensatz zu anderen Unternehmen, die sich auf die Entscheidung des Verfassungsgerichtes in der Vorlagefrage berufen konnten.

Die Straßburger Richter wiesen in ihrer Zulässigkeitsentscheidung vom 20. April 1999 auf die ständige Rechtsprechung der Kommission hin, nach der öffentlichrechtliche Streitigkeiten, insbesondere solche solche des Steuerrechts, nicht der zivilrechtlichen Rubrik von Art. 6 EMRK unterfallen, da ihnen keine zivilrechtliche Natur im Sinne der Konvention zukomme. Es sei nach der Entscheidung in *Schouten u. Meldrum ./. Niederlande* auch nicht allein ausreichend, dass die Streitigkeit geldwerter Natur sei. Da auch keine strafrechtliche Anklage vorliege sei Art. 6 EMRK nicht anwendbar. Folglich erklärte der Gerichtshof die Beschwerde *rationae materiae* für unzulässig.[303]

302 EGMR, Urteil vom 23.10.1997, 21319/93 – Building Societies ./. Vereinigtes Königreich, Rn. 98, Reports 1997–VII.

303 EGMR, Urteil vom 20.04.1999, 41601/98 + 41775/98 – Vidacar S.A. u. Opergrup S.L. ./. Spanien, ECHR 1999–V.

In der Rechtssache *Simon ./. Deutschland* rügte der Beschwerdeführer die Verletzung rechtlichen Gehörs in einer einkommensteuerrechtlichen Streitigkeit um die Abzugsfähigkeit von Zahlungen im Rahmen eines vorzeitigen Erbausgleichs als außergewöhnliche Belastungen.

Der Gerichtshof wies die Beschwerde mit lapidarem Verweis auf die ständige Rechtsprechung der Konventionsorgane als unzulässig ab, nach der Art. 6 EMRK auf steuerrechtliche Streitigkeiten nicht anwendbar sei, ungeachtet etwaiger Rückwirkungen auf vermögenswerte Rechte.[304]

Erstmals nahm sich im Fall *Ferrazzini ./. Italien* die Große Kammer des EGMR der Frage nach der Anwendbarkeit von Art. 6 Abs. 1 EMRK auf das Steuerverfahren an. Die Beschwerde moniert die Verletzung des Beschleunigungsgebots. Ihr liegen Streitigkeiten über die Festsetzung und Zahlung von Kapitalertragsteuern sowie um Steuersatzermäßigungen für weitere Steuern zugrunde.

> Mit Bescheiden vom 31. August 1987 monierte die Finanzbehörde die Bemessungsgrundlage der Kapitalertragsteuer als zu niedrig und setzte eine Nachzahlung der zu wenig gezahlten Steuern fest. Am 16. November 1987 verweigerte das Finanzamt die beantragten Steuersatzermäßigungen. Gegen beide Bescheide legte der Beschwerdeführer am 14. bzw. 15. Januar 1988 Beschwerde vor der örtlichen Steuerkommission ein. Mehr als zehn Jahre später lud die Kommission den Beschwerdeführer mit Schreiben vom 7. Februar 1998 zu einer Anhörung bezüglich der festgesetzten Nachzahlung und mit Schreiben vom 20. März 1998 zu einer Anhörung hinsichtlich der Versagung der Steuerermäßigungen. Erst ein weiteres Jahr später erging am 22. Mai 1999 eine Entscheidung der Steuerkommission zur Versagung der Steuerermäßigung, mit der auch die Beschwerde abgewiesen wurde. Hiergegen erhob Ferrazzini Beschwerde vor der regionalen Steuerkommission. Zwischenzeitlich hatte er am 26. Februar 1998 bereits Beschwerde vor dem EGMR eingelegt.[305]

Eingangs seines Urteils hob der Gerichtshof die Schwierigkeit hervor, die die Frage der Anwendbarkeit des Art. 6 Abs. 1 EMRK unter seiner zivilrechtlichen Rubrik auf steuerrechtliche Streitigkeiten aufwerfe und erklärte eine Beschwerde, die ausschließlich diese Frage betraf, erstmals entgegen der ständigen Rechtsprechung nicht für offensichtlich unbegründet und damit unzulässig.[306]

Unter dem Hinweis, dass die Konvention im Lichte der aktuellen sozialen und politischen Gegebenheiten zu interpretieren sei, überprüft der Gerichtshof sodann, ob das negative Kriterium der Zuordnung der Streitigkeit zum Kernbereich des öffentlichen Rechts für das Steuerrecht noch Geltung beanspruchen kann.[307] Hierzu stellt der EGMR zunächst fest, dass die Rechtsbeziehungen zwischen Bürger und Staat sich in den 50 Jahren seit Inkrafttreten der EMRK vielschichtig entwickelt und die Interventionsmaßnahmen und Regelungen des

304 EGMR, Entscheidung vom 06.07.1999, 33681/96 – Simon ./. Deutschland.
305 EGMR, Urteil vom 12.07.2001, 44759/98 – Ferrazzini ./. Italien, ECHR 2001–VII.
306 EGMR, Urteil vom 12.07.2001, 44759/98 – Ferrazzini ./. Italien, Rn. 18, ECHR 2001–VII.
307 EGMR, Urteil vom 12.07.2001, 44759/98 – Ferrazzini ./. Italien, Rn. 26, ECHR 2001–VII.

Staates in privatrechtlichen Beziehungen und das Alltagsleben der Bürger deutlich zugenommen haben.[308] Dies habe in der Vergangenheit den Gerichtshof dazu bewegt, Streitigkeiten, die nach innerstaatlichem Recht als öffentlich-rechtlich klassifiziert wurden, als zivilrechtlich im Sinne der Konvention anzusehen, entweder wenn die Entscheidung bestimmend für privatrechtliche Ansprüche oder Verpflichtungen sei oder – wie im Rahmen der sozialrechtlichen Entscheidungen des Gerichtshofs entwickelt – die privatrechtlichen Merkmale der Streitigkeit die öffentlich-rechtlichen überwiegen.[309] Im Bereich des Steuerrechts jedoch seien die gesellschaftlichen Entwicklungen ohne Einfluss auf den grundsätzlichen Charakter der Verpflichtung zur Steuerzahlung geblieben. Es könne zum heutigen Zeitpunkt keine stärkere staatliche Intervention in den privatrechtlichen Bereich („*civil sphere*“) des Steuerpflichtigen festgestellt werden als zum Zeitpunkt des Inkrafttreten der EMRK. Folglich falle das Steuerrecht in den Kernbereich des öffentlichen Rechts, so dass die öffentlich-rechtliche Natur des Steuerrechtsverhältnisses dominiere. Art. 6 Abs. 1 EMRK finde daher keine Anwendung auf steuerrechtliche Streitigkeiten. Gestützt werde dieses Ergebnis auch durch eine systematische Auslegung der Konvention, da Art. 1 1. ZP den Mitgliedstaaten ausdrücklich das Recht zur Besteuerung einräume.[310]

Im Fall *Janosevic ./. Schweden* rügte der Beschwerdeführer eine Verletzung von Art. 6 Abs. 1 EMRK, da Nachsteuer und Strafzuschläge bereits vor einer gerichtlichen Entscheidung über seinen Antrag auf Aussetzung der Vollziehung vollstreckt wurden. Er sah hierbei den Schutzbereich des Art. 6 Abs. 1 EMRK hinsichtlich der steuerrechtlichen Streitigkeit über die Vollstreckung der geschuldeten Nachsteuer und über den Antrag auf Aussetzung der Vollziehung über die zivilrechtliche Rubrik eröffnet als auch über die strafrechtliche Rubrik hinsichtlich der Vollstreckung der Strafzuschläge. Die schwedische Finanzverwaltung setzte im Nachgang einer Betriebsprüfung des Beschwerdeführers eine Nachsteuer zu dessen umsatz- und lohnsteuerlichen Zahlungsverpflichtungen fest. Darüber hinaus erhob sie zur Sanktionierung unrichtiger Steueranmeldungen und -erklärungen Strafzuschläge in Höhe von 20% bzw. 40% der jeweils festgesetzten Nachsteuer. Mitsamt der fälligen Zinsen ergab sich eine Zahlungsverpflichtung von 1.020.300 SEK, wovon 161.261 SEK auf die Strafzuschläge entfielen. Hiergegen legte der Beschwerdeführer Einspruch ein und beantragte die Aussetzung der Vollziehung. Letztere wollte die Finanzverwaltung nur gegen Sicherheitsleistung gewähren. Als diese ausblieb, wies die Behörde den Antrag

308 EGMR, Urteil vom 12.07.2001, 44759/98 – Ferrazzini ./. Italien, Rn. 27, ECHR 2001–VII.
309 EGMR, Urteil vom 12.07.2001, 44759/98 – Ferrazzini ./. Italien, Rn. 27, ECHR 2001–VII.
310 EGMR, Urteil vom 12.07.2001, 44759/98 – Ferrazzini ./. Italien, Rn. 29, ECHR 2001–VII.

ab und betrieb die Vollstreckung. Beide Entscheidungen ließ der Beschwerdeführer gerichtlich überprüfen.[311]

Der Gerichtshof verweist hinsichtlich der zivilrechtlichen Rubrik auf sein Urteil in der Rechtssache *Ferrazzini ./. Italien*, wonach steuerliche Streitigkeiten trotz ihrer Auswirkungen auf vermögenswerte Rechte nicht als zivilrechtlich im Sinne der Konvention gelten.[312] Jedoch klassifizierte er die Strafzuschläge als strafrechtlich im Konventionssinne.[313]

Die Beschwerdeführer im Fall *Remy u. a. ./. Deutschland* waren Inhaber von Sozialpfandbriefen, die die deutsche Bundesregierung in den Fünfziger Jahren ausgegeben hatte und deren Zinserträge einerseits steuerbefreit waren, andererseits jedoch aufgrund einer unüblich niedrigen Verzinsung unter der marktüblichen Rendite anderer Obligationen lagen. Durch das Steueränderungsgesetz (StÄndG) 1992 wurde die Steuerfreiheit der Zinserträge aufgehoben. Hiergegen wandten sich die Beschwerdeführer mit einer 1993 erhobenen Verfassungsbeschwerde, die mit Beschluss vom 5. Februar 2002 als unzulässig abgewiesen wurde. Moniert wurde die überlange Verfahrensdauer.

In seiner Zulässigkeitsentscheidung bestätigt der Gerichtshof seine Entscheidung in der Rechtssache *Ferrazzini ./. Italien* und weist im Ergebnis die Beschwerde als unzulässig zurück. Zwar verweist das Gericht eingangs auf die generelle Anwendbarkeit von Art. 6 EMRK auf Verfahren vor Verfassungsgerichten, führt aber anschließend aus, dass nach den Grundsätzen der *Ferrazzini*-Entscheidung steuerrechtliche Streitigkeiten Teil des Kernbereichs öffentlichen Rechts seien und damit aus dem Anwendungsbereich von Art. 6 EMRK herausfallen.[314]

Im Gegensatz zur seiner *Ferrazzini*-Entscheidung geht der EGMR auch auf die in der *Building-Societies*-Entscheidung eröffnete Möglichkeit ein, dass steuerrechtliche Streitigkeiten dann sehr wohl von der zivilrechtlichen Rubrik des Art. 6 Abs. 1 EMRK erfasst werden, wenn eine enge Verbindung zwischen der steuerrechtlichen Streitigkeit und der „*Bestimmung irgendeines ihrer privaten Rechte*" bestehe[315], die jedoch im entschiedenen Fall keine Rolle spielte.

In *Emesa Sugar N.V. ./. Niederlande* sah sich eine niederländische Firma, die eine Zuckerfabrik auf Aruba betrieb, in ihren Recht auf rechtliches Gehör nach Art. 6 Abs. 1 EMRK verletzt, weil ihr in einem Verfahren vor dem EuGH um die Rechtmäßigkeit von Zollabgaben auf den von Aruba in die Niederlande einge-

---

311 EGMR, Urteil vom 23.07.2002, 34619/97 – Janosevic ./. Schweden, ECHR 2002–VII.

312 EGMR; Urteil vom 23.07.2002, 34619/97 – Janosevic ./. Schweden, Rn. 64, ECHR 2002–VII.

313 EGMR; Urteil vom 23.07.2002, 34619/97 – Janosevic ./. Schweden, Rn. 65–71, ECHR 2002–VII.

314 EGMR, Entscheidung vom 16.09.2004, 70826/01 – Remy u. a. ./. Deutschland.

315 EGMR, Entscheidung vom 16.09.2004, 70826/01 – Remy u. a. ./. Deutschland.

führten Zucker nicht die Gelegenheit gegeben worden war, auf den Schlussantrag des Generalanwalts eine Erwiderung vorzubringen.

Der Gerichtshof stellte hierzu fest, dass Zollabgaben in den Bereich des Steuerrechts fielen. Unter Verweis auf die *Ferrazzini*-Entscheidung ordnete der EGMR den Streitgegenstand dem Kernbereich des öffentlichen Rechts zu und wies die Beschwerde als unzulässig ab.[316]

Die Beschwerdeführerin in der Rechtssache *Intersplav ./. Ukraine*, eine ukrainische Firma, die Güter aus aufbereitetem Altmetall herstellte und exportierte, rügte die Nichtvollstreckung zahlreicher Urteile, die ihr Schadensersatz für verspätete Umsatzsteuervergütungen zusprachen.

Nach ukrainischem Umsatzsteuerrecht wird ein Umsatzsteuervergütungsanspruch innerhalb eines Monats nach Antragsstellung durch das Staatsschatzamt ausgezahlt, nachdem das zuständige Finanzamt eine Bestätigung des Bestehens des Vergütungsanspruchs vorgelegt oder eine entsprechende Gerichtsentscheidung den Anspruch bestätigt hat. Erfolgt die Vergütung verspätet, ist Schadensersatz zu leisten. Dieser Schadensersatz ist ebenfalls vom Staatsschatzamt auf Bestätigung eines solchen Anspruchs durch das zuständige Finanzamt bzw. aufgrund Gerichtsbeschluss auszuzahlen.

Seit April 1998 erfolgte die Umsatzsteuervergütung an die Beschwerdeführerin regelmäßig verspätet, da das zuständige Finanzamt es versäumte, das Bestehen des Vergütungsanspruchs wie auch des daraus resultierenden Schadensersatzanspruchs dem Staatsschatzamt rechtzeitig anzuzeigen. Aus demselben Grund war es dem Beschwerdeführer zunächst auch nicht möglich, Schadensersatzzahlungen zu erhalten. So klagte Intersplav in 140 Fällen auf Erteilung der entsprechenden Bestätigung, später direkt auf Zahlung der beantragten Umsatzsteuervergütung und dem aus der Verzögerung resultierenden Schadensersatzes und obsiegte regelmäßig.

Die Beschwerdeführerin klagte schließlich auf Vollstreckung und obsiegte auch in diesem Verfahren. Dennoch erfolgten keine Zahlungen. Die in diesem Gericht festgestellten Ansprüche gegen den ukrainischen Staat beliefen sich auf über drei Millionen Euro.

Die Straßburger Richter hielten Art. 6 Abs. 1 EMRK unter seiner zivilrechtlichen Rubrik für nicht anwendbar. Unter Hinweis auf seine *Ferrazzini*-Entscheidung führt der Gerichtshof lapidar aus, dass steuerrechtliche Streitigkeiten nicht in den Bereich zivilrechtlicher Ansprüche oder Verpflichtungen fielen, trotz ihres vermögenswerten Charakters.[317]

Der EGMR blieb auch in seinem Urteil *Stere u. a. ./. Rumänien* bei dieser Linie und verweist wie in den Entscheidungen *Intersplav* und *Emesa Sugar* nur lapidar auf die aus seiner *Ferrazzini*-Entscheidung folgenden Verneinung der Anwendbarkeit von Art. 6 Abs. 1 EMRK auf steuerrechtliche Streitigkeiten und weist die Beschwerde zurück soweit sie Rechte des Art. 6 EMRK betraf.

---

316 EGMR, Entscheidung vom 13.01.2005, 62023/00 – Emesa Sugar N.V. ./. Niederlande.

317 EGMR, Entscheidung vom 31.03.2005, 803/02 – Intersplav ./. Ukraine, HRLJ 2006, 478 ff.

Die drei Beschwerdeführer waren Angehörige der rumänischen Armee, denen der rumänische Staat im Rahmen der Verkleinerung seiner Streitkräfte anbot, sie in den Vorruhestand zu versetzen und den damit verbundenen Einkommensverlust durch Lohnersatzleistungen abzufedern. Diese Lohnersatzleistungen sollten nach einer Verordnung der rumänischen Regierung steuerfrei bleiben. Nachdem sie sich hatten vorzeitig pensionieren lassen erhielten sie zwar die versprochenen Lohnersatzleistungen, doch behielt das rumänische Verteidigungsministerium hiervon regelmäßig Lohnsteuer ein. Hiergegen klagten die Beschwerdeführer und bekamen in den ersten beiden Instanzen Recht, der rumänische Staat wurde zur Rückzahlung der zu Unrecht einbehaltenen Lohnsteuer verurteilt. Nachdem das letzte Urteil rechtskräftig und die rumänische Regierung ihrer Zahlungsverpflichtung nachgekommen war, legte der rumänische Generalanwalt einen Aufhebungsrekurs vor dem rumänischen Obersten Gerichtshof ein. Diesem gab der Oberste Gerichtshof statt und bejahte die Steuerpflichtigkeit der Lohnersatzleistungen.

Durch diese Entscheidung sahen sich die Beschwerdeführer in ihrem Recht auf ein unabhängiges und unparteiisches Gericht verletzt. Maßnahmen zur Vollstreckung dieses Urteils hatte die rumänische Regierung bis zur Einlegung der Beschwerde nicht unternommen.[318]

Das jüngste Urteil des EGMR zur Anwendbarkeit der zivilrechtlichen Rubrik des Art. 6 EMRK auf steuerrechtliche Streitigkeiten befasste sich mit der Beschwerde des finnischen Staatsbürgers *Jussila*, der sich durch die Versagung einer mündlichen Verhandlung über einen gegen ihn festgesetzten Strafzuschlag auf die von ihm geschuldete Umsatzsteuer in seinem Recht auf ein faires Verfahren verletzt sah. Der Gerichtshof ordnete die Festsetzung des Strafzuschlages dem zugrunde liegenden Steuerverfahren zu und sah unter dem mittlerweile obligaten Verweis auf seine *Ferrazzini*-Entscheidung den zivilrechtlichen Anwendungsbereich des Art. 6 EMRK als nicht eröffnet an,[319] stattdessen klassifizierte er die Streitigkeit als strafrechtlich[320].

1.2.3 Zusammenfassung

Im Hinblick auf steuerrechtliche Streitigkeiten hält der Gerichtshof Art. 6 Abs. 1 EMRK unter der zivilrechtlichen Rubrik grundsätzlich für nicht anwendbar. Er folgt damit der restriktiven Praxis der EKMR. Dogmatisch wird diese Ansicht auf das negative Kriterium des „*Kernbereichs des öffentlichen Rechts*“ gestützt, dem das Steuerverfahren durch die Klassifikation der Steuerpflicht als „*übliche staatsbürgerliche Pflicht in einer demokratischen Gesellschaft*“ zugeordnet wird. Bis zur *Ferrazzini*-Entscheidung im Mai 2001 geschieht diese Zuordnung recht pauschal ohne nähere, dogmatische Begründung. Eine ausdrückliche Auseinandersetzung mit diesem Ausschlusskriterium findet erst in der *Ferrazzini*-Entscheidung statt, doch versäumt es der Gerichtshof, eine eingehende, ausführliche

318 EGMR, Urteil vom 23.02.2006, 25632/02 – Stere u. a. ./. Rumänien.

319 EGMR, Urteil vom 23.11.2006, 73053/01 – Jussila ./. Finnland, Rn. 29.

320 EGMR, Urteil vom 23.11.2006, 73053/01 – Jussila ./. Finnland, Rn. 29–38.

Analyse vorzunehmen und zu einer dogmatisch tragfähigen Untermauerung zu gelangen. Zwar überprüfen die Straßburger Richter die bisherige Klassifikation anhand einer dynamischen Auslegung am Maßstab eines Vergleiches zwischen der heutigen Reichweite und Intensität staatlicher Intervention in den privaten Bereich des Steuerbürgers mit derjenigen zum Zeitpunkt des Inkrafttretens der EMRK, kommen aber ohne weitere Argumentation zu dem Ergebnis, dass keine Ausweitung festgestellt werden könne und das Steuerverfahren unverändert in den Kernbereich des öffentlichen Rechts falle.

Der Anwendungsbereich des Art. 6 Abs. 1 EMRK ist jedoch eröffnet, wenn Steuererstattungsansprüche in Streit stehen.

Ferner ergibt sich eine Erstreckung des Anwendungsbereichs der Vorschrift auf steuerrechtliche Streitigkeiten als „Annexverfahren", wenn diese „*Teil einer kalkulierten Strategie zur Geltendmachung*" von Steuererstattungsansprüchen und insoweit eng mit deren Geltendmachung verbunden seien.[321]

1.2.4 Stellungnahmen der Literatur

Die Literatur steht einer Anwendbarkeit des Art. 6 Abs. 1 EMRK auf Steuerstreitigkeiten teils skeptisch gegenüber. *Mössner* und *Laule* sehen im Wortlaut eine unüberwindbare Auslegungsgrenze.[322] *Miehsler/Vogler* hingegen sehen das Hindernis im öffentlich-rechtlichen Charakter der Besteuerung.[323]

Allerdings stellt *Peukert* beachtliche private Elemente in steuerrechtlichen Streitigkeiten fest. Die Besteuerung knüpfe an privatrechtliche Tatbestände wie Einkommen, Vermögen oder Erbschaft an. Auch sei der Steuerstreit in seinen direkten Auswirkungen auf das Eigentum genauso erheblich wie eine Enteignung.[324]

Eine vermittelnde Position nimmt *Ress* ein. In seiner *concurring opinion* zum *Ferrazzini*-Urteil merkt er an, dass Fälle der sofortigen Vollziehung im Steuerrecht in der Wirkung für den betroffenen Steuerpflichtigen Ähnlichkeit mit der Wirkung von Bußgeldern und Geldstrafen aufweisen, die wirtschaftlich betrachtet sogar noch belastender sein könnten als eine Strafe. Daher sollten diese Fälle nicht per se von der Anwendbarkeit des Art. 6 Abs. 1 EMRK ausgeschlossen werden. Auch wenn steuerrechtliche Streitigkeiten generell zum Kernbereich des öffentlichen Rechts und der staatlichen Prärogativen zählen, so seien dennoch Situationen vorstellbar, in denen der Staat diese Prärogativrechte überschreite

321 EGMR, Urteil vom 23.10.1997, 21319/93 – Building Societies ./. Vereinigtes Königreich, Rn. 98, Reports 1997–VII.

322 Mössner, StuW 1991, 224, 226 f.; Laule, EuGRZ 1996, 357, 365.

323 Miehsler/Vogler in Internationaler Kommentar, Art. 6, Rn. 172.

324 Peukert in Frowein/Peukert, Art. 6, Rn. 23.

und in einen Bereich eingreife, in dem es dem Bürger in einer demokratischen Gesellschaft rechtlich möglich sein sollte, einen etwaigen Rechtsmissbrauch des Staates in Fällen der sofortigen Vollziehung zu rügen. Sieht das steuerliche Verfahrensrecht eines Konventionsstaates keine Möglichkeit der Aussetzung der Vollziehung vor für den Fall, dass der Steuerpflichtige die Rechtmäßigkeit der Steuerforderung überprüfen lässt, so nutze der Staat seine dominante Position, die er aus seinen Prärogativrechten beziehe, in einer Weise, die als exzessiv angesehen werden könne. Und berücksichtige man zusätzlich die teilweise sehr lange Verfahrensdauer, so könne nicht mehr von „üblichen staatsbürgerlichen Pflichten" gesprochen werden.[325]

Das abweichende Sondervotum von *Lorenzen* zum *Ferrazzini*-Urteil, dem sich mit den Richtern *Rozakis*, *Bonello*, *Strážnická*, *Bîrsan* und *Fischbach* eine starke Minderheitsfraktion des Großen Senates angeschlossen hatte, wirft die Frage auf, ob nach der bisherigen Rechtsprechung des Gerichtshofs eine klare Abgrenzung zwischen (im konventionsrechtlichen Sinne) zivilrechtlichen und öffentlichrechtlichen („*non-civil*") Ansprüchen und Verbindlichkeiten möglich sei und ob die bestehende Unsicherheit nur durch eine Ausweitung des Anwendungsbereichs der Vorschrift auf alle Fälle, in denen die Entscheidung einer Behörde über privatrechtliche Positionen des Bürgers in Streit steht, möglich sei.[326]

Die *travaux préparatoires* zeigten, dass es nicht die Absicht der Vertragsstaaten war, grundsätzlich alle Rechtsstreitigkeiten zwischen Bürger und Staat vom Anwendungsbereich des Art. 6 EMRK auszunehmen, sondern vielmehr nur Streitigkeiten über Ermessensentscheidungen der Exekutive. Gerichtshof und Kommission hätten im Laufe der Zeit zudem durch eine dynamische Auslegung der Norm ihren Anwendungsbereich auf zahlreiche Rechtsbeziehungen zwischen Bürger und Staat ausgeweitet, die zuvor als vom Anwendungsbereich ausgenommen angesehen worden waren, insbesondere auf Streitigkeiten über Enteignungen, über Erteilung, Entzug und Suspendierung von Berufs- und Gewerbegenehmigungen und -lizenzen, über Amtshaftungsansprüche, über sozialrechtliche Beitragspflichten und Leistungsansprüche sowie über Rechte und Pflichten im öffentlichen Dienst, soweit hier vermögenswerte Rechte in Streit stehen.[327]

Lorenzen weist auf die Gefahr hin, dass eine pauschale Einbeziehung aller Fälle, in denen eine behördliche Entscheidung privatrechtliche Positionen des Bürgers in Streit steht, den Begriff der zivilrechtlichen Ansprüche und Ver-

325 Sondervotum Ress zu EGMR, Urteil vom 12.07.2001, 44759/98 – Ferrazzini ./. Italien, ECHR 2001–VII.

326 Sondervotum Lorenzen zu EGMR, Urteil vom 12.07.2001, 44759/98 – Ferrazzini ./. Italien, ECHR 2001–VII.

327 Sondervotum Lorenzen zu EGMR, Urteil vom 12.07.2001, 44759/98 – Ferrazzini ./. Italien, ECHR 2001–VII.

pflichtungen zu einem bloßen Auffangtatbestand für all jene Streitigkeiten degradiere, die nicht der strafrechtlichen Rubrik des Art. 6 EMRK zugeordnet werden könnten. Er sieht in der Auslegung und Konkretisierung der bisherigen Rechtsprechung des Gerichtshofs Raum für eine Auflösung der Unsicherheiten, die die Eigenständigkeit der zivilrechtlichen Rubrik weniger beeinträchtige. Ausgangspunkt der Auslegung sei bisher die Frage gewesen, ob die Entscheidung der Streitigkeit unmittelbare Auswirkungen auf eine vermögenswerte Rechtsposition des Bürgers habe. Dies solle auch weiterhin für Streitigkeiten gelten, in denen gebundene, also ohne Ermessensspielraum getroffene Entscheidungen unmittelbare Auswirkungen auf privatrechtliche Positionen des Bürgers zeitigen. Da der Steueranspruch des Staates in einer demokratischen Gesellschaft regelmäßig vermögenswerte Positionen des Bürgers unmittelbar und erheblich beeinflusse und die Bestimmung des Steueranspruchs regelmäßig nicht auf einer Ermessensentscheidung der Exekutive beruhe, soll Art. 6 EMRK auf Streitigkeiten über den konkreten Steueranspruch des Staates gegen den Bürger anwendbar sein, sofern nicht „besondere Umstände" dagegen sprechen.[328]

Die bisherige Zuordnung zum Kernbereich des öffentlichen Rechts durch Klassifizierung der Steuerpflicht als „übliche staatsbürgerliche Pflicht" sei als negatives Abgrenzungskriterium nicht tauglich. Es sei nicht einzusehen, warum die Duldung staatlicher Einflussnahme auf das Eigentum seiner Bürger in Form einer Enteignung keine *„übliche staatsbürgerliche Pflicht"* sei, in Form der Besteuerung aber sehr wohl.[329]

Die Mehrheit der Richter sei in ihrem Urteil der Ansicht, dass seit der Erarbeitung der EMRK es keine nennenswerte Entwicklung in der Natur des Steuerrechtsverhältnisses gegeben habe und ordne dieses deshalb weiterhin dem Kernbereich des öffentlichen Rechts zu. Zur Stützung dieser Ansicht werde auf das durch Art. 1 1. ZP abgesicherte Recht zur Steuererhebung abgestellt. Beiden Argumenten vermag *Lorenzen* nicht zu folgen. Das in Art. 1 Abs. 2 1. ZP als Ausnahme zur Gewährleistung des Eigentumsschutz normierte Recht der Konventionsstaaten, diejenigen Gesetze anzuwenden, die er zur Sicherung der Zahlung der Steuern oder sonstigen Abgaben für erforderlich hält, stehe nicht in Widerspruch zu einer Anwendbarkeit des Art. 6 EMRK auf steuerrechtliche Streitigkeiten. Art. 6 EMRK normiere prozessuale Grundrechte, deren Wahrung in keiner Weise die Vertragsstaaten in ihrem Besteuerungsrecht noch in der Sicherung der Steuerzahlungen beeinträchtige. Auch habe es im fiskalischen gerichtlichen Rechtsschutz erhebliche Veränderungen gegeben. War zur Zeit der

328 Sondervotum Lorenzen zu EGMR, Urteil vom 12.07.2001, 44759/98 – Ferrazzini ./. Italien, ECHR 2001–VII.

329 Sondervotum Lorenzen zu EGMR, Urteil vom 12.07.2001, 44759/98 – Ferrazzini ./. Italien, ECHR 2001–VII. So auch van Dijk/van Hoof, S. 406.

Erarbeitung der Konvention in einigen Vertragsstaaten noch unklar, ob steuerrechtliche Entscheidungen überhaupt einer gerichtlichen Kontrolle unterliegen, so sei es heute in der großen Mehrzahl der Konventionsstaaten unstreitig, dass auch Fiskalstreitigkeiten in förmlichen Gerichtsverfahren entschieden werden können. Es bestehe – wie von *Ress* in seinem Sondervotum aufgezeigt – ein Bedürfnis nach einem prozessualen Mindestschutz auch in steuerrechtlichen Verfahren. Im Ergebnis stehe die restriktive Auslegung des Art. 6 EMRK unter seiner zivilrechtlichen Rubrik in steuerrechtlichen Streitigkeiten im Widerspruch zur extensiven Auslegung unter der strafrechtlichen Rubrik, unter die der Gerichtshof seit der *Bendenoun*-Entscheidung in ständiger Rechtsprechung solche steuerrechtlichen Streitigkeiten subsumiere, die Straf- und sonstige Steuerzuschläge mit strafendem und abschreckendem Charakter betreffen, unabhängig davon, ob hierbei die Steuerveranlagung streitbefangen sei. Diese Unterschiede in der Auslegung führten dazu, dass die Anwendbarkeit des Art. 6 EMRK und somit auch der dort normierten prozessualen Grundrechte davon abhänge, wie das jeweilige steuerliche Verfahrensrecht der Konventionsstaaten ausgestaltet sei, nämlich ob die Steuerveranlagung mit einem solchen Verfahren verknüpft sei, das nach dem autonomen Begriffsverständnis des Gerichtshofs als strafrechtlich im konventionsrechtlichen Sinne gelten. Eine Auslegung, die zu solch zufälligen Ergebnissen führe, sei unbefriedigend.[330]

Van Dijk und *van Hoof* hingegen halten die von den Konventionsorganen vorgenommene Abgrenzung des Merkmals „zivilrechtlich" im Ergebnis für beliebig. Es sei schwer nachzuvollziehen, warum eine sozialversicherungsrechtliche Beitragspflicht als zivilrechtliche Verpflichtung zähle, während eine Steuerpflicht – beispielsweise die Verpflichtung zur Abführung von Lohnsteuer – nicht als solche gelte. Um diese Rechtsunsicherheit zu beenden schlagen die Autoren vor, den Anwendungsbereich von Art. 6 Abs. 1 EMRK auf alle Streitigkeiten auszuweiten, deren Gegenstand die Entscheidung einer Behörde über eine Rechtsposition sei, ungeachtet der Frage, ob die betroffene Rechtsposition privatrechtlicher Natur sei.[331]

Ähnlich argumentiert *Baker*, der die Begründung der Anwendbarkeit über den Umweg der Geltendmachung eines Steuererstattungsanspruchs für schwerlich zu rechtfertigen kritisiert[332] und für die Begründung der Anwendbarkeit auf jegliche Steuerverfahren im Wege eines Zusatzprotokolls plädiert[333].

---

330 Sondervotum Lorenzen zu EGMR, Urteil vom 12.07.2001, 44759/98 – Ferrazzini ./. Italien, ECHR 2001–VII.

331 Van Dijk/van Hoof, S. 406.

332 Baker, [2000] B.T.R. 211, 235.

333 Baker, [2000] B.T.R. 211, 268 f.

Auch *Bezgovsek* sieht in seiner ausführlichen Studie zur Anwendbarkeit von Art. 6 Abs. 1 EMRK unter seiner zivilrechtlichen Rubrik auf das Steuerrecht in der Rechtsprechung von Kommission und Gerichtshof keine dogmatisch zwingenden Gründe für einen Ausschluss steuerrechtlicher Streitigkeiten vom zivilrechtlichen Anwendungsbereich der Vorschrift.[334] Der EGMR stelle in seinen Zulässigkeitsentscheidungen der Rechtssachen *Vidacar & Opergrup* und *Simon* regelmäßig heraus, dass die vermögenswerte Natur einer Streitigkeit allein nicht zur Qualifikation als zivilrechtlich genüge. Dabei ließe er aber offen, aus welchen Gründen er die Steuerpflicht als von einer zivilrechtlichen Verpflichtung so weit entfernt ansieht, dass ihr generell keine zivilrechtliche Natur zukomme. Insbesondere geht *Bezgovsek* auf die *Ferrazzini*-Entscheidung ein. Ihr dogmatischer Schwachpunkt sei die fehlende Auseinandersetzung auf Grundlage der drei unterschiedlichen Auslegungsmethoden, die der Gerichtshof in Bezug auf verwaltungsrechtliche Streitigkeiten entwickelt habe. Es werde weder mit der Auswirkungsmethode eine direkte Auswirkung des Steuerverfahrens auf privatrechtliche Rechtspositionen erörtert, noch mit der Abwägungsmethode die öffentlich-rechtlichen Merkmale der Steuerrechtsstreitigkeit gegen ihre privatrechtlichen abgewogen. Es liege die Vermutung nahe, dass der Gerichtshof mit Rücksicht auf die Souveränitätsinteressen der Konventionsstaaten an der restriktiven Auslegungspraxis festhalte und sich bei einer dynamischen Interpretation zügele. [335]

Im folgenden zeigt *Bezgovsek* auf, dass nach allen drei Auslegungsmethoden das Steuerverfahren als zivilrechtlich im konventionsrechtlichen Sinne angesehen werden müsse.[336]

Stelle man mit der Auswirkungsmethode auf die unmittelbare Einwirkung auf eine privatrechtliche Position ab, so sei zum einen in der Rechtsprechung der Konventionsorgane in den Entscheidungen *Darby ./. Vereinigtes Königreich, Wasa Liv ./. Schweden* und *Gesellschaften S. und T. ./. Schweden* anerkannt, dass die Besteuerung das Eigentum des Steuerpflichtigen direkt berühre.[337]

Bei Anwendung der Abwägungsmethode, die eine Abwägung der privatrechtlichen Elemente einer Streitigkeit gegen ihre öffentlich-rechtlichen Elemente fordert, sei zugunsten des privatrechtlichen Elements die nahe Verwandtschaft zwischen Steuerrechtsverhältnis und Privatrechtsverhältnis zu berücksichtigen. Steuerschuld und privatrechtlich begründete Geldschuld stellten beide eine mit einer konkreten Person verknüpften Geldschuld dar. Auch knüpfe die Steuerpflicht an privatrechtlich geregelte Vorgänge an, beispielsweise die Einkommen-

334 Bezgovsek, S. 237 f.
335 Bezgovsek, S. 192–195.
336 Bezgovsek, S. 207–238.
337 Bezgovsek, S. 212.

steuer, die an Erträge anknüpfe, die regelmäßig auf schuldrechtlichen Verträgen basierten.[338] Ferner würden steuerliche wie privatrechtliche Rechtsverhältnisse üblicherweise anhand gleicher Rechtsinstitute und Gestaltungsformen abgewickelt.[339] Schließlich spreche die historische Konstruktion der vermögenrechtlichen Beziehungen zwischen Staat und Bürger, die bis ins 19. Jahrhundert hinein nach der Fiskustheorie als privatrechtlich galten, dafür, dass die typischen öffentlich-rechtlichen Aspekte wie der hoheitliche Charakter und Solidaritätselemente zwar noch erkennbar, in der Praxis jedoch relativiert seien, jedenfalls nicht stärker ausgeprägt seien als im Sozialrecht.[340]

1.2.5 Bewertung

Zusammengefasst ergibt sich folgendes Bild:

Im Hinblick auf steuerrechtliche Streitigkeiten hält der Gerichtshof Art. 6 Abs. 1 EMRK unter der zivilrechtlichen Rubrik grundsätzlich für nicht anwendbar. Er folgt damit der restriktiven Praxis der EKMR. Dogmatisch wird diese Ansicht auf das negative Kriterium des „*Kernbereichs des öffentlichen Rechts*“ gestützt, dem das Steuerverfahren durch die Klassifikation der Steuerpflicht als „*übliche staatsbürgerliche Pflicht in einer demokratischen Gesellschaft*“ zugeordnet wird. Bis zur *Ferrazzini*-Entscheidung im Mai 2001 geschieht diese Zuordnung recht pauschal ohne nähere, dogmatische Begründung. Eine ausdrückliche Auseinandersetzung mit diesem Ausschlusskriterium findet erst in der *Ferrazzini*-Entscheidung statt, doch versäumt es der Gerichtshof, eine eingehende, ausführliche Analyse vorzunehmen und zu einer dogmatisch tragfähigen Untermauerung zu gelangen. Zwar überprüfen die Straßburger Richter die bisherige Klassifikation anhand einer dynamischen Auslegung am Maßstab eines Vergleiches zwischen der heutigen Reichweite und Intensität staatlicher Intervention in den privaten Bereich des Steuerbürgers mit derjenigen zum Zeitpunkt des Inkrafttretens der EMRK, kommen aber ohne weitere Argumentation zu dem Ergebnis, dass keine Ausweitung festgestellt werden könne und das Steuerverfahren unverändert in den Kernbereich des öffentlichen Rechts falle. An dieser Auffassung hält der Gerichtshof bis heute fest.

Dem kann nicht gefolgt werden. Wie im folgenden dargelegt wird, hat die staatliche Intervention im Bereich des Steuerrecht seit Inkrafttreten der EMRK deutlich zugenommen (vgl. unter 1.2.5.1). Zudem führt ein Festhalten an der Zuordnung des Steuerverfahrens zum Kernbereich des öffentlichen Rechts zu

338 Bezgovsek, S. 217f.

339 Bezgovsek, S. 219.

340 Bezgovsek, S. 220.

Auslegungsergebnissen, die in einem offenen Spannungsverhältnis zu den Auslegungszielen stehen, die der Gerichtshof in ständiger Rechtsprechung betont (vgl. unter 1.2.5.2).

1.2.5.1 Ausweitung staatlicher Intervention im Steuerrecht

Wie der EGMR zutreffend feststellt, haben sich die Rechtsbeziehungen zwischen Bürger und Staat in den 50 Jahren seit Inkrafttreten der EMRK vielschichtig entwickelt und die Interventionsmaßnahmen und Regelungen des Staates in privatrechtlichen Beziehungen und das Alltagsleben der Bürger deutlich zugenommen[341].

Dies ist nicht zuletzt den Wandlungen des Staates selbst geschuldet. Die Entwicklung des Staatswesens der heutigen Demokratien führte zum Entstehen des „Steuerungsstaat[s]“[342].[343] Mit diesem Wandel gehen auch Funktionsausweitungen des Staates einher, mit der staatliche Steuerung und Lenkung an Bedeutung gewinnen.[344]

Der Gerichtshof verkennt jedoch, dass die staatliche Intervention auch im Bereich des Steuerrechts seit Inkrafttreten der EMRK deutlich zugenommen hat. Das Steuerrecht dient nicht mehr nur der Einkommenserzielung, sondern „das ‚lenkende‘ Steuergesetz ist die Normalität“.[345]

Technisch kann diese Lenkung auf zwei Wegen erfolgen: In Form einer besonderen Lenkungssteuer oder durch eine dem Lenkungsziel entsprechenden Schwerpunktsetzung im Rahmen einer Fiskalsteuer.[346] Im Rahmen des Steuerrechts kann eine Zunahme staatlicher Intervention in den privaten Bereich des Steuerbürgers qualitativ durch eine Ausweitung steuerlicher Mitwirkungspflichten und durch Beseitigung etwaiger staatlicher Vollzugsdefizite erfolgen. Quantitativ ergibt sich eine stärkere staatliche Intervention durch eine höhere steuerliche Belastung des Steuerbürgers, die sich wiederum aus einer Ausweitung steuerlicher Bemessungsgrundlagen und/oder aus einer Erhöhung des Steuersatzes ergeben kann. Ferner kann es durch die Verwendung und Weitergabe der aufgrund seiner steuerlichen Mitwirkungspflichten vom Steuerbürger gewonnenen Informationen für nicht-fiskalische Zwecke zu einer weitergehenden Beeinträchtigung der privaten Rechtssphäre des Bürgers kommen.

---

341 EGMR, Urteil vom 12.07.2001, 44759/98 – Ferrazzini ./. Italien, Rn. 27, ECHR 2001–VII.

342 Kaufmann in Grimm/Hagenath, S. 15; Weber-Grellet, DB 2002, 9, 10.

343 Weber-Grellet, DB 2002, 9, 10 unter Bezugnahme auf Kaufmann in Grimm/Hagenath, S. 15, 34.

344 Weber-Grellet, DB 2002, 9, 11.

345 Weber-Grellet, DB 2002, 9, 11.

346 Weber-Grellet, DB 2002, 9, 12.

1.2.5.1.1 Ausweitung steuerlicher Mitwirkungspflichten

Jedenfalls für das deutsche Steuerrecht lässt sich eine Ausweitung steuerlicher Mitwirkungspflichten erkennen. So hat der Gesetzgeber beispielsweise in neuerer Zeit durch das Steuervergünstigungsabbaugesetz vom 16. Mai 2003[347] in § 90 Abs. 3 AO erweiterte Dokumentationspflichten für Auslandssachverhalte statuiert und durch erstmals im deutschen Steuerrecht eingeführte Strafzuschläge nach § 162 Abs. 4 AO abgesichert.

1.2.5.1.2 Beseitigung staatlicher Vollzugsdefizite

Mit Wirkung vom 1. Januar 2002 wurde durch das Steuerverkürzungsbekämpfungsgesetz vom 19. Dezember 2001[348] in § 27b Abs. 1 UStG die Befugnis der Finanzbehörden eingeführt, ohne vorherige Ankündigung und außerhalb einer Außenprüfung Grundstücke und Räume gewerblich oder beruflich selbstständigen Personen zu betreten, um besteuerungserhebliche Sachverhalte festzustellen (Umsatzsteuer-Nachschau). Den Amtsträgern sind hierbei nach § 27b Abs. 2 UStG auf Verlangen Aufzeichnungen, Bücher, Geschäftspapiere und andere Urkunden vorzulegen und Auskünfte zu erteilen.

Die Umsatzsteuernachschau dient insbesondere der Bekämpfung von Karussellgeschäften, ist aber darauf nicht beschränkt.[349] So können nach § 27b Abs. 4 UStG die bei der Umsatzsteuer-Nachschau getroffenen Feststellungen auch für Zwecke anderer Steuern oder für die Besteuerung anderer Personen ausgewertet werden.

Zudem wurde zum 1. April 2005[350] in § 93 Abs. 7 AO die Befugnis der Finanzbehörden normiert, über das Bundeszentralamt für Steuern Informationen über Kontodaten abzurufen. Die Vorschrift bezweckt, dem Erhebungsdefizit bei der Zinsbesteuerung entgegenwirken zu können.[351]

---

347 BGBl. I 2003, 660, 665.

348 BGBl. I 2001, 3922, 3923.

349 Mößlang in Sölch/Ringleb, § 27b, Rn. 1.

350 Eingeführt durch das Gesetz zur Förderung der Steuerehrlichkeit vom 23.12.2003, BGBl. I 2003, 2928, 2300.

351 BT-Drs. 15/1309, 7. Seit dem 01.01.2009 ist allerdings aufgrund der zu diesem Zeitpunkt eingeführten Abgeltungsteuer auf private Zinseinkünfte und Veräußerungsgewinne die Abrufermächtigung nach § 93 Abs. 7 AO dahingehend eingeschränkt worden, dass ein Abruf nur noch zulässig ist, wenn er für die Gleichmäßigkeit der Besteuerung erforderlich ist.

1.2.5.1.3 Steuerliche Belastung des Bürgers

Auch die steuerliche Belastung des Bürgers ist in den Jahren seit Inkrafttreten der EMRK gestiegen. Als Indikator hierfür lässt sich die Steuerquote eines Staates heranziehen. Nach Erkenntnissen der OECD ist die durchschnittliche Steuerquote aller europäischen OECD-Mitgliedstaaten von 31,1% im Jahre 1975 auf 38,4% im Jahr 2005 gestiegen.[352] Diese Statistik hat auch für die Steuerbelastung in den Vertragsstaaten insoweit Aussagekraft, als dass alle europäischen Mitgliedstaaten der OECD auch die EMRK ratifiziert haben. Allerdings wird die Aussagefähigkeit dieses Indikators dadurch relativiert, als dass die OECD auch Sozialversicherungsbeiträge in die Berechnung der Steuerquote einbezogen hat[353].

1.2.5.1.4 Verwendung steuerlicher Informationen

Dem Steuerrecht kommt nicht nur direkte, lenkende Funktion zu, sondern es wird regelmäßig auch zu Kontroll- und Informationszwecken im Rahmen der Strafverfolgung und der Leistungsverwaltung benutzt. Steuerliche Informationen, durch die steuerlichen Mitwirkungspflichten gewonnen, werden innerstaatlich zu Kontrollzwecken weitergegeben, beispielsweise zur Überprüfung sozialrechtlicher Ansprüche. So wurde durch das Gesetz zur Erleichterung der Bekämpfung der Schwarzarbeit vom 23. Juli 2002[354] § 31a Abs. 2 AO erweitert und eine Mitteilungspflicht der Finanzbehörden festgeschrieben.

Zum anderen wird das Steuerverfahren zunehmend für Zwecke der Strafverfolgung benutzt. Durch das Vierte Finanzmarktförderungsgesetz vom 21. Juni 2002 wurde zum 1. Juli 2002 § 31b AO eingeführt,[355] der in seinem zweiten Satz eine Mitteilungspflicht der Finanzbehörden an die Strafverfolgungsbehörden hinsichtlich solcher Tatsachen statuiert, die auf Geldwäsche schließen lassen.

Schließlich verpflichtet § 4 Abs. 5 Nr. 10 S. 3 EStG die Finanzbehörden dazu, die Staatanwaltschaft oder die zuständige Verwaltungsbehörde über Tatsachen zu informieren, die den Verdacht eines Korruptionsdelikts begründen.

Auch im englischen Steuerrecht eröffnet seit 2001 s. 19 (2) *Anti-Terrorism, Crime And Security Act* die Möglichkeit der Weitergabe von Steuerinformationen zum Zwecke der Strafverfolgung – und zwar jedweder krimineller Handlung,

352 OECD Revenue Statistics 1965–2006, S. 19.

353 OECD Revenue Statistics 1965–2006, S. 21. Der Anteil der Sozialversicherungsbeiträge am Gesamtsteueraufkommen aller OECD-Mitgliedstaaten betrug 1975 22% und im Jahr 2005 26%, OECD Revenue Statistics 1965–2006, S. 22.

354 BGBl. I 2002, 2787, 2792 f.

355 BGBl. I 2002, 2010.

s. 20. Zuvor durften steuerliche Informationen zur Verfolgung nicht-steuerlicher Straftaten nur bei Verdacht des Mordes oder Hochverrats weitergegeben werden.[356]

Schließlich werden Steuergesetzgebung und Steuerverfahren zu Lenkungszwecken genutzt.

Wenn also der Gerichtshof die Nichtanwendbarkeit des Art. 6 Abs. 1 EMRK durch systematische Auslegung auch auf das in Art. 1 1. ZP verankerte Besteuerungsrecht der Mitgliedsstaaten stützt, dann billigt er damit den Konventionsstaaten im Ergebnis ein Prärogativrecht zur Sicherung der Staatsfinanzierung zu, das insoweit folgerichtig in den Kernbereich des öffentlichen Rechtes fällt. Doch gerade durch die Instrumentalisierung des Steuerrechts zu anderen, wie den oben skizzierten Zwecken, die insbesondere die Waffengleichheit zwischen Staat und Steuerbürger in Frage stellen, werden die Grenzen einer solchen Prärogative überschritten. Wenn man gewillt ist, eine solche Instrumentalisierung des Steuerrechts hinzunehmen, so ist dann auch das gewachsene Bedürfnis nach verfahrensrechtlichem Rechtsschutz nicht zu übersehen. Eine dynamische Auslegung des negativen Kriteriums des „Kernbereich des öffentlichen Rechts“ muss also zum Ergebnis kommen, dass das Steuerverfahren diesem nicht mehr zugeordnet werden kann.

1.2.5.2 Spannungsverhältnis zwischen Auslegungsergebnissen und Auslegungszielen

Die Zuordnung steuerrechtlicher Streitigkeiten zum Kernbereich des öffentlichen Rechts führt zu Auslegungsergebnissen, die den Auslegungszielen des Gerichtshofs zuwiderlaufen.

In ständiger Rechtsprechung betont der Gerichtshof, dass eine restriktive Auslegung nicht Ziel und Zweck des Art. 6 EMRK entspreche,[357] dass die Konvention keine theoretischen, sondern praktische und effektive Gewährleistungen ausspreche[358] und dass die Konvention ein „*living instrument*“ sei, das zwar dynamisch und flexibel auszulegen sei, jede Auslegung aber zugleich die grundlegenden Ziele und die Kohärenz des durch die Konvention geschaffenen Schutzsystems wahren müsse[359]. Bei der Entwicklung seiner autonomen Auslegung war der

356 Kennedy, J.F.C. 2007, 372ff.

357 EGMR, Urteil vom 17.01.1970, 2689/65 – Delcourt ./. Belgien, Rn. 25, Series A 11; Urteil vom 30.10.1991, 12005/86 – Borgers ./. Belgien, Rn. 24, A 214-B mit weiteren Nennungen.

358 EGMR, Urteil vom 09.10.1979, 6289/73 – Airey ./. Irland, Rn. 24, Series A 32.

359 EGMR, Urteil vom 29.04.2002, 2346/02 – Pretty ./. Vereinigtes Königreich, Rn. 54, ECHR 2002–III.

Gerichtshof gerade darauf bedacht, dass die von ihm entwickelten Grundsätze nicht durch innerstaatliches Recht unterminiert werden können.

Das Ausschlusskriterium des „Kernbereich des öffentlichen Rechts" führt – wie im folgenden gezeigt wird – zunächst zu einer Ungleichbehandlung von Verpflichtungen des Bürgers aus dem Steuerrechtsverhältnis und seinen daraus resultierenden Ansprüchen[360] und sogar zu einer Ungleichbehandlungen von Steuererstatttungsansprüchen und Steuervergütungsansprüchen. Schließlich ergibt sich auch eine von den Rechtswirkungen her betrachtet nicht nachvollziehbare Ungleichbehandlung von steuerrechtlichen und sozialrechtlichen Verpflichtungen.

1.2.5.2.1 Unterschiedliche Behandlung von Verpflichtungen und Ansprüchen des Bürgers aus dem Steuerrechtsverhältnis

Gerichtshof und Kommission haben Maßnahmen der Steuervollstreckung[361] und Schadensersatzansprüche, die auf der Versagung eines steuerrechtlichen Grundlagenbescheids über beantragte Umsatzsteuerbegünstigungen unter den Schutz der zivilrechtlichen Rubrik gestellt[362], ebenso wie Steuererstattungsansprüche[363]. Der Gerichtshof bestätigt in seiner *Building Societies*-Entscheidung einerseits seine Rechtsprechung in *Editions Périscope ./. Frankreich.* Steuererstattungsansprüche haben ebenso wie Schadensersatzansprüche restitutiven Charakter. Für deren Klassifizierung als zivilrechtlich ließ der EGMR ihre monetäre Natur genügen. Interessant ist jedoch andererseits die Annahme des zivilrechtlichen Charakters des *judicial review.* Zwar betont das Urteil dessen öffentlich-rechtlichen Züge, lässt jedoch den zivilrechtlichen Charakter der Erstattungsansprüche über die enge Verbindung und innere Verknüpfung zwischen *judicial review* und Geltendmachung der Steuererstattungen auf dieses Verfahren ausstrahlen. Der EGMR ordnet damit – zumindest in diesem Fall – das Steuerverfahren nicht dem Kernbereich des öffentlichen Rechts zu[364]. Er setzt sich dabei in Widerspruch zur Entscheidung der Kommission in der Rechtssache *D'Andrei ./. Italien*[365], in der die Kommission den zivilrechtlichen Charakter eines Steuererstattungsanspruchs gerade dann verneint hatte, wenn bei Bestimmung des Erstattungsan-

---

360 So auch Bezgovsek, S. 235.

361 EKMR, Entscheidung vom 01.07.1991, 13800/88 – K ./. Schweden, D. R. 71, 110; Entscheidung vom 01.12.1993, 18778/91 – S ./. Österreich.

362 EGMR, Urteil vom 26.03.1992, 11760/85 – Editions Périscope ./. Frankreich, Series A 234-B.

363 EGMR, Urteil vom 23.10.1997, 21319/93 – Building Societies ./. Vereinigtes Königreich, Reports 1997–VII; EKMR, Entscheidung vom 24.10.1995, 25564/94 – Filippello ./. Italien.

364 So auch Bezgovsek, S. 192 ff.

365 EKMR, 30601/96 – D'Andrei ./. Italien, zitiert nach Baker, [2000] B.T.R. 211, 235.

spruchs die Steuerbemessungsgrundlage sowie die Auslegung des Steuerrechts in Streit stehen.

Stellt man dem nun die Entscheidungen der Rechtssachen *Vidacar S.A. u. Opergrup S.L. ./. Spanien*[366] und *Stere u. a. ./. Rumänien*[367] gegenüber, offenbart sich ein Spannungsverhältnis.

Die Entscheidung in *Vidacar S.A. u. Opergrup S.L. ./. Spanien* steht zunächst im Widerspruch zum *Building Societies*-Urteil des Gerichtshofes. Während in letzterer Entscheidung das Verfahren des *judicial review*, das die Rechtmäßigkeit einer Verordnung der Finanzverwaltung mit geltenden Steuergesetzen betraf, deshalb als zivilrechtliche Streitigkeit galt, weil es eine enge Verbindung mit der Verfolgung von Steuererstattungsansprüchen zeigte, ging der EGMR hier gar nicht auf die Möglichkeit einer Verknüpfung mit der Geltendmachung von Steuererstattungsansprüchen ein. Zwar haben die Beschwerdeführer nicht auf gerichtlichem Wege solche Ansprüche geltend gemacht. Jedoch versagte ihnen das innerstaatliche Recht gerade diese Möglichkeit. Auch wenn der Straßburger Gerichtshof keine Rechtsmittel schaffen kann, die die betroffene innerstaatliche Rechtsordnung nicht vorsieht[368]: Macht er dennoch die Anwendbarkeit von Art. 6 Abs. 1 EMRK unter der zivilrechtlichen Rubrik auf steuerrechtlich geprägte Streitigkeiten abhängig von deren enger Verknüpfung mit der Geltendmachung von Steuererstattungsanprüchen, so macht er zugleich den Anwendungsbereich des Art. 6 EMRK abhängig von der Ausgestaltung der innerstaatlichen Verfahrensrechte, insbesondere von der Frage, ob eine parallele Verfolgung von Überprüfung der korrekten Anwendung der Steuergesetze und von Erstattung zu unrecht erhobener Steuer überhaupt möglich ist.

Auf die Spitze getrieben wird diese eigentümliche Logik in der *Stere*-Entscheidung. Der Gerichtshof hält Art. 6 Abs. 1 EMRK unter der zivilrechtlichen Rubrik für nicht anwendbar, weil Gegenstand des Rekursverfahrens vor dem Obersten Gerichtshofs die Steuerpflichtigkeit von Lohnersatzleistungen war. Wären die Beschwerdeführer in den ersten Instanzen in der Verfolgung ihres Steuererstattungsanspruchs unterlegen gewesen, und wäre daraufhin ein Rekursverfahren eingeleitet worden, so wäre Verfahrensgegenstand der Steuererstattungsanspruch gewesen, mit dem Ergebnis, dass dann Art. 6 Abs. 1 EMRK unter seiner zivilrechtlichen Rubrik anwendbar gewesen wäre und zusätzlich auch auf ein mit der

366 EGMR, Urteil vom 20.04.1999, 41601/98 + 41775/98 – Vidacar S.A. u. Opergrup S.L. ./. Spanien, ECHR 1999–V.

367 EGMR, Urteil vom 23.02.2006, 25632/02 – Stere u. a. ./. Rumänien.

368 EGMR, Urteil vom 21.09.1994, 17101/90 – Fayed ./. Vereinigtes Königreich, Rn. 65, Series A 294-B; Urteil vom 19.10.2005, 32555/96 – Roche ./. Vereinigtes Königreich, Rn. 117, ECHR 2005–X; Peukert in Frowein/Peukert, Art. 6, Rn. 7.

Verfolgung des Steuererstattungsanspruchs eng verbundenes steuerrechtliches Streitverfahren.

1.2.5.2.2 Unterschiedliche Behandlung von Steuererstattungsansprüchen und Steuervergütungsansprüchen

In der *Intersplav*-Entscheidung hat der EGMR die Anwendbarkeit des Art. 6 Abs. 1 EMRK knapp mit dem Hinweis auf sein *Ferrazzini*-Urteil abgelehnt. Es ging vordergründig um die Vollstreckung bereits festgestellter Umsatzsteuervergütungsansprüche, im Grunde also eine Konstellation, die der Gerichtshof und auch die EKMR bereits vor *Ferrazzini* als zivilrechtliche Ansprüche betreffend angesehen haben. Die Kommission hat in *S. ./. Österreich*[369] und *K. ./. Schweden*[370] Maßnahmen der Steuervollstreckung dem Schutz der zivilrechtlichen Rubrik unterstellt.

Der pauschale Verweis der Entscheidung auf das *Ferrazzini*-Urteil deutet aber auch an, dass der Gerichtshof die zu vollstreckenden Steuervergütungsansprüche – im Gegensatz zu Steuererstattungsansprüchen – nicht dem zivilrechtlichen Schutzbereich unterfallen lassen will.

Zwar zeigt sich zwischen Erstattungs- und Vergütungsanspruch ein wesentlicher dogmatischer Unterschied: Der Erstattungsanspruch zielt auf die Rückzahlung ohne Rechtsgrund erhobener Geldleistung[371], wohingegen der Vergütungsanspruch auf die Rückzahlung einer rechtmäßig erhobenen Steuer gerichtet ist[372]. Doch beide weisen einen restitutiven Charakter auf. Eine unterschiedliche Behandlung von Steuererstattungsansprüchen und Steuervergütungsansprüchen erscheint von dieser Warte aus betrachtet willkürlich. Werden erstere dem Anwendungsbereich der zivilrechtlichen Rubrik des Art. 6 Abs. 1 EMRK zugeordnet, so gelten letztere nach der Zulässigkeitsentscheidung in der Rechtssache *Intersplav ./. Ukraine* als herkömmliche steuerrechtliche Streitigkeiten und fallen in den Kernbereich des öffentlichen Rechts. Grenzt man Steuererstattungsansprüche deshalb aus dem Kernbereich des öffentlichen Rechts aus, da es bei ihrer Bestimmung nicht um „übliche staatsbürgerliche Pflichten", sondern um Ansprüche gegen den Staat geht, so muss dies gerade auch für Steuervergütungsansprüche gelten.

369 EKMR, Entscheidung vom 01.12.1993, 18778/91 – S ./. Österreich.
370 EKMR, Entscheidung vom 01.07.1991, 13800/88 – K ./. Schweden, D. R. 71, 110.
371 Koenig in Pahlke/Koenig, AO, § 37, Rn. 10.
372 Koenig in Pahlke/Koenig, AO, § 37, Rn. 7.

1.2.5.2.3 Unterschiedliche Behandlung von steuerrechtlichen und sozialrechtlichen Streitigkeiten

In *Schouten u. Meldrum ./. Niederlande* klassifizierte der Gerichtshof sozialrechtliche Streitigkeiten auch mit der Erwägung als zivilrechtlich, dass der Zwangscharakter einer Abgabe für sich keine Indikation des hoheitlichen Charakters der Erhebung gebe,[373] dass also der hoheitliche Charakter des sozialrechtlichen Rechtsverhältnisses nicht derart ausgeprägt sei, dass es allein deshalb dem Kernbereich des öffentlichen Rechts zugeordnet werden könne.[374] Eine solch unterschiedliche Behandlung sozialrechtlicher und steuerrechtlicher Streitigkeiten wird dem Charakter der von beiden Regelungsmaterien geschaffenen Rechtsverhältnissen nicht gerecht:[375] „Steuerrecht ist – ebenso wie das Sozialrecht [...] – öffentliches (öffentlich-rechtliches) Schuldrecht".[376] Nach *Tipke* knüpfen beide an die wirtschaftliche Leistungsfähigkeit des Bürgers an: „Das Steuerrecht nimmt den wirtschaftlich Leistungsfähigen Mittel; das Sozialrecht gewährt den wirtschaftlich Bedürftigen Mittel."[377] Dieses Verhältnis bringt er auf die zutreffende Kurzformel: „Bedürftigkeit ist negative Leistungsfähigkeit".[378] Die Problematik würde greifbar, würde das existierende System der Einkommensbesteuerung durch ein System der „negativen Einkommensteuer" ersetzt, also beide Regelungsmaterien zusammengefasst und hierdurch die Funktionen der Verwirklichung sozialstaatlicher Ziele und der Staatsfinanzierung miteinander verwoben. Dann bliebe nach der Argumentation des Gerichtshofs, dass in sozialrechtlichen Streitigkeiten der öffentlich-rechtliche Charakter nicht überwiege, auch bei der Beurteilung steuerlicher Streitigkeiten kein Raum mehr für die Anwendung des negativen Kriteriums des Kernbereichs des öffentlichen Rechts.

1.2.5.2.4 Fazit

War der Gerichtshof bei der Entwicklung seiner autonomen Auslegung gerade darauf bedacht, dass die von ihm entwickelten Grundsätze nicht durch innerstaatliches Recht unterminiert werden können, so unterläuft er mit einer solchen Judikatur seine selbst gesetzten Auslegungsziele. Mit seiner Rechtsprechung in *Building Societies ./. Vereinigtes Königreich* und *Vidacar S.A. u. Oper-*

373 EGMR, Urteil vom 09.12.1994, 19005/91 + 19006/91 – Schouten u. Meldrum ./. Niederlande, Rn. 55, Series A 304.

374 Bezgovsek, S. 224.

375 So im Ergebnis auch Bezgovsek, S. 226 f.

376 Tipke, Steuerrechtsordnung, S. 36.

377 Tipke, Steuerrechtsordnung, S. 38.

378 Tipke, Steuerrechtsordnung, S. 38; ähnlich Bezgovsek, S. 226.

grup S.L. ./. Spanien macht der EGMR die Anwendbarkeit der Garantien des Art. 6 Abs. 1 EMRK von der Ausgestaltung des innerstaatlichen Rechts abhängig, mit Hinblick auf seine *Stere*-Entscheidung ja sogar schon vom Verfahrensausgang in einzelnen Instanzen abhängig. Damit leistet er einer Unterwanderung eines gemeinsamen Mindeststandards geradezu Vorschub, die er gerade vermeiden wollte.

Daher erscheint das Ausschlusskriterium des „Kernbereich des öffentlichen Rechts" als untaugliches Mittel zur Abgrenzung des zivilrechtlichen Anwendungsbereichs von Art. 6 Abs. 1 EMRK.[379]

1.2.5.3 Lösungsvorschlag

Ansatzpunkt einer Lösung, die zu einem kohärenten, effektiven und bestimmten Rechtsschutz in steuerlichen Streitigkeiten führt, der nicht durch innerstaatliche (Verfahrens-)Rechtsgestaltung unterlaufen werden kann, muss das sogenannte negative Kriterium des „Kernbereich des öffentlichen Rechts" sein. Drei Varianten sind denkbar: Eine „kleine Lösung", die sich auf eine dynamische Auslegung am Maßstab eines Vergleiches zwischen heutiger Reichweite und Intensität staatlicher Intervention in den privaten Bereich des Steuerbürgers mit derjenigen zum Zeitpunkt der Verabschiedung der EMRK beschränkt, eine „mittlere Lösung", nach der das negative Kriterium aus Kohärenzgesichtspunkten teleologisch reduziert wird, so dass steuerliche Streitigkeiten nicht als hiervon erfasst angesehen werden können, oder aber eine „große Lösung", die gänzlich auf die Anwendung des negativen Kriteriums verzichtet und die Anwendbarkeit des Art. 6 Abs. 1 EMRK unter der zivilrechtlichen Rubrik lediglich nach der Auswirkungsjudikatur von der Auswirkung der Entscheidung des Rechtsstreits auf privatrechtliche Positionen abhängig macht.

Der Gerichtshof orientiert sich bei der Abgrenzung zwischen öffentlichem und privatem Recht am Inhalt des Rechts. Will man diesen Grundsatz nicht aushebeln, so muss die „große Lösung" ausscheiden.

Die dynamische Auslegung spricht für die Klassifizierung als zivilrechtlich aufgrund einer Ausweitung der Reichweite und Intensität staatlicher Intervention in den privaten Bereich des Steuerbürgers im Vergleich zur Zeit der Verabschiedung der EMRK. Ansatzpunkt dieser Beurteilung ist jedoch eine rechtsvergleichende Betrachtung der Rechtslage der Vertragsstaaten. Sollte die Rechtslage der meisten Vertragsstaaten im Laufe der Zeit die steuerrechtliche Intervention in den

379 So im Ergebnis auch Bezgovsek, S. 237 f., der aber in Anknüpfung an die Konkretisierung des Begriffs des Kernbereichs des öffentlichen Rechts als „Streitigkeiten über staatsbürgerliche Verpflichtungen in einer demokratischen Gesellschaft" die begriffliche Einordnung von Steuerstreitigkeiten hierunter anzweifelt.

Privatbereich des Bürgers jedoch wieder deutlich reduzieren, wäre korrespondierend wieder eine Einordnung von Steuerstreitigkeiten als öffentlich-rechtlich vorzunehmen. Dies aber würde für die Steuerpflichtigen der nach wie vor stark intervenierenden Vertragsstaaten eine Rechtsschutzbeeinträchtigung bedeuten. Dieser Konsequenz ließe sich durch strengere Anforderungen an eine auf einer dynamischen Auslegung beruhenden restriktiven Handhabung der Eröffnung des zivilrechtlichen Schutzbereichs des Art. 6 Abs. 1 EMRK begegnen. Sicher vermeiden ließe sie sich aber durch eine auf Kohärenzgesichtspunkten basierenden, grundsätzlichen teleologischen Reduktion des negativen Kriteriums, so dass steuerrechtliche Streitigkeiten aus dem Kernbereich des öffentlichen Rechts herausfallen. Somit erscheint die „mittlere Lösung" vorzugswürdig.

2. Strafrechtliche Anklage

Der Begriff der *„strafrechtlichen Anklage"* eröffnet wie der Begriff der *„zivilrechtlichen Ansprüche und Verpflichtungen"* als unbestimmter Rechtsbegriff einen weiten Auslegungs- und Wertungsspielraum[380] und wirft gleichermaßen Auslegungsprobleme auf, da beide Begriffe im innerstaatlichen Recht der Mitgliedstaaten hochgradig durch die Terminologie dieser Rechtsordnungen geprägt sind[381].

Wie eingangs ausgeführt ist der Begriff der *„strafrechtlichen Anklage"* nach ständiger Rechtsprechung der Konventionsorgane als autonomer Begriff unter Berücksichtigung des Sinn und Zwecks der Konvention und der vorherrschenden Auffassungen in den Rechtssystemen der Vertragsstaaten auszulegen.[382] Ein autonomes Begriffsverständnis ist aus Sicht des EGMR unverzichtbar zur Gewährleistung einer Auslegung, die mit Sinn und Zweck der Konvention vereinbar ist[383] und die durch innerstaatliche Entkriminalisierung bestimmter Maßnahmen nicht unterminiert werden kann[384].

2.1 Begriff der strafbaren Handlung – Auslegungskriterien des EGMR

So hat der Gerichtshof in seinem Urteil der Rechtssache *Engel u. a. ./. Niederlande* zur Definition des Begriffs drei Kriterien entwickelt: Neben der Einord-

380 Van Dijk/van Hoof, S. 392, 406.

381 Grabenwarter/Pabel, EMRK, § 24, Rn. 16.

382 EGMR, Urteil vom 28.06.1978, 6232/73 – König ./. Deutschland, Rn. 89, Series A 27.

383 EGMR, Urteil vom 28.06.1978, 6232/73 – König ./. Deutschland, Rn. 88, Series A 27; Urteil vom 21.02.1984, 8544/79 – Öztürk ./. Deutschland, Rn. 49, Series A 73.

384 EGMR, Urteil vom 21.02.1984, 8544/79 – Öztürk ./. Deutschland, Rn. 49, Series A 73.

nung der konkreten Maßnahme im innerstaatlichen Recht sollen die Natur des Vergehens sowie die Art und Schwere der Sanktion maßgeblich sein.[385]

2.1.1 Einordnung im innerstaatlichen Recht

Die innerstaatliche Einordnung der fraglichen Maßnahme stellt den Ausgangspunkt der Beurteilung als *strafrechtliche Anklage* dar.[386] Ihr kommt nur ein relatives Gewicht zu[387] und ist für sich alleine betrachtet für die Straßburger Richter nicht maßgebend.[388] Jedoch werden grundsätzlich Maßnahmen erfasst, die ihre Rechtsgrundlage im innerstaatlichen Kriminalstrafrecht haben.[389] Indizielle Bedeutung kommt hierbei zuerst der Benennung der innerstaatlichen Sanktionsvorschrift zu; so hat beispielsweise die Kommission eine Sanktionsnorm dem innerstaatlichen Strafrecht zugeordnet, da sie im „Finanzstrafgesetz" normiert war.[390]

2.1.2 Natur des Vergehens

Zur Bestimmung der Natur des Vergehens ist der Inhalt der jeweiligen Sanktionsnorm maßgebend, nicht die hierunter zu subsumierende Handlung.[391] In der Literatur wird darauf hingewiesen, dass der Gerichtshof rechtsvergleichend die Rechtslage in den übrigen Mitgliedsstaaten berücksichtigt.[392] Doch muss nach zutreffender Ansicht *Essers* gerade dieses Korrektiv nicht zwingend zu einer Erweiterung des Schutzbereichs und damit zu einem Mehr an konventionsrechtlicher Absicherung führen. Die mehrheitliche Behandlung eines bestimmten Pro-

385 EGMR, Urteil vom 08.06.1976; 5100/71, 5101/71, 5102/71, 5354/72, 5370/72 – Engel u. a. ./. Niederlande, Rn. 83 ff., Series A 22. Eingehend Grabenwarter/Pabel in Grote/Marauhn, Kap. 14, Rn. 19–28.

386 EGMR, Urteil vom 08.06.1976; 5100/71, 5101/71, 5102/71, 5354/72, 5370/72 – Engel u. a. ./. Niederlande, Rn. 82, Series A 22; EGMR, Urteil vom 26.03.1982, 8269/78 – Adolf ./. Österreich, Rn. 30, Series A 49.

387 EGMR, Urteil vom 21.02.1984, 8544/79 – Öztürk ./. Deutschland, Rn. 52, Series A 73.

388 EGMR, Urteil vom 22.05.1990, 11034/84 – Weber ./. Schweiz, Rn. 31, Series A 177.

389 Grabenwarter, Verfahrensgarantien, S. 91; dazu auch Kopetzki, ZaöRV 1982, 1 ff.

390 EKMR, Entscheidung vom 08.05.1987, 11919/86 – S. M. ./. Österreich.

391 Grabenwarter/Pabel in Grote/Marauhn, Kap. 14, Rn. 22; Grabenwarter, Verfahrensgarantien, S. 91.

392 So etwa Grabenwarter/Pabel, EMRK, § 24, Rn. 19; Grabenwarter/Pabel in Grote/Marauhn, Kap. 14, Rn. 22. Eine solche rechtsvergleichende Betrachtung der Rechtslage in den Konventionsstaaten findet sich etwa in EGMR, Urteil vom 21.02.1984, 8544/79 – Öztürk ./. Deutschland, Rn. 53, Series A 73.

blems in den Konventionsstaaten spreche nicht immer für eine rechtsstaatlich einwandfreie Lösung.[393]

Auf der Tatbestandsseite sind maßgebend: Der Regelungsgegenstand, der persönlicher wie sachlicher Anwendungsbereich und ebenso ist ein weiter Adressatenkreis,[394] insbesondere eine Adressierung an die Allgemeinheit.[395] Auf der Rechtsfolgenseite sind „die Art [...] und das Ziel der [angedrohten] Sanktion"[396] sowie ihre Funktion im Rechtssystem maßgebend,[397] ob konkret diese Sanktion sowohl abschreckend und präventiv wie auch repressiv wirkt[398]. *Grabenwarter/ Pabel* verweisen unter Bezugnahme auf die Rechtsprechung[399] darauf, dass die ausgesprochene Sanktion bzw. die in Betracht kommende Strafart und -höhe nur relevant sei, soweit sie Aufschluss über die strafrechtliche Natur der Vorschrift geben könne.[400]

2.1.3 Art und Schwere der Sanktion

Das Kriterium der Art und Schwere der Sanktion wird in der Literatur auf die knappe Formel gebracht, dass dieses Kriterium das Gewicht der drohenden Sanktion insgesamt erfasse und sich nach den Auswirkungen der Sanktion auf den konkreten Beschuldigten beurteile, die wiederum von der angedrohten Höchststrafe und der Art der Vollstreckung abhängig seien, wohingegen die tatsächlich verhängte Strafe nicht maßgeblich sei.[401] Jedoch könne nach der jüngeren Rechtsprechung[402] die verhängte, geringere Strafe die durch die Höchststrafe begründete Vermutung einer strafrechtlichen Sanktion widerlegen.[403]

---

393 Esser, S. 57.

394 Grabenwarter/Pabel, EMRK, § 24, Rn. 19; Grabenwarter/Pabel in Grote/Marauhn, Kap. 14, Rn. 23; Grabenwarter, Verfahrensgarantien, S. 92.

395 EGMR, Urteil vom 21.02.1984, 8544/79 – Öztürk ./. Deutschland, Rn. 53, Series A 73; Schroth, EuGRZ 1985, 557, 559 f.; Grabenwarter/Pabel, EMRK, § 24, Rn. 19; Grabenwarter/Pabel in Grote/Marauhn, Kap. 14, Rn. 23 Grabenwarter, Verfahrensgarantien, S. 92.

396 Grabenwarter/Pabel in Grote/Marauhn, Kap. 14, Rn. 23.

397 Grabenwarter/Pabel in Grote/Marauhn, Kap. 14, Rn. 23.

398 EGMR, Urteil vom 21.02.1984, 8544/79 – Öztürk ./. Deutschland, Rn. 53, Series A 73.

399 EGMR, Urteil vom 08.06.1976; 5100/71, 5101/71, 5102/71, 5354/72, 5370/72 – Engel u. a. ./. Niederlande, Rn. 83 ff., Series A 22; Urteil vom 28.06.1984, 7819/77; 7878/77 – Campbell u. Fell ./. Vereinigtes Königreich, Rn. 71, Series A 80; Urteil vom 23.03.1994, 14220/88 – Ravnsborg ./. Schweden, Rn. 34, Series A283-B.

400 Grabenwarter/Pabel in Grote/Marauhn, Kap. 14, Rn. 23.

401 Grabenwarter/Pabel in Grote/Marauhn, Kap. 14, Rn. 24.

402 EGMR, Urteil vom 09.10.2003, 39665/98, 40086/98 – Ezeh u. Connors ./. Vereinigtes Königreich, Rn. 126 ff, ECHR 2003–X.

403 Grabenwarter/Pabel, EMRK, § 24, Rn. 20.

2.1.3.1 Freiheitsstrafen

Droht eine Freiheitsstrafe, so ist eine solche Sanktion nach Auffassung der Gerichtshofs grundsätzlich als strafrechtlich im konventionsrechtlichen Sinne anzusehen („deprivation of liberty liable to be imposed as a punishment [is], in general, a penalty that belonged to the ‚criminal' sphere").[404] Jedoch ist Art. 6 EMRK nicht einschlägig, „wenn die drohenden Freiheitsentziehungen nach ihrer Natur und *Dauer* und nach der *Art und Weise ihrer Vollstreckung* keinen wesentlichen Nachteil für den Betroffenen verursachen"[405], beispielsweise wenn sie nur von kurzer Dauer sei und der Betroffene sie nach Abschluss des Verfahrens mit Sicherheit nicht mehr verbüßen müsse[406].[407]

2.1.3.2 Geldstrafen und Geldbußen

Bei Geldstrafen kommt es zwar ebenfalls auf die Höhe der drohenden Strafe an, doch ist aus der Rechtsprechung kein bestimmter Betrag ersichtlich, ab dem ein strafrechtlicher Charakter angenommen wird.[408] Es gilt auch hier im Grundsatz, dass zur Annahme einer strafrechtlichen Anklage die Verhängung der angedrohten Strafe für den Betroffenen „schwerwiegende Konsequenzen" haben muss, weshalb die Höhe der Geldstrafe nicht isoliert betrachtet werden kann: Sie muss vielmehr in den Kontext der persönlichen Situation des Betroffenen gesetzt werden. Abhängig von Einkommens- und Lebenssituation kann ein und demselbem Strafsatz unterschiedliche Schwere zukommen, wobei auch Unterschiede im allgemeinen Einkommensniveau zwischen den Konventionsstaaten zu berücksichtigen sind.[409] *Grabenwarter* weist zutreffend darauf hin, dass bereits im Vorfeld eines Verfahrens klar sein muss, ob die Garantien des Art. 6 EMRK anwendbar sind, so dass sich nur schwerlich in jedem Einzelfall Rücksicht auf unterschiedliche Einkommenshöhen innerhalb eines Konventionsstaates nehmen lasse, da die Einkommensverhältnisse des Betroffenen regelmäßig erst im Laufe des Verfahrens eruiert werden könnten.[410] Kann allein auf die Höhe einer Geld-

404 EGMR, Urteil vom 28.06.1984, 7819/77; 7878/77 – Campbell u. Fell ./. Vereinigtes Königreich, Rn. 72, Series A 80.

405 Grabenwarter/Pabel, EMRK, § 24, Rn. 21 (Hervorhebungen im Original).

406 EGMR, Urteil vom 08.06.1976; 5100/71, 5101/71, 5102/71, 5354/72, 5370/72 – Engel u.a. ./. Niederlande, Rn. 85, Series A 22.

407 Grabenwarter/Pabel, EMRK, § 24, Rn. 21.

408 Grabenwarter, Verfahrensgarantien, S. 96; Grabenwarter/Pabel, EMRK, § 24, Rn. 22.

409 Grabenwarter, Verfahrensgarantien, S. 97.

410 Grabenwarter, Verfahrensgarantien, S. 98.

strafe abgestellt werden, dann soll die Strafhöhe wenigstens in Zusammenhang zu dem Sanktionensystem des betreffenden Staates insgesamt zu setzen sein.[411]

2.1.3.3 Ersatzfreiheitsstrafen

Ist für den Fall der Uneinbringlichkeit einer Geldstrafe eine Ersatzfreiheitsstrafe vorgesehen, so gehört diese dann zur Strafdrohung, wenn sie der Höhe nach „von vornherein feststeht und ohne weiteres Verfahren vollstreckt werden kann".[412] Das Gewicht der Ersatzfreiheitsstrafe bleibt jedoch unberücksichtigt, wenn sie nur in einem „Umwandlungsverfahren" und bloß „unter begrenzten Umständen" verhängt werden durfte.[413]

2.1.4 Verhältnis der Kriterien zueinander

Der Gerichtshof hat in seinem *Öztürk*-Urteil herausgestellt, dass eine Geldbuße sehr wohl abschreckende und repressive Wirkung haben kann, mithin das sanktionierte Vergehen (im Konventionssinne) strafrechtlicher Natur ist, obwohl diese Geldbuße nach innerstaatlichem Recht nicht dem Strafrecht zugeordnet wird.[414] Zwischen den ersten beiden Kriterien, also der Einordnung der Sanktion im innerstaatlichen Recht und der Natur des Vergehens, besteht also ein Alternativverhältnis in dem Sinne, dass eine strafrechtliche Anklage grundsätzlich gegeben ist, wenn die Sanktion innerstaatlich als strafrechtlich angesehen wird. Ist dies nicht der Fall, kann die Bejahung des zweiten Kriterium, also die Charakterisierung des Vergehens als strafrechtlich, noch zur Annahme einer strafrechtlichen Anklage gelangt werden.[415]

Für das Verhältnis zwischen zweitem und drittem Kriterium, also zwischen der Natur des Vergehens und der Art und Schwere der Sanktion, geht die Rechtsprechung des EGMR grundsätzlich von einem Alternativverhältnis aus. In der *Öztürk*-Entscheidung hält der Gerichtshof nach Bejahung des zweiten Kriteriums eine Prüfung des dritten nicht mehr für erforderlich. Auch die relative Geringfügigkeit der drohenden Sanktion könne der Zuwiderhandlung nicht ihren strafrechtlichen Charakter nehmen.[416] Im Fall *Lutz ./. Deutschland* formuliert der

411 EKMR, Bericht vom 11.10.1994, 18892/91 – Putz ./. Österreich, Rn. 54; Grabenwarter, Verfahrensgarantien, S. 98.

412 Grabenwarter, Verfahrensgarantien, S. 98 f.

413 EGMR, Urteil vom 23.03.1994, 14220/88 – Ravnsborg ./. Schweden, Rn. 35, 24, Series A283-B; Grabenwarter, Verfahrensgarantien, S. 99.

414 EGMR, Urteil vom 21.02.1984, 8544/79 – Öztürk ./. Deutschland, Rn. 51–53, Series A 73.

415 So im Ergebnis auch Grabenwarter, Verfahrensgarantien, S. 102.

416 EGMR, Urteil vom 21.02.1984, 8544/79 – Öztürk ./. Deutschland, Rn. 54, Series A 73.

Gerichtshof ausdrücklich, dass zweites und drittes Kriterium alternativ, nicht kumulativ anzuwenden sind. Es genüge zur Bejahung einer *strafbaren Handlung*, wenn die Natur des Vergehens strafrechtlich im Sinne der Konvention sei oder aber der Betroffene sich einer Sanktion ausgesetzt sehe, die nach Art und Schwere als strafrechtlich klassifiziert werden könne.[417] Folgerichtig hat der Gerichtshof im Fall *Jussila ./. Finnland* ausdrücklich die Möglichkeit bejaht, eine Annahme einer strafbaren Handlung ausschließlich auf die Erfüllung des zweiten Kriteriums zu stützen und gleichzeitig auch betont, dass die fehlende Schwere einer Sanktion die strafrechtliche Natur eines Vergehens nicht entfallen lässt[418].

Andererseits betont der Gerichtshof jedoch, dass beide Kriterien kumulativ geprüft werden können, falls die alternative Prüfung nicht zu klaren Ergebnissen führt.[419] Im Fall *Bendenoun ./. Frankreich* hat er im Rahmen dieser kumulativen Abwägung vier Elemente als Teilaspekte des zweiten und dritten Kriteriums eingestellt: Den Adressatenkreis, die abschreckende Wirkung der Sanktion, der Regelungszweck und die Höhe der Strafen.[420] Diese gesamthafte Betrachtungsweise hat der Gerichtshof in späteren Entscheidungen fortgeführt, wenn auch gestützt auf die drei hergebrachten Kriterien.[421]

Eine wesentliche Einschränkung hat der Gerichtshof wiederum aus Gründen eines effektiven Rechtsschutzes vorgenommen. Kann eine Handlung, die zu Kompensationsansprüchen führt, als strafbare Handlung angesehen werden, so macht der EGMR diese Klassifizierung – ungeachtet der Schwere der Sanktion – davon abhängig, ob die innerstaatliche Entscheidung über Kompensationsansprüche oder -verpflichtungen eine Feststellung der strafrechtlichen Verantwortlichkeit enthalten muss. Ohne diese Einschränkung führte eine Qualifizierung einer Kompensationsverpflichtung als strafrechtliche Anklage zu der ungewollten Konsequenz, dass infolge der dann anwendbaren Unschuldsvermutung des Art. 6 Abs. 2 EMRK bei einem strafrechtlichen Freispruch die Zuerkennung zivilrechtlichen Kompensationsansprüche des Opfers erschwert werden und dem zu Verpflichtenden einen unangemessenen Vorteil verschaffen könnte.[422] Die „Feststellung der strafrechtlichen Verantwortlichkeit" dürfte aufgrund der autonomen konventionsrechtlichen Begriffsbestimmung der strafbaren Handlung bei

417 EGMR, Urteil vom 25.08.1987, 9912/82 – Lutz ./. Deutschland, Rn. 55, Series A 123.

418 EGMR, Urteil vom 23.11.2006, 73053/01 – Jussila ./. Finnland, Rn. 31.

419 EGMR, Urteil vom 24.09.1997, 18996/91 – Garyfallou AEBE ./. Griechenland, Rn. 33, Reports 1997–V; Urteil vom 24.02.1994, 12547/86 – Bendenoun ./. Frankreich, Rn. 47, Series A 284; Urteil vom 02.09.1998, 26138/95 – Lauko ./. Slowakei, Rn. 57, Reports 1998–VII.

420 EGMR, Urteil vom 24.02.1994, 12547/86 – Bendenoun ./. Frankreich, Rn. 47, Series A 284.

421 U. a. EGMR, Urteil vom 10.06.1996, 19380/92 – Benham ./. Vereinigtes Königreich, Rn. 56, Reports 1996–III; Urteil vom 23.07.2002, 34619/97 – Janosevic ./. Schweden, Rn. 67, ECHR 2002–VII; Urteil vom 01.02.2005, 61821/00 – Ziliberberg ./. Moldawien.

422 EGMR, Urteil vom 11.02.2003, 34964/97 – Ringvold ./. Norwegen, Rn. 38, ECHR 2003–II.

konsistenter Auslegung und unter Berücksichtigung des Gebots eines effektiven Rechtsschutzes dahingehend zu verstehen sein, dass zusätzlich zur Anwendung der *Engel*-Kriterien auf die Rechtsgrundlage des Kompensationsanspruch bzw. spiegelbildlich der Kompensationsverpflichtung auch zu fragen ist, ob diese Rechtsgrundlage wenigstens an den Tatbestand einer Norm anknüpft, die wiederum eine Sanktion an das Verhalten knüpft, die ebenfalls nach den Maßstäben der *Engel*-Kriterien als strafbare Handlung einzuordnen wäre. Damit wäre eine Verengung auf solche Normen vermieden, die nach innerstaatlichem Recht als strafrechtlich anzusehen wären, also solche, die lediglich das erste der *Engel*-Kriterien erfüllten.

2.1.5 Begriff der Anklage

Eine Anklage im konventionsrechtlichen Sinne muss sich grundsätzlich auf eine „strafbare Handlung" beziehen,[423] deren Begrifflichkeit sich zwar zur Vermeidung einer Unterminierung durch Entkriminalisierungstendenzen in den Konventionsstaaten ebenfalls autonom bestimmt.[424] Doch verlangt der Gerichtshof aus rechtsvergleichenden Erwägungen, dass die sanktionierte Handlung rechtswidrig und verwerflich sein müsse.[425] Wie jedoch die im *Öztürk*-Urteil erfolgte Einordnung von Ordnungswidrigkeiten als strafrechtliche Anklage im konventionsrechtlichen Sinne zeigt, sind an das Merkmal der Verwerflichkeit, der ethisch sozialen Missbilligung, keine zu hohen Anforderungen zu stellen. Gerade dies ermöglicht auch hinsichtlich bloßer Verwaltungssanktionen die Eröffnung des Schutzbereichs von Art. 6 EMRK unter dessen strafrechtlicher Rubrik.

Die zeitliche Reichweite macht der Gerichtshof ebenfalls am Begriff der Anklage fest. Er nimmt eine Anklage ab dem Zeitpunkt an, in dem die offizielle Benachrichtigung einer Person seitens der zuständigen Behörde über den Vorwurf der Begehung einer Straftat erfolgt („*The ‚charge' could, for the purposes of Article 6 par. 1 (art. 6–1), be defined as the official notification given to an individual by the competent authority of an allegation that he has committed a criminal offence*").[426] Der EGMR bezieht sich dabei auf die ständige Rechtsprechung der EKMR, die darauf abstellte, ob die Maßnahme die Situation des Verdächtigen wesentlich beeinflusst hatte.[427] Dazu ist „[e]ine formelle Anklageerhebung [...]

423 EGMR, Urteil vom 21.02.1984, 8544/79 – Öztürk ./. Deutschland, Rn. 47, Series A 73.
424 EGMR, Urteil vom 21.02.1984, 8544/79 – Öztürk ./. Deutschland, Rn. 49, Series A 73.
425 EGMR, Urteil vom 21.02.1984, 8544/79 – Öztürk ./. Deutschland, Rn. 53, Series A 73.
426 EGMR, Urteil vom 27.02.1980, 6903/75 – Deweer ./. Belgien, Rn. 46, Series A 35.
427 EGMR, Urteil vom 27.02.1980, 6903/75 – Deweer ./. Belgien, Rn. 46, Series A 35; Urteil vom 21.02.1984, 8544/79 – Öztürk ./. Deutschland, Rn. 55, Series A 73.

zwar ausreichend, aber nicht zwingend erforderlich".[428] Es genügt jede Maßnahme, die den Vorwurf einer Straftat (im konventionsrechtlichen Sinne) beinhaltet und die Lage des Betroffenen in entsprechender Weise wesentlich beeinflusst.[429]

Erfüllt sind diese Voraussetzungen nach Ansicht des Gerichtshofs in jedem Fall bei Festnahme oder Inhaftierung einer Person, wenn sie wegen des Verdachts der Begehung einer strafbaren Handlung festgenommen wird.[430] Erfolgt die Festnahme aufgrund einer Haftanordnung, so ist bereits in ihr die Erhebung der *Anklage* zu sehen.[431] Als Anknüpfungspunkte einer strafrechtlichen Anklage wurden aber auch Zwangsmaßnahmen (im konkreten Fall Durchsuchung und Beschlagnahme)[432] oder die Kenntnis des Beschuldigten von den gegen ihn geführten Ermittlungen[433]. Andererseits war eine polizeiliche Vernehmung nicht immer ausreichend.[434]

Schwieriger ist eine genaue Festlegung des Zeitpunkts der Erhebung einer Anklage, wenn – wie im steuerlichen bzw. steuerstrafrechtlichen Verfahren üblich – eine verwaltungsrechtliche Untersuchung vorgeschaltet ist.[435] Der Gerichtshof hält es zwar grundsätzlich für möglich, dass in einer solchen Untersuchung bereits eine strafrechtliche Anklage gesehen werden kann, lehnt dies jedoch ab, wenn die Untersuchung im wesentlichen recherchierender Art ist, die beteiligten Personen weder förmlich, noch in der Sache eine Entscheidung fällen, sondern lediglich Tatsachen ermitteln, die als Grundlage für ein späteres (Straf-)Verfahren einer anderen Behörde dienen können. Auch sieht er in seiner Urteilsbegründung der *Saunders*-Entscheidung eine Gefahr für die effektive Regulierung komplexer finanzieller und kommerzieller Aktivitäten, wenn die Verfahrensgarantien des Art. 6 EMRK auch in vorbereitenden Untersuchungen im Rahmen der Fusionskontrolle zur Anwendung kämen.[436]

Esser weist zutreffend darauf hin, dass eine solche zeitliche Einschränkung in Widerspruch zum Grundsatz steht, dass ein verwaltungsrechtliches Vorverfahren statthaft ist, wenn die an dessen Ende getroffene Entscheidung einer den Anforderungen des Art. 6 EMRK entsprechenden Kontrolle unterliegt. Dieser

---

428 Grabenwarter/Pabel, EMRK, § 24, Rn. 25 unter Bezugnahme auf EGMR, Urteil vom 27.02.1980, 6903/75 – Deweer ./. Belgien, Rn. 42, Series A 35.

429 EGMR, Urteil vom 21.02.1984, 8544/79 – Öztürk ./. Deutschland, Rn. 55, Series A 73.

430 EGMR, Urteil vom 27.06.1968, 2122/64 – Wemhoff ./. Deutschland, Rn. 19, Series A 7; Urteil vom 26.05.1993, 13645/88 – Bunkate ./. Niederlande, Rn. 8, 21, Series A 248-B; Urteil vom 07.08.1996, 19874/92 – Ferrantelli u. Santangelo ./. Italien, Rn. 12, 38, Reports 1996–III.

431 EGMR, Urteil vom 19.02.1991, 13324/87 – Girolami ./. Italien, Rn. 9, 13; Series A 196-E.

432 EGMR. Urteil vom 26.03.1982, 8269/78 – Adolf ./. Österreich, Rn. 11, Series A 49.

433 EGMR, Urteil vom 15.07.1982, 8130/78 – Eckle ./. Deutschland, Rn.74, Series A 51.

434 EGMR, Urteil vom 19.02.1991, 13440/87 – Ferraro ./. Italien, Rn. 9, 15, Series A 197-A.

435 Hierzu auch Esser, S. 85 ff.

436 EGMR, Urteil vom 17.12.1996, 19187/91 – Saunders ./. Vereinigtes Königreich, Rn. 67, Reports 1996–VI.

Grundsatz impliziere, dass schon während des Ermittlungsverfahrens vom Vorliegen einer *strafrechtlichen Anklage* ausgegangen werden müsse, denn ansonsten könnten sich die mit der Durchführung des Strafverfahrens[437] verleiten lassen, durch die Einrichtung solch vorgelagerter Verfahren den Schutzstandard des Art. 6 EMRK zu unterlaufen.[438]

Der zeitliche Schutzbereich ist also mit dem sachlichen verknüpft. Zusätzlich tritt eine persönliche Komponente hinzu, die sich rechtschutzbeschränkend auswirkt.[439] So ist eine Person nur dann im konventionsrechtlichen Sinne angeklagt, wenn sie Gegenstand einer Anklage geworden ist.[440] Das ist der Fall, wenn sich das betreffende Verfahren konkret gegen diese Person richtet. Sogar eine eindeutig strafrechtliche Ermittlungsmaßnahme führt nicht zur Anklage der von ihr betroffenen Person, wenn die Maßnahme in Zusammenhang mit strafrechtlichen Ermittlungen steht, die sich ausschließlich gegen eine andere Person richten.[441]

Besondere Relevanz entwickelt dieser Ansatz in Konstellationen, in denen sich ein Strafverfahren zunächst nur gegen eine Gesellschaft richtet und auch Geschäftsführer bzw. Gesellschafter ins Visier der Ermittlungsbehörden geraten. Dies gilt im Besonderen im Steuerverfahren, soweit es als strafrechtliche Anklage im konventionsrechtlichen Sinne gelten kann.[442] So nahm der Gerichtshof in der Rechtssache *Hozee ./. Niederlande* eine strafrechtliche Anklage des Beschwerdeführers, der geschäftsführender Direktor zweier Firmen war, wegen Steuerhinterziehung erst an, nachdem dieser offiziell vom gegen ihn bestehenden Tatverdacht in Kenntnis gesetzt worden war – dies obwohl bereits gut drei Jahre zuvor eine Betriebsprüfung seiner Firmen ergeben hatte, dass für beide Firmen unrichtige Steuererklärungen abgegeben worden waren.[443]

2.2 Anwendung der Kriterien in steuerrechtlichen Fällen

2.2.1 Gefängnis- und Geldstrafen

Sieht die nationale Rechtsordnung für steuerrechtliche Vergehen Gefängnis- oder Geldstrafen vor, gehen die Straßburger Richter von der Anwendbarkeit des Art. 6

437 Bzw. des Verwaltungsverfahrens zur Bestimmung der Stichhaltigkeit einer strafrechtlichen Anklage.

438 Esser, S. 86.

439 Esser, S. 82.

440 EGMR, Urteil vom 27.06.1968, 2122/64 – Wemhoff ./. Deutschland, Rn. 19, Series A 7.

441 Esser, S. 82.

442 Esser, S. 82.

443 EGMR, Urteil vom 22.05.1998, 21961/93 – Hozee ./. Niederlande, Rn. 10, 44, Reports 1998–III.

EMRK aus. So entschied die EKMR in der Rechtssache *S. M. ./. Österreich*, dass eine Geldstrafe von 250.000 öS zusätzlich zu einer dreimonatigen Gefängnisstrafe auf Bewährung zur Sanktionierung einer Steuerhinterziehung strafrechtlichen Charakter habe.[444] Hierbei wandte die Kommission auf den Sachverhalt die drei allgemeinen Kriterien an, die der Gerichtshof in der Rechtssache *Engel u. a. ./. Niederlande* entwickelt (sog. „*Engel*-Kriterien“) und in seinem *Öztürk*-Urteil bestätigt hatte und bejahte alle drei. Die Sanktionsvorschrift sei innerstaatlich dem Strafrecht zugeordnet, da sie im Finanzstrafgesetz kodifiziert sei. Die Natur des Vergehens sei aufgrund der Verletzung der Steuererklärungspflicht ebenfalls strafrechtlich, und schließlich genügten auch Art und Schwere der Sanktion. Bei der Anwendung des zweiten Kriteriums stellte die EKMR jedoch im Gegensatz zum Gerichtshof in seinen Urteilen *Engel* und *Öztürk* nicht auf den Charakter der Sanktionsnorm, sondern auf die Natur der Handlung. Zu einem abweichenden Ergebnis dürfte dies jedoch nicht geführt haben.

2.2.2 Geldbußen

Im Fall *A.P., M.P. und T.P. ./. Schweiz* waren die Beschwerdeführer Erben des verstorbenen Unternehmers Herrn P. Nachdem sie das Erbe angetreten hatten, fand eine Betriebsprüfung in der ererbten Firma statt, wobei die Finanzbehörden auf nicht deklarierte Einkünfte aus den Lebzeiten des Erblassers stießen. In der Folge wurden die Erben zu Steuernachzahlungen herangezogen und ein Bußgeld wegen Steuerhinterziehung festgesetzt. Das schweizerische Recht sah die Möglichkeit der Verhängung einer Buße von bis zu 400 % der hinterzogenen Steuer vor. Sie konnte ungeachtet von persönlicher Schuld auch gegen die Erben des Täters erhoben werden. Gegen das Bußgeld legten die Beschwerdeführer Rechtsmittel ein. In letzter Instanz wies das schweizerische Bundesgericht die Klage im schriftlichen Verfahren ab.[445]

Ihre Beschwerde vor den Konventionsorganen stützten die Erben zum einen auf die Verletzung der Unschuldsvermutung. Das Bußgeld sei unabhängig von ihrer persönlichen Schuld für die Verfehlungen des Erblassers gegen sie als dessen Rechtsnachfolger verhängt worden. Zum anderen verletze der Verzicht auf eine öffentliche mündliche Gerichtsverhandlung ihr Recht auf ein faires und öffentliches Verfahren.[446]

---

444 EKMR, Entscheidung vom 08.05.1987, 11919/86 – S. M. ./. Österreich.

445 EGMR, Urteil vom 29.08.1997, 19958/92 – A.P., M.P. und T.P. ./. Schweiz, Rn. 7–19, Reports 1997–V.

446 EGMR, Urteil vom 29.08.1997, 19958/92 – A.P., M.P. und T.P. ./. Schweiz, Rn. 33, Reports 1997–V.

Der Gerichtshof untersuchte das Vorliegen einer *strafrechtlichen Anklage* anhand der drei *Engel*-Kriterien.[447] Nach innerstaatlichem Recht sei die Sanktionsnorm dem Strafrecht zugeordnet. Dies indizierten die Ausführungen des Bundesgerichtes, das den strafrechtlichen Charakter der Vorschrift aufgrund der Abhängigkeit der Rechtsfolge von der Schuld des Steuerpflichtigen annahm.[448] Die Natur des Vergehens sei strafrechtlich, da die verhängten Bußgelder nicht als geldwerter Ausgleich eines entstandenen Schadens dienten, sondern im Wesentlichen repressiven und präventiven Charakters seien.[449] Art und Schwere der Sanktion sprechen nach Ansicht des Gerichtshofs ebenfalls für eine strafrechtliche Anklage. Die Bußgelder mit Beträgen von 3.875,85 CHF und 2.882,90 CHF *„nicht unerheblich"* (*„not inconsiderable"*). Verstärkend wiesen die Straßburger Richter darauf hin, dass die Finanzbehörden den Strafrahmen aufgrund des kooperativen Verhaltens der Beschwerdeführer nur zu einem Viertel ausgeschöpft hätten.[450]

Der Gerichtshof scheint in seinem Urteil dem dritten der *Engel*-Kriterien das stärkste Gewicht beizumessen. Er beginnt seine Prüfung mit der Erörterung der Art und Schwere der Sanktion und schließt mit dem üblicherweise schwächsten Kriterium, der Einordnung im innerstaatlichen Recht. Der Maßstab, den er hierbei anlegt, weicht von der Handhabung der ständigen Rechtsprechung und seiner Rechtsprechung zu Steuerstrafzuschlägen nach unten ab. Während nach ständiger Rechtsprechung nicht die tatsächlich verhängte Strafe, sondern die angedrohte Höchststrafe maßgeblich ist und diese „schwerwiegende Konsequenzen" für den Betroffenen haben muss, gingen die Richter hier zunächst von der tatsächlich verhängten Sanktion aus, die sie als *„nicht unerheblich"* klassifizierten und bereits zur Bejahung des dritten Kriteriums hätten genügen lassen. Auf die drohende Höchststrafe wird nur ergänzend eingegangen („Moreover, in setting these figures [= die tatsächlich verhängten Bußgelder], the authorities took the applicants' cooperative attitude into account; the fines might in fact have been four times as large"[451]).

Zum gegenteiligen Ergebnis kam der Gerichtshof in seiner Zulässigkeitsentscheidung der Rechtssache *W. S. ./. Polen.*

---

447 EGMR, Urteil vom 29.08.1997, 19958/92 – A.P., M.P. und T.P. ./. Schweiz, Rn. 39–43, Reports 1997–V.

448 EGMR, Urteil vom 29.08.1997, 19958/92 – A.P., M.P. und T.P. ./. Schweiz, Rn. 42, Reports 1997–V.

449 EGMR, Urteil vom 29.08.1997, 19958/92 – A.P., M.P. und T.P. ./. Schweiz, Rn. 41, Reports 1997–V.

450 EGMR, Urteil vom 29.08.1997, 19958/92 – A.P., M.P. und T.P. ./. Schweiz, Rn. 40, Reports 1997–V.

451 EGMR, Urteil vom 29.08.1997, 19958/92 – A.P., M.P. und T.P. ./. Schweiz, Rn. 40, Reports 1997–V.

Gegen die Beschwerdeführerin, eine Steuerberaterin, wurde wegen Umsatzsteuerverkürzung zugunsten eines Mandanten Geldstrafen in Höhe von 300 PLZ und 100 PLZ mit einer Ersatzfreiheitsstrafe von 30 bzw. 10 Tagen verhängt. Die Steuerverkürzung resultierte aus falsch berechneten Vorsteuerabzügen, die wiederum auf einer von der Steuerberaterin fehlerhaft geführten Mandantenbuchhaltung basierten. Die vorgesehene Höchststrafe lag bei 1.000 PLZ bzw. einer Ersatzfreiheitsstrafe von 30 Tagen.

Bei Anwendung der *Engel*-Kriterien sprach für den EGMR nur das Kriterium der innerstaatlichen Einordnung für das Vorliegen einer *strafrechtlichen Anklage*. Wie in der Entscheidung der EKMR in *S. M. ./. Österreich* ließen die Richter die Bezeichnung des Gesetzes, in dem die Sanktionsvorschrift kodifiziert ist, als Indiz genügen („As to the first of these criteria, the Court considers that the Fiscal Criminal Act should clearly be regarded as belonging to criminal law. This is indicated, first, by the very name of the domestic legislation under which the applicant's offence was punishable")[452].

Hingegen sah der Gerichtshof die beiden anderen Kriterien nicht als erfüllt an. Bei der Prüfung der Natur des Vergehens nahm er zwar die generelle Anwendbarkeit der Vorschrift zur Kenntnis, lehnte aber das Vorliegen einer strafbaren Handlung im Ergebnis ab. Schließlich weist der EGMR darauf hin, dass das Vergehen nach innerstaatlichem Recht nur eine Ordnungswidrigkeit darstelle. Materiell klassifizierte der Gerichtshof das Vergehen als „technischer, nicht strafrechtlicher Art"[453], da es auf einer fehlerhafter Buchführung beruhe und die Beschwerdeführerin als Steuerberaterin hierzu keinen Vorsatz im strafrechtlichen Sinne gehabt haben konnte, weil ein solches Vergehen für sie nur nachteilig sein konnte. Auch sei der Betrag der verkürzten Steuern mit ungefähr 65 PLZ sehr gering. Der Gerichtshof lässt bei der Prüfung des zweiten Kriteriums im Ergebnis die Erwägungen zum Regelungsgegenstand der Norm überwiegen. Auf die Rechtsfolgenseite geht er nicht mehr ein, stellt aber im Rahmen der Prüfung des dritten Kriteriums klar, dass die Sanktion repressiver Art sei. Die Art und Schwere der Sanktion konnten nach Auffassung der Straßburger Richter ebenfalls nicht für die Annahme einer strafrechtlichen Anklage streiten. Zum einen drohe keine Freiheitsstrafe, zum anderen liege die Bußgeldbewehrung mit einem Rahmen von 20 bis 1.000 PLZ deutlich unter dem Strafrahmen des innerstaatlichen Steuerstrafrechts.[454] Der Gerichtshof verneinte also schwerwiegende Konsequenzen der Sanktion für die Beschwerdeführerin aufgrund der untergeordneten Stellung der Bußgeldhöhe im innerstaatlichen Strafgefüge.

Trotz der Betonung der grundsätzlich alternativen Geltung der drei *Engel*-Kriterien nahm der Gerichtshof eine Gesamtbetrachtung vor und ließ die Verneinung

452 EGMR, Entscheidung vom 15.06.1999, 37607/97 – W. S. ./. Polen.
453 EGMR, Entscheidung vom 15.06.1999, 37607/97 – W. S. ./. Polen.
454 EGMR, Entscheidung vom 15.06.1999, 37607/97 – W. S. ./. Polen.

einer strafrechtlichen Natur des Vergehens und die geringe Schwere der Strafe gegenüber der innerstaatlichen Einordnung der Sanktionsvorschrift als strafrechtlich überwiegen.

Bei der Prüfung, ob steuerliche Bußgeldtatbestände eine *strafrechtliche Anklage* darstellen, nimmt der Gerichtshof eine Gesamtbetrachtung vor. Hierbei räumt er dem dritten Kriterium, der Art und Schwere der Sanktion, tendenziell das stärkste Gewicht ein, wobei eine schwächere Ausprägung der strafrechtlichen Natur des Vergehens durch eine ausgeprägtere Schwere der Strafe ausgeglichen werden kann. Allein die innerstaatliche Einordnung als strafrechtlich genügt nicht. Insoweit besteht „ein Zusammenhang nach Art eines beweglichen Systems zwischen dem zweiten und dem dritten Kriterium“[455] auch bei Beurteilung von steuerrechtlichen Bußgeldtatbeständen.

Die Anforderungen an Art und Schwere der Sanktion sind hier verhältnismäßig niedrig. Nimmt die Sanktion im innerstaatlichen Strafgefüge nur eine untergeordnete Stellung ein, so genügt, dass das tatsächlich verhängte Bußgeld sich nicht nur unerheblich auf den Betroffenen auswirkt.

2.2.3 Strafzuschläge

Soweit ersichtlich hatten die Konventionsorgane sich in der Rechtssache *Max von Sydow ./. Schweden* erstmals mit der Frage zu befassen, ob Art. 6 Abs. 1 EMRK unter seiner strafrechtlichen Rubrik auf Steuerstrafzuschläge anzuwenden ist.

> Gegen den Beschwerdeführer wurde wegen unzutreffender Einkommensteuererklärungen der Jahre 1974–1976 Nachsteuern und Strafzuschläge in Höhe von 50% der Nachsteuern festgesetzt. Der Betrag der Strafzuschläge belief sich auf 120.399 SEK. Nach schwedischem Recht sollen Strafzuschläge festgesetzt werden, wenn der Steuerpflichtige unrichtige Angaben in seiner Steuererklärung gemacht hat. Jedoch bestehen diverse Entschuldigungstatbestände zugunsten des Steuerpflichtigen. Die Steuerstrafzuschläge nach schwedischem Recht sind somit nicht verschuldensunabhängig. Einspruch und Klage Herrn von Sydows hiergegen wurden im schriftlichen Verfahren zurückgewiesen, eine mündliche Verhandlung nicht zugelassen.

Die EKMR kam zu dem Ergebnis, dass die Beschwerde bedeutende Fragen der Konventionsinterpretation aufwerfe, die nur im Rahmen einer Begründetheitsprüfung zu beantworten seien und erklärte die Beschwerde für zulässig. Zu einem Urteil des Gerichtshof kam es jedoch leider nicht mehr, da der Beschwerdeführer das Verfahren aufgrund einer gütlichen Einigung mit der schwedischen Regierung nicht weiter verfolgte.[456]

---

455 Grabenwarter, Verfahrensgarantien, S. 105.

456 EKMR, Entscheidung vom 12.05.1987, 11464/85 – Max von Sydow ./. Schweden, D. R. 53, 85.

Im Fall *Bendenoun ./. Frankreich*[457] sah der Gerichtshof den strafrechtlichen Schutzbereich erstmals hinsichtlich steuerlicher Strafzuschläge als eröffnet an.

Gegen Herrn Bendenoun und seine Firma waren Nachsteuern in Höhe von insgesamt 1,8 Mio FRF festgesetzt worden. Ungefähr die Hälfte des Betrages entfiel auf Strafzuschläge, die nach französischem Recht verhängt werden konnten, wenn die Behörden davon ausgehen konnten, dass der Steuerpflichtige hinsichtlich der Steuerverkürzung bzw. Steuerhinterziehung nicht „in gutem Glauben" gehandelt hat (*„where it cannot be accepted that the tax debtor acted in good faith*"). Hierbei waren vom Gesetz Steuerzuschläge von 30% bis 100% je nach Höhe des verkürzten Steuerbetrages und der Schuld des Steuerpflichtigen vorgesehen. Für den Fall, dass der Steuerpflichtige die Zuschläge nicht entrichtet sieht das Gesetz die Möglichkeit der gerichtlichen Anordnung einer Ersatzfreiheitsstrafe vor. Der Beschwerdeführer rügte die Verletzung seines Rechts auf ein faires Verfahren im Rahmen der gerichtlichen Überprüfung der gegen ihn festgesetzten Steuerzuschläge. Die französische Regierung sah Art. 6 EMRK unter der strafrechtlichen Rubrik nicht als einschlägig an, da keines der drei *Engel*-Kriterien erfüllt sei. Innerstaatlich sei die Sanktionsvorschrift nicht dem Kriminalstrafrecht zugeordnet, das Vergehen habe keine strafrechtliche Natur, da es sich um eine Steuerverkürzung handele, die im Gegensatz zur Steuerhinterziehung nach französischem Recht kein Straftatbestand, sondern bloß eine Ordnungswidrigkeit darstelle. Schließlich spreche auch Art und Schwere der Sanktion nicht für eine *strafrechtliche Anklage*. Die Strafzuschläge seien zum einen von Finanzbehörden, nicht von Strafgerichten verhängt worden, zum anderen wurden sie auf Basis der festsetzten Nachsteuern proportional zu diesen berechnet und es bestand keine Möglichkeit der Verhängung einer Ersatzfreiheitsstrafe.[458]

Der Gerichtshof prüfte die Anwendbarkeit des Art. 6 EMRK unter dessen strafrechtlicher Rubrik zunächst zwar ausgehend von den drei Kriterien, die er in seinen Urteilen *Engel* und *Öztürk* entwickelt hatte. Dabei wählte er jedoch eine Betrachtung von insgesamt vier Unterkriterien der Kriterien zwei und drei: den Adressatenkreis der Sanktionsnorm, die abschreckende Wirkung der Vorschrift, den Zweck der allgemeinen Regelung und die Höhe der Strafen.[459] Diese vier Unterkriterien wog der EGMR gegen die Einwände der französischen Regierung ab, wobei nach Ansicht der Straßburger Richter die Argumente für den strafrechtlichen Charakter überwogen: Adressatenkreis seien alle Staatsbürger in ihrer Eigenschaft als Steuerpflichtige, die Sanktionsvorschrift habe repressive und abschreckende Wirkung und diene nicht dem Ausgleich des durch die Steuerhinterziehung entstandenen Schadens, und schließlich sei die Höhe der Strafe mit ca. 1 Mio FRF und der Möglichkeit einer Ersatzfreiheitsstrafe *„sehr erheblich*" (*„very substantial*").[460] Das Zuschlagssystem als solches hielt der EGMR für mit Art. 6 EMRK vereinbar, soweit der Steuerpflichtige die gegen ihn festgesetz-

457 EGMR, Urteil vom 24.02.1994, 12547/86 – Bendenoun ./. Frankreich, Series A 284.
458 EGMR, Urteil vom 24.02.1994, 12547/86 – Bendenoun ./. Frankreich, Rn. 45, Series A 284.
459 EGMR, Urteil vom 24.02.1994, 12547/86 – Bendenoun ./. Frankreich, Rn. 47, Series A 284.
460 EGMR, Urteil vom 24.02.1994, 12547/86 – Bendenoun ./. Frankreich, Rn. 47, Series A 284.

ten Zuschläge von einem Gericht überprüfen lassen kann, das die von der Konvention geforderten Garantien gewährleistet.[461]

Den kumulativen Ansatz einer Abwägung von insgesamt vier Unterkriterien des zweiten und dritten Kriteriums greift der Gerichtshof in seinem Urteil in der Rechtssache *Georgiou ./. Vereinigtes Königreich* auf.

Gegen den Beschwerdeführer war neben einer Nachsteuer auch ein Strafzuschlag wegen Steuerhinterziehung in Höhe von 95% der hinterzogenen Umsatzsteuer verhängt worden. Der *Finance Act 1985* sah in s. 13 (1) einen höchstmöglichen Zuschlag von 100% der hinterzogenen Steuer vor.

Der EGMR verwies auf seine *Bendenoun*-Entscheidung und stellte fest, dass eine kumulative Betrachtung von abschreckender Wirkung der Vorschrift, Zweck der allgemeinen Regelung und die Höhe der Zuschläge eine strafrechtliche Anklage indizieren. Dem stand auch nicht die Feststellung entgegen, dass die Zuschläge nach innerstaatlichem Recht nicht als strafrechtliche Sanktion klassifiziert wurde. Hinsichtlich der Festsetzung der Nachsteuer bezog der Gerichtshof das Festsetzungsverfahren in den Schutzbereich des Art. 6 EMRK mit ein, soweit es zur Bestimmung der strafrechtlichen Anklage notwendig ist.[462]

Damit folgt der EGMR dem Gebot der Gewährung effektiven Rechtsschutzes und trägt der Besonderheit Rechnung, dass die Höhe des Strafzuschlags sich auch, wenn auch nicht ausschließlich, nach der Höhe der festgesetzten Nachsteuer bemisst. Erstaunlich ist, dass diese Ausweitung des Schutzbereichs – ähnlich wie unter der zivilrechtlichen Rubrik, wenn eine steuerrechtliche Streitigkeit eng mit der Verfolgung eines Steuererstattungsanspruchs verbunden ist – nicht schon zu einem früheren Zeitpunkt, beispielsweise im Rahmen des *Bendenoun*-Urteils erfolgt ist, sind doch der Sachverhalt und die Abhängigkeit der Höhe des Strafzuschlags von der Höhe der festgesetzten Steuernachzahlungen in beiden Fällen vergleichbar. Erklärbar erscheint dies nur mit der Tatsache, dass die – quasi analoge – Ausweitung des Schutzbereichs unter der zivilrechtlichen Rubrik auf steuerrechtliche Streitigkeiten erst 1997 im *Building Societies*-Urteil erfolgte und dies vermutlich als „Vorlage“ für ein entsprechendes Vorbringen des Beschwerdeführers in der Rechtssache *Georgiou ./. Vereinigtes Königreich* gedient haben mag.

Dennoch erscheint eine solche Ausweitung des Schutzbereichs auf „Annex-Verfahren“ vor dem Hintergrund der autonomen Auslegung problematisch. Sie gewährt zwar durch die Einbeziehung des rein steuerlichen Teil des Verfahrens einen einheitlicheren und gleichmäßigeren Rechtsschutz, doch greift dieser Ansatz nicht weit genug, um eine Unterminierung der Verfahrensgarantien durch

---

461 EGMR, Urteil vom 24.02.1994, 12547/86 – Bendenoun ./. Frankreich, Rn. 46, Series A 284.

462 EGMR, Entscheidung vom 16.05.2000, 40042/98 – Georgiou ./. Vereinigtes Königreich.

die innerstaatliche Verfahrensausgestaltung zu vermeiden. Voraussetzung ist, dass die Teile des Verfahrens, die als „*strafrechtliche Anklage*" im konventionsrechtlichen Sinne gelten, nicht von den Verfahrensteilen getrennt betrachtet werden können, die diese Vorgabe nicht erfüllen, wie beispielsweise das Steuerfestsetzungsverfahren. Damit macht der Gerichtshof – wie in seinem *Building Societies*-Urteil zur zivilrechtlichen Rubrik des Art. 6 EMRK – die Anwendbarkeit der konventionsrechtlichen Garantien von der Ausgestaltung des innerstaatlichen Verfahrensrechts abhängig.

2.2.4 Verspätungs- und Säumniszuschläge

In der Rechtssache *Janosevic ./. Schweden* hatte der EGMR über die Vereinbarkeit solcher Steuerzuschläge mit Art. 6 EMRK zu befinden, die auch schon im Falle der bloßen Versäumung steuerlicher Mitwirkungspflichten verhängt werden konnten.[463]

> Nach schwedischem Steuerrecht ist ein Steuerzuschlag festzusetzen, wenn sich abgegebene Steuererklärungen oder sonstige schriftliche Informationen, die für die Steuerfestsetzung von Bedeutung sind, als unrichtig herausstellen (wobei die Beweislast bei den Finanzbehörden liegt). Auch ist ein Steuerzuschlag festzusetzen, wenn entweder die vom Steuerpflichtigen gelieferten Informationen zur Steuerfestsetzung zu ungenau sind, so dass die Finanzbehörde die Besteuerungsgrundlagen schätzen muss, oder aber der Steuerpflichtige trotz Aufforderung eine Steuererklärung nicht abgibt. In letzterem Fall ist der Zuschlag zurückzunehmen, wenn der Steuerpflichtige die Steuererklärung innerhalb einer gesetzten Frist nachreicht. Die Zuschläge werden nur nach objektiven Kriterien verhängt, ohne Rücksicht auf Vorsatz oder Fahrlässigkeit des Steuerpflichtigen. Jedoch können Entschuldigungsgründe zugunsten des Steuerpflichtigen eingreifen (z.B. Unerfahrenheit in steuerlichen Angelegenheiten, Komplexität des steuerlichen Lebenssachverhalts, Lebensalter oder Krankheit des Steuerpflichtigen).[464]

Im Rahmen der Anwendung der *Engel*-Kriterien klassifizierte der Gerichtshof die streitigen Steuerzuschläge als strafrechtliche Anklage. Zwar würden die Zuschläge nach innerstaatlichem Steuerrecht festgesetzt durch die Finanzbehörden und überprüft durch die Verwaltungsgerichte, so dass sie nach innerstaatlichem Recht nicht als strafrechtlich gelten.[465]

Doch bejaht der EGMR das zweite wie auch das dritte Kriterium: Hinsichtlich der „Natur der Sanktionsvorschrift"[466] stellt er zunächst fest, dass die Norm sich

---

463 EGMR, Urteil vom 23.07.2002, 34619/97 – Janosevic ./. Schweden, ECHR 2002–VII.

464 EGMR, Urteil vom 23.07.2002, 34619/97 – Janosevic ./. Schweden, Rn. 33–35, ECHR 2002–VII.

465 EGMR, Urteil vom 23.07.2002, 34619/97 – Janosevic ./. Schweden, Rn. 66, ECHR 2002–VII.

466 So ausdrücklich in Rn. 68 als zweites Kriterium benannt, nicht die übliche, aber unpräzise Formulierung „Natur des Vergehens".

in ihrem persönlichen Anwendungsbereich an alle in Schweden steuerpflichtigen Personen richte, nicht nur an eine „bestimmte Gruppe mit besonderem Status“.[467] Auch wenn ein öffentliches Interesse daran bestehe, abzusichern, dass den Finanzbehörden zur Steuerfestsetzung korrekte Informationen zur Verfügung stehen, so geschehe diese Absicherung doch durch die Androhung einer erheblichen finanziellen Sanktion im Falle der Nichtbefolgung der steuerlichen Mitwirkungspflichten.[468] Zweck der Sanktionsvorschriften sei es, Druck auf den Steuerpflichtigen auszuüben, seinen steuerlichen Verpflichtungen nachzukommen und die Verletzung dieser Pflichten zu sanktionieren. Die Zuschläge seien daher präventiven wie repressiven Charakters.[469] Der EGMR sieht damit das zweite Kriterium als erfüllt an und lässt dies ausdrücklich bereits zur Annahme einer strafrechtlichen Anklage genügen.[470] Nicht entscheidend war hierbei die Tatsache, dass die Zuschläge unabhängig von Vorsatz und Fahrlässigkeit des Steuerpflichtigen festgesetzt wurden. Dies begründet der Gerichtshof mit der rechtsvergleichenden Erwägung, dass dies auch in anderen Konventionsstaaten (hier konkret Frankreich) nicht zu einer Versagung des strafrechtlichen Charakters einer Sanktion führe.[471]

Zur Verstärkung seiner Argumentation geht der Gerichtshof abschließend auf die Art und Schwere der Sanktion ein. Ungeachtet der fehlenden Möglichkeit der Umwandlung in eine Freiheitsstrafe ergibt sich die „sehr bedeutende“ („*very substantial*“) Schwere der Sanktion im Hinblick auf die abstrakte Strafdrohung aus dem – nach oben offenen – als Zuschlag zu entrichtenden proportionalen Anteil der festgesetzten Steuer. Verstärkend stellt der Gerichtshof fest, dass auch der tatsächlich verhängten Sanktion in Höhe von 161.261 SEK eine sehr bedeutende Schwere zukomme.[472]

Mit seinem seinem *Janosevic*-Urteil macht der Gerichtshof auch hinsichtlich rein fiskalisch motivierter Sanktionen deutlich, dass der Begriff der strafrechtlichen Anklage eben kein Unwerturteil über das sanktionierte Verhalten beeinhalten muss, insbesondere ein Verschulden nicht erforderlich ist.[473]

Hingegen hatte *Grabenwarter* die Auffassung vertreten, die vom österreichischen Verfassungsgerichtshofs gewählte Umschreibung des Subkriteriums

467 EGMR, Urteil vom 23.07.2002, 34619/97 – Janosevic ./. Schweden, Rn. 68, ECHR 2002–VII.
468 EGMR, Urteil vom 23.07.2002, 34619/97 – Janosevic ./. Schweden, Rn. 69, ECHR 2002–VII.
469 EGMR, Urteil vom 23.07.2002, 34619/97 – Janosevic ./. Schweden, Rn. 68, ECHR 2002–VII.
470 EGMR, Urteil vom 23.07.2002, 34619/97 – Janosevic ./. Schweden, Rn. 68 a. E., ECHR 2002–VII.
471 EGMR, Urteil vom 23.07.2002, 34619/97 – Janosevic ./. Schweden, Rn. 68, ECHR 2002–VII.
472 EGMR, Urteil vom 23.07.2002, 34619/97 – Janosevic ./. Schweden, Rn. 69, ECHR 2002–VII.
473 So auch Seer/Krumm, IWB Nr. 9 vom 10.05.2006, Fach 11, S. 735, 739; Seer/Krumm, StuW 2006, 346, 353 f.

des „präventiven und repressiven Charakters“, als dass in einer strafrechtlichen Norm „ein vom Gesetzgeber dem sanktionierten Verhalten gegenüber ausgesprochenes Unwerturteil“ ausgedrückt werden müsse, weiche nicht von der Auslegung des EGMR ab.[474] Auch der EuGH war der Ansicht, dass eine strafrechtliche Anklage im konventionsrechtlichen Sinne in ihrem Zweck über bloße Abschreckung hinausgehe und eine gesellschaftliche Missbilligung umfasse. Mit diesem Argument hatte der EuGH hinsichtlich der Festsetzung eines verschuldensunabhängigen Zuschlags des Ausfuhrerstattungsrechts in Höhe von 50 % des Unterschiedsbetrages zwischen der unzutreffend beantragten und der für die tatsächliche Ausfuhr geltenden Erstattung das Vorliegen einer strafrechtlichen Anklage verneint.[475]

Fraglich ist aber, ob der Gerichtshof lediglich aus rechtsvergleichenden Erwägungen auf eine solche Differenzierung verzichtet, führt er doch in Randnummer 68 des Urteils aus, dass das schwedische Zuschlagssystem – das nunmehr ausschließlich an die objektive Pflichtverletzung anknüpft – das frühere steuerstrafrechtliche System abgelöst habe. Vor diesem Hintergrund erscheint es notwendig, die fehlende ethisch-soziale Missbilligung des sanktionierten Verhaltens nicht als entscheidend für die Schutzbereichseröffnung unter der strafrechtlichen Rubrik anzusehen, um ein Unterlaufen der Garantien des Art. 6 EMRK zu vermeiden. Die Auslegungsmaximen der Gewährleistung eines effektiven und kohärenten Rechtsschutzes verlangen, grundsätzlich auf eine Differenzierung nach ethisch-sozialer Missbilligung des sanktionierten Verhaltens zu verzichten, ungeachtet gesetzgeberischer Intention und rechtshistorischer Genese (Entpönalisierung!) einer aktuellen, wertneutralen Sanktion.

2.2.5 Zinsen

Mit der Frage, ob auch Zinsen dem Begriff der strafrechtlichen Anklage unterfallen, war bislang – soweit ersichtlich – nur die Kommission im Fall *Riener ./. Bulgarien* befasst.

Eine bulgarische Finanzbehörde hatte gegen die Beschwerdeführerin Zinsen in Höhe von 4.104.924 Lev auf nicht rechtzeitig gezahlte Zölle in Höhe von insgesamt 26.494.582 Lev festgesetzt. Der Zinsatz betrug 1/360 des jeweiligen Basiszinsatzes pro Tag des Verzuges, hier konkret 0,05 % pro Tag. Berufung und Revision gegen die Festsetzung von Zöllen samt Verzinsung blieben erfolglos. Die Beschwerdeführerin rügte eine Verletzung von Art. 6 Abs. 1 und 3 EMRK aufgrund überlanger Verfahrensdauer und fehlender Überparteilichkeit der Richter.

---

474 Grabenwarter, Verfahrensgarantien, S. 103.

475 EuGH, Urteil 11.07.2002, C-210/00 – Käserei Champignon Hofmeister GmbH & Co.KG, EuGHE 2002, I–6453.

Die Kommission verneinte die Anwendbarkeit des Art. 6 EMRK sowohl unter der zivilrechtlichen wie auch der strafrechtlichen Rubrik. Im Rahmen der Prüfung der *Engel*-Kriterien stellte die Kommission fest, dass die Verzinsung von Steuerforderungen innerstaatlich nicht als strafrechtliche Sanktion eingeordnet werde. Im Hinblick auf das zweite Kriterium betonte die Kommission die Schuldunabhängigkeit der Verzinsung, die schließlich mit einem Zinssatz von 0,05 % pro Tag des Verzuges nicht erheblich ins Gewicht falle. Als Maßstab für die Erheblichkeit der Sanktion wurde auf die Entscheidung in *Bendenoun ./. Frankreich* verwiesen, nach der 30 %-40 % der festgesetzten Steuer hinreichend war, sowie auf *Benham ./. Vereinigtes Königreich*, in der ein Zuschlag von 10 % der Steuer als zu gering angesehen wurde.[476]

Die *Riener*-Entscheidung muss jedoch in besonderen Maße als nicht verallgemeinerungsfähig und auch als mittlerweile überholt bezeichnet werden.

Das bloße Abstellen auf die Verzinsungshöhe bzw. auf einen prozentualen Anteil an der Steuerforderung kann die Schwere der Sanktion für den Betroffenen nur ausnahmsweise adäquat abbilden. Berücksichtigt die Festsetzung der Steuerschuld bereits die subjektive Leistungsfähigkeit des Steuerpflichtigen, so mag man einen prozentualen Anteil an dieser Schuld noch als Maßstab gelten lassen. Doch ist dies nur bei direkten Steuern der Fall, aber nicht mehr bei der Festsetzung indirekter Steuern. Dem von der Kommission gewählten Ansatz nach könnte ein hundertprozentiger Zuschlag auf eine geringe Steuerforderung den Schutzbereich des Art. 6 EMRK eröffnen, eine Verzinsung in Höhe von 0,05 % pro Tag des Verzuges aber selbst dann nicht, wenn die verzinste Steuerforderung des Staates in die Milliarden ginge.

Auch ist die Abhängigkeit einer Sanktion von der Schuldhaftigkeit des sanktionierten Verhaltens für steuerliche Sanktionen spätestens mit dem *Janosevic*-Urteil aufgegeben worden.

Die Rechtsprechung zu steuerlichen Zinszuschlägen lässt sich in ihrem jetzigen Zustand schwerlich verallgemeinern.

Unverzichtbar zur Bejahung einer strafrechtlichen Sanktion ist zunächst, dass das sanktionierte Verhalten rechtswidrig war. Doch gerade die Verzinsung von Steuerforderungen kann an unterschiedliche Verhaltensweisen des Steuerpflichtigen anknüpfen, insbesondere an eine Stundung, eine Aussetzung der Vollziehung, an die schlichte Säumnis des Steuerzahlers oder an die Hinterziehung von Steuern. Stundung und Aussetzung der Vollziehung werden von Seiten des Staates auf Antrag des Steuerbürgers hin gewährt, somit können sie kein rechtswidriges Verhalten des Steuerpflichtigen begründen. Die Versäumung einer steuerlichen Pflicht hingegen stellt als Pflichtverstoß ein rechtswidriges

476 EKMR, Entscheidung vom 12.04.1996, 28411/95 – Riener ./. Bulgarien.

Verhalten dar, ebenso die Steuerhinterziehung als stärkere Form des Pflichtverstoßes. Im Ergebnis fallen somit Stundungs- und Aussetzungszinsen aus dem strafrechtlichen Anwendungsbereich des Art. 6 EMRK heraus[477].

Ist die Anknüpfung der Sanktion nur von der Rechtswidrigkeit, nicht von der Schuldhaftigkeit des sanktionierten Verhaltens abhängig, erweitert sich der Begriff der strafrechtlichen Anklage, so dass eine eingehende Prüfung des Vorliegens einer „strafbaren Handlung" anhand der *Engel*-Kriterien notwendig wird. Wenn die festgesetzten Zinsen ihrem Betrage bzw. ihres Zinssatzes nach gering sind, lässt sich eine Einordnung als strafrechtliche Sanktion nicht alleine auf das Kriterium der Schwere der Sanktion stützen. Kumulativ ist also das zweite Kriterium, die Natur des Vergehens, heranzuziehen. Hier jedoch hat die Kommission nicht thematisiert, ob Zinszahlungen repressiv wirken. Im Hinblick auf Art und Ziel der Zinszuschläge dürfte das zweite Kriterium zu bejahen sein. Die Erhebung von Zinsen auf nicht rechtzeitig gezahlte Steuern, sei es aufgrund einer Stundung, einer Aussetzung der Vollziehung, schlichter Säumnis des Steuerzahlers oder einer Steuerhinterziehung, dient üblicherweise dem Ausgleich eines durch die Verspätung entstandenen Zinsnachteils des Fiskus. Durch den Nachteilsausgleich knüpft die Verzinsung jedoch einen Nachteil für den Steuerpflichtigen an ein in der Vergangenheit liegendes Verhalten an. Insofern wirkt die Verzinsung repressiv[478].

Somit wäre die Festsetzung von Zinsen auf die Steuerschuld unabhängig von der Höhe des Zinsbetrages und unabhängig vom Zinssatz dann als strafrechtliche Anklage zu klassifizieren, wenn sie in Anknüpfung an ein rechtswidriges Verhalten des Steuerpflichtigen erfolgt. Dies ist bei Säumnis-, Verspätungs- und Hinterziehungszinsen der Fall. In solchen Konstellationen jedoch ist aufgrund des auch-kompensatorischen Charakters der Zinsen die Einschränkung des Urteils *Ringvold ./. Norwegen* zu beachten. Danach kann eine Handlung, die zu Kompensationsansprüchen führt, auch bei Erfüllung der Engel-Kriterien (bzw. bei alternativer Herangehensweise bei Erfüllung eines der drei Kriterien) nur dann als strafbare Handlung angesehen werden, wenn die innerstaatliche Entscheidung über Kompensationsansprüche oder -verpflichtungen eine Feststellung der strafrechtlichen Verantwortlichkeit enthalten muss.[479] Dies dürfte – wie bereits dargelegt – dann der Fall sein, wenn zusätzlich zur Anwendung der *Engel*-Kri-

---

477 So bereits ohne nähere Begründung Laule, EuGRZ 1996, 357, 365.

478 So im Hinblick auf Verspätungszuschläge Seer in Tipke/Kruse, § 152 AO, Rn. 2. Aufgrund der gleich gelagerten Zielsetzung des Nachteilsausgleichs zugunsten des Fiskus kann hinsichtlich der Verzinsung nichts anderes gelten.

479 EGMR, Urteil vom 11.02.2003, 34964/97 – Ringvold ./. Norwegen, Rn. 38, ECHR 2003-II. Insoweit missverständlich Reiß, GS Trzaskalik, S. 473, 500f., der unter Berufung auf dieses Urteil Hinterziehungszinsen nach § 235 AO allein aufgrund der Anknüpfung des § 235 AO an

terien auf die Rechtsgrundlage des Kompensationsanspruch bzw. spiegelbildlich der Kompensationsverpflichtung auch zu fragen ist, ob diese Rechtsgrundlage wenigstens an den Tatbestand einer Norm anknüpft, die wiederum eine Sanktion an das Verhalten knüpft, die ebenfalls nach den Maßstäben der *Engel*-Kriterien als strafbare Handlung einzuordnen wäre. Als solche Normen kommen die innerstaatlichen Vorschriften in Betracht, die die steuerliche Pflichtverletzung sanktionieren, also die Normierungen der Verspätungs- und Säumniszuschläge oder der Sanktionierung einer Steuerhinterziehung. Damit ist zu folgern, dass Verspätungs-, Säumnis- oder Hinterziehungszinsen dann dem strafrechtlichen Schutzbereich des Art. 6 Abs. 1 EMRK unterfallen, wenn ihre Festsetzung an den Tatbestand derjenigen innerstaatlichen Norm des Verspätungs- oder Säumniszuschlags bzw. der Sanktionierung einer Steuerhinterziehung in Form eines Strafzuschlages, eines Bußgeldes oder eines Straftatbestandes nach innerstaatlichem Recht anknüpft.

Hinsichtlich der Festsetzung von Hinterziehungszinsen kann sich die Eröffnung des Anwendungsbereichs des Art. 6 Abs. 1 EMRK unter dessen strafrechtlicher Rubrik noch aus einem anderen Blickwinkel ergeben:

So hat der Gerichtshof in den strafrechtlichen Schutzbereich nicht nur Verfahren als Annexverfahren miteinbezogen, die zur Bestimmung der strafrechtlichen Anklage notwendig sind,[480] sondern auch solche im Nachgang eines Strafverfahrens im konventionsrechtlichen Sinne, deren Entscheidung als Konsequenz und Begleiterscheinung der Entscheidung im Strafverfahren erscheint.[481] Sofern die Festsetzung von Verspätungs-, Säumnis- oder Hinterziehungszinsen also an eine Sanktionierung in Form eines Strafzuschlages, eines Bußgeldes oder eines Straftatbestandes nach innerstaatlichem Recht anknüpft, ist sie als Annex-Verfahren in den strafrechtlichen Schutzbereich des Art. 6 Abs. 1 EMRK einbezogen.[482]

Ein Vergleich beider Möglichkeiten der Schutzbereichseröffnung zeigt, dass eine direkte Klassifizierung als strafrechtliche Anklage zwar entscheidend von der Bejahung des zweiten *Engel*-Kriteriums, der Natur des Vergehens, und hier konkret von der Zumessung eines repressiven Charakters abhängt. Jedoch ist die Schutzbereichseröffnung im Ergebnis einfacher zu erreichen, da eine tatbestandliche Anknüpfung der Zinsen an die Sanktionsnorm genügt, während die Einbeziehung in den strafrechtlichen Schutzbereich als Annexverfahren die tatsächliche Verhängung der Sanktion Gegenstand eines Verfahrens war.

---

eine vollendete Steuerhinterziehung dem strafrechtlichen Schutzbereich unterfallen zu lassen scheint.

480 EGMR, Entscheidung vom 16.05.2000, 40042/98 – Georgiou ./. Vereinigtes Königreich.

481 EGMR, Urteil vom 25.08.1993, 13126/87 – Sekanina ./. Österreich, Rn. 22, Series A 266-A.

482 Ebenso hinsichtlich der Festsetzung von Hinterziehungszinsen Reiß, GS Trzaskalik, S. 473, 500f.

2.2.6 Zwangsmittel

Maßnahmen, die einen bestimmten Erfolg, ein konkret gewünschtes Verhalten erst herbeiführen sollen, fallen aus dem Begriff der strafrechtlichen Anklage heraus. Ihnen kommt keine repressive Natur zu, soweit sie nur der Willensbeugung dienen.[483]

2.3 Ergebnis

Der Gerichtshof legt den Begriff der strafrechtlichen Anklage extensiv aus. Neben Freiheitsstrafen Geldstrafen und Bußgeldern werden auch die steuerlichen Nebenleistungen der Strafzuschläge, Verspätungs- und Säumniszuschläge sowie Verspätungs-, Säumnis- und Hinterziehungszinsen erfasst. Das steuerliche Festsetzungsverfahren wird als Annex-Verfahren mit in den Schutzbereich einbezogen, soweit es zur Bestimmung der strafrechtlichen Anklage notwendig ist – und sei es auch nur hinsichtlich der Sanktionshöhe.

3. Folgerungen für die Schutzbereichseröffnung im deutschen und englischen Steuerrecht

Die Schutzbereichseröffnung unter der zivilrechtlichen Rubrik in steuerrechtlichen Streitigkeiten knüpft – wie gezeigt – ausschließlich an die Geltendmachung von Erstattungsansprüchen an und damit zunächst an das tatsächliche Moment der Zahlung bzw. Beitreibung der unrechtmäßig erhobenen Steuer, in deren Folge grundsätzlich sämtliche rechtliche Verfahren, die der Steuerpflichtige als Teil einer Strategie zur Geltendmachung des Erstattungsanspruchs betreibt, in den zivilrechtlichen Schutzbereich fallen. Für diese Anknüpfung sind Gegebenheiten des jeweiligen innerstaatlichen Rechts nicht von Bedeutung. Regelmäßig ist zur Beurteilung der materiellen Rechtmäßigkeit der Steuererhebung die Steuerfestsetzung zu überprüfen und somit das Festsetzungsverfahren als Annex-Verfahren mit in den zivilrechtlichen Schutzbereich einbezogen.

Etwas komplexer stellt sich – wie soeben dargelegt – die Schutzbereichseröffnung unter der strafrechtlichen Rubrik dar, so dass in der Folge genauer untersucht werden muss, in welchen Verfahrenssituationen des jeweiligen nationalen Rechts in Deutschland und England der strafrechtliche Schutzbereich eröffnet ist.

483 EKMR, Entscheidung vom 13.10.1992, 16002/90 – K. ./. Österreich, Rn. 38 f.

3.1 Deutsches Recht

3.1.1 Steuerstrafverfahren

Im deutschen Recht fallen zunächst Steuerstrafverfahren unter den Begriff der strafrechtlichen Anklage. Die Tatbestände der §§ 370, 372 bis 374 AO erfüllen nicht nur das Kriterium der innerstaatlichen Einordnung als Straftatbestände, da sie in dem mit „Strafvorschriften" überschriebenen Ersten Teil des Achten Abschnitts der Abgabenordnung normiert sind und § 369 Abs. 1 AO zudem diese Tatbestände ausdrücklich als Steuerstraftaten klassifiziert.

3.1.2 Steuerordnungswidrigkeiten

Doch auch die im deutschen Steuerverfahrensrecht vorgesehenen Steuerordnungswidrigkeiten, §§ 378 bis 383a AO, fallen in den Schutzbereich der strafrechtlichen Rubrik des Art. 6 Abs. 1 EMRK.

Aufgrund ihrer Anknüpfung einer Sanktion an ein rechtswidriges Verhalten kommt ihnen ein repressiver Charakter zu.

Die dort angedrohten Bußgelder reichen in ihren Höchstbeträgen von 2.500 EUR bis zu 50.000 EUR. Am unteren Rand liegen die Steuergefährdungen nach §§ 379, 381, 382 AO mit einer maximalen Geldbuße von 5.000 EUR bei vorsätzlicher Begehung (§ 379 Abs. 4, 381 Abs. 2, 382 Abs. 3 AO), bzw. in Ermangelung einer Unterscheidung des Höchstbetrages der Geldbuße hinsichtlich vorsätzlichem und fahrlässigem Handeln nach § 17 Abs. 2 OWiG in hälftiger Höhe bei leichtfertiger Begehung[484], also von 2.500 EUR.

Am oberen Rand liegt die Androhung eines Bußgelds von bis zu 50.000 EUR bei vorsätzlicher Steuerverkürzung (bzw. bis zu 25.000 EUR bei leichtfertiger Begehung, § 17 Abs. 2 OWiG) nach § 378 AO.

Unter Berücksichtigung der skizzierten Rechtsprechung des EGMR wird man auch bereits eine Bußgeldandrohung von 2.500 EUR als erhebliche Sanktion ansehen können, hat doch der Gerichtshof im Urteil der Rechtssache *A.P., M.P. und T.P. ./. Schweiz* eine Geldbuße von 2.882,90 CHF als erheblich angesehen[485].

---

484 Vgl. dazu Jäger in Franzen/Gast/Joecks, § 379, Rn. 70.

485 EGMR, Urteil vom 29.08.1997, 19958/92 – A.P., M.P. und T.P. ./. Schweiz, Rn. 41, Reports 1997–V.

3.1.3 Steuerzuschläge

In den strafrechtlichen Schutzbereich fällt der Verspätungszuschlag nach § 152 AO.

Zwar ist nach innerstaatlicher Einordnung im zweiten Abschnitt „Mitwirkungspflichten“ und dort im zweiten Unterabschnitt „Steuererklärungen“ der Verspätungszuschlag nicht strafrechtlich, auch kommt ihm nach innerstaatlicher Auffassung kein Strafcharakter zu[486]. Doch bezweckt er, den Steuerpflichtigen zur rechtzeitigen Abgabe der Steuererklärung anzuhalten und die aus der verspäteten Abgabe gezogenen Vorteile auszugleichen.[487] Allerdings ist für die Festsetzung des Verspätungszuschlags unerheblich, ob dem Steuerpflichtigen überhaupt ein Vorteil entstanden ist,[488] oder ob ein entstandener Vorteil bereits abgeschöpft worden ist[489]. Der Verspätungszuschlag wirkt präventiv und repressiv.[490] Damit kommt ihm tatsächlich kein restitutiver Charakter zu, vielmehr steht die Ausübung von Druck auf den Steuerpflichtigen eindeutig im Vordergrund. Gerade diese Art der Druckausübung hat der Gerichtshof in seinem *Janosevic*-Urteil zur Bejahung des präventiv-repressiven Charakters des Steuerzuschlags herangezogen.[491]

Auch die Schwere der Sanktion spricht für die Einbeziehung in den strafrechtlichen Schutzbereich. Ein Verspätungszuschlag beträgt nach § 152 Abs. 2 AO bis zu 10 % der festgesetzten Steuer oder des festgesetzten Steuermessbetrages, jedoch maximal 25.000 EUR.

Ähnlich verhält es sich auch mit dem Säumniszuschlag nach § 240 AO.

Dieser gilt als dem Steuerrecht eigenes Druckmittel mit Zinsersatzcharakter zur Durchsetzung titulierter Zahlungsansprüche des Fiskus.[492] Er soll einerseits dem Finanzamt eine „Gegenleistung für das Hinausschieben“ der Steuerzahlung gewähren,[493] aber zugleich soll der Steuerpflichtige „ungeachtet eines Verzugsschadens des Finanzamtes schon wegen seines Steuerungehorsams einen Steuerzuschlag zahlen“[494]. Nach § 240 Abs. 1 S. 4 AO lässt die Aufhebung, Änderung oder die Berichtigung nach § 129 AO den Säumniszuschlag unberührt. Er bestimmt sich ausschließlich nach der Höhe der festgesetzten oder angemeldeten

486 Rätke in Klein, AO, § 152, Rn. 1.

487 BFH, Urteil vom 22.01.1993, III R 92/89, BHF/NV 1993, 455.

488 BFH, Urteil vom 26.04.1989, I R 10/85, BStBl. II 1989, 693, 694.

489 BFH, Urteil vom 14.06.2000, X R 56/98, BStBl. II 2001, 60, 63.

490 BFH, Urteil vom 14.06.2000, X R 56/98, BStBl. II 2001, 60, 63.

491 EGMR, Urteil vom 23.07.2002, 34619/97 – Janosevic ./. Schweden, Rn. 68, ECHR 2002–VII.

492 BFH, Urteil vom 29.08.1991, V R 78/86, BStBl. II 1991, 906.

493 BFH, Urteil vom 29.08.1991, V R 78/86, BStBl. II 1991, 906; Urteil vom 30.03.2006, V R 2/04, BStBl. II 2006, 612 m.w.N.

494 BFH, Urteil vom 13.01.2000, VII R 91/98, BStBl. II 2000, 246.

Steuer, die bei Fälligkeit nicht gezahlt wurde und auch dann zu zahlen ist, wenn sich die Steuerfestsetzung als nicht rechtmäßig erweist.[495]

Somit kommt dem Säumniszuschlag bei näherer Betrachtung weder der Charakter eines Zwangsmittels bzw. einer Zwangsmaßnahme noch ein restitutiver Charakter zu. Eine Zwangsmaßnahme ist stets vorläufiger Natur[496]; bei einem Zwangsmittel der Abgabenordnung (das der Säumniszuschlag schon deshalb nicht ist, weil er nicht im Katalog des § 328 Abs. 1 AO genannt ist) ist nach § 335 AO mit Erfüllung der Verpflichtung der Vollzug einzustellen. Der Säumniszuschlag bleibt jedoch unabhängig von der fälligen Steuerschuld bestehen. Auch tritt der mögliche restitutive Charakter – wie beim Verspätungszuschlag – dergestalt in den Hintergrund, dass ein auszugleichender Nachteil nicht eingetreten sein muss.

Schließlich kann ein Säumniszuschlag eine erhebliche Schwere erlangen. Nach § 240 Abs. 1 S. 1 AO beträgt er für jeden angefangenen Monat der Säumnis ein Prozent der rückständigen, auf den nächsten durch 50 EUR teilbaren Betrag abgerundeten Steuer. Damit ist seine Höhe nach oben hin offen.

Ebenfalls fallen Zuschläge nach § 162 Abs. 4 AO unter den strafrechtlichen Schutzbereich.[497]

§ 162 Abs. 4 AO sanktioniert die Verletzung von Mitwirkungspflichten bei Auslandssachverhalten nach § 90 Abs. 3 AO, der unter anderem eine Pflicht zur Dokumentation von Verrechnungspreisen normiert[498]. So ist in § 162 Abs. 4 S. 1 AO ein Zuschlag in Höhe von 5.000 EUR normiert für den Fall, dass Aufzeichnungen nach § 90 Abs. 3 AO nicht vorgelegt werden oder im wesentlichen unverwertbar sind. Der Zuschlag beträgt jedoch dann mindestens fünf Prozent und höchstens zehn Prozent des Mehrbetrags der Einkünfte der sich aufgrund einer Einkünftekorrektur nach § 162 Abs. 3 AO ergibt, wenn sich hierbei ein Zuschlag von mehr als 5.000 EUR ergibt, § 162 Abs. 4 S. 2 AO.

Zusätzlich sieht § 162 Abs. 4 S. 3 AO einen Zuschlag bei verspäteter Vorlage von Aufzeichnungen nach § 90 Abs. 3 AO in Höhe von maximal 1.000.000 EUR vor, mindestens jedoch einen Zuschlag von 100 EUR je vollem Tag der Verspätung.

Zwar sind die Zuschläge nach § 162 Abs. 4 AO systematisch nicht im Straf- bzw. Ordnungswidrigkeitenrecht eingeordnet, sondern gehören zum steuerlichen Verfahrensrecht, so dass das erste der *Engel*-Kriterien nicht erfüllt ist.[499]

---

495 BFH, Urteil vom 30.03.2006, V R 2/04, BStBl. II 2006, 612.

496 Kühne, Strafprozessrecht, Rn. 397.

497 So auch Hahn/Ziegler, IStR 2004, 78, 81; Seer/Krumm, IWB, Nr. 9 vom 10.05.2006, Gruppe 2, Fach 11, 735, 740.

498 Rüsken in Klein, AO, § 90, Rn. 12.

499 So auch Seer/Krumm, IWB, Nr. 9 vom 10.05.2006, Gruppe 2, Fach 11, 735, 738.

Doch sowohl die Zuschläge nach § 162 Abs. 4 S. 1 und 2 AO als auch nach § 162 Abs. 4 S. 3 AO haben repressiven Charakter.[500] Die Zuschläge sollen den Steuerpflichtigen zur Erstellung und fristgerechten Vorlage der Aufzeichnungen nach § 90 Abs. 3 AO anhalten, § 162 Abs. 4 S. 4 AO. Im selben Satz betont der Gesetzgeber zwar, dass bei Ausübung des Ermessens hinsichtlich der Zuschlagshöhe auch die vom Steuerpflichtigen gezogenen Vorteile zu berücksichtigen sind. Doch setzt die Verhängung eines Zuschlags weder nach § 162 Abs. 4 S. 1 und 2 AO noch nach § 162 Abs. 4 S. 1 und 2 AO voraus, dass dem Steuerpflichtigen tatsächlich ein Vorteil entstanden sein muss. Folglich kommt auch den Zuschläge nach § 162 Abs. 4 AO kein restitutiver Charakter zu.[501] Vielmehr üben sie – ebenso wie die Verspätungszuschläge nach § 152 AO – einen Druck auf den steuerpflichtigen aus, den der Gerichtshof in seinem *Janosevic*-Urteil zur Bejahung des präventiv-repressiven Charakters eines Steuerzuschlags herangezogen hat[502]. Auch sind sie kein Beugemittel, da sie selbst dann festgesetzt werden, wenn im Nachhinein die Mitwirkungspflicht erfüllt wird.[503]

Auch die Schwere der Sanktion ist erheblich.[504] Die Zuschlagfestsetzung nach § 162 Abs. 4 S. 1 und 2 AO ist nach oben grundsätzlich offen und auch der Mindestzuschlag von 5.000 EUR ist bereits als erheblich anzusehen. Gleiches muss für eine Zuschlagfestsetzung nach § 162 Abs. 4 S. 3 AO mit einem Höchstbetrag von 1.000.000 EUR gelten.

Schließlich dürfte auch der Zuschlag nach dem durch das Schwarzgeldbekämpfungsgesetz eingeführten § 398a AO vom strafrechtlichen Schutzbereich umfasst sein.

3.1.4 Hinterziehungszinsen

Nach § 235 Abs. 1 S. 1 AO sind hinterzogene Steuern zu verzinsen. Voraussetzung ist eine vollendete Steuerhinterziehung oder ein vollendeter Betrug oder Subventionsbetrug.[505] Damit knüpft die Verzinsung an einen Straftatbestand des innerstaatlichen Rechts an und unterfällt nach den Grundsätzen des *Ringvold*-Urteils dem strafrechtlichen Schutzbereich.[506]

500 So auch Hahn/Ziegler, IStR 2004, 78, 81; Seer/Krumm, IWB, Nr. 9 vom 10.05.2006, Gruppe 2, Fach 11, 735, 740. A.A. Rüsken in Klein, AO, § 162, Rn. 54a: rein präventiver Charakter.

501 So im Ergebnis auch Hahn/Ziegler, IStR 2004, 78, 81.

502 EGMR, Urteil vom 23.07.2002, 34619/97 – Janosevic ./. Schweden, Rn. 68, ECHR 2002–VII.

503 Seer/Krumm, IWB, Nr. 9 vom 10.05.2006, Gruppe 2, Fach 11, 735, 738.

504 So auch Hahn/Ziegler, IStR 2004, 78, 81.

505 Rüsken in Klein, AO, § 235, Rn. 5.

506 So auch Reiß, GS Trzaskalik, S. 473, 500f.

3.1.5 Ergebnis

Damit fallen neben Steuerstrafverfahren und Steuerordnungswidrigkeitenverfahren solche Verfahren unter den strafrechtlichen Schutzbereich des Art. 6 Abs. 1 EMRK, deren Gegenstand ein Verspätungszuschlag nach § 152 AO, ein Säumniszuschlag nach § 240 AO, ein Zuschlag nach § 162 Abs. 4 AO oder Hinterziehungszinsen nach § 235 AO ist. Soweit zur Bestimmung der strafrechtlichen Anklage erforderlich, d.h. zur Festsetzung der genannten Sanktionen, wird – wie dargelegt – das steuerliche Festsetzungsverfahren als Annex-Verfahren mit in den Schutzbereich einbezogen. Dies dürfte bei den Verspätungszuschlägen und Säumniszuschlägen im deutschen Steuerverfahrensrecht der Fall sein, da die Zuschläge regelmäßig mit der Höhe der festgesetzten Steuer bzw. des festgesetzten Steuermessbetrages (§ 152 Abs. 2 S. 1 AO) oder rückständigen Steuer (§ 240 Abs. 1 S. 1 AO) korrelieren.

3.2 Englisches Recht

Wie das deutsche Recht kennt auch das englische Recht als Sanktionen für steuerliches Fehlverhalten Straftatbestände, die Verzinsung hinterzogener oder verkürzter Steuern, die Verhängung von Geldbußen,[507] aber auch Zuschläge für die inkorrekte oder verspätete Erfüllung von Mitwirkungspflichten oder die verspätete Steuerzahlung.

3.2.1 Steuerstrafverfahren

An Steuerstraftatbeständen kennt das englische Recht neben einer Reihe von *statutory offences* die *common law offences „cheating the public revenue“* und *„conspiracy to defraud the public“*[508].

Charakteristisch für die richterrechtlich entwickelten *common law offences* sind die nicht eingegrenzten Rechtsfolgen.[509] Neben einer innerstaatlichen Einordnung als Straftatbestand spricht also auch eine im Grunde nach oben offene Strafdrohung für eine Einordnung als strafrechtlich im konventionsrechtlichen Sinne.

Als steuerstrafrechtliche *statutory offences*, also als kodifizierte Straftatbestände, sind insbesondere der Tatbestand der *„fraudulent evasion of income tax“* (s. 144 *Finance Act 2000*) und der korrespondierende Tatbestand bezüglich der

507 Hierzu ausführlich Menzel, S.107 ff.
508 Menzel, S. 139 ff.
509 Menzel, S. 140.

Umsatzsteuer (s. 72 *VAT Act 1994*, der einfach mit *„offences"* überschrieben ist), zu nennen. Nach s. 144 para. 1 *Finance Act 2000* macht sich „strafbar, wer wissentlich an der betrügerischen Hinterziehung von Einkommensteuer für sich oder eine andere Person beteiligt ist"[510] („*A person commits an offence if he is knowingly concerned in the fraudulent evasion of income tax by him or any other person*").

Nahezu gleichlautend normiert s. 72 (1) *VAT Act 1994* die betrügerische Hinterziehung von Umsatzsteuer, aber auch der Versuch, als strafbar („*If any person is knowingly concerned in, or in the taking of steps with a view to, the fraudulent evasion of VAT by him or any other person, he shall be liable* [...]"), auch die Strafdrohung ist mit sechs Monaten Freiheitsstrafe im summarischen Verfahren und/oder Geldbuße in Höhe des gesetzlichen Höchstbetrages oder des dreifachen Betrages der geschuldeten Umsatzsteuer, bzw. im Anklageverfahren mit Freiheitsstrafe von bis zu sieben Jahren und/oder einer nach oben nicht begrenzten Geldstrafe nahezu identisch.

Beide Tatbestände gelten als Straftatbestände im innerstaatlichen Recht.[511] Die Strafdrohungen sind auch als erheblich im Sinne des dritten *Engel*-Kriteriums anzusehen.

3.2.2 „penalties"

Darüber hinaus existieren eine Vielzahl an Geldbußen und Zuschlägen („*penalties*"). Diese Tatbestände gelten nach s. 100D (3) TMA 1970 als *civil offences.* So sanktioniert s. 93 TMA 1970 die Nichtabgabe einer Steuererklärung auf die behördliche Anordnung zur Abgabe zunächst mit einer Buße von 100 GBP, bei fortgesetzter Weigerung mit 60 GBP pro Tag der weiteren Weigerung über die gesetzte Frist hinaus und schließlich mit einem Zuschlag von bis zu 100 % der festzusetzenden Steuer, falls die Erklärung nicht bis zum Ablauf eines Jahres nach Ende des Veranlagungszeitraums eingereicht wird.

Dieser Verspätungszuschlag dürfte spätestens ab der zweiten Stufe, also ab fortgesetzter Nichtabgabe, das dritte Engel-Kriterium der erheblichen Art und Schwere der Sanktion erfüllen, da die Sanktion nun nach oben offen ist. Auch wirkt diese Sanktion repressiv insofern, als dass für den Steuerpflichtigen ein Nachteil an ein in Vergangenheit liegendes Verhalten geknüpft wird.[512]

S. 95 (1) TMA 1970 sieht für vorsätzliche oder fahrlässige Falschangaben in Steuererklärungen einen Zuschlag von bis zu 100 % der durch diese Falschanga-

---

510 Übersetzung bei Menzel, S. 131.

511 Zu s. 72 *VAT Act 1994* vgl. die Ausführungen des *Court of Appeal* in Han & Yau & Anor v Customs & Excise [2001] STC 1188, 1208 f.

512 So für Verspätungszuschläge im deutschen Steuerrecht Seer in Tipke/Kruse, § 152 AO, Rn. 2.

ben verkürzten Steuer vor. Auch hier dürften das zweite und dritte *Engel*-Kriterium erfüllt sein: Er wirkt durch Anknüpfung eines Nachteils an voriges Verhalten repressiv und die Sanktionshöhe ist im Grunde nach oben offen und lediglich an der Höhe der Steuerverkürzung orientiert.

Auch der Tatbestand der Umsatzsteuerverkürzung gemäß s. 60 VATA 1994 erfüllt das zweite und dritte Engel-Kriterium. Nach s. 60 (1) VATA 1994 kann für jedes unehrliche Tun oder Unterlassen zum Zwecke einer Umsatzsteuerverkürzung ein Zuschlag in Höhe der verkürzten Umsatzsteuer bzw. in Höhe der beabsichtigten Verkürzung festgesetzt werden. Die Vorschrift wirkt schon deshalb repressiv, da die Finanzbehörden hier ein Wahlrecht haben, ob sie eine strafrechtliche Verfolgung nach s. 72 VATA 1994 betreiben wollen oder den Zuschlag nach s. 60 (1) VATA 1994 festsetzen[513]. Die erhebliche Schwere der angedrohten Sanktion folgt bereits aus der grundsätzlich nach oben offenen Zuschlagshöhe, wenn auch an die Höhe der erreichten oder erstrebten Steuerverkürzung gekoppelt.

Schließlich dürften auch Säumniszuschläge nach s. 59C TMA 1970 vom strafrechtlichen Schutzbereich erfasst sein. S. 59C (2) TMA 1970 sieht einen Zuschlag in Höhe von 5% der ausstehenden Einkommensteuer oder Kapitalertragsteuer vor, der entsteht, wenn die Steuer auch am 29. Tag nach dem Fälligkeitstag noch nicht gezahlt wurde. Ist die Steuer auch sechs Monate nach Fälligkeit nicht gezahlt, so kann ein weiterer Zuschlag in Höhe von 5% der ausstehenden Einkommensteuer oder Kapitalertragsteuer verhängt werden, s. 59C (3) TMA 1970.

Die Säumniszuschläge können mit 5% der ausstehenden Steuer bzw. im Ergebnis bis zu 10% der ausstehenden Steuer eine erhebliche Schwere erlangen.

Nicht unter den strafrechtlichen Schutzbereich dürfte jedoch der Zuschlag nach s. 97AA (1) TMA 1970 fallen, der die Nichtvorlage behördlich angeforderter Dokumente mit einem Zuschlag von 50 GBP sanktioniert und für jeden Tag der Überschreitung der behördlichen Frist einen weiteren Zuschlag von 130 GBP bzw. 150 GBP vorsieht. Doch sollen nach s. 97 AA (4) TMA 1970 keine Zuschläge nach s. 97 AA (1) TMA 1970 verhangen werden, wenn der Verstoß geheilt wurde („*No penalty shall be imposed under subsection (1) above in respect of a failure within that subsection at any time after the failure has been remedied*"), ohne dies näher zu bestimmen. Hieraus hat die englische Rechtsprechung einen Zwangsmittelcharakter abgeleitet.[514]

513 Han & Yau & Anor v Customs & Excise [2001] STC 1188, 1208 f.

514 Harvard Sharkey v HMRC [2006] EWHC 300 (Ch), Rn. 37.

3.2.3 Ergebnis

Auch im englischen Recht fallen neben Steuerstrafverfahren und Steuerordnungswidrigkeitenverfahren solche Verfahren unter den strafrechtlichen Schutzbereich des Art. 6 Abs. 1 EMRK, deren Gegenstand ein Strafzuschlag (s. 95 (1) TMA 1970, s. 60 VATA 1994), ein Verspätungszuschlag (s. 93 TMA 1970, nicht jedoch s. 97AA (1) TMA 1970) oder ein Säumniszuschlag (s. 59C TMA 1970) ist.

Da diese Zuschläge, die unter den strafrechtlichen Schutzbereich fallen, stets an die festzusetzende Steuer (s. 59C TMA 1970, s. 93 TMA 1970 bei Verspätung von über einem Jahr nach Ende des Veranlagungszeitraums) bzw. die verkürzte Steuer (s. 95 (1) TMA 1970, s. 60 (1) VATA 1994) oder beabsichtigte Verkürzung der Steuer (s. 60 (1) VATA 1994) anknüpfen, ist das jeweilige Festsetzungsverfahren zur Bestimmung der strafrechtlichen Anklage erforderlich und damit als Annex-Verfahren mit in den Schutzbereich einbezogen.

IV. Ergebnis Teil C

Ausgehend vom Wortlaut des Art. 6 Abs. 1 EMRK eröffnet der Gerichtshof den Schutzbereich über grundsätzlich über vier Wege: Über eine direkte Klassifizierung als Entscheidung über zivilrechtliche Ansprüche oder Verpflichtungen, über eine direkte Klassifizierung als strafrechtliche Anklage sowie über die Einbeziehung als Annex-Verfahren zu einer Entscheidung über zivilrechtliche Ansprüche oder Verpflichtungen bzw. zur Bestimmung einer strafrechtlichen Anklage.

Für steuerrechtliche Verfahren hat der EGMR jedoch nur drei eröffnet. Der für das steuerrechtliche Verfahren nahe liegende, die grundsätzliche Einordnung als Entscheidung über zivilrechtliche Ansprüche und Verpflichtungen wird als nicht gangbar angesehen. Trotz eines gewichtigen Sondervotums zum *Ferrazzini*-Urteil hält der Gerichtshof an seiner Zuordnung des Steuerverfahrens zum Kernbereich des öffentlichen Rechts fest.

Hingegen stellen aber Entscheidungen über steuerliche Erstattungsansprüche und Vollstreckungsmaßnahmen Entscheidungen über zivilrechtliche Ansprüche und Verpflichtungen dar.

Hieran anknüpfend kann das Besteuerungsverfahren als Annex-Verfahren in den zivilrechtlichen Schutzbereich miteinbezogen werden, wenn es als „Teil einer kalkulierten Strategie zur Geltendmachung“[515] der Erstattungsansprüche eng mit diesen verbunden ist.

---

515 EGMR, Urteil vom 23.10.1997, 21319/93 – Building Societies ./. Vereinigtes Königreich, Rn. 98, Reports 1997–VII.

Als strafrechtliche Anklage werden nicht nur Freiheits- und Geldstrafen und Bußgelder klassifiziert, sondern auch Strafzuschläge, Verspätungs- und Säumniszuschläge sowie Verspätungs-, Säumnis- und Hinterziehungszinsen. Das steuerliche Festsetzungsverfahren wird als Annex-Verfahren mit in den Schutzbereich miteinbezogen, soweit es zur Bestimmung der strafrechtlichen Anklage notwendig ist.

Für das deutsche Recht bedeutet dies zunächst, dass der zivilrechtlichen Schutzbereich für Verfahren, die die Erstattung zu Unrecht gezahlter Steuern zum Ziel haben, eröffnet ist und dass hierunter als Annex-Verfahren auch das Festsetzungsverfahren fällt, da die Bestimmung der Rechtmäßigkeit eines Erstattungsanspruchs regelmäßig von der Bestimmung der Rechtmäßigkeit der Steuerfestsetzung abhängt. Dem strafrechtliche Schutzbereich unterfallen Steuerstrafverfahren und Verfahren wegen Steuerordnungswidrigkeiten, aber auch Verfahren, deren Verfahrensgegenstand Verspätungszuschläge nach § 152 AO, Säumniszuschläge nach § 240 AO oder Zuschläge nach § 162 Abs. 4 AO sind. Da Verspätungszuschläge und Säumniszuschläge regelmäßig mit der festgesetzten Steuer korrelieren, ist regelmäßig das jeweilige Steuerfestsetzungsverfahren als Annexverfahren in den strafrechtlichen Schutzbereich miteinbezogen.

Im englischen Recht ist der zivilrechtliche Schutzbereich gleichermaßen eröffnet. Unter den strafrechtlichen Schutzbereich fallen neben Steuerstrafverfahren diejenigen Verfharen, deren Gegenstand ein Strafzuschlag nach s. 95 (1) TMA 1970 oder s. 60 VATA 1994, ein Verspätungszuschlag nach s. 93 TMA 1970 oder ein Säumniszuschlag nach s. 59C TMA 1970 ist. Soweit diese Zuschläge an die festzusetzende Steuer bzw. die verkürzte Steuer oder die beabsichtigte Verkürzung der Steuer anknüpfen, ist als Annex-Verfahren das jeweilige Festsetzungsverfahren mit in den Schutzbereich einbezogen.

D. Verfahrensgarantien des Art. 6 Abs. 1 EMRK und ihre Bedeutung für das Steuerverfahren in Deutschland und England

Durch Art. 6 EMRK werden die wesentlichen Garantien eines rechtsstaatlichen Verfahrens in einem einzigen Grundrecht zusammengefasst.[516]

Hierunter fallen zum einen die Teilgewährleistungen, die in Art. 6 Abs. 1 EMRK ausdrückliche Erwähnung gefunden haben, wie das Recht auf ein öffentliches Verfahren, auf ein unabhängiges und unparteiisches, auf Gesetz beruhendes Gericht sowie das Beschleunigungsgebot.[517]

Kernstück ist das Recht des fairen Verfahrens, das wiederum „eine Vielzahl von Teilgarantien [enthält], die alle auf das Ziel eines Verfahrensablaufs gerichtet sind, in dem die Parteien unter im Wesentlichen gleichartigen Bedingungen ihren Prozessstandpunkt effektiv vertreten können".[518] Diese Teilgarantien hat die Rechtsprechung der Konventionsorgane teils als „spezielle Ausprägungen des Fairneßgebots herausgebildet"[519], wie den Grundsatz der Waffengleichheit[520], das hierauf gründende Recht auf Akteneinsicht[521], den Anspruch auf rechtliches Gehör[522], das Recht auf Begründung von Entscheidungen[523] und die Selbstbelastungsfreiheit[524]. Maßstab für eine Verletzung des Rechts auf ein faires Verfahren ist jedoch nicht die Verletzung einer oder mehrerer Teilgarantien als solche, sondern ob das Verfahren in seiner Gesamtheit fair war.[525] Dies bestimmt sich anhand einer Abwägung des öffentlichen Interesses an der Verfolgung der konkreten Tat sowie der Bestrafung des Täters und den Interessen des Beschuldigten

516 Grabenwarter/Pabel in Grote/Marauhn, Kap. 14, Rn. 1.

517 Grabenwarter, Verfahrensgarantien, S. 595.

518 Grabenwarter/Pabel, EMRK, § 24, Rn. 60.

519 Grabenwarter, Verfahrensgarantien, S. 595; ähnlich Kühne in Internationaler Kommentar, Art. 6, Rn. 357.

520 U. a. EGMR, Urteil vom 23.06.1993, 12952/87 – Ruiz-Mateos ./. Spanien, Rn. 63, Series A 262.

521 U. a. EGMR, Urteil vom 28.08.1991, 11170/84; 12876/87; 13468/87 – Brandstetter ./. Österreich, Rn. 66, Series A 211; Urteil vom 23.06.1993, 12952/87 – Ruiz-Mateos ./. Spanien, Rn. 63, Series A 262.

522 U. a. EGMR, Urteil vom 23.06.1981, 6878/75; 7238/75 – Le Compte u. a. ./. Belgien, Rn. 51, Series A 43.

523 U. a. EGMR, Urteil vom 09.12.1994, 18064/91 – Hiro Balani ./. Spanien, Rn. 27, Series A 303-B.

524 EGMR, Urteil vom 25.02.1993, 10828/84 – Funke ./. Frankreich, Series A 256-A.

525 EGMR, Urteil vom 12.07.1988, 10862/84 – Schenk ./. Schweiz, Rn. 46, Series A 140.

an einem fairen Verfahren. Allerdings können keine Maßnahmen gerechtfertigt werden, die die Verteidigungsrechte des Beschuldigten aushöhlen[526].

Schließlich flankieren die besonderen Gewährleistungen der nachfolgenden Absätze der Norm für das Strafverfahren, wie die Unschuldsvermutung (Art. 6 Abs. 2 EMRK) und die Verteidigungsrechte (Art. 6 Abs. 3 EMRK), die Garantien des Art. 6 Abs. 1 EMRK.

Nicht alle diese Gewährleistungen sind für das Steuerverfahren und das Steuerstrafverfahren (soweit dessen steuerliche Besonderheiten betroffen sind) gleichermaßen bedeutsam. In den von der Straßburger Rechtsprechung entschiedenen Fällen mit steuerlichem Bezug wurden in erster Linie Verletzungen des Beschleunigungsgebots, des Grundsatzes der Waffengleichheit sowie der Selbstbelastungsfreiheit gerügt. Auf diese Garantien soll sich die Untersuchung im Folgenden beschränken.

I. Selbstbelastungsfreiheit

1. Rechtsprechung der Konventionsorgane

Das Verbot des Zwangs zur Selbstbelastung und das Recht zu Schweigen als Ausprägungen der Selbstbelastungsfreiheit hat der Gerichtshof als „anerkannte internationale Normen, die das Kernstück eines fairen Verfahrens bilden" angesehen,[527] die als „konstitutives Element des Rechts auf ein faires Verfahren"[528] in Art. 6 Abs. 1 EMRK impliziert seien[529].

1.1 Geltungsgrund

Als Geltungsgrund hat der EGMR „unter anderem"[530] den Schutz des Beschuldigten vor missbräuchlichem Zwang seitens der Behörden angenommen, um

526 EGMR, Urteil vom 21.12.2000, 34720/97 – Heaney u. McGuiness ./. Irland, Rn. 57 f., ECHR 2000–XII.

527 EGMR, Urteil vom 17.12.1996, 19187/91 – Saunders ./. Vereinigtes Königreich, Rn. 68, Reports 1996–VI; Urteil vom 21.12.2000, 34720/97 – Heaney u. McGuiness ./. Irland, Rn. 40, ECHR 2000–XII.

528 EGMR, Urteil vom 17.12.1996, 19187/91 – Saunders ./. Vereinigtes Königreich, Rn. 69, Reports 1996–VI.

529 So erstmals noch ohne nähere Begründung in EGMR, Urteil vom 25.02.1993, 10828/84 – Funke ./. Frankreich, Rn. 44, Series A 256-A.

530 EGMR, Urteil vom 08.02.1996, 18731/91 – John Murray ./. Vereinigtes Königreich, Rn. 45, Reports 1996–I; Urteil vom 17.12.1996, 19187/91 – Saunders ./. Vereinigtes Königreich, Rn. 68, Reports 1996–VI.

Fehlurteile zu vermeiden und „die Ziele des Art. 6 zu verwirklichen",[531] sprich ein faires Verfahren zu gewährleisten. Das Recht auf Selbstbelastungsfreiheit setze das Bemühen der Anklage voraus, ihre Beweisführung in einer Strafsache so zu begründen, dass sie ohne Beweismittel auskomme, die gegen den Willen des Beschuldigten durch Zwang oder Druck erlangt wurden und stehe daher in enger Verbindung zur Unschuldsvermutung.[532]

Die einleitend verwendete und auch typographisch im Urteil hervorgehobene Einschränkung „*inter alia*" lässt vermuten, dass der Gerichtshof sich zum einen nicht abschließend auf einen Geltungsgrund festlegen will. Zum anderen kann man aus der Zusammenschau mit dem in Randnummer 69 der *Saunders*-Entscheidung aus einer rechtsvergleichenden Betrachtung vorgenommenen Ausschluss einiger Beweismittel aus dem Schutzbereich des nemo-tenetur-Grundsatzes schließen, dass der Gerichtshof sich auch bei der Formulierung des Geltungsgrundes von rechtsvergleichenden Erwägungen leiten ließ.

Somit sieht der Gerichtshof durch einen Zwang zur Selbstbelastung zwar auch die Willensfreiheit des Beschuldigten berührt, die Formulierung im *Murray*-Urteil legt jedoch nahe, dass ihr Schutz nur in ihrer Bezogenheit auf die Gewährleistung eines fairen, irrtumsfreien Verfahrens gelten soll. Eine solche Verortung des Rechts auf Selbstbelastungsfreiheit als reines Prozessgrundrecht liegt nahe an der *common law*-Auffassung[533], das den Geltungsgrund in der Vermeidung falscher Aussagen bzw. unzuverlässiger Beweismittel sieht. In einigen Konventionsstaaten wird der nemo-tenetur-Grundsatz als Ausfluss des Persönlichkeitsrechts und damit auch als Ausfluss der Menschenwürde klassifiziert oder dies zumindest in der Literatur diskutiert. In seinem *Jalloh*-Urteil betont der Gerichtshof jedoch die Achtung des Willens des Angeklagten[534]. Dies lässt vermuten, dass tatsächlich die Willensfreiheit das eigentliche, jedenfalls das zentrale Schutzgut darstellt.

---

531 EGMR, Urteil vom 08.02.1996, 18731/91 – John Murray ./. Vereinigtes Königreich, Rn. 45, Reports 1996–I; Urteil vom 17.12.1996, 19187/91 – Saunders ./. Vereinigtes Königreich, Rn. 68, Reports 1996–VI; Urteil vom 21.12.2000, 34720/97 – Heaney u. McGuiness ./. Irland, Rn. 40, ECHR 2000–XII.

532 EGMR, Urteil vom 08.02.1996, 18731/91 – John Murray ./. Vereinigtes Königreich, Rn. 45, Reports 1996–I; Urteil vom 17.12.1996, 19187/91 – Saunders ./. Vereinigtes Königreich, Rn. 69, Reports 1996–VI,; Urteil vom 21.12.2000, 34720/97 – Heaney u. McGuiness ./. Irland, Rn. 40, ECHR 2000–XII; Urteil vom 03.05.2001, 31827/96 – J.B. ./. Schweiz, Rn. 64, ECHR 2001–III.

533 Siehe hierzu beispielsweise AT&T Istel Ltd. v Tully [1993] AC 45, 57, HL per Lord Griffith.

534 EGMR, Urteil vom 11.07.2006, 54810/00 – Jalloh ./. Deutschland, Rn. 102, ECHR 2006–IX.

1.2 Schutzbereich

1.2.1 Vorliegen einer strafrechtlichen Anklage

Der Gerichtshof fasst den nemo-tenetur-Grundsatz als ausschließlich (im Konventionssinne) strafrechtliche Garantie auf. Daher setzt er zur Eröffnung des Schutzbereichs grundsätzlich zunächst eine strafrechtliche Anklage voraus, in deren Rahmen Zwang zur Informationsgewinnung ausgeübt wird[535].

Aus Gesichtspunkten eines effektiven und praktischen Rechtsschutzes hat der EGMR in seinem Urteil in der Rechtssache *Heaney & McGuiness* den Schutzbereich aber auch dann als eröffnet angesehen, wenn der Beschwerdeführer im zugrundeliegenden Strafverfahren freigesprochen wurde, da er sich ansonsten nicht auf Art. 6 EMRK berufen könne hinsichtlich der Rüge, schon vor dem Freispruch bestraft worden zu sein *„für die Verteidigung dessen, was* [die Beschwerdeführer] *als ihre von Art. 6 garantierten Rechte angesehen haben.*"[536] Hierbei sieht sich der Gerichtshof auf einer Linie mit seiner Argumentation in der Rechtssache *Funke.*[537] Gegen Herrn Funke wurde ein Strafverfahren wegen Nichterfüllung des Auskunftsersuchens durchgeführt, das von den Behörden beabsichtigte Strafverfahren wegen Steuerhinterziehung wurde aber nie eingeleitet. Diese Ausweitung auf Fälle, in denen bei der Ausübung des Zwanges noch kein Strafverfahren (neben eines etwaigen Strafverfahrens als „Zwangsmittel") anhängig war, aber dessen Einleitung bereits von den Behörden beabsichtigt wurde, hat der Gerichtshof in der Folge bestätigt.[538] Sie wirft jedoch Schwierigkeiten in der genauen zeitlichen Abgrenzung des Schutzbereichs auf. In der Rechtssache *Weh* sah er durch die Sanktionierung eines behördlichen Auskunftsersuchens um Mitteilung des Fahrers eines Fahrzeugs, der nachweislich die zulässige Höchstgeschwindigkeit überschritten hatte und die Behörden bereits ein Ermittlungsverfahren gegen Unbekannt eingeleitet hatten, den nemo-tenetur-Grundsatz als nicht berührt an, da – im Gegensatz zu den Fällen *Funke* und *Heaney & McGuiness* – die Behörden keinen konkretisierten Verdacht gegen *Weh* gehegt hätten.[539] Die verlangte Mitwirkung habe sich in der Nennung einer einfachen Tatsache

---

535 Vgl. EGMR, Urteil vom 17.12.1996, 19187/91 – Saunders ./. Vereinigtes Königreich, Rn. 67, Reports 1996–VI.

536 EGMR, Urteil vom 21.12.2000, 34720/97 – Heaney u. McGuiness ./. Irland, Rn. 45, ECHR 2000–XII; jüngst bestätigt in Urteil vom 21.04.2009, 19235/03 – Marttinen ./. Finnland, Rn. 64.

537 EGMR, Urteil vom 21.12.2000, 34720/97 – Heaney u. McGuiness ./. Irland, Rn. 44, ECHR 2000–XII.

538 EGMR, Urteil vom 08.04.2004, 38544/97 – Weh ./. Österreich, Rn. 42, 48; Urteil vom 04.10.2005, 6563/03 – Shannon ./. Vereinigtes Königreich, Rn. 34 f.

539 EGMR, Urteil vom 08.04.2004, 38544/97 – Weh ./. Österreich, Rn. 52 f.

erschöpft und zudem bloß an *Wehs* Eigenschaft als Fahrzeughalter angeknüpft, der für sich genommen keine belastende Wirkung zukäme.[540] Zeitlicher Anknüpfungspunkt für die Absicht, ein Strafverfahren einzuleiten, ist also der Zeitpunkt des zwangsbewehrten Auskunftsersuchens.

Im Ergebnis bleibt festzuhalten, dass die Ausübung von Zwang zur Erlangung von direkt belastendem Material auch dann den Schutzbereich des nemo-tenetur-Prinzips berührt, wenn der Zwang ausserhalb eines – im konventionsrechtlichen Sinne verstandenen – Strafverfahrens ausgeübt wurde, sofern ein solches Strafverfahren von den Behörden im Moment des zwangsbewehrten Auskunftsersuchens wenigstens beabsichtigt wurde.

Die oben skizzierte Rechtsprechung legt nahe, dass die tatsächlichen Anhaltspunkte für eine solche Absicht an einen konkreten Tatverdacht anschliessen sollen. Ein solches Erfordernis rückt die bloße Verfolgungsabsicht aber bereits weit an den Begriff der strafrechtlichen Anklage heran. Ein möglicher Anknüpfungspunkt wäre demnach die Tatsache, dass an eine als Zeuge in einem nicht gegen sie gerichteten Verfahren befragte Person spezielle, sie betreffende Fragen gestellt werden. Doch gerade diese Konstellation soll *Esser* zufolge bereits als zeitlichen Anknüpfungszeitpunkt für die Annahme einer strafrechtlichen Anklage dienen, um Lücken im Rechtsschutz des Zeugens zu vermeiden.[541] So schlagen *Esser* und wohl auch *Hilliard* vor, dass zur zeitlichen Eröffnung des Schutzbereichs der Selbstbelastungsfreiheit bereits die bloße Möglichkeit einer (erzwungenen) Selbstbelastung genügen solle.[542] Es bedürfe nur lediglich einer Berufung auf strafrechtlich relevantes Verhalten, um bereits die Aussage verweigen zu können.[543]

1.2.2 Belastende Wirkung des durch Zwang erlangten Beweismaterials

In seiner *Saunders*-Entscheidung ging der Gerichtshof davon aus, dass der nemo-tenetur-Grundsatz nicht auf solche Fälle beschränkt sein könne, in denen durch Zwang Geständnisse oder sonst direkt belastendes Material erlangt wurde. Aussagen, die unter Zwang erlangt wurden und vordergründig keinen belastenden Charakter hätten, könnten später in einem Strafverfahren gegen den Angeklagten verwendet werden, sei es um andere Aussagen des Angeklagten zu widerlegen oder in Zweifel zu ziehen oder um dessen Glaubwürdigkeit zu untergraben.

540 EGMR, Urteil vom 08.04.2004, 38544/97 – Weh ./. Österreich, Rn. 54.

541 Esser, S. 682.

542 Esser, S. 682; Hilliard, [2002] B.T.R. 470, 483 ff.

543 Esser, S. 682.

Entscheidend für den belastenden Charakter „neutraler" Aussagen sei also deren tatsächliche Verwendung während des Strafverfahrens.[544]

Dies steht auf den ersten Blick in Kontrast zu der Auffassung des Gerichtshof in seinem *Weh*-Urteil. Dort hatte der EGMR die verlangte Nennung des Fahrers, der mit dem Wagen Herrn Wehs die zulässige Höchstgeschwindigkeit überschritten hatte, als einfache Tatsache angesehen, der auf sich heraus keine belastende Wirkung zukäme. Der Unterschied bestand jedoch darin, dass Weh dem Auskunftsverlangen gar nicht erst in der gewünschten Form, sondern nur ausweichend, nachkam, so dass auf eine tatsächliche Verwendung in einem Strafverfahren nicht abgestellt werden konnte.

Von der im Fall *Saunders* vorgenommenen zeitlichen Einschränkung des Schutzbereichs scheint der Gerichtshof im Urteil *Shannon ./. Vereinigtes Königreich* abzuweichen. In diesem Fall war der Beschwerdeführer einer behördlichen Befragung unter Hinweis auf ein anhängiges Strafverfahren ferngeblieben und zu einer Geldbuße von 200 GBP verurteilt worden. Der EGMR sah es als sehr wahrscheinlich an, dass der Beschwerdeführer sich bei dieser Befragung, die nicht im Rahmen des anhängigen Strafverfahren gegen ihn erfolgte, zu Sachverhalten äußern musste, die auch im gegen ihn anhängigen Strafverfahren relevant werden könnten („*In these circumstances, attending the interview would have involved a very real likelihood of being required to give information on matters which could subsequently arise in the criminal proceedings for which the applicant had been charged*").[545] Er knüpfte die Eröffnung des Schutzbereich zeitlich an die Einleitung des Strafverfahrens an, unabhängig vom Charakter der zu erwartenden Einlassungen und deren Verwertbarkeit im Strafverfahren.

Hinsichtlich nicht direkt inkriminierendem Beweismaterials wird also der Schutz des nemo-tenetur-Prinzips erst durch eine Verwendung dieses Materials im Strafverfahren aktualisiert, d.h. nur eine Verwendung von durch Zwang erlangtem, nicht direkt belastendem Material zu Ungunsten des Angeklagten kann zu einer Verletzung führen. Die bloße Zwangsanwendung als solche verstößt – wie der EGMR betont[546] – dann nicht gegen die Selbstbelastungsfreiheit, sofern sie nicht während eines Strafverfahren (im konventionsrechtlichen Sinne) erfolgt. Ist bereits ein Strafverfahren zum Zeitpunkt des Mitwirkungsersuchens anhängig, in dem das Material verwendet werden könnte, dann soll der Schutzbereich bereits zu diesem Zeitpunkt eröffnet sein, unabhängig davon, ob das Mitwirkungsersuchen im Rahmen dieses Strafverfahrens erfolgt.[547]

---

544 EGMR, Urteil vom 17.12.1996, 19187/91 – Saunders ./. Vereinigtes Königreich, Rn. 71, Reports 1996–VI.

545 EGMR, Urteil vom 04.10.2005, 6563/03 – Shannon ./. Vereinigtes Königreich, Rn. 38.

546 EGMR, Urteil vom 08.04.2004, 38544/97 – Weh ./. Österreich, Rn. 44.

547 EGMR, Urteil vom 04.10.2005, 6563/03 – Shannon ./. Vereinigtes Königreich, Rn. 38.

1.2.3 Ausnahme von Beweismitteln, die „unabhängig vom Willen des Angeklagten existieren"

Der nemo-tenetur-Grundsatz soll der *Saunders*-Entscheidung zufolge nicht gelten für die strafverfahrensrechtliche Verwertung von Beweismitteln, die durch Zwang gewonnen werden können, aber unabhängig vom Willen des Angeklagten existieren, wie z. B. Schriftstücke, die aufgrund eines Befehls oder Beschlusses erlangt werden, Proben von Atemluft, Blut, Urin, Haaren und Körpergewebe zu Zwecken der DNA-Analyse oder aber von Stimmproben.[548]

Diese Ausführungen werfen einige Fragen auf:

Der EGMR stellt ausdrücklich heraus, dass sich diese Einschränkung aus rechtsvergleichenden Erwägungen ergebe („*As commonly understood in the legal systems of the Contracting Parties to the Convention and elsewhere* [...]").[549] Damit tut sich ein Widerspruch zum – auch unter Berücksichtigung der Rechtslage in den Konventionsstaaten – zuvor formulierten Geltungsgrund des nemo-tenetur-Prinzips auf. Wie bereits oben skizziert liegt nach Auffassung des Gerichtshof dessen Geltungsgrund in erster Linie im Schutz der Willensfreiheit. Wenn nun durch Zwang gewonnene Beweismittel anstandslos im Strafverfahren verwertet werden können, wenn sie unabhängig vom Willen des Angeklagten existieren, dann vermag der Schutz der Willensfreiheit und der Beweislastregeln dies nicht zu erklären. Garantiert wird die Betätigung des Willens, nicht an der eigenen Verurteilung mitzuwirken. Diese Willensbetätigung liegt ja nicht in der „Herstellung" von Beweismitteln, sondern indem der Angeklagte Beweismittel den Behörden aktiv zugänglich macht. Zudem hat der Gerichtshof gerade im Urteil *Funke* die zwangsweise Herausgabe von Schriftstücken implizit als vom Schutzbereich umfasst angesehen.[550] Die Herausgabe von belastendem Beweismaterial, auch solchem, das unabhängig vom Willen des Angeklagten existiert, negiert aber gerade die Möglichkeit einer solche Willensbetätigung. Vielmehr entspricht die Herausnahme dieser Beweismittel aus dem Schutzbereich dem – im *common law* wohl als herrschenden anzusehenden – Geltungsgrund der Vermeidung falscher Aussagen bzw. unzuverlässiger Beweismittel. So hat die englische Rechtsprechung durch Zwang erlangtes, belastendes Beweismaterial zugelassen,

548 EGMR, Urteil vom 17.12.1996, 19187/91 – Saunders ./. Vereinigtes Königreich, Rn. 69, Reports 1996–VI; Urteil vom 03.05.2001, 31827/96 – J.B. ./. Schweiz, Rn. 68, ECHR 2001–III; Urteil vom 11.07.2006, 54810/00 – Jalloh ./. Deutschland, Rn. 102, ECHR 2006–IX.

549 EGMR, Urteil vom 17.12.1996, 19187/91 – Saunders ./. Vereinigtes Königreich, Rn. 69, Reports 1996–VI.

550 EGMR, Urteil vom 25.02.1993, 10828/84 – Funke ./. Frankreich, Rn 44, Series A 256-A.

das unabhängig vom Willen des Angeklagten existierte, da dieses für sich selbst spräche und somit kein Zweifel an dessen Zuverlässigkeit bestehe[551].

Unklar bleibt auch, ob nur der Zwang zur Duldung der Weg- bzw. Entnahme vom Schutzbereich ausgeschlossen werden soll, oder auch der Zwang zur aktiven Mitwirkung, sprich der Herausgabe solchen Beweismaterials. Geht man vom Schutz der Willensfreiheit und der Beweislastregeln als Geltungsgrund aus, muss der Zwang zur aktiven Mitwirkung vom Schutzbereich umfasst sein.

In seinen Ausführungen im Fall *Jalloh* hat der Gerichtshof diesen Geltungsgrund bei seiner Auslegung berücksichtigt. Obwohl mit Drogen gefüllte Plastikbeutel, die der Beschwerdeführer verschluckt hatte und von der Polizei durch die zwangsweise Verabreichung eines Emetikums als Beweismittel erlangt werden sollte, nach der *Saunders*-Entscheidung zu den Beweismitteln gehörten, die unabhängig vom Willen des Angeklagten existierten, hat der EGMR diese als vom Schutzbereich umfasst angesehen.[552] Hierfür hat er angeführt, dass die zwangsweise Verabreichung des Brechmittels darauf abziele, materielle Beweise unter Missachtung des Willens des Beschwerdeführers zu erlangen. Die im Fall *Saunders* genannten Körperteile würden zwecks gerichtsmedizinischer Untersuchung erlangt, um Alkohol oder Betäubungsmittel aufzuspüren.[553] Aus dieser Argumentation und der Wortwahl (hinsichtlich der Teile des Körpers spricht der Gerichtshof nicht von Beweismitteln) lässt sich schließen, dass der EGMR nicht unmittelbar belastendes Material vom Schutzbereich ausschließen wollte.

Zweitens führen die Straßburger Richter den unterschiedlichen Grad der Zwangsausübung an. Der in der zwangsweisen Verabreichung eines Brechmittels liegende Gewalteinsatz (zwangsweise Einführung einer Nasensonde) gehe „in erheblichem Maße" über die Zwangsausübung hinaus, die üblicherweise nötig sei, um die im *Saunders*-Urteil genannten Mittel zu erlangen. In letzterem Fall sei nur „passiv ein minderschwerer Eingriff" zu dulden, eine etwaige aktive Mitwirkung erschöpfe sich in einer „üblichen organischen Reaktion", während mit einem Brechmitteleinsatz eine „pathologische Reaktion" des Organismus erzwungen werde.[554]

Der *Jalloh*-Entscheidung lässt sich somit entnehmen, dass der Schutzbereich hinsichtlich der umfassten Beweismittel abhängig ist von der Belastungswirkung der erlangten Mittel und Art und Grad der eingesetzten Zwangswirkung.

551 Vgl. u. a. AT&T Istel Ltd. v Tully [1993] AC 45, 57, HL per Lord Griffith.

552 EGMR, Urteil vom 11.07.2006, 54810/00 – Jalloh ./. Deutschland, Rn. 113–116, ECHR 2006–IX.

553 EGMR, Urteil vom 11.07.2006, 54810/00 – Jalloh ./. Deutschland, Rn. 113, ECHR 2006–IX.

554 EGMR, Urteil vom 11.07.2006, 54810/00 – Jalloh ./. Deutschland, Rn. 114, ECHR 2006–IX.

1.3 Verletzung

Der Bedeutung des nemo-tenetur-Grundsatzes als konstitutivem Element eines fairen Verfahrens folgend definiert der EGMR den Maßstab zur Annahme einer Verletzung als Aushöhlung des Kerngehalts der Garantie[555], so dass eine Verletzung des nemo-tenetur-Grundsatzes zugleich eine Verletzung des Rechts auf ein faires Verfahren bedeutet. Dies wird anhand der Art und des Grad des ausgeübten Zwangs, dem Gewicht des öffentlichen Interesses, der Existenz angemessener Garantien im jeweiligen Verfahren und einer etwaigen Verwertung der durch Zwang erlangten Mittel beurteilt.[556]

1.3.1 Art und Grad des Zwangs

Grob lassen sich der Straßburger Rechtsprechung folgende Grade der Zwangsausübung entnehmen: Folter und folterähnliche Maßnahmen, die gegen Art. 3 EMRK verstoßen, die Androhung von Sanktionen (von Buß- und Ordnungsgeldern bis zu Haftstrafen), die Ausübung psychischen Drucks und das Aussprechen von Warnungen, beispielsweise vor nachteiligen Schlüssen, die aus dem Schweigen gezogen werden oder vor der Möglichkeit bei fehlender Kooperation ein Strafverfahren einzuleiten (sog. *Hansard*-Warnung im englischen Steuerrecht).

Folter und sonstige Maßnahmen, die gegen Art. 3 EMRK verstoßen, stellen den evident höchsten Grad des Zwangs dar. Belastende sachliche Beweismittel, die infolge von Gewalthandlungen erlangt wurden, dürfen, unabhängig von ihrem Beweiswert, niemals zum Nachweis der Schuld des Gewaltopfers herangezogen werden.[557] Gleiches gilt hinsichtlich der Verwertung von Aussagen, die infolge von Folter[558] oder einer sonstigen Misshandlung, die gegen Art. 3 EMRK verstößt[559], erlangt wurden. Eine Verwertung auf solcher Weise erlangter Beweismittel gegen den Beschuldigten verleihen bereits dem Verfahren in seiner Gesamtheit einen nicht-fairen Charakter,[560] ohne dass es einer eingehenden Prü-

---

555 EGMR, Urteil vom 21.12.2000, 34720/97 – Heaney u. McGuiness ./. Irland, Rn. 51, ECHR 2000–XII.

556 EGMR, Urteil vom 21.12.2000, 34720/97 – Heaney u. McGuiness ./. Irland, Rn. 51–55, ECHR 2000–XII; Urteil vom 11.07.2006, 54810/00 – Jalloh ./. Deutschland, Rn. 117–122, ECHR 2006–IX; Urteil vom 29.06.2007, 15809/02 – O'Halloran u. Francis ./. Vereinigtes Königreich, Rn. 55–62.

557 EGMR, Urteil vom 11.07.2006, 54810/00 – Jalloh ./. Deutschland, Rn. 105–107, ECHR 2006–IX.

558 EGMR, Urteil vom 28.06.2007, 36549/03 – Harutyunyan ./. Armenien, Rn. 63, 66.

559 EGMR, Urteil vom 17.10.2006, 72000/01 – Göçmen ./. Türkei, Rn. 74f.

560 EGMR, Urteil vom 11.07.2006, 54810/00 – Jalloh ./. Deutschland, Rn. 108, ECHR 2006–IX.

fung der Verletzung der Selbstbelastungsfreiheit noch bedarf. Gleichwohl hat der Gerichtshof dies in *Jalloh ./. Deutschland* noch zusätzlich geprüft und bejaht.[561]

Sanktionen in verschiedenen Ausprägungen von Buß- und Ordnungsgeldern,[562] Geldstrafen[563] bis hin zu mehrjährigen Haftstrafen[564] sind in der Straßburger Rechtsprechung die wohl am häufigsten gerügten Zwangsmaßnahmen. Eine Zwangswirkung, die nicht gegen Art. 3 EMRK verstößt, ist mangels in der Konvention normierter, allgemeiner Grundsätze zu Befragung und Vernehmung des Beschuldigten nicht per se konventionswidrig[565].

In der Rechtssache *Saunders* drohte dem Beschwerdeführer im Falle einer Aussageverweigerung eine mit bis zu zwei Jahren Haft sanktionierte Verurteilung wegen *contempt of court*. Dies wurde im Verfahren vor dem EGMR auch von der britischen Regierung als Zwangsausübung klassifiziert[566], so dass für den Gerichtshof keine Veranlassung bestand, sich konkret mit Art und Grad der Zwangsausübung auseinanderzusetzen. Die Ausführungen in diesem Urteil, wonach der nemo-tenetur-Grundsatz in jeder Art Strafverfahren unabhängig von Art und Schwere des Delikts gelte und dass ein öffentliches Interesse an Verfolgung und Bestrafung komplexer Wirtschaftsstraftaten eine Verletzung der Selbstbelastungsfreiheit nicht rechtfertigen könne[567], der Gerichtshof also nicht von der in seiner in der Rechtssache *John Murray* wenige Monate zuvor formulierten[568] (und später auch im Urteil *Heaney & McGuiness* bestätigten) Möglichkeit einer Abwägung abgewichen ist, lassen annehmen, dass dem Maß des durch die Androhung einer mehrjährigen Haftstrafe ausgeübten Zwangs schon ein so hohes Gewicht zukam, dass eine ausdrückliche Abwägung gegen das öffentliche Interesse einer effektiven Strafverfolgung komplexer Straftaten und der Existenz eines Beweisverwertungsverbotes unterbleiben konnte („*Nor does the Court find it necessary, having regard to the above assessment as to the use of the interviews during the trial, to decide whether the right not to incriminate oneself is abso-*

---

561 EGMR, Urteil vom 11.07.2006, 54810/00 – Jalloh ./. Deutschland, Rn. 109–122, ECHR 2006–IX.

562 U. a. EGMR, Urteil vom 20.10.1997, 20225/92 – Serves ./. Frankreich, Reports 1997–VI.

563 U. a. EGMR, Urteil vom 25.02.1993, 10828/84 – Funke ./. Frankreich, Series A 256-A.

564 U. a. EGMR, Urteil vom 17.12.1996, 19187/91 – Saunders ./. Vereinigtes Königreich, Reports 1996–VI; Urteil vom 21.12.2000, 34720/97 – Heaney u. McGuiness ./. Irland, ECHR 2000–XII.

565 Esser, S. 529.

566 EGMR, Urteil vom 17.12.1996, 19187/91 – Saunders ./. Vereinigtes Königreich, Rn. 70, Reports 1996–VI.

567 EGMR, Urteil vom 17.12.1996, 19187/91 – Saunders ./. Vereinigtes Königreich, Rn. 74, Reports 1996–VI.

568 EGMR, Urteil vom 08.02.1996, 18731/91 – John Murray ./. Vereinigtes Königreich, Rn. 47, Reports 1996–I.

lute or whether infringements of it may be justified in particular circumstances. [...] *It is noteworthy in this respect that under the relevant legislation statements obtained under compulsory powers by the Serious Fraud Office cannot, as a general rule, be adduced in evidence at the subsequent trial of the person concerned*"[569]). Lediglich zur Verstärkung seiner Argumentation scheint der Gerichtshof in Randnummer 75 noch auf die nicht hinreichenden Verfahrensgarantien, hier konkret die Ausgestaltung des Beweisverwertungsverbots, einzugehen („*It follows from the above analysis* [...] *that the various procedural safeguards* [...] *cannot provide a defence in the present case since they did not operate to prevent the use of the statements in the subsequent criminal proceedings*"[570]).

Im Urteil in der Rechtssache *Heaney & McGuiness* hielt der Gerichtshof die Androhung einer sechsmonatigen Haftstrafe der Art und und des Grades der Zwangsausübung nach einer Neutralisierung durch angemessene prozessuale Garantien für zugänglich.[571] Diese Ausführungen hat der Gerichtshof in *Shannon ./. Vereinigtes Königreich* im Rahmen einer ähnlichen Fallkonstellation (Androhung einer Haftstrafe von bis zu sechs Monaten oder einer Geldstrafe von bis zu 5.000 GBP bei Nichterscheinen zu einer behördlichen Befragung) unter Bezugnahme auf *Heaney & McGuiness* bestätigt[572].

Eine Geldbuße von 1.200 FRF für die Weigerung der Herausgabe von Konto- und Depotauszügen zuzüglich einer Buße von 20 FRF pro Tag der fortgesetzten Weigerung zur Erzwingung der Herausgabe hat der EGMR im Fall Funke gegenüber „den besonderen Merkmalen des Zollrechts", hier die Berechtigung der Zollbehörden eine umfassende Mitwirkung des Steuerpflichtigen im Interesse der Sachverhaltsaufklärung zu verlangen, als überwiegend angenommen,[573] jedenfalls auf den ersten Blick. Diese Ausführungen hat der Gerichtshof später im Fall *John Murray* ausdrücklich dahingehend konkretisiert, dass die Geldbuße bereits den Kerngehalt des nemo-tenetur-Grundsatzes ausgehöhlt habe und damit bereits keine Rechtfertigung mehr möglich war.[574]

Auch wenn in der Entscheidung nicht explizit angesprochen, so ist späteren Urteilen zu entnehmen, dass dem Gerichtshof für die Bestimmung des Grad des Zwanges das Ausmaß der erzwungenen Mitwirkungspflicht von Bedeutung ist.

---

569 EGMR, Urteil vom 17.12.1996, 19187/91 – Saunders ./. Vereinigtes Königreich, Rn. 74, Reports 1996–VI.

570 EGMR, Urteil vom 17.12.1996, 19187/91 – Saunders ./. Vereinigtes Königreich, Rn. 75, Reports 1996–VI.

571 EGMR, Urteil vom 21.12.2000, 34720/97 – Heaney u. McGuiness ./. Irland, Rn. 54, ECHR 2000–XII.

572 EGMR, Urteil vom 04.10.2005, 6563/03 – Shannon ./. Vereinigtes Königreich, Rn. 38.

573 EGMR, Urteil vom 25.02.1993, 10828/84 – Funke ./. Frankreich, Rn. 44, Series A 256-A.

574 EGMR, Urteil vom 08.02.1996, 18731/91 – John Murray ./. Vereinigtes Königreich, Rn. 49, Reports 1996–I.

So sah er eine durch Androhung einer Geldstrafe von 1.000 GBP erzwungenen Mitwirkung als gerechtfertigt an, wenn die verlangte Auskunft nur eng umgrenzt ist und sich in der Nennung einer einfachen Tatsache erschöpft (wie der Nennung des Fahrers, der mit einem bestimmten Wagen vermutlich die zugelassene Höchstgeschwindigkeit überschritten hat).[575]

Die Kommission hat in ihrer Entscheidung der Rechtssache *K. ./. Österreich* implizit die Verhängung einer Geldbuße von 3.000 öS zur Sanktionierung einer Aussageverweigerung als Zwangsanwendung genügen lassen, doch trat hierbei eine zusätzliche Haftandrohung von fünf Tagen Freiheitsentzug hinzu[576]. Ob die Geldbuße für sich alleine betrachtet ausgereicht hätte, bleibt offen.

Nicht als erhebliche Zwangswirkung hat der Gerichtshof ohne nähere Begründung die Androhung eines steuerlichen Strafzuschlags von 300 GBP zur Erzwingung steuerlicher Mitwirkungspflichten klassifiziert.[577]

Die Ausübung psychischen Drucks sah der Gerichtshof dann als erhebliche Zwangswirkung an, wenn die Ausforschung eines Inhaftierten durch einen V-Mann als Mithäftling unter solchen Umständen stattfand, die denen einer Vernehmung ähnelten *(„in circumstances which can be regarded as the functional equivalent of interrogation“).*[578] Hingegen verneinte der EGMR eine erhebliche Zwangswirkung in einem Ausforschungsfall, in dem der auf freiem Fuß befindliche Beschuldigte den V-Mann im eigenen Haus empfing. Hier habe der Beschwerdeführer einem Gespräch aus dem Wege gehen können.[579]

Zurückhaltend war der Gerichtshof auch darin, Belehrungen bzw. Warnungen an die Adresse des Beschuldigten als unzulässigen Zwang zu klassifizieren.

So hat er die Belehrung über die Möglichkeit nachteilige Schlussfolgerungen aus dem Schweigen des Beschuldigten zu ziehen zwar als „einen gewissen Grad indirekten Zwangs“ angesehen, ließ dies aber nicht zur Annahme einer Konventionsverletzung ausreichen, da der Beschuldigte nicht durch Sanktionierung des Schweigens direkt zur Aussage gezwungen worden sei.[580]

Eine sog. *Hansard*-Warnung im englischen Steuerrecht, die die damalige *Inland Revenue* bei Verdacht auf ein Steuervergehen gegen einen Steuerpflichti-

---

575 EGMR, Urteil vom 29.06.2007, 15809/02 – O'Halloran u. Francis ./. Vereinigtes Königreich, Rn. 58. Diese Argumentation war bereits im Urteil vom 08.04.2004, 38544/97 – Weh ./. Österreich, Rn. 54 angelegt.

576 EKMR, Entscheidung vom 13.10.1992, 16002/90 – K. ./. Österreich, Rn. 21, 46.

577 EGMR, Entscheidung vom 10.09.2002, 76574/01 – Brian Roger Allan ./. Vereinigtes Königreich, ECHR 2002–VIII.

578 EGMR, Urteil vom 05.11.2002, 48539/99 – Allan ./. Vereinigtes Königreich, Rn. 52, ECHR 2002–IX.

579 EGMR, Urteil vom 10.03.2009, 4378/02 – Bykov ./. Russland, Rn. 102.

580 EGMR, Urteil vom 08.02.1996, 18731/91 – John Murray ./. Vereinigtes Königreich, Rn. 50, 48, Reports 1996–I.

gen ausspricht und ihm im Falle der Offenlegung sämtlicher zur Sachverhaltsaufklärung notwendiger Dokumente und Sachverhaltsangaben – damals noch nach Ermessen der Behörde – auf die Einleitung eines Strafverfahrens zu verzichten und in einen Vergleich („*monetary settlement*") einzuwilligen, hat der Gerichtshof ebenfalls nicht als unzulässigen Zwang angesehen, da der Steuerpflichtige nicht darüber getäuscht wurde, dass eben keine Garantie für den Verzicht auf Strafverfolgung gewährt wurde.[581]

Zusammengefasst ergibt sich aus der Rechtsprechung folgendes Bild:

Eine Zwangswirkung höhlt den Kerngehalt der Selbstbelastungsfreiheit dann aus, wenn sie per se eine Konventionsverletzung darstellt. Dies ist insbesondere bei Folter der Fall (Art. 3 EMRK). Hingegen stellt eine Beugehaft als Zwangsmittel zur Durchsetzung einer gesetzlichen (Mitwirkungs-)Pflicht nach Art. 5 Abs. 1 lit. b EMRK keine Verletzung der in Art. 5 EMRK verbürgten persönlichen Freiheit dar.

Für die Bestimmung von Art und Grad der Zwangsausübung ist das Ausmaß der erzwungenen Mitwirkung ausschlaggebend. Wird eine umfassende Mitwirkung an der Sachverhaltsaufklärung verlangt, die auf die vollständige Offenlegung von Sachverhalten abzielt, genügt schon ein verhältnismäßig geringer Zwang, wie etwa eine Geldbuße. Nicht relevant ist, ob die Sachverhaltsaufklärung zum Zwecke der Strafverfolgung der zur Mitwirkung angehaltenen Person erfolgt.[582] Bei einer eng umgrenzten Mitwirkungspflicht, d.h. der Pflicht zur Mitteilung einer einfachen Tatsache, stellt die Androhung einer Geldbuße von 1.000 GBP noch keine Verletzung der Selbstbelastungsfreiheit dar.

1.3.2 Existenz angemessener Verfahrensgarantien

Die Existenz angemessener Verfahrensgarantien berücksichtigte der Gerichtshof ursprünglich im Rahmen der Beurteilung des Grades der Zwangsanwendung.[583] Maßstab der Angemessenheit war dabei die „*effektive und genügende Reduktion der Zwangswirkung*", so dass der Kerngehalt des nemo-tenetur-Grundsatzes nicht berührt wird („the Court is, however, of the view that such protections could only be relevant to the present complaints if they could effectively and sufficiently

581 EGMR, Entscheidung vom 10.09.2002, 76574/01 – Brian Roger Allen ./. Vereinigtes Königreich, ECHR 2002–VIII.

582 EGMR, Urteil vom 25.02.1993, 10828/84 – Funke ./. Frankreich, Rn. 44, Series A 256-A; Urteil vom 04.10.2005, 6563/03 – Shannon ./. Vereinigtes Königreich, Rn. 38.

583 EGMR, Urteil vom 17.12.1996, 19187/91 – Saunders ./. Vereinigtes Königreich, Rn. 69f., Reports 1996–VI; Urteil vom 21.12.2000, 34720/97 – Heaney u. McGuiness ./. Irland, Rn. 51, ECHR 2000–XII.

reduce the degree of compulsion imposed [...] to the extent that the essence of the rights at issue would not be impaired")[584].

Konnten diese Verfahrensgarantien die Zwangsanwendung auf den Betroffenen nicht soweit ausgleichen, dass der Kerngehalt des nemo-tenetur-Prinzips wieder hergestellt wurde, ging der EGMR bereits davon aus, dass die Modalitäten einer etwaigen späteren Verwertung der erlangten Beweismittel eine Verletzung nicht mehr rechtfertigen konnten („Given this uncertainty, the position in October 1990 as regards the later admission into evidence of section 52 statements could not have, in the Court's view, contributed to restoring the essence of the present applicant's rights to silence and against self-incrimination guaranteed by Article 6 of the Convention. The Court is not, therefore, called upon in the present case to consider the impact on the rights to silence or against self-incrimination of the direct or indirect use made in later proceedings against an accused of statements made [...]")[585].

Entsprechend gelten diese Ausführungen auch in Fällen, in denen nicht eine Mitwirkungsverweigerung des Beschwerdeführers in Streit stand, sondern die Verwertung durch Zwang erlangten Beweismaterials.

Schon im *Saunders*-Urteil hat der Gerichtshof das Vorbringen der britischen Regierung, wonach es im Ermessen des nationalen Gerichts stand, durch Zwang erlangte Beweismittel nicht zuzulassen, als nicht ausreichend zurückgewiesen. Ein Beweisverwertungsverbot, das im bloßen Ermessen der Gerichte stehe, könne nicht wirksam eine Beweisverwertung im Strafverfahren verhindern, wenn diese nach den prozessualen Regeln des administrativen Ermittlungsverfahrens erlaubt sei.[586] Auch eine innerstaatlich unklare Rechtslage und widersprüchliche Information des Betroffenen durch die Behörden hinsichtlich der Zulässigkeit des Beweismaterials stehen der Annahme angemessener Garantien entgegen[587]. Ebenso genügt die Möglichkeit der Anfechtung der Beweismittelverwertung nicht, wenn dem Gericht kein Ermessensspielraum zusteht, die Mittel auszuschließen, falls es zu der Überzeugung gelangt ist, dass das innerstaatliche Recht eine Verwertung gestatte.[588]

---

584 EGMR, Urteil vom 21.12.2000, 34720/97 – Heaney u. McGuiness ./. Irland, Rn. 51, ECHR 2000–XII.

585 EGMR, Urteil vom 21.12.2000, 34720/97 – Heaney u. McGuiness ./. Irland, Rn. 54, ECHR 2000–XII.

586 EGMR, Urteil vom 17.12.1996, 19187/91 – Saunders ./. Vereinigtes Königreich, Rn. 75, 63, Reports 1996–VI.

587 EGMR, Urteil vom 21.12.2000, 34720/97 – Heaney u. McGuiness ./. Irland, Rn. 53, ECHR 2000–XII.

588 EGMR, Urteil vom 11.07.2006, 54810/00 – Jalloh ./. Deutschland, Rn. 121, ECHR 2006–IX.

Hingegen hat der Gerichtshof im Urteil *John Murray* das Ziehen nachteiliger Schlüsse aus dem Schweigen des Beschuldigten zugelassen, da nach seiner Auffassung die – in diesem Fall nur als indirekt aufgefasste – Zwangsausübung (durch die Belehrung des Beschuldigten über die Möglichkeit nachteiliger Schlussfolgerungen aus seinem Schweigen) unter dem Vorbehalt einer prozessualen Absicherung der Verteidigungsrechte und einer Begrenzung des Ausmaßes einer Bewertung des Schweigens stand.[589] Der Beschuldigte sei über die Folgen seines Schweigens angemessen informiert worden, eine Verwertung des Schweigens sei nur möglich gewesen, wenn die Anklage einen Anscheinstatbestand mit ausreichender Tatsachenbasis geschaffen hatte und vom Beschuldigten eine bestimmte Antwort erwartet wurde und zudem das Gericht einen Schuldspruch nicht allein auf das Schweigen stützen durfte. Schlussfolgerungen mussten dem „gesunden Menschenverstand" entsprechen und standen im Übrigen im Ermessen des Tatrichters, dessen Ausübung gerichtlich überprüft werden konnte.[590]

Wie im Fall *Saunders* stand hier die Beweisverwertung im Ermessen des Tatrichters. Jedoch hat diese Tatsache die Straßburger Richter im Fall *John Murray* nicht veranlasst, die Existenz angemessener Verfahrensgarantien zu verneinen. Ungeachtet der engeren Vorgaben zur Ausübung dieses Ermessens dürfte sich die grundsätzlich unterschiedliche Beurteilung aus dem unterschiedlichen Grad der Zwangsausübung ergeben. In der Rechtssache *John Murray* ging der Gerichtshof bloß von einer indirekten Zwangswirkung aus, während er im *Saunders*-Urteil in der Androhung einer zweijährigen Haftstrafe einen starken direkten Zwang sah. Die Anforderungen, die an Verfahrensgarantien zur effektiven Reduzierung der Zwangswirkung gestellt werden, korrelieren also mit dem Grad der Zwangswirkung.

Die Berücksichtigung als Unterpunkt der Beurteilung der Schwere der Zwangswirkung wurde vom Gerichtshof jedoch nicht konsequent durchgehalten, insbesondere in den neueren Entscheidungen führt er eine eher gesamthafte Abwägung aller vier genannten Kriterien durch[591]. Eine konkrete Gewichtung lässt sich schwerlich ausmachen. In *O'Halloran u. Francis*, einem Fall zur Auskunftspflicht des Fahrzeughalters über den Fahrer seines Wagens bei Verdacht eines Vergehens im Straßenverkehr, stellte der Gerichtshof die vom englischen Recht vorgesehene Suspendierung der Strafbewehrung heraus, die eingreift,

589 EGMR, Urteil vom 08.02.1996, 18731/91 – John Murray ./. Vereinigtes Königreich, Rn. 51, Reports 1996–I.

590 EGMR, Urteil vom 08.02.1996, 18731/91 – John Murray ./. Vereinigtes Königreich, Rn. 51, Reports 1996–I.

591 Vgl. u.a. EGMR, Urteil vom 29.06.2007, 15809/02 – O'Halloran u. Francis ./. Vereinigtes Königreich, Rn. 55–62; Urteil vom 11.07.2006, 54810/00 – Jalloh ./. Deutschland, Rn. 117–122, ECHR 2006–IX.

wenn der Fahrzeughalter nachweislich den Fahrer nicht kannte oder – im Rahmen angemessener Sorgfalt („*reasonable diligence*") – nicht kennen konnte.[592]

Zusammengefasst bleibt festzustellen, dass jene Verfahrensgarantien als angemessen gelten, die den Kerngehalt des nemo-tenetur-Prinzips gewährleisten. Dies kann durch eine „*effektive und genügende Reduktion der Zwangswirkung*"[593] geschehen oder durch Regulierung der Beweisverwertung im Strafverfahren. Welche Anforderungen an eine genügende Reduktion der Zwangswirkung zu stellen sind, bestimmt sich auch nach dem Grad der Zwangswirkung. Als angemessene Verfahrensgarantien hat der Gerichtshof die Suspendierung der Strafbewehrung einer Mitwirkungspflicht akzeptiert. Ein im Ermessen des Tatgerichts stehendes Beweisverwertungsverbots kann als angemessene Verfahrensgarantie gelten, wenn der Ermessensspielraum vom Gesetzgeber schon weitgehend eingeschränkt ist und die Ermessensausübung gerichtlicher Kontrolle unterliegt. Ein weiter Ermessensspielraum des Tatgerichts genügt den Anforderungen des EGMR nicht, wohl unabhängig von der Möglichkeit einer gerichtlichen Kontrolle der Ermessensausübung. Ebenfalls können solche Garantien nicht als angemessen gelten, über die im innerstaatlichen Recht eine Rechtsunsicherheit – auch durch nicht eindeutige Rechtsprechung – herrscht oder über die der Beschuldigte nicht angemessen und insbesondere widerspruchsfrei informiert wird.

1.3.3 Gewicht des öffentlichen Interesses

Eine Abwägung des öffentlichen Interesses an Verfolgung der Straftat und der Bestrafung des Täters gegen Art und Grad der Zwangsanwendung hielt der Gerichtshof ursprünglich dann für entbehrlich, wenn bereits aufgrund der Schwere des Zwanges der Kerngehalt des nemo-tenetur-Grundsatzes ausgehöhlt wurde.[594] Dies liegt – wie oben dargestellt – insbesondere dann nahe, wenn die Zwangsanwendung ein anderes Konventionsrecht des Beschwerdeführers verletzt, insbesondere aus Art. 3 oder Art. 8 EMRK. Aber auch die Androhung einer zweijährigen Haftstrafe genügte dem EGMR im Fall *Saunders* zur Aushöhlung des Kerngehalts („[The Court] *does not accept the Government's argument the complexity of corporate fraud and the vital public interest in the investigation of such fraud and the punishment of those responsible could justify such a marked departure as that which occurred in the present case from one of the basic princi-*

592 EGMR, Urteil vom 29.06.2007, 15809/02 – O'Halloran u. Francis ./. Vereinigtes Königreich, Rn. 59.

593 EGMR, Urteil vom 21.12.2000, 34720/97 – Heaney u. McGuiness ./. Irland, Rn. 51, ECHR 2000–XII.

594 EGMR, Urteil vom 17.12.1996, 19187/91 – Saunders ./. Vereinigtes Königreich, Rn. 74, Reports 1996–VI.

ples of a fair procedure“)[595]. In *Heaney & McGuiness* bestätigte der Gerichtshof diese Auffassung.[596]

Hingegen könne das öffentliche Interesse an der Auffindung der Erträge krimineller Handlungen eine Aussagepflicht, deren Verletzung mit einer Geldstrafe von bis zu 5.000 GBP bzw. einer Ersatzfreiheitsstrafe von bis zu sechs Monaten bewehrt war, rechtfertigen, wenn gegen die zur Mitwirkung angehaltenen Person kein Verdacht und keine Absicht der Strafverfolgung hinsichtlich der zu ermittelnden Taten besteht.[597]

Auch eine Informationsverpflichtung im Interesse des öffentlichen Gesundheitswesens kann gerechtfertigt sein.[598]

Beides gelte jedoch nicht mehr, wenn eine „sehr realistische Wahrscheinlichkeit“ („*very real likelihood*“) dafür besteht, Informationen über Sachverhalte geben zu müssen, die in der Folge in einem bereits in einer Sache anhängigen Strafverfahren gegen den zur Aussage Verpflichteten verwendet werden könnten.[599] Ähnlich hatte der EGMR im Fall *Funke* entschieden. Zwar stellt das Urteil nur fest, dass die „besonderen Merkmale des Zollrechts“ (die Ermächtigung vom Steuerpflichtigen eine umfassende Mitwirkung bei Aufdeckung von Steuervergehen zu verlangen[600]) eine Verletzung der Selbstbelastungsfreiheit und des Schweigerechts nicht rechtfertigen könne.[601] Doch legt der Gerichtshof dies in seinem Urteil der Sache *John Murray* dahingehend aus, dass bereits durch die Zwangsanwendung der Kerngehalt des nemo-tenetur-Grundsatzes ausgehöhlt war, so dass eine Rechtfertigung nicht mehr möglich war.[602]

Zusammengefasst betrachtet kann jedwedes öffentliches Interesse grundsätzlich herangezogen werden, es muss sich nicht auf die Strafverfolgung beschränken. Das öffentliche Interesse fällt aber nur dann ins Gewicht, wenn die Schwere der Zwangswirkung noch Raum für eine Rechtfertigung lässt und wenn keine Gefahr der Selbstbelastung besteht. Maßstab für diese Gefahr ist eine „sehr realistische Wahrscheinlichkeit“, dass die durch Zwang gewonnenen Informationen in einem Strafverfahren gegen den zur Auskunft Verpflichteten verwendet werden, also dass hinsichtlich dieses Verfahrens der Schutzbereich des nemo-

595 EGMR, Urteil vom 17.12.1996, 19187/91 – Saunders ./. Vereinigtes Königreich, Rn. 74, Reports 1996–VI.

596 EGMR, Urteil vom 21.12.2000, 34720/97 – Heaney u. McGuiness ./. Irland, Rn. 57 f., ECHR 2000–XII.

597 EGMR, Urteil vom 04.10.2005, 6563/03 – Shannon ./. Vereinigtes Königreich, Rn. 38.

598 EGMR, Urteil vom 04.10.2005, 6563/03 – Shannon ./. Vereinigtes Königreich, Rn. 38.

599 EGMR, Urteil vom 04.10.2005, 6563/03 – Shannon ./. Vereinigtes Königreich, Rn. 38.

600 EGMR, Urteil vom 25.02.1993, 10828/84 – Funke ./. Frankreich, Rn. 30 f., Series A 256-A.

601 EGMR, Urteil vom 25.02.1993, 10828/84 – Funke ./. Frankreich, Rn. 44, Series A 256-A.

602 EGMR, Urteil vom 08.02.1996, 18731/91 – John Murray ./. Vereinigtes Königreich, Rn. 49, Reports 1996–I.

tenetur-Grundsatzes im Zeitpunkt des Auskunftsersuchens bereits eröffnet ist. Das Vorliegen einer strafrechtlichen Anklage indiziert also die Selbstbelastungsgefahr.

1.3.4 Etwaige Verwertung der erlangten Beweismittel

Der Verwertung der erlangten Beweismittel kommt in der Abwägung wie der Art und Schwere des ausgeübten Zwangs eine zentrale Bedeutung zu. So wird hinsichtlich neutralem, nicht direkt belastendem Beweismaterial durch die Verwertung der Schutzbereich gerade erst eröffnet, wenn zum Zeitpunkt der Zwangsausübung noch kein Strafverfahren anhängig oder beabsichtigt war. Hingegen ist die Zwangswirkung alleine schon konstitutiv für eine Verletzung, wenn durch sie bereits der Kerngehalt der Garantie ausgehöhlt wurde.

Sind durch Zwangsanwendung erlangte Beweismittel tatsächlich im Strafverfahren verwendet worden, dann stellt der Gerichtshof auf die tatsächliche Verwendung im Strafverfahren ab.[603] Im Fall *Saunders* wurden die Aussagen des Angeklagten aus dem Ermittlungsverfahren während der Hauptverhandlung über drei Verhandlungstage hinweg verlesen[604]. Aus dieser extensiven Verlesung der nicht direkt belastenden Aussagen schloss der EGMR, dass es der Staatsanwaltschaft darum ging, die Glaubwürdigkeit des Angeklagten zu untergraben.[605] Im *Jalloh*-Urteil genügte dem Gerichtshof die Feststellung, dass die durch Brechmitteleinsatz erlangten Drogenpäckchen tatsächlich zur Verurteilung des Angeklagten geführt haben.[606]

Konnten zwangsweise erlangte Beweismittel nicht verwendet werden, weil das Strafverfahren vorher eingestellt worden war, dann bezogen die Straßburger Richter jedoch auch eine mögliche Verwendung mit in ihre Betrachtungen ein.[607] In der Rechtssache *Shannon* wurde der Beschwerdeführer zu einer behördlichen Vernehmung in einem nicht gegen ihn gerichteten Ermittlungsverfahren geladen. Jedoch war zu diesem Zeitpunkt gegen ihn bereits ein Strafverfahren eingeleitet worden, so dass er sein Erscheinen von der Zusage abhängig machte, dass seine Aussagen nicht im gegen ihn anhängigen Strafverfahren verwendet werden

603 EGMR, Urteil vom 11.07.2006, 54810/00 – Jalloh ./. Deutschland, Rn. 121, ECHR 2006–IX; Urteil vom 17.12.1996, 19187/91 – Saunders ./. Vereinigtes Königreich, Rn. 72, Reports 1996–VI.

604 EGMR, Urteil vom 17.12.1996, 19187/91 – Saunders ./. Vereinigtes Königreich, Rn. 31, Reports 1996–VI.

605 EGMR, Urteil vom 17.12.1996, 19187/91 – Saunders ./. Vereinigtes Königreich, Rn. 72, Reports 1996–VI.

606 EGMR, Urteil vom 11.07.2006, 54810/00 – Jalloh ./. Deutschland, Rn. 121, ECHR 2006–IX.

607 EGMR, Urteil vom 04.10.2005, 6563/03 – Shannon ./. Vereinigtes Königreich, Rn. 38.

würden. Als er eine solche Zusage nicht erhielt, blieb er der Vernehmung fern und wurde deswegen zu einer Geldbuße von 200 GBP verurteilt. Das Strafverfahren wurde später eingestellt, so dass es zu einer Verwendung der Aussagen nicht mehr kommen konnte.[608] Der EGMR urteilte, dass die Aussagen aus der geplanten Vernehmung des Beschwerdeführers mangels angemessener Beweisverwertungsverbote im Strafverfahren hätten verwendet werden können und dass eine solche Verwendung eine Beweisführung darstellen könnte, die sich auf Beweismittel stützt, „die gegen den Willen des Angeklagten durch Zwang oder Druck erlangt wurden".[609]

1.3.5 Zusammenfassung

Zur Feststellung einer Verletzung der Selbstbelastungsfreiheit lässt sich folgendes „Prüfprogramm" aufstellen – natürlich unter dem Vorbehalt, unter dem jedes schematisierte Vorgehen steht:

a) Die Wirkung des angedrohten oder ausgeübten Zwangs muss zunächst eine Erheblichkeitsschwelle überschreiten. Offensichtlich überschritten wird sie bei konventionswidrigen Maßnahmen, wie beispielsweise Folter, und bei Haftstrafen. Auch Geldstrafen und Geldbußen können erheblich sein, problematisch bleibt nach Durchsicht der Rechtsprechung die Frage, ab welcher konkreten Höhe. Eine Geldstrafe von 1.000 GBP gilt hier bereits als erheblich. Der EGMR hat im Fall *Funke* zwar auch den deutlich geringere Betrag von 1.200 FRF zuzüglich weiterer 20 FRF pro Tag der Mitwirkungsverweigerung genügen lassen, doch bestand hier die Besonderheit gerade darin, dass die Geldstrafe durch die Fortsetzung der Mitwirkungsverweigerung nach oben offen blieb.

Keine erhebliche Zwangswirkung entfalten Belehrungen und Warnungen an den Beschuldigten, wie beispielsweise dass aus seinem Schweigen negative Schlüsse gezogen werden können oder dass die Behörden sich trotz umfassender Mitwirkung bei der Sachverhaltsaufklärung die Möglichkeit der Einleitung eines Strafverfahrens vorbehalten (hier die sog. *Hansard*-Warnung im englischen Steuerrecht).

b) Art und Grad der Zwangswirkung reichen per se bereits dann zur Annahme einer Verletzung der Selbstbelastungsfreiheit aus, wenn der angedrohte oder ausgeübte Zwang selbst eine Konventionsgarantie verletzt, hier insbesondere das Folterverbot des Art. 3 EMRK. Auch genügt bereits die Androhung einer mehrjährigen – im konkreten Fall zweijährigen – Haftstrafe,[610] wobei das jeweilige

608 EGMR, Urteil vom 04.10.2005, 6563/03 – Shannon ./. Vereinigtes Königreich, Rn. 9–17, 22.

609 EGMR, Urteil vom 04.10.2005, 6563/03 – Shannon ./. Vereinigtes Königreich, Rn. 40.

610 EGMR, Urteil vom 17.12.1996, 19187/91 – Saunders ./. Vereinigtes Königreich, Rn. 50, 70, 74, Reports 1996–VI.

Höchstmaß der Strafdrohung maßgebend ist, oder auch die Androhung einer nach oben offenen Geldstrafe oder -buße[611]. In diesen Fällen bejaht der Gerichtshof die Verletzung, ohne die Zwangsausübung gegen die übrigen Kriterien abzuwägen. Eine angedrohte Haftstrafe von maximal sechs Monaten – wie in den Fällen *Heaney & McGuiness* und *Shannon* – genügt dazu aber noch nicht, ebensowenig wohl eine der Höhe nach fixierte Geldstrafe oder -buße bzw. ein solches Ordnungsgeld. Ab welcher Summe eventuell auch eine bestimmte Geldstrafe die Schwere einer mehrjährigen Haftstrafe erreicht und sie damit per se zur Annahme einer Verletzung der Selbstbelastungsfreiheit ausreicht, ist in der Rechtsprechung des Gerichtshofs soweit ersichtlich noch nicht thematisiert worden.

c) Reicht der angedrohte oder ausgeübte Zwang nach Art und Grad nicht zur direkten Bejahung einer Verletzung und werden durch Zwang erlangte Beweismittel tatsächlich gegen den Beschuldigten bzw. Angeklagten verwendet, so stellt der Gerichtshof auf die konkreten Modalitäten der Beweisverwertung ab. Eine Verletzung der Selbstbelastungsfreiheit ist gegeben, wenn das durch Zwang erlangte Beweismittel tatsächlich zur Verurteilung des Angeklagten geführt hat.

Sind durch angedrohten oder ausgeübten Zwang noch keine Beweismittel erlangt oder konnten erlangte Beweismittel nicht mehr verwendet werden, beispielsweise weil das zugrunde liegende Strafverfahren eingestellt wurde, betrachtet der EGMR die mögliche Verwendung.

d) Anschließend ist zu fragen, ob Verfahrensgarantien existieren, die die Zwangswirkung effektiv und genügend reduzieren, so dass der Kerngehalt der Selbstbelastungsfreiheit gewährleistet bleibt.

Existieren solche Garantien überhaupt nicht oder können sie die Zwangswirkung nicht genügend reduzieren, ist eine Verletzung zu bejahen[612]. Dies ist der Fall

- bei Beweisverwertungsverboten, sofern sie in einem Ermessen der Gerichte stehen, dessen Ausübung keiner gerichtlichen Kontrolle unterliegt[613],
- bei unklarer innerstaatlicher Rechtslage bzw. widersprüchlicher Information des Beschuldigten hinsichtlich der Zulässigkeit des Beweismittels[614],
- bei Anfechtung der Beweisverwertung, wenn das Gericht das Beweismittel nach innerstaatlichem Recht nicht ausschließen kann[615],

611 EGMR, Urteil vom 25.02.1993, 10828/84 – Funke ./. Frankreich, Rn. 44, Series A 256-A.

612 EGMR, Urteil vom 21.12.2000, 34720/97 – Heaney u. McGuiness ./. Irland, Rn. 54, ECHR 2000–XII.

613 EGMR, Urteil vom 17.12.1996, 19187/91 – Saunders ./. Vereinigtes Königreich, Rn. 75, Reports 1996–VI.

614 EGMR, Urteil vom 21.12.2000, 34720/97 – Heaney u. McGuiness ./. Irland, Rn. 53, ECHR 2000–XII.

615 EGMR, Urteil vom 11.07.2006, 54810/00 – Jalloh ./. Deutschland, Rn. 121, ECHR 2006–IX.

Für ausreichende Verfahrensgarantien hat der Gerichtshof erachtet:

- die Suspendierung der Strafbewehrung einer Mitwirkungspflicht[616],
- Beweisverwertungsverbote – auch wenn sie im Ermessen der Gerichte stehen, sofern die Ermessensausübung gerichtlicher Kontrolle unterliegt[617].

e) Schließlich muss die Zwangsanwendung bzw. -androhung einem öffentlichen Interesse dienen. Dieses muss sich nicht auf die Strafverfolgung beziehen, es scheint jedwedes öffentliche Interesse zu genügen. Jedenfalls hat der Gerichtshof eine Verletzung der Selbstbelastungsfreiheit bisher soweit ersichtlich nicht hauptsächlich aufgrund eines nicht hinreichenden öffentlichen Interesses bejaht. Voraussetzung einer Abwägung gegen ein öffentliches Interesse und letzter Prüfstein ist allerdings, dass für den Betroffenen keine Gefahr der Selbstbelastung besteht. Maßstab hierfür ist das Bestehen einer „sehr realistischen Wahrscheinlichkeit", dass die durch Zwang gewonnenen Informationen in einem Strafverfahren gegen den Betroffenen verwendet werden, also dass im Ergebnis zu seinen Gunsten der Schutzbereich der Selbstbelastungsfreiheit eröffnet ist.

1.5 Anwendung in steuerlichen Sachverhalten

In ihrer soweit ersichtlich einzigen Entscheidung zu Geltung und Reichweite des nemo-tenetur-Grundsatzes im Steuerrecht hatte die Kommission in *Abas ./. Niederlande* über die Fallkonstellation des strafbewehrten Auskunftsersuchens vor Einleitung eines Strafverfahrens zu entscheiden.

Abas, ein niederländischer Pilot in Diensten der niederländischen KLM, verlegte seinen Wohnsitz 1981 nach Irland und wurde daraufhin von den niederländischen Steuerbehörden von der Lohnsteuer befreit. Im Rahmen einer stichprobenartigen Überprüfung solcher Fälle schrieben die niederländischen Steuerbehörden auch den Beschwerdeführer an und verlangten Auskunft, ob die Voraussetzungen für die Befreiung noch gegeben seien. Nach niederländischem Recht war der Beschwerdeführer zur Auskunft verpflichtet, eine Nichterfüllung oder nicht hinreichende, insbesondere unwahre Erfüllung des Auskunftsverlangens konnte mit einer Haftstrafe von bis zu sechs Monaten und Geldstrafe geahndet werden, falls durch die Nichterfüllung möglicherweise Steuern hinterzogen werden, oder gar mit einer Haftstrafe von bis zu vier Jahren bzw. einer entsprechend höheren Geldstrafe, wenn der Steuerpflichtige dem Auskunftsverlangen vorsätzlich nicht oder nur unzulänglich nachkommt. Der Beschwerdeführer antwortete durch seinen Steuerberater, dass er seit 1981 ununterbrochen in Irland wohne, sofern er nicht – berufsbedingt – auf Reisen sei. Im Februar 1989 wurde ein Ermittlungsverfahren gegen Herrn Abas eröffnet und das Anwesen seiner Familie in den Niederlanden durchsucht. Dabei wurden Dokumente beschlagnahmt, die seinen ständigen Aufenthalt

616 EGMR, Urteil vom 29.06.2007, 15809/02 – O'Halloran u. Francis ./. Vereinigtes Königreich, Rn. 59.

617 EGMR, Urteil vom 08.02.1996, 18731/91 – John Murray ./. Vereinigtes Königreich, Rn. 51, Reports 1996–I.

in den Niederlanden bewiesen. In der Folge wurde der Beschwerdeführer wegen Betruges und „betrügerischer Steuerdeklarationen“ (fraudulent tax declaration) zu einer Haftstrafe von einem Jahr und einer Geldstrafe von 500.000 Gulden verurteilt. Der Beschwerdeführer rügt die Verwendung seines Antwortschreibens als Beweismittel gegen ihn.

Die Kommission sah in ihrer Entscheidung den Schutzbereich mangels einer strafrechtlichen Anklage nicht als eröffnet an. Zum Zeitpunkt des Auskunftsverlangens sei noch kein Strafverfahren nach den nationalen Vorschriften eingeleitet worden, noch sei der Beschwerdeführer durch das Auskunftsverlangen nachhaltig in seiner Rechtsposition beeinträchtigt. Die zum Auskunftsersuchen ermächtigende nationale Vorschrift berechtige zur Sachverhaltsermittlung für Fiskalszwecke und nicht zur Bestimmung einer etwaigen strafrechtlichen Verantwortlichkeit des Beschwerdeführers. Dies gelte unabhängig von der Möglichkeit, die Ergebnisse des Besteuerungsverfahrens als Basis eines Steuerstrafverfahrens zu nutzen. Auch würde die Unterwerfung des Steuerermittlungsverfahrens unter die Garantien des Art. 6 EMRK eine effektive Aufgabenerfüllung der Finanzbehörden im öffentlichen Interesse unangemessen behindern.[618]

Die Entscheidung lässt sich nicht ohne weiteres mit der zuvor skizzierten, allgemeinen Rechtsprechung zur Selbstbelastungsfreiheit auf eine Linie bringen. Schon die Verneinung der Eröffnung des Schutzbereichs vermag nicht zu überzeugen. Bereits in dem zeitlich vorhergehenden *Funke*-Urteil hatte der Gerichtshof den Schutzbereich der Selbstbelastungsfreiheit als eröffnet angesehen, wenn im Zeitpunkt des zwangsbewehrten Mitwirkungsersuchens zwar ein Strafverfahren noch nicht anhängig, dessen Einleitung von den Behörden jedoch beabsichtigt war. Maßstab für diese Absicht ist das Vorliegen eines konkreten Verdachts einer Straftat. Auf dieses Urteil ist die Kommission in ihrer Entscheidung nicht eingegangen, obwohl Anhaltspunkte für den Verdacht einer Straftat aus dem Vortrag des Beschwerdeführers ersichtlich waren. Er hatte auf den Hinweis des irischen Justizministerium an die niederländischen Behörden verwiesen, wonach viele Piloten der KLM einen Wohnsitz in Irland angemeldet hätten, woraufhin das niederländische Finanzministerium erst die als „stichprobenartig“ bezeichnete Überprüfung angeordnet habe. Man könnte aus den fehlenden Ausführungen der Kommission hierzu den Schluss ziehen, dass sie das Vorbringen des Beschwerdeführers als nicht erwiesen ansah. Damit wäre zugleich auf die große Schwäche des Merkmals des „beabsichtigten Strafverfahrens“ hingewiesen, wonach den Beschwerdeführer die Beweislast hinsichtlich eines subjektiven Merkmals der Gegenseite trifft und die zeitliche Eröffnung des Schutzbereichs gerade hiervon abhängt.

618 EKMR, Entscheidung vom 26.02.1997, 27943/95 – Abas ./. Niederlande, D. R. 88-B, 120.

Durch die Verneinung der Anwendbarkeit von Art. 6 EMRK hat sich die Kommission leider der Möglichkeit beraubt, sich zu Reichweite und Gewährleistung der Selbstbelastungsfreiheit im Steuerrecht zu äußern. Bemerkenswert ist jedoch die Begründung. Die Kommission wollte diese Verneinung durch die Erwägung untermauert wissen, dass das Auskunftsersuchen nach nationalem Recht nur zu fiskalischen Zwecken zulässig sei, unabhängig von der Möglichkeit einer strafrechtlichen Nutzung der gewonnenen Erkenntnisse. Eine solch formale, restriktive Argumentation steht in krassem Gegensatz zur üblichen, extensiv und materiell geprägten autonomen Auslegung des Art. 6 EMRK durch die Konventionsorgane und erinnert stark an die restriktive Auslegung des Schutzbereichs in Steuerrechtsfällen unter der zivilrechtlichen Rubrik der Norm. Ein Hinweis auf die Gründe für eine solche Abweichung könnte in der Aussage der Kommission zu finden sein, dass es die effektive Aufgabenerfüllung der Finanzbehörden unangemessen behinderte, wenn diese dabei die Garantien des Art. 6 EMRK zu beachten hätten.

Der Fall *J.B. ./. Schweiz* betraf die klassische Situation einer Kollision steuerlicher Mitwirkungspflichten und strafprozessualem Schutz. Gegen den Beschwerdeführer war bereits im konventionsrechtlichen Sinne eine strafrechtliche Anklage wegen Steuerhinterziehung erhoben und im Rahmen dieses Verfahrens führten die Steuerbehörden ein steuerliches Nachveranlagungsverfahren durch und suchten die Mitwirkungspflicht durch die Verhängung von Ordnungsgeldern zu erzwingen.[619]

Gegen den Beschwerdeführer wurde in der Schweiz ein Verfahren wegen Steuerhinterziehung eingeleitet. Die zuständige Bezirkssteuerkommission forderte ihn zur Vorlage sämtlicher Dokumente hinsichtlich eines bestimmten Investments auf. Daraufhin gab der Beschwerdeführer zu, seine Einnahmen aus diesem Investment nicht ordnungsgemäß deklariert zu haben, die gewünschten Dokumente legte er aber nicht vor. Auch verweigerte er wiederholt Angaben zur Herkunft eines Betrages von 238.000 CHF, die in dieses Investment geflossen waren. Im September 1988 wurde er hinsichtlich des Zinsertrages aus besagtem Investment zu einer Nachsteuer veranlagt und ein entsprechender Steuerbescheid erlassen, der jedoch im Oktober 1988 wieder zurückgenommen und von Seiten der Steuerbehörden erneut nach der Herkunft der 238.000 CHF gefragt wurde. Nachdem der Beschwerdeführer weiterhin trotz erneuter Aufforderung jede Auskunft hierzu verweigerte, wurde gegen ihn ein Ordnungsgeld von 1.000 CHF verhängt, das er anstandslos bezahlte. Eine abermalige Aufforderung wies der Beschwerdeführer mit dem Hinweis zurück, er sei nicht mehr zur Auskunft verpflichtet, da der Steuerbescheid über die Nachveranlagung vor Rücknahme in Rechtskraft erwachsen sei. Daraufhin wurde ein weiteres Ordnungsgeld in Höhe von 2.000 CHF verhängt und schließlich ein drittes in selber Höhe hinsichtlich kantonaler Steuern. Gegen das zweite Ordnungsgeld legte er Widerspruch ein. Die Steuerrekurskommission bestätigte das Ordnungsgeld unter Verweis auf die zum damaligen Zeitpunkt bestehende

619 EGMR, Urteil vom 03.05.2001, 31827/96 – J.B. ./. Schweiz, ECHR 2001–III.

Mitwirkungsverpflichtung, da der Steuerbescheid zum Zeitpunkt seiner Rücknahme noch nicht rechtskräftig gewesen sei.

Diese Entscheidung ließ der Beschwerdeführer durch das schweizerische Bundesgericht überprüfen. Das Bundesgericht sah zwar das Verfahren wegen Steuerhinterziehung als strafrechtliche Anklage im konventionsrechtlichen Sinne an, nahm hiervon aber das Verfahren der Nachveranlagung aus. Dieses diene nur der Erhebung noch nicht erhobener Steuern. Auch habe eine Nachsteuer keinen anderen Charakter als die ursprünglich festgesetzte Steuer, so dass ihr auch keine Strafwirkung zukomme. Jedoch erkannte das Gericht das Problem, dass die Nachveranlagung im Rahmen des strafrechtlichen Steuerhinterziehungsverfahrens erfolgte. Die Selbstbelastungsfreiheit sei aber – in Abgrenzung zum Funke-Urteil des EGMR – im konkreten Fall nicht verletzt, da der Steuerpflichtige nur um Auskünfte zu Einkünften gebeten wurde, die den Steuerbehörden bereits bekannt seien[620]. Die Anerkennung eines Schweigerechts in solchen Konstellationen würde das gesamte Steuersystem im Frage stellen und die Kontrolle erschweren, wenn nicht gar unmöglich machen[621]. Im Ergebnis wollte das Bundesgericht also nur ein Schweigerecht hinsichtlich einer erzwungenen direkten Selbstbelastung eines steuerlichen Vergehens anerkennen.

Durch die Einbettung des Nachveranlagungsverfahrens in das strafrechtliche Verfahren sah es der EGMR als notwendig an, den Schutz unter der strafrechtlichen Rubrik des Art. 6 Abs. 1 EMRK auch auf dieses Nachveranlagungsverfahren zu erweitern. Das Verfahren als Ganzes sei als strafrechtlich zu klassifizieren, da es mit der Verhängung einer Geldstrafe gegen den Beschwerdeführer enden könne, ungeachtet der Tatsache, dass es auch anderen Zwecken dienen könne[622].

Direkt zu Eingang seiner Erörterung einer möglichen Verletzung von Art. 6 EMRK macht der Gerichtshof deutlich, dass er nur die Vereinbarkeit der Verhängung eines Ordnungsgeldes zur Erzwingung einer steuerlichen Mitwirkungspflicht mit den Konventionsgarantien prüfe. Eine Aussage darüber, ob die Konventionsstaaten grundsätzlich eine solche Mitwirkungspflicht zum ausschließlichen Zweck der Steuerveranlagung erzwingen dürfen, wolle er nicht treffen[623].

Die von den Finanzbehörden geforderten Dokumente ordnete der Gerichtshof – ohne nähere Begründung – nicht den Beweismaterialien zu, die unabhängig vom Willen des Betroffenen existieren und daher nicht durch Zwangsmittel gegen dessen Willen gewonnen werden können und sah insoweit den Schutzbereich des nemo-tenetur-Grundsatzes als eröffnet an[624].

Die Auferlegung der Ordnungsgelder qualifizierte der EGMR als Zwangsausübung.

620 EGMR, Urteil vom 03.05.2001, 31827/96 – J.B. ./. Schweiz, Rn. 30, ECHR 2001–III.

621 EGMR, Urteil vom 03.05.2001, 31827/96 – J.B. ./. Schweiz, Rn. 27f., ECHR 2001–III.

622 EGMR, Urteil vom 03.05.2001, 31827/96 – J.B. ./. Schweiz, Rn. 49, ECHR 2001–III.

623 EGMR, Urteil vom 03.05.2001, 31827/96 – J.B. ./. Schweiz, Rn. 63, ECHR 2001–III.

624 EGMR, Urteil vom 03.05.2001, 31827/96 – J.B. ./. Schweiz, Rn. 68, ECHR 2001–III.

Entgegen der Annahme der schweizerischen Regierung sei der Beschwerdeführer durch seine Mitwirkungspflicht zur Selbstbelastung angehalten gewesen. Als Indiz hierfür scheint der Gerichtshof die Hartnäckigkeit, mit der die Finanzbehörden den Beschwerdeführer zur Auskunft angehalten haben, heranzuziehen („*The Court remains unconvinced by this argument in view of the persistence with which the domestic tax authorities attempted to achieve their aim*")[625]. Es sei den Steuerbehörden wichtig gewesen zu erfahren, ob der Beschwerdeführer unversteuertes Einkommen hatte. Es könne aber nicht ausgeschlossen werden, dass jedes weitere Einkommen aus nichtversteuerten Quellen, das sich aus den geforderten Dokumenten ergeben konnte, ebenfalls konstitutiv für eine Steuerhinterziehung gewesen wäre[626].

Eine direkte Bezugnahme auf etwaige öffentliche Interessen, die eine Erzwingung von steuerlichen Mitwirkungspflichten gebieten und die vom Bundesgericht ins Feld geführt wurden (insbesondere die Erschwerung bzw. Verhinderung eines praktisch handhabaren Steuersystems), erfolgt im Urteil nicht. Das Vorbringen der schweizerischen Regierung, eine Trennung von Straf- und Steuerverfahren würde zu praktischen Schwierigkeiten führen, wies der Gerichtshof mit der Hinweis zurück, seine Aufgabe sei nur die Prüfung, ob die Konventionsstaaten das von der Konvention gewollte Ergebnis erreicht hätten, nicht ihnen zu sagen, mit welchen Mitteln sie es erreichen sollen[627].

Somit kam der Gerichtshof zum Schluss, dass im Rahmen eines Strafverfahrens im Sinne des Art. 6 EMRK – hier eines Verfahrens zur Aufklärung möglicher Steuerhinterziehungen – die Erzwingung des Auskunftsverlangens zur Veranlagung zu einer Nachsteuer den nemo-tenetur-Grundsatz verletzt.[628]

In der Entscheidung *Brian Roger Allen ./. Vereinigtes Königreich* hatte der Gerichtshof zu klären, ob auch die Angabe falscher steuerlicher Informationen unter den Schutz der Selbstbelastungsfreiheit fällt.

Gegen den Beschwerdeführer hatte die Inland Revenue ein Auskunftsverlangen nach s. 20 (1) *Taxes Management Act 1970* gerichtet, in dem die Behörde um die Einreichung einer beglaubigten Vermögensaufstellung bat. Nachdem er dem Verlangen nicht nachgekommen war, wurde er zu einer Anhörung geladen und für den Fall des Nichterscheinens ein Geldstrafe von bis zu 50 GBP angedroht. Als er auch nicht zur Anhörung erschienen war, wurde eine Geldstrafe von 300 GBP verhängt und eine „*Hansard*-Warnung" gegen ihn ausgesprochen. Dies geschah regelmäßig durch das Verlesen der Antwort des *Chancellor of the Exchequer* auf eine parlamentarische Anfrage vom 18. Oktober 1991, die die Praxis der Inland Revenue umriss, wonach bei Verdacht einer Steuerhinterziehung die Steuerbehörde sich mit einen Vergleich („*money settlement*") zufrieden geben könnte, anstatt ein Strafverfahren einzu-

625 EGMR, Urteil vom 03.05.2001, 31827/96 – J.B. ./. Schweiz, Rn. 69, ECHR 2001–III.
626 EGMR, Urteil vom 03.05.2001, 31827/96 – J.B. ./. Schweiz, Rn. 66, ECHR 2001–III.
627 EGMR, Urteil vom 03.05.2001, 31827/96 – J.B. ./. Schweiz, Rn. 70, ECHR 2001–III.
628 EGMR, Urteil vom 03.05.2001, 31827/96 – J.B. ./. Schweiz, Rn. 71, ECHR 2001–III.

leiten und dass die Behörde im Rahmen dieser Ermessensentscheidung die Mitwirkung des Steuerpflichtigen berücksichtige.

Dem Auskunftsverlangen kam der Beschwerdeführer durch die Einreichung falscher und unvollständiger Vermögensaufstellungen nach, um einer etwaigen Sanktion zu entgehen. Daraufhin wurde er des common law-Vergehens des *cheating the public revenue* angeklagt.

Durch die *Hansard*-Warnung sah sich der Beschwerdeführer in seiner Selbstbelastungsfreiheit verletzt.

Der Gerichtshof führt eingangs seiner Prüfung aus, dass die Selbstbelastungsfreiheit in erster Linie die Achtung des Willens des Angeklagten betreffe, im Rahmen eines Strafverfahrens zu schweigen sowie die Verwendung durch Zwangsausübung erlangten Beweismaterials in einem Strafverfahren. Daher sei die Zwangsausübung zur Erlangung von Informationen über finanzielle oder geschäftliche Sachverhalte des Betroffenen nicht per se verboten. Mitwirkungspflichten zu Zwecken der Steuerfestsetzung seien überdies in den Steuersystemen der Konventionsstaaten üblich und ohne solche Mitwirkungspflichten ein Funktionieren dieser Systeme schwer vorstellbar. In der Geldstrafe von 300 GBP sahen die Richter keine erhebliche Zwangswirkung. Im konkreten Fall rüge der Beschwerdeführer nicht die Verwendung der Informationen über seine Vermögensverhältnisse in dem Sinne, dass diese ihn hinsichtlich eines Vergehens belasteten, in das er vor dem Zeitpunkt des Mitwirkungsverlangens verwickelt war, sondern sein Vergehen bestand gerade in der falschen und fehlleitenden Antwort auf das Auskunftsersuchen. Daher sei der Fall von den Urteilen *Funke*, *Saunders* und *J.B.* zu unterscheiden. Die Selbstbelastungsfreiheit sei keine Rechtfertigung für Handlungen, die durch das Verlangen motiviert seien, Ermittlungen der Steuerbehörden zu entgehen. In der „*Hansard*-Warnung" sah der EGMR keinen erheblichen Zwang bzw. Anreiz zur Selbstbelastung. Es gebe keine Hinweise, dass der Beschwerdeführer über die Auswirkungen der Warnung getäuscht wurde.[629]

1.6 Würdigung

Der Gerichtshof berücksichtigt die Besonderheiten des Steuerverfahrens und erkennt im Ergebnis das staatliche Bedürfnis nach Mitwirkung des Steuerpflichtigen an. Hierbei stellt er als einen Geltungsgrund des *nemo-tenetur*-Grundsatzes heraus, dass die Behörden gehalten seien, im Rahmen der Strafverfolgung nicht auf Beweise zurückzugreifen, die durch Zwang oder Druck gegen den Willen des Betroffenen gewonnen wurden[630] und betont damit die besondere Nähe der

629 EGMR, Entscheidung vom 10.09.2002, 76574/01 – Brian Roger Allen ./. Vereinigtes Königreich, ECHR 2002–VIII.

630 EGMR, Urteil vom 03.05.2001, 31827/96 – J.B. ./. Schweiz, Rn. 64, ECHR 2001–III; Entscheidung vom 10.09.2002, 76574/01 – Brian Roger Allen ./. Vereinigtes Königreich, ECHR 2002–VIII.

Selbstbelastungsfreiheit zur Unschuldsvermutung. Daher verstoße die Erzwingung steuerlicher Mitwirkungspflichten auch nicht per se gegen den Grundsatz der Selbstbelastungsfreiheit.

Das heißt aber auch: Die Erzwingung einer steuerlichen Mitwirkungspflicht kann in den Schutzbereich der Selbstbelastungsfreiheit fallen. Aus der Zusammenschau mit der in der Zulässigkeitsentscheidung *Brian Roger Allen ./. Vereinigtes Königreich* getroffenen Feststellung, dass eine aktive Selbstbegünstigung contra legem in Form einer falschen Steuererklärung nicht vom Schutzbereich umfasst sei, verdeutlicht sich zudem die Schutzbereichsabgrenzung zwischen aktiver Selbstbegünstigung und passivem Selbstschutz. Eine aktive Selbstbegünstigung ist – jedenfalls unter Verstoß gegen geltendes Recht – nicht zulässig. Die steuerrechtliche Wahrheitspflicht ist zu wahren.

Ist bereits ein Strafverfahren anhängig, genauer: liegt bereits eine strafrechtliche Anklage im konventionsrechtlichen Sinne vor, dann indiziert diese strafrechtliche Anklage grundsätzlich die Gefahr der Selbstbelastung, also die „sehr realistische Wahrscheinlichkeit“ der Verwendung der erzwungenen Informationen gegen den Beschuldigten insoweit, dass es auch genügt, dass bereits im Zeitpunkt des Auskunfts- bzw. Mitwirkungsersuchens der dadurch Verpflichtete nicht ausschließen kann, dass die Möglichkeit einer gegen ihn gerichteten Verwendung besteht.[631] Diese in der Rechtssache *J.B.* gefundene Auslegung hat der Gerichtshof später in seinem *Shannon*-Urteil bestätigt[632]. Durch das Abstellen auf die Perspektive des Beschuldigten erstreckt der Gerichtshof die Indikationswirkung der strafrechtlichen Anklage über die bereits konkret erhobene strafrechtliche Anklage hinaus. Eine solche Erweiterung der Indikationswirkung ergibt sich auch durch Abstellen auf die Perspektive der Verfolgungsbehörde, wenn der Schutzbereich in zeitlicher Hinsicht bereits dadurch eröffnet ist, dass die Behörden die Einleitung eines Strafverfahrens zum Zeitpunkt des Auskunfts- bzw. Mitwirkungsersuchens bereits beabsichtigen.[633]

Ist nun ein steuerliches Verfahren in den Rahmen einer strafrechtlichen Anklage derart eingebettet, dass die Steuerbehörden im Steuerverfahren eine – im konventionsrechtlichen Sinne – strafrechtliche Sanktion verhängen können, so gelten die Garantien des Art. 6 EMRK auch im Steuerverfahren. Damit kann eine Erzwingung der steuerlichen Mitwirkungspflichten die Selbstbelastungsfreiheit des Steuerpflichtigen verletzten.

---

631 EGMR, Urteil vom 03.05.2001, 31827/96 – J.B. ./. Schweiz, Rn. 66, ECHR 2001–III.

632 EGMR, Urteil vom 04.10.2005, 6563/03 – Shannon ./. Vereinigtes Königreich, Rn. 38.

633 EGMR, Urteil vom 08.04.2004, 38544/97 – Weh ./. Österreich, Rn. 42, 28; Urteil vom 04.10.2005, 6563/03 – Shannon ./. Vereinigtes Königreich, Rn. 34 f.

Die Erheblichkeitsschwelle der im Steuerverfahren typischen Sanktionierung von Mitwirkungspflichten – wie beispielsweise Bußgeldern oder Steuerzuschlägen – ausgehenden Zwangswirkung liegt nach der Rechtsprechung des Gerichtshof bei über 300 GBP.[634] Die Einordnung der Zwangswirkung eines Steuerzuschlages von 300 GBP als nicht erheblich vermag jedoch nicht zu überzeugen. Eine Beurteilung der Erheblichkeit nach quantitativen Merkmalen wie der Zuschlagshöhe steht im Widerspruch zu dem vom Gerichtshof in ständiger Rechtsprechung angeführten Geltungsgrunds der Selbstbelastungsfreiheit, nämlich dem Schutz der Willensfreiheit des Beschuldigten. Von diesem Geltungsgrund ausgehend hat der Gerichtshof im Fall *John Murray* dem Ziehen nachteiliger Schlüsse aus dem Schweigen des Beschuldigten deshalb keine erhebliche Zwangswirkung beigemessen, da der Beschuldigte im Strafverfahren tatsächlich habe schweigen können, ohne dass daran Sanktionen geknüpft waren, und weil das Schweigen zudem nicht als Schuldeingeständnis („*indication of guilt*") gewertet werden durfte.[635] Maßgeblich muss also sein, ob sich der Beschuldigte der Zwangswirkung entziehen kann, ohne die geforderte Mitwirkung zu erbringen. Einen solchen Ansatz einer qualitativen Abgrenzung der Zwangswirkung hat der Gerichtshof auch in den Ausforschungsfällen durch V-Leute angewandt. So hat er in *Allan ./. Vereinigtes Königreich* die Erheblichkeit der Zwangswirkung bejaht, weil der V-Mann als Zellengenosse in die Zelle des Beschuldigten eingeschleust worden war und der Beschuldigte, bereits durch die Anschuldigungen und Vernehmungen seitens der Behörden sowie der Haft unter psychologischem Druck stehend, den V-Mann ins Vertrauen zog.[636] Hingegen verneinte der Gerichtshof in *Bykov ./. Russland* die Erheblichkeit der Zwangswirkung, weil der auf freiem Fuß befindliche Beschuldigte den V-Mann im eigenen Haus empfing und so dem Gespräch mit dem V-Mann gerade hätte aus dem Weg gehen können.[637]

Überträgt man diesen Ansatz auf die Sanktionierung steuerlicher Mitwirkungspflichten, so ist die Höhe des Bußgelds bzw. Steuerzuschlages unerheblich, entscheidend ist nur, ob der Steuerpflichtige durch eigenes Verhalten der Festsetzung entgehen kann, ohne jedoch die erwünschte Mitwirkung zu erbringen. In diese Richtung scheint der Gerichtshof auch in seiner neueren Rechtsprechung zu tendieren, jedenfalls hat er im Urteil *Shannon ./. Vereinigtes Königreich* die

---

634 EGMR, Entscheidung vom 10.09.2002, 76574/01 – Brian Roger Allen ./. Vereinigtes Königreich, ECHR 2002–VIII.

635 EGMR, Urteil vom 08.02.1996, 18731/91 – John Murray ./. Vereinigtes Königreich, Rn. 48, Reports 1996–I.

636 EGMR, Urteil vom 05.11.2002, 48539/99 – Allan ./. Vereinigtes Königreich, Rn. 52, ECHR 2002–IX.

637 EGMR, Urteil vom 10.03.2009, 4378/02 – Bykov ./. Russland, Rn. 102.

Zwangswirkung einer Geldbuße von 200 GBP nicht problematisiert und eine Verletzung der konventionsrechtlichen Selbstbelastungsfreiheit angenommen[638].

Verstößt der ausgeübte oder angedrohte Zwang gegen Konventionsgarantien, ist er nach der Rechtsprechung des Gerichtshofs als so schwerwiegend anzusehen, dass er per se die Verletzung begründet (mehrjährige Haftstrafe, nach oben offene Geldstrafe) oder stehen der erzwungenen Mitwirkung jedoch keine Maßnahmen zur Neutralisierung der Zwangswirkung gegenüber, dann kann der Schutz der Selbstbelastungsfreiheit des Mitwirkungsverpflichteten nur noch durch die Anerkennung eines Mitwirkungsverweigerungsrechtes gewährleistet werden. In *J.B.* ist der Gerichtshof implizit und seiner bisherigen Rechtsprechung entsprechend davon ausgegangen, dass die Möglichkeit der Rechtfertigung einer Mitwirkungsverpflichtung aufgrund eines besonderen öffentlichen Interesses – hier dem staatlichen Interesse an einer gleichmäßigen Steuererhebung – nur greifen kann, wenn keine konkrete Gefahr der Selbstbelastung besteht. Folgerichtig hat er die Erzwingung der – bis dato unterbliebenen – Mitwirkung des Steuerpflichtigen als Verletzung der Selbstbelastungsfreiheit qualifiziert und im Ergebnis ein faktisches Mitwirkungsverweigerungsrecht zugebilligt. Das öffentliche Interesse an einer gleichmäßigen Steuerfestsetzung und -erhebung ließ der Gerichtshof hinter den Interessen des Steuerpflichtigen zurücktreten. Daraus lässt sich auch schließen, dass den Fiskalinteressen des Staates kein besonderes Gewicht zukommt.

Damit stellt sich die Frage, ob in der faktischen Zubilligung eines Mitwirkungsverweigerungsrechts ein Entfallen der Mitwirkungsverpflichtung oder nur ihre Suspendierung zu sehen ist. Grundsätzlich erkennt der Gerichtshof eine zwangsbewehrte Mitwirkungspflicht zu steuerlichen Zwecken an, insbesondere ihre Notwendigkeit für das Funktionieren des Besteuerungssystems und das öffentliche Interesse hieran.[639] Er betont aber im selben Atemzug die Schutzrichtung des nemo-tenetur-Grundatzes vor einer erzwungenen strafrechtlichen Selbstbelastung. Auch wenn er diesem keine absolute Geltung zubilligt, so kommt doch im Rahmen der bereits skizzierten Abwägung zur Bestimmung einer Verletzung der Selbstbelastungsfreiheit das öffentliche Interesse an einer Zwangsanwendung oder -androhung das geringste Gewicht zu. Damit überwiegt der Schutz des Steuerpflichtigen solange und soweit das öffentliche Interesse an einer gleichmäßigen Besteuerung von der Möglichkeit einer Verwendung der erzwungenen Informationen in einem Strafverfahren im konventionsrechtlichen Sinne überlagert wird. Indiz für eine solche Überlagerung ist bereits das bloße

638 EGMR, Urteil vom 04.10.2005, 6563/03 – Shannon ./. Vereinigtes Königreich, Rn. 36–38, 41.

639 EGMR, Entscheidung vom 10.09.2002, 76574/01 – Brian Roger Allen ./. Vereinigtes Königreich, ECHR 2002–VIII.

Bestehen einer strafrechtlichen Anklage, zu deren Bestimmung die erzwungene Mitwirkung Beweismaterial liefern kann oder auch nur die durch behördliches Verhalten konkretisierte und auf einem gegen den Betroffenen konkretisierten Tatverdachts basierenden Absicht, ein auf die Bestimmung einer strafrechtlichen Anklage abzielendes Verfahren einzuleiten. Dies spräche für eine bloße Suspendierung der Mitwirkungspflicht.

Hierbei ist aber besonders die extensive Auslegung des Begriffs der strafrechtlichen Anklage durch den Gerichtshof zu beachten, der auch das Besteuerungsverfahren als „Annex-Verfahren" mitumfasst, sofern es zur Bestimmung einer strafrechtlichen Anklage notwendig ist oder nicht unabhängig von ihr betrachtet werden kann[640]. Da dem Begriff der strafrechtlichen Anklage auch steuerliche Sanktionen, insbesondere Verspätungszuschläge, je nach Ausgestaltung auch bereits bloße Zinszuschläge unterfallen, kann sich die Möglichkeit einer Verwendung der erzwungenen Informationen zur Festsetzung solcher Zuschläge bis zum Eintritt der Festsetzungsverjährung erstrecken. Damit würde eine Mitwirkungsverpflichtung zwar formal suspendiert, faktisch aber entfallen.

Aus diesen Wertungen heraus kann sich das Entfallen der Mitwirkungspflicht in seiner sachlichen Reichweite nur auf solche Informationen beziehen, die zur Bestimmung der strafrechtlichen Anklage geeignet sind. Das Recht zur Mitwirkungsverweigerung ist damit als Auskunftsverweigerungsrecht zu klassifizieren.

Eines Mitwirkungsverweigerungsrechts bedarf es nicht, wenn angemessene Verfahrensgarantien die Zwangswirkung neutralisieren und demnach eine Verletzung nach den allgemeinen Grundsätzen der Rechtsprechung des Gerichtshofs zu verneinen wäre. Ein Mitwirkungsverweigerungsrecht wird auch in der Rechtsprechung des EGMR nur als ultima ratio angesehen. Wie aber die Wirkung des ausgeübten Zwangs genügend und effektiv zu reduzieren ist liegt – auch in steuerlichen Fällen – im Ermessen der Konventionsstaaten.[641]

Wählt ein Konventionsstaat eine Lösung über ein Verwertungsverbot, schließt sich die Frage an, ob die Rechtsprechung des Gerichtshofs eine Fernwirkung dieses Verbots gebietet. Ausgehend vom Stellenwert der Selbstbelastungsfreiheit als Kernstück eines fairen Verfahrens hat der EGMR als Maßstab einer angemessenen Verfahrensgarantie die effektive und genügende Reduktion der Zwangswirkung benannt.[642] Im Übrigen lässt der Gerichtshof den Konventionsstaaten freie Hand in der Wahl der Mittel, um die Garantien des Art. 6 Abs. 1 EMRK

---

640 Vgl. EGMR, Entscheidung vom 16.05.2000, 40042/98 – Georgiou ./. Vereinigtes Königreich; Urteil vom 03.05.2001, 31827/96 – J.B. ./. Schweiz, Rn. 48 f., ECHR 2001–III.

641 EGMR, Urteil vom 03.05.2001, 31827/96 – J.B. ./. Schweiz, Rn. 70, ECHR 2001–III.

642 Vgl. EGMR, Urteil vom 21.12.2000, 34720/97 – Heaney u. McGuiness ./. Irland, Rn. 51, ECHR 2000–XII.

zu gewährleisten.[643] Ist bei Fehlen einer solchen Verfahrensgarantie die Zuerkennung eines Mitwirkungsverweigerungsrechts – wenigstens als ultima ratio – zur Gewährleistung der Selbstbelastungsfreiheit erforderlich, dann muss ein Verwertungsverbot einen gleichwertigen Schutz vermitteln. Insoweit ist die von *Reiß* zur Begründung der Fernwirkung des § 393 Abs. 2 AO vorgebrachte Gleichwertigkeitsargumentation[644] auf die konventionsrechtliche Garantie der Selbstbelastungsfreiheit übertragbar, wonach durch ein Verwertungsverbot eine Gefahr der strafrechtlichen Selbstbelastung im selben Umfang ausgeschlossen werden muss wie bei Gewährung eines Auskunftsverweigerungsrechtes. Da sich aus dem Schweigen weder mittelbar noch unmittelbar ein Beweiswert ergebe, dürften sämtliche Angaben, die der Steuerpflichtige in Erfüllung steuerrechtlicher Pflichten mache, weder unmittelbar noch mittelbar gegen ihn verwendet werden.

Zwar hat es der Gerichtshof im Urteil *John Murray* für zulässig erachtet, aus dem Schweigen des Beschuldigten – unter engen Voraussetzungen – nachteilige Schlüsse zu ziehen.[645] Doch ist dies nach den dargestellten allgemeinen Rechtsprechungsgrundsätzen des Gerichtshofs zur Selbstbelastungsfreiheit auch im Verhältnis zur – im konkreten Fall geringen – Zwangsintensität zu sehen, die lediglich in der Belehrung über die Möglichkeit des Ziehens nachteiliger Schlüsse aus dem Schweigen des Beschuldigten bestand und das Schweigen des Beschuldigten sonst in keiner Weise sanktioniert war[646]. So verweist der Gerichtshof in Randnummer 49 des *Murray*-Urteils auch auf die Zwangswirkung im Fall *Funke*, die für sich betrachtet bereits zur Annahme einer Verletzung ausreichte. Bei stärkerer Zwangswirkung dürfte sich daher das Ziehen nachteiliger Schlüsse aus dem Schweigen des Beschuldigten als unzulässig erweisen, insbesondere bei den typischen Sanktionsbewehrungen steuerlicher Mitwirkungspflichten in Form von Bußgeldern oder gar Haftstrafen. Somit ist davon auszugehen, dass in steuerrechtlichen Konstellationen ein Mitwirkungsverweigerungsrecht die Zwangswirkung einer sanktionsbewehrten Mitwirkungspflicht und damit auch die Selbstbelastungsgefahr auf Null reduziert. Auch würde sich aus dem Schweigen weder mittelbar noch unmittelbar ein Beweiswert ergeben. Um dasselbe Ergebnis über ein Verwertungsverbot zu erreichen, ist dann korrespondierend zu fordern, dass Angaben, die der Steuerpflichtige in Erfüllung erzwungener Mitwirkungspflich-

643 EGMR, Urteil vom 26.10.1984, 9186/80 – De Cubber ./. Belgien, Rn. 35, Series A 86; Urteil vom 03.05.2001, 31827/96 – J.B. ./. Schweiz, Rn. 70, ECHR 2001–III.

644 Reiß, S. 227.

645 EGMR, Urteil vom 08.02.1996, 18731/91 – John Murray ./. Vereinigtes Königreich, Rn. 51, Reports 1996–I.

646 EGMR, Urteil vom 08.02.1996, 18731/91 – John Murray ./. Vereinigtes Königreich, Rn. 48, Reports 1996–I.

ten macht, zu einer – im konventionsrechtlichen Sinne – strafrechtlichen Beweisführung gegen ihn nicht verwendet werden dürfen.

In diesselbe Richtung weist auch die jüngste Rechtsprechung des Gerichtshofs. Im Fall *G. ./. Deutschland* urteilten die Straßburger Richter, dass eine starke Vermutung bestehe, dass die Verwertung von Beweismitteln, die als „Frucht“ eines Geständnisses gewonnen wurden, das unter Verstoß gegen Art. 3 EMRK gewonnen wurde, ein Verfahren in gleicher Weise insgesamt unfair mache wie die Verwertung des abgepressten Geständnisses selbst.[647] Übertragen auf die Zwangswirkungen in steuerrechtlichen Konstellationen bedeutet dies: Ist – wie eine Verletzung von Art. 3 EMRK – die Zwangswirkung allein aufgrund ihrer Intensität bereits konstitutiv für eine Verletzung der Selbstbelastungsfreiheit, so besteht für die aufgrund dieser Zwangswirkung erlangten Erkenntnisse ein strafrechtliches Verwendungsverbot. Selbiges muss auch bei Annahme einer Verletzung im Falle einer geringeren Zwangsintensität gelten, denn der Maßstab zur Bestimmung einer Verletzung bleibt derselbe: die Aushöhlung des Kerngehalts der Garantie, gleichbedeutend mit einer Verletzung des Rechts auf ein faires Verfahren.

Im Ergebnis ist davon auszugehen, dass in steuerrechtlichen Konstellationen einem Beweisverwertungsverbot Fernwirkung zukommen muss.

Ist eine „strafrechtliche Anklage“ weder erhoben noch beabsichtigt – wovon die Kommission in *Abas ./. Niederlande* ausging –, so bleibt die Gefahr einer Selbstbelastung auch zunächst abstrakt. Eine etwaige Zwangsanwendung verletzt die Selbstbelastungsfreiheit dann noch nicht. Die EGMR-Rechtsprechung sieht den Schutzbereich in diesen Konstellationen in zeitlicher Hinsicht erst dann als eröffnet an, sobald erzwungene Informationen verwendet werden bzw. verwendet werden können, also wenigstens behördlicherseits ein konkretisierter Tatverdacht gegen den Verpflichteten besteht. Ein Mitwirkungsverweigerungsrecht ergibt sich also in dieser Konstellation nicht, lediglich ein Beweisverwertungsverbot der erzwungenen Informationen in einem späteren Verfahren zur Verhängung einer strafrechtlichen Sanktion. Die Verneinung einer Verletzung der Selbstbelastungsfreiheit war in *Abas ./. Niederlande* insoweit folgerichtig.

Wäre der ausgeübte bzw. angedrohte Zwang konstitutiv für eine Verletzung der Selbstbelastungsfreiheit, könnten also insbesondere erzwungene Informationen mangels eines Beweisverwertungsverbots in einem Strafverfahren verwertet werden, ist aber noch kein Strafverfahren im konventionsrechtlichen Sinne anhängig oder beabsichtigt, dann würde sich der Schutz der Selbstbelastungsfreiheit erst mit Einleitung bzw. Beabsichtigung eines solchen Verfahrens aktualisieren und eine Verletzung erst in diesem Zeitpunkt anzunehmen sein. Dies

647 EGMR, Urteil vom 30.06.2008, 22978/05 – G. ./. Deutschland, Rn. 105.

würde den Betroffenen jedoch weitgehend schutzlos stellen und dem Gebot eines effektiven Rechtsschutzes widersprechen, wenn von ihm im Vorfeld erzwungene Informationen im sich erst später ergebenden strafrechtlichen Verfahren verwendet werden könnten. In der Literatur wurde vorgeschlagen, den Schutzbereich bereits dann als eröffnet anzusehen, wenn die Möglichkeit einer erzwungenen Selbstbelastung bestehe. Insofern könnte der Betroffene seine Aussage bzw. Mitwirkung unter Berufung auf strafrechtliches relevantes Verhalten verweigern.[648] Der Gerichtshof hat einen anderen Weg beschritten, um dem Problem zu begegnen und hat den Schutzbereich durch die Erstreckung auf andere, mit dem Verfahren unter der strafrechtlichen Rubrik von Art. 6 Abs. 1 EMRK notwendig verbundene oder von diesem nicht zu trennende Verfahren erweitert.

Während der Vorschlag der Literatur in den Konstellationen des Steuerverfahrens dem öffentlichen Interesse an einer gleichmäßigen Besteuerung zu wenig Raum lässt, ist gegen den Ansatz des Gerichtshofs einzuwenden, dass die Schutzbereichseröffnung von der jeweiligen innerstaatlichen Ausgestaltung des Steuerverfahrens abhängig gemacht wird und es damit in die Hände der Konventionsstaaten gelegt wird, die Garantien des Art. 6 EMRK zu unterlaufen. Vor dem Hintergrund des von der Konvention verfolgten Ziels des Individualrechtsschutzes erscheint es jedoch konsequenter, es in die Hand des Bürgers zu legen, ob er sich durch sein Verhalten dem Schutz der Konvention unterstellt. Die Gewährleistung eines effektiven Rechtsschutzes erfordert auch, dass die Konventionsstaaten Verletzungen der Konvention nicht durch eine Zerstückelung des jeweiligen Schutzbereiches vermeiden können, sondern vielmehr von einer für sie verbindlichen Schutzbereichsabgrenzung eine Signalwirkung zur Vermeidung von Verletzungshandlungen ausgeht. Damit ist der Forderung der Literatur nach einer zeitlichen Ausweitung des Schutzbereichs zuzustimmen. Die Wahrung der staatlichen Fiskalinteressen liegt dann in der Hand der Konventionsstaaten selbst, beispielsweise durch die Erweiterung von Beweisverwertungsverboten oder durch die Suspendierung steuerlicher Sanktionen.

2. Rechtslage in Deutschland

2.1 Rechtsgrundlage

Der nemo-tenetur-Grundsatz gehört zu den fundamentalen Rechtsprinzipien auch der deutschen Rechtsordnung. Seine Existenz ist allgemein anerkannt.[649] Eine

648 Esser, S. 682.

649 Hierzu grundlegend Rogall, S. 104 ff. In jüngerer Zeit eingehend Dettmers, S. 31–39.

ausdrückliche verfassungsrechtliche Normierung hat er jedoch nicht erfahren[650], auch eine einfachgesetzliche Ableitung aus den Belehrungsvorschriften der StPO (§§ 115 Abs. 3 S. 1, 126a Abs. 2 S. 1, 128 Abs. 1 S. 2, 136 Abs. 1 S. 2, 163a Abs. 3 S. 2, 163a Abs. 4 S. 2, 243 Abs. 4 S. 1 StPO) sowie aus § 136a StPO kommt nicht in Betracht: Der nemo-tenetur-Grundsatz wird durch die Belehrungsvorschriften Vorschriften konkretisiert, sie bilden jedoch nicht seine rechtliche Verankerung, sondern setzen den nemo-tenetur-Grundsatz vielmehr voraus.[651] § 136a StPO normiert ein Beweismethodenverbot, eine Regelung der Mitwirkungspflicht des Beschuldigten kann der Vorschrift nicht entnommen werden.[652]

Eine ausdrückliche einfachgesetzliche Verankerung findet die Selbstbelastungsfreiheit in Art. 14 Abs. 3 lit. g IPBPR, der aber die im deutschen Recht anerkannte Reichweite nicht vollständig abbildet, da der Wortlaut der Vorschrift[653] die Selbstbelastungsfreiheit auf den Strafprozess beschränkt und das Selbstbelastungsverbot der Zeugen außer Acht lässt.[654]

Auch wird sie – wie bereits dargelegt – aus Art. 6 Abs. 1 EMRK abgeleitet.[655] Doch bedeutet diese Herleitung, dass eine unmittelbare einfachgesetzliche Verankerung in Art. 6 Abs. 1 EMRK gerade nicht besteht.[656]

Hinsichtlich einer verfassungsrechtlichen Verankerung wurden in der Literatur als Rechtsgrundlage die Menschenwürde (Art. 1 Abs. 1 GG)[657], die allgemeine Handlungsfreiheit (Art. 2 Abs. 1 GG)[658], das allgemeine Persönlichkeitsrecht (Art. 2 Abs. 1 GG i.V.m. Art. 1 Abs. 1 GG)[659], die Gewissensfreiheit (Art. 4 Abs. 1 GG), das Rechtsstaatsprinzip (Art. 20 Abs. 3 GG)[660] oder auch die Gewährleistung rechtliches Gehör (Art. 103 Abs. 1, 104 Abs. 3 S. 1 GG)[661] vertreten.[662]

---

650 Rogall, S. 124.

651 BGH, NJW 1974, 2570, 2571; Rogall, S. 104 f.; Dingeldey, JA 1984, 407, 408; Dettmers, S. 31.

652 Rogall, S. 106; Dingeldey, JA 1984, 407, 408.

653 Wortlaut im englischen Original: „*In the determination of any criminal charge against him, everyone shall be entitled to the following minimum guarantees, in full equality: not to be compelled to testify against himself, or to confess guilty*".

654 Dingeldey, JA 1984, 407, 409.

655 EGMR, Urteil vom 17.12.1996, 19187/91 – Saunders ./. Vereinigtes Königreich, Rn. 68, Reports 1996–VI; Urteil vom 21.12.2000, 34720/97 – Heaney u. McGuiness ./. Irland, Rn. 40, ECHR 2000–XII. Noch ohne nähere Begründung in EGMR, Urteil vom 25.02.1993, 10828/84 – Funke ./. Frankreich, Rn. 44, Series A 256-A.

656 Dettmers, S. 33.

657 Kunert, MDR 1967, 539; Seebode, MDR 1970, 185.

658 Krause, JuS 1984, 268, 271; Kühl, JuS 1986, 115, 117.

659 Rogall, S. 147 f.; Lagdony, StV 1996, 167, 171; Miebach, NStZ 2000, 234, 235.

660 Paeffgen, S. 70 ff.

661 Castringius, S. 21.

662 Vgl. hierzu die Ausführungen bei Rogall, S. 124–148, Dettmers, S. 31–39 oder auch die Aufzählung bei Wüstenhagen, Steuer und Studium 2006, 511, 512.

Die Rechtsprechung des Bundesverfassungsgerichts und hieran anschließend auch die Rechtsprechung des Bundesgerichtshofs hingegen leiten die Selbstbelastungsfreiheit verfassungsrechtlich aus dem allgemeinen Persönlichkeitsrecht in Verbindung mit dem Rechtsstaatsprinzip (Art. 2 Abs. 1, 1 Abs. 1 GG i. V. m. Art. 20 Abs. 3 GG).[663] Das Bundesverfassungsgericht bezeichnet das Schweigerecht des Beschuldigten als „selbstverständlichen Ausdruck einer rechtsstaatlichen Grundhaltung, die auf dem Leitgedanken der Achtung vor der Menschenwürde beruht".[664] Ein Zwang, durch eigene Aussagen Voraussetzungen für eine strafrechtliche Verurteilung oder die Verhängung entsprechender Sanktionen zu liefern, sei mit der Würde des Menschen unvereinbar.[665]

Der Bundesfinanzhof hingegen stellt allein auf das allgemeine Persönlichkeitsrecht ab[666]. Im Ergebnis dürfte dies keinen praktischen Unterschied bedeuten: Ein Rekurs auf das Rechtsstaatsprinzip erscheint verzichtbar, da ein nicht mit der Menschenwürde vereinbares Verfahren, das durch Zwang eine Selbstbelastung abnötigt, auch nicht rechtsstaatlich sein kann.[667]

2.2 Inhalt und Umfang

Die Selbstbelastungsfreiheit schützt vor aktiver Selbstbelastung. Sie gibt ein Recht auf Passivität, das den Betroffenen von jeder aktiven Mitwirkung am Verfahren befreit.[668] Es besteht lediglich die Pflicht, Ermittlungen zu dulden.[669] Erfasst werden alle Gegenstände möglicher Selbstbelastung im Zusammenhang mit einem Strafverfahren, die zu strafrechtlichen Nachteilen führen können.[670]

Entsprechend ihrer verfassungsrechtlichen Ableitung aus Art. 2 Abs. 1, 1 Abs. 1, 20 Abs. 3 GG findet die Selbstbelastungsfreiheit als Recht auf Passivität zum einen dort ihre Grenze, wo durch die Schaffung neuen Unrechts aktiv in die Rechtsordnung eingegriffen wird[671] – zum anderen aber auch dort, wodurch ein Unterlassen, das eine gesetzliche Handlungspflicht verletzt wird.[672] Hierbei muss

663 BVerfG, Beschluss vom 13.01.1981, 1 BvR 116/77, BVerfGE 56, 37, 46; BVerfG, Beschluss vom 07.07.1995, 2 BvR 326/92, StV 1995, 505; BGH, Beschluss vom 27.02.1992, 5 StR 190/91, StV 1992, 212, 213.

664 BVerfG, Beschluss vom 13.01.1981, 1 BvR 116/77, BVerfGE 56, 37, 43.

665 BVerfG, Beschluss vom 13.01.1981, 1 BvR 116/77, BVerfGE 56, 37, 49.

666 BFH, Beschluss vom 04.10.2007, VII B 110/07, BStBl. II 2008, 42.

667 Stürner, NJW 1981, 1757 f.

668 BVerfG, Beschluss vom 13.01.1981, 1 BvR 116/77, BVerfGE 56, 37, 42 f.; Rogall, S. 155 ff.; Dingeldey, JA 1984, 407, 408.

669 Rogall, S. 158; Dingeldey, JA 1984, 407, 408.

670 Mäder, S. 100.

671 Rogall, S. 158; Dettmers, S. 42, 44.

672 Rogall, S. 158; Dettmers, S. 43.

der Gesetzgeber das Eigenschutzinteresse des Bürgers gegen das Interesse des Rechtsgüterschutzes abwägen.[673]

In seiner als Gemeinschuldnerbeschluss bekannt gewordenen Entscheidung vom 13. Januar 1981 stellte das Bundesverfassungsgericht zudem klar, dass die Selbstbelastungsfreiheit nicht uneingeschränkt gilt. Die Rechtsordnung kenne kein ausnahmsloses Gebot, dass niemand zu Auskünften oder zu sonstigen Handlungen gezwungen werden darf, durch die er eine von ihm begangene strafbare Handlung offenbart.[674] Die Einschränkbarkeit richte sich nach der Zweckbestimmung der erzwungenen Mitwirkung: Eine erzwungene Selbstbelastung zu strafrechtlichen und vergleichbaren Zwecken stelle wegen der unmittelbaren strafrechtlichen Auswirkungen einen so schwerwiegenden Eingriff dar, so dass das Strafverfolgungsinteresse der Allgemeinheit hinter das Persönlichkeitsrecht des Betroffenen zurücktritt.[675] Hier gilt die Selbstbelastungsfreiheit absolut.[676]

Der Schutz des nemo-tenetur-Prinzips erstrecke sich aber auch auf andere Verfahren als das Strafverfahren. In diesem außerstrafrechtlichen Bereich sind jedoch die etwaigen Informationsinteressen Dritter zu beachten.[677] Drohen aber aus einer erzwungenen Selbstbelastung keine unmittelbaren strafrechtliche Konsequenzen, so ist die Selbstbelastungsfreiheit im Interesse Dritter einschränkbar, der Gesetzgeber ist hier befugt, die Belange der Beteiligten gegeneinander abzuwägen[678], der Eingriff in das allgemeine Persönlichkeitsrecht muss jedoch durch ein strafrechtliches Verwertungsverbot aufgefangen werden[679], ohne das ein im Strafverfahren bestehendes Mitwirkungsverweigerungsrecht unterlaufen werden könnte[680].

2.3 Zur Geltung und Reichweite des „nemo-tenetur"-Grundsatzes im Steuerrecht

Der nemo-tenetur-Grundsatz „strahlt in alle Bereiche des einfachen Rechts aus"[681] und gilt somit sowohl im Strafverfahren wie auch im Besteuerungsverfahren.[682]

---

673 BVerfG, Beschluss vom 08.10.1974, 2 BvR 747, 748, 749/73, NJW 1975, 103 f.; Rogall, S. 159, Dettmers, S. 43.

674 BVerfG, Beschluss vom 13.01.1981, 1 BvR 116/77, BVerfGE 56, 37, 46.

675 BVerfG, Beschluss vom 13.01.1981, 1 BvR 116/77, BVerfGE 56, 37, 43.

676 BVerfG, Beschluss vom 13.01.1981, 1 BvR 116/77, BVerfGE 56, 37, 49.

677 BVerfG, Beschluss vom 13.01.1981, 1 BvR 116/77, BVerfGE 56, 37, 45.

678 BVerfG, Beschluss vom 13.01.1981, 1 BvR 116/77, BVerfGE 56, 37, 49.

679 BVerfG, Beschluss vom 13.01.1981, 1 BvR 116/77, BVerfGE 56, 37, 50.

680 BVerfG, Beschluss vom 13.01.1981, 1 BvR 116/77, BVerfGE 56, 37, 51.

681 Dettmers, S. 45.

682 Teske, wistra 1988, 207, 214; Dettmers, S. 45.

2.3.1 Steuerliche Mitwirkungspflichten

Gleichzeitig bestehen umfassende steuerliche Mitwirkungspflichten im staatlichen Interesse an einer vollständigen und lückenlosen Erfassung des Steueraufkommens, wobei nach § 40 AO auch rechtswidriges Verhalten der Besteuerung unterfällt, wenn es einen Besteuerungstatbestand erfüllt.[683] Eine dahingehende Erklärungspflicht hält das Bundesverfassungsgericht im Hinblick auf die Steuergerechtigkeit und der Notwendigkeit eines gesicherten Steueraufkommens für sachlich gerechtfertigt.[684] Die Generalklausel des § 90 Abs. 1 AO verpflichtet zur vollständigen und wahrheitsgemäßen Offenlegung der für die Besteuerung relevanten Tatsachen. Dies erfordert die Beibringung sämtlicher erforderlicher Erklärungen und Unterlagen und die diesbezügliche Beweisführung.[685] Konkretisiert wird die Vorschrift durch besondere Mitwirkungspflichten.[686] So statuieren die §§ 140, 141 AO Buchführungspflichten für Gewerbetreibende, § 149 AO normiert – jeweils in Verbindung mit den jeweiligen besonderen Steuergesetzen – die Pflicht zur Abgabe von Steuererklärungen, die nach § 151 AO zudem vom Steuerpflichtigen zu berichtigen sind, wenn ihre Unrichtigkeit nachträglich erkannt wird. Während des Besteuerungsverfahrens ermächtigt § 93 AO die Finanzbehörden dazu, von Beteiligten oder von Dritten Auskünfte jeder Art zu verlangen. Jedoch muss das Mitwirkungsverlangen verhältnismäßig sein.[687]

Auskunftsverweigerungsrechte der Beteiligten kennt die Abgabenordnung grundsätzlich nicht.[688] § 101 Abs. 1 AO gewährt den Angehörigen des Steuerpflichtigen ein Auskunftsverweigerungsrecht, soweit sie nicht selbst über ihre eigenen steuerlichen Verhältnisse auskunftspflichtig sind oder die Auskunftspflicht für einen anderen zu erfüllen haben. Darüber hinaus sind diejenigen Personen nach § 102 AO zur Auskunftsverweigerung berechtigt, die aufgrund ihrer beruflichen Stellung zur Geheimhaltung der in ihrer beruflichen Tätigkeit anvertrauten oder erlangten Kenntnisse verpflichtet sind. Hierunter fallen insbesondere Geistliche (§ 102 Abs. 1 Nr. 1 AO), Journalisten (§ 102 Abs. 1 Nr. 4 AO) und Verteidiger, Anwälte, Steuerberater, Wirtschaftsprüfer, Ärzte, Psychotherapeuten, Apotheker sowie Hebammen, soweit diese nicht von ihrer Schweigepflicht entbunden sind (§ 102 Abs. 1 Nr. 3 i. V. m. § 102 Abs. 3 AO). Das Auskunftsverweigerungsrecht steht nach § 102 Abs. 2 AO grundsätzlich auch den Gehilfen der in § 102 Abs. 1 Nr. 1–3 AO genannten Personen zu.

---

683 Vgl. hierzu ausführlich Dettmers, S. 45 f.
684 BVerfG, Beschluss vom 21.04.1988, wistra 1988, 302.
685 Söhn in HHSp, AO, § 90, Rn. 9.
686 Tipke/Lang, § 21, Rn. 172.
687 Tipke/Lang, § 21, Rn. 193.
688 Hilgers-Klautzsch in Kohlmann, § 393, Rn. 21.

2.3.2 Zwangsbewehrung

Die Mitwirkung kann durch Zwangsmaßnahmen nach den §§ 328 ff. AO erzwungen werden. Als Zwangsmittel kommen in Betracht: das Zwangsgeld, § 329 AO, die Ersatzvornahme, § 330 AO und der unmittelbare Zwang, § 331 AO. § 332 AO normiert die Pflicht, vor Festsetzung Zwangsmittel zunächst schriftlich – bzw. bei Vereitlungsgefahr mündlich – anzudrohen. Erst wenn der Steuerpflichtige nach Androhung der Mitwirkungspflicht nicht nachkommt, setzt die Finanzbehörde das Zwangsmittel fest, § 333 AO. Zudem sind an die Verletzung von Mitwirkungspflichten verschiedene Sanktionen geknüpft. § 370 Abs. 1 Nr. 2 AO stellt das pflichtwidrige Unterlassen der Mitteilung steuerlich erheblicher Tatsachen an die Finanzbehörden unter Strafe, wenn dadurch Steuern verkürzt oder nicht gerechtfertigte steuerliche Vorteile – für den Täter oder einen Dritten – erlangt werden. Abs. 4 S. 1 konkretisiert das Merkmal der Steuerverkürzung dahingehend, dass Steuern nicht, nicht vollständig oder nicht rechtzeitig festgesetzt werden.

Nach § 152 Abs. 1 AO kann bei nicht rechtzeitiger Erfüllung der Mitwirkungspflichten ein Verspätungszuschlag festgesetzt werden. Er darf gemäß § 152 Abs. 2 AO zehn Prozent der festgesetzten Steuer oder Messbetrages nicht übersteigen und maximal 25.000 EUR betragen. Der Zuschlag wird zusammen mit der Steuer oder des Messbetrages festgesetzt, § 152 Abs. 3 AO. Zudem ist in § 162 Abs. 4 AO ein Strafzuschlag für die Verletzung der Mitwirkungspflicht nach § 90 Abs. 3 AO normiert. Er beträgt nach § 162 Abs. 4 S. 1 AO mindestens 5 %, höchstens 10 % des sich nach § 162 Abs. 3 AO ergebenden Mehrbetrages der Einkünfte, jedoch mindestens 5.000 EUR. Der Strafzuschlag ist nach Abschluss der Außenprüfung festzusetzen, § 162 Abs. 4 S. 7 AO.

Strafzuschlag und Verspätungszuschlag setzen eine schuldhafte Pflichtverletzung voraus, §§ 152 Abs. 1 S. 2, 162 Abs. 4 S. 5 AO.

2.3.3 Gewährleistung der Selbstbelastungsfreiheit

Den weitreichenden und sanktionsbewehrten Mitwirkungspflichten hat der Gesetzgeber einige verfahrensrechtliche Schutzrechte zugunsten des Steuerpflichtigen gegenübergestellt:

2.3.3.1 Gewährleistung hinsichtlich der Verfolgung nichtsteuerlicher Straftaten

Hinsichtlich der Verfolgung nichtsteuerlicher Straftaten untersagt das in § 30 AO normierte Steuergeheimnis Amtsträgern und ihnen nach Abs. 3 gleichgestellten Personen die Offenbarung steuerlicher Verhältnisse der Steuerpflichtigen.

Es wird ergänzt durch das in § 393 Abs. 2 S. 1 AO normierte Verwertungsverbot steuerlicher Tatsachen zur Verfolgung nichtsteuerlicher Straftaten. Dieses System wird als notwendiges Korrelat zum Grundsatz der Besteuerung gesetz- oder sittenwidrigen Verhaltens aufgefasst[689], um das Vertrauen der Bürger in die Amtsverschwiegenheit zu stärken und durch eine zutreffende Ermittlung der Besteuerungsgrundlagen auch aus strafbarem Verhalten die Gleichmäßigkeit der Besteuerung zu gewährleisten.[690]

§ 393 Abs. 2 S. 1 AO untersagt zunächst die strafrechtliche Verwertung von Tatsachen und Beweismitteln, die der Steuerpflichtige in Erfüllung steuerrechtlicher Pflichten den Finanzbehörden vor Einleitung des Strafverfahrens oder in deren Unkenntnis offenbart hat, soweit sie der Staatsanwaltschaft oder dem Gericht in einem Strafverfahren aus den Steuerakten bekannt werden.

Aus diesen zahlreichen Qualifikationen des Verwertungsverbots ist bereits ersichtlich, wie eng und lückenhaft sein Schutz nur sein soll. In zeitlicher Hinsicht ist es auf Offenbarungen vor Einleitung eines Steuerstrafverfahrens beschränkt und wird nur noch um den Zeitraum erweitert, bis der Steuerpflichtige Kenntnis über die Einleitung erlangt.

Die sachliche Reichweite wird maßgeblich durch das Tatbestandsmerkmal „in Erfüllung steuerrechtlicher Pflichten“ eingeschränkt, das durch die Rechtsprechung des BGH zudem äußerst restriktiv ausgelegt wird.

Der BGH orientiert sich hierbei am Verbot aktiver Selbstbegünstigung als Grenze der Selbstbelastungsfreiheit. Legt ein Steuerpflichtiger zum Beleg für – im Ergebnis zu Unrecht – geltend gemachte Umsatzsteuererstattungen dem Finanzamt gefälschte Rechnungen vor, so sollen diese nicht dem Schutzbereich des § 393 Abs. 2 S. 1 AO unterfallen. Die Mitwirkungspflicht des Steuerpflichtigen sei nach §§ 90 Abs. 1, 150 Abs. 2 AO auf die vollständige und wahrheitsgemäße Offenlegung der für die Besteuerung maßgeblichen Tatsachen gerichtet. Die Vorlage falscher Urkunden sei gerade nicht vom Steuerpflichtigen gefordert.[691] Ein anderes Ergebnis folge auch nicht aus dem nemo-tenetur-Grundsatz. Zwar befand sich der Angeklagte in einer Konfliktsituation, sich entweder durch wahrheitsgemäße Angaben einem Steuerstrafverfahren auszusetzen oder durch Bekräftigung seiner falschen Angaben auf Anforderung des Finanzamtes die von ihm gefälschten Dokumente vorzulegen. Doch stelle letzteres durch das Gebrau-

689 Hellmann in HHSp, AO, § 393, Rn. 21; Joecks in Franzen/Gast/Joecks, § 393, Rn. 70.

690 Rüsken in Klein, § 30, Rn. 2.

691 BGH, Beschluss vom 11.09.2003, 5 StR 253/03, wistra 2003, 429; Urteil vom 05.05.2004, 5 StR, 548/03, wistra 2004, 309, 312. A. A. BayObLG, Beschluss vom 18.11.1997, 3 St RR 227/97, wistra 1998, 117, demzufolge § 393 Abs. 2 S. 1 AO auch bei einer auf Aufforderung des Finanzamtes erfolgten Vorlage gefälschter Belege eingreift.

chen einer falschen Urkunde neues Unrecht dar, zu dessen Begehung der nemo-tenetur-Grundsatz nicht legitimiere.[692]

Ebenfalls nicht vom Schutzbereich des § 393 Abs. 2 S. 1 AO erfasst ist die Offenbarung einer Steuerhinterziehung und einer tateinheitlichen nichtsteuerlichen Straftat, beispielsweise einer Urkundenfälschung, im Rahmen einer Selbstanzeige. Die Abgabe einer Selbstanzeige erfolge nicht in Erfüllung sanktionsbewehrter steuerlicher Mitwirkungspflichten. Daher sei auch der Anwendungsbereich der Selbstbelastungsfreiheit nicht eröffnet.[693] Diese Argumentation wurde vom Bundesverfassungsgericht bestätigt.[694]

Weit ausgelegt werden jedoch die Merkmale der „Offenbarung" und der „Tatsachen und Beweismittel". Als Beweismittel gelten neben den eigenen Angaben des Steuerpflichtigen die von ihm vorgelegten Urkunden sowie die von ihm benannten Auskunftspersonen.[695] Daraus wird abgeleitet, dass der Begriff des Offenbarens alles umfasse, was der Steuerpflichtige durch eigenes Zutun oder durch bloßes Dulden der Einsichtnahme der Finanzbehörde zu Kenntnis gebracht habe.[696]

Ob dem „Verwendungsverbot" des § 393 Abs. 2 S. 1 AO Fernwirkung zukommt, ist trotz des Wortlautes der Vorschrift umstritten. Klärende Rechtsprechung ist nicht ersichtlich. Eine Ansicht verneint eine Fernwirkung unter Verweis auf die Grundsätze zur Fernwirkung von Beweisverwertungsverboten.[697] Nach diesen Grundsätzen kann sich nach der Rechtsprechung des BGH eine Fernwirkung aus dem Wertgehalt der betroffenen Grundrechte ergeben.[698] Dies sei nach den Umständen des Einzelfalls unter Abwägung insbesondere der Schwere der zu verfolgenden Straftat und des Gewichts der Rechtsverletzung zu bestimmen. Danach können „besonders schwerwiegende Verletzungen der strafprozessualen Schutzrechte oder der Grundrechte des Beschuldigten" zu einer Fernwirkung führen.[699] Aber gerade dies sei bei einer Verwendung selbstbelastender Informationen, die der Steuerpflichtige in Erfüllung einer steuerlichen Mitwirkungspflichten offenbart hat, gerade nicht der Fall. Hierbei sei eine Fernwirkung

---

692 BGH, Beschluss vom 11.09.2003, 5 StR 253/03, wistra 2003, 429.

693 BGH, Urteil vom 05.05.2004, 5 StR, 548/03, wistra 2004, 309, 312.

694 BVerfG, Beschluss vom 15.10.2004, 2 BvR 1316/04, wistra 2005, 175.

695 Hellmann in HHSp, AO, § 393, Rn. 132; Hilgers-Klautzsch in Kohlmann, § 393, Rn. 67; Jäger in Klein, § 393, Rn. 48.

696 Jäger in Klein, § 393, Rn. 48; Joecks in Franzen/Gast/Joecks, § 393, Rn. 54.

697 Hellmann in HHSp, AO, § 393, Rn. 178.

698 BGH, Urteil vom 18.04.1980, 2 StR 731/79, BGHSt 29, 244, 249; Hellmann in HHSp, AO, § 393, Rn. 125.

699 Hellmann in HHSp, AO, § 393, Rn. 125.

nur ausnahmsweise dann anzunehmen, „wenn sich das Strafverfolgungsorgan bewusst über das Verwertungsverbot hinweggesetzt hat“.[700]

Eine andere Ansicht bejaht hingegen eine generelle Fernwirkung des § 393 Abs. 2 S. 1 AO. Sie stützt sich hierbei maßgeblich auf den Gemeinschuldnerbeschluss des Bundesverfassungsgerichts, in dem sie aus der Vorgabe des Gerichts, der Beschuldigte dürfe aufgrund einer außerhalb eines Strafverfahrens erzwungenen Selbstbelastung nicht schlechter gestellt werden als in anderen Fällen der Strafverfolgung[701] folgert, dass die im Rahmen der Erfüllung steuerlicher Pflichten offenbarten Angaben nicht verwendet werden dürfen.[702]

Die Annahme einer generellen Fernwirkung erscheint vorzugswürdig. Der BGH hat in der Konstellation, in der der Steuerpflichtige während eines laufenden Steuerstrafverfahren für nicht strafbefangene Veranlagungszeiträume und Steuerarten Informationen in Erfüllung seiner strafbewehrten Mitwirkungspflichten offenbart, ausdrücklich ein strafverfahrensrechtliches Verwendungsverbot („Ergeben sich für die Ermittlungsbehörden anderweitige Verdachtsmomente (etwa aus Kontrollmitteilungen) für das Vorliegen einer Steuerstraftat, sind sie nicht gehindert, diese zu verfolgen. Allein ein Rückgriff auf die wahrheitsgemäßen Angaben des Steuerpflichtigen ist ihnen verwehrt.“) aus dem Gemeinschuldnerbeschluss hergeleitet.[703] Hinsichtlich § 393 Abs. 2 S. 1 AO kann nichts anderes gelten, da auch hier die Informationen in Erfüllung der durch § 370 Abs. 1 AO strafbewehrten Mitwirkungspflichten offenbart werden.

Durchbrochen werden Verwertungsverbot und Steuergeheimnis durch §§ 30 Abs. 4 Nr. 5 a,b, 393 Abs. 2 S. 2 AO im zwingenden öffentlichen Interesse der Strafverfolgung, indem die Offenbarung und Verwendung steuerlicher Verhältnisse zur Verfolgung schwerer Straftaten gestattet wird.[704] § 30 Abs. 4 Nr. 5 a AO gestattet die Offenbarung zur Verfolgung von Verbrechen und vorsätzlichen schweren Vergehen gegen Leib und Leben oder den Staat und seine Einrichtungen. Erfasst werden mindestens die in § 138 StGB benannten Kapitalverbrechen und Vergehen.[705] Umstritten ist, ob darüber hinaus auch weitere, gegen die genannten Schutzgüter gerichtete, schwerwiegende Vergehen erfasst werden, insbesondere Untreue und Unterschlagung zum Nachteil des Staates bei gewich-

---

700 Hellmann in HHSp, AO, § 393, Rn. 178.

701 BVerfG, Beschluss vom 13.01.1981, 1 BvR 116/77, BVerfGE 56, 37, 51.

702 Joecks in Franzen/Gast/Joecks, § 393, Rn. 67f.; Teske, S. 438f. Ähnlich Besson, S. 173f., der zwar auch eine Fernwirkung bejaht, diese aber dann entfallen lassen will, wenn die Informationen unabhängig von den Angaben des Steuerpflichtigen gewonnen wurden oder aber mit überwiegender Wahrscheinlichkeit hätten gewonnen werden können.

703 BGH, Beschluss vom 12.01.2005, 5 StR 191/04, NJW 2005, 763, unter II.3.b)bb) der Gründe.

704 Hellmann in HHSp, AO, § 393, Rn. 22.

705 Rüsken in Klein, § 30, Rn. 183.

tigem Schaden[706] oder auch schwere Umweltgefährdungen, die für eine Vielzahl von Menschen eine konkrete Gefährdung bedeuten[707]. § 30 Abs. 4 Nr. 5 b AO erlaubt die Offenbarung zur Verfolgung von Wirtschaftsstraftaten. Hierunter fallen solche Straftaten, „die unter Ausnutzung der Verhältnisse des Wirtschaftsverkehrs begangen wurden und sich gegen das Vermögen oder aber die gesamtwirtschaftliche Ordnung richten".[708] Der Begriff wird jedoch als zu unbestimmt kritisiert.[709] Angesichts der überragenden Bedeutung der dort benannten Rechtsgüter wird dem Steuerpflichtigen die Erklärung auch solcher Einkünfte zugemutet, durch deren Offenbarung er in den Verdacht einer Straftat geraten und durch die er sich der Gefahr der Strafverfolgung aussetzen kann.[710]

Weitere Durchbrechungen sind in §§ 31a, 31b AO und § 4 Abs. 5 Nr. 10 EStG normiert. § 31a AO verpflichtet die Finanzbehörden, im Falle des Verdachts von illegaler Beschäftigung zur Weiterleitung von steuerlichen Informationen an die Strafverfolgungsbehörden (Abs. 1 Nr. 1) bzw. Leistungsträger[711] (Abs. 1 Nr. 2). Gleiches gilt nach § 31b AO im Falle des Verdachts von Geldwäsche und nach § 4 Abs. 5 Nr. 10 S. 3 EStG im Falle des Verdachts von Bestechungstaten bezüglich der Weiterleitung an die Strafverfolgungsbehörden.

2.3.3.2 Gewährleistung hinsichtlich der Verfolgung steuerlicher Straftaten

Hinsichtlich der Verfolgung steuerlicher Straftaten und Ordnungswidrigkeiten hat der Gesetzgeber einen anderen Ansatz gewählt.

§ 393 Abs. 1 S. 2 AO normiert ein Zwangsmittelverbot bei drohender Selbstbelastung. Zudem statuiert § 393 Abs. 1 S. 3 AO ein Zwangsmittelverbot und eine unwiderlegliche Vermutung der Selbstbelastungsgefahr für den Fall, dass bereits ein Steuerstrafverfahren eingeleitet ist.[712] Schließlich ist der Steuerpflichtige nach § 393 Abs. 1 S. 4 AO „hierüber zu informieren, soweit Anlass besteht", womit sämtliche Regelungen des § 393 Abs. 1 S. 1–3 AO gemeint sind.[713]

Dem Wortlaut nach ist nur der Einsatz der in den §§ 328 ff. AO genannten Zwangsmittel unzulässig. Doch wird die Vorschrift nach einhelliger Auffassung nach Sinn und Zweck extensiv ausgelegt und verbietet auch bereits die Androhung

706 Dafür Rüsken in Klein, § 30, Rn. 183; Schwarz, § 30, Rn. 48; Loose, FR 1995, 393, 398; dagegen Drüen in Tipke/Kruse, § 30 AO, Rn. 123.

707 BMF, Schreiben vom 01.07.1993, BStBl. I 1993, 525; Rüsken in Klein, § 30, Rn. 183.

708 Joecks in Franzen/Gast/Joecks, § 393, Rn. 81.

709 Rüsken in Klein, § 30, Rn. 185.

710 BGH, Urteil vom 05.05.2004, 5 StR 139/03 m. w. N.

711 Rüsken in Klein, § 31b, Rn. 6.

712 Hilgers-Klautzsch in Kohlmann, § 393, Rn. 45.

713 Hellmann in HHSp, AO, § 393, Rn. 104; Hilgers-Klautzsch in Kohlmann, § 393, Rn. 56 f.

der Zwangsmittel nach § 332 AO.[714] Zudem fasst die Rechtsprechung in teleologischer Auslegung der Zwangsmittelverbote auch strafrechtliche Sanktionen, insbesondere die des § 370 AO, hierunter.[715]

Die sachliche Reichweite der Verbote ist deckungsgleich.[716] Jedoch lege sie die Rechtsprechung einschränkend aus und versage ihr dort bereits die Geltung, wo „sich aus der geforderten Mitwirkung mit an Sicherheit grenzender Wahrscheinlichkeit keine Rückschlüsse auf den Tatvorwurf ergäben".[717]

In zeitlicher Hinsicht greift es, sobald das Verhalten des Steuerpflichtigen „die Grenze zur straf- oder bußbaren Steuerverfehlung überschreitet".[718] Es bleibe auch über das Ende eines Steuerstraf- oder Steuerbußgeldverfahren hinaus bestehen, solange die Mitwirkung des Steuerpflichtigen diesen in späteren Besteuerungsverfahren belasten könne,[719] jedenfalls solange weder strafrechtliche Verjährung noch Strafklageverbrauch eingetreten seien.[720]

Unklar bleibt dabei, ob das Zwangsmittelverbot nur für Veranlagungszeiträume gilt, die Gegenstand eines bereits eingeleiteten Steuerstrafverfahrens sind bzw. in denen es zu steuerlichen Verfehlungen gekommen ist, oder ob es auch für Altjahre oder Folgejahre gilt, wenn die ordnungsgemäße Erfüllung der diesbezüglichen Mitwirkungspflichten den Steuerpflichtigen mittelbar belasten könnten. Erschwerend kommt hinzu, dass von der Strafbewehrung durch § 370 AO eine zusätzliche Zwangswirkung ausgeht.

Die Rechtsprechung orientiert sich auch bei der Beantwortung dieser Frage eng am Verbot aktiver Selbstbegünstigung als Grenzziehung der Selbstbelastungsfreiheit, dass kein neues Unrecht geschaffen werden dürfe. Unter Anwendung des Gemeinschuldnerbeschlusses lässt der BGH die Mitwirkungspflicht und deren Strafbewehrung auch bei Selbstbelastungsgefahr bestehen. Die

---

714 Hellmann in HHSp, AO, § 393, Rn. 72; Joecks in Franzen/Gast/Joecks, § 393, Rn. 29; Hilgers-Klautzsch in Kohlmann, § 393, Rn. 30 f.

715 BGH, Urteil vom 26.04.2001, 5 StR 587/00, BGHSt 47, 8 ff.

716 Hellmann in HHSp, AO, § 393, Rn. 90; Hilgers-Klautzsch in Kohlmann, § 393, Rn. 50.

717 So Hilgers-Klautzsch in Kohlmann, § 393, Rn. 48 unter Verweis auf BFH, Beschluss vom 11.09.1996, VII B 176/94, BFH/NV 1997, 166, 168 f.
In der Literatur wird jedoch eine extensive Auslegung vertreten. Nach Sinn und Zweck der Zwangsmittelverbote sei der Begriff der Tat im strafprozessualen Sinne zu verstehen. Der zu betrachtende einheitliche Lebensvorgang umfasse nicht nur Einzelpflichtverletzungen, wie das Verschweigen bestimmter Nebeneinnahmen, sondern vielmehr die gesamte unrichtige Steuererklärung, vgl. Hellmann in HHSp, AO, § 393, Rn. 89 f.; Joecks in Franzen/Gast/Joecks, § 393, Rn. 33; Hilgers-Klautzsch in Kohlmann, § 393, Rn. 49; Dumke in Schwarz, § 393, Rn. 23; Besson, S. 126 ff.; Streck/Spatschek, wistra 1998, 334, 340 f.

718 Hellmann in HHSp, AO, § 393, Rn. 92.

719 Hellmann in HHSp, AO, § 393, Rn. 93; Joecks in Franzen/Gast/Joecks, § 393, Rn. 35; Hilgers-Klautzsch in Kohlmann, § 393, Rn. 51 f.

720 Hilgers-Klautzsch in Kohlmann, § 393, Rn. 51; Hellmann in HHSp, AO, § 393, Rn. 94–98.

Steuergerechtigkeit und die Notwendigkeit der Sicherung des Steueraufkommens überwiegen grundsätzlich das Interesse des Steuerpflichtigen, sich nicht selbst belasten zu müssen. Eine Ausnahme sei nur hinsichtlich derselben Steuer und desselben Besteuerungszeitraumes anzunehmen, für die bereits ein strafrechtliches Ermittlungsverfahren eingeleitet worden sei. Zwar komme der Nichtabgabe der Umsatzsteuerjahreserklärung gegenüber den Voranmeldungen ein eigenständiger Unrechtsgehalt zu, doch komme der Steuerpflichtige aufgrund der Identität der Steuerart und der Teilidentität der umfassten Erklärungszeiträume in eine „unauflösliche Konfliktlage“, da ihm eine strafbefreiende Selbstanzeige nach § 371 Abs. 2 Nr. 1 lit. b AO nicht mehr möglich sei.[721] In diesem Fall soll bloß die Strafbewehrung suspendiert werden, die Mitwirkungspflicht als solche aber bestehen bleiben.[722] In der Konstellation, dass hinsichtlich einer unrichtigen Umsatzsteuervoranmeldung ein Strafverfahren eingeleitet und damit hinsichtlich der abzugebenden Umsatzsteuerjahreserklärung die Möglichkeit der Selbstanzeige abgeschnitten wird, begründet der BGH die Suspendierung der Strafbewehrung hinsichtlich der Pflicht zur Abgabe der Jahreserklärung auch gerade mit der Unmöglichkeit, über § 371 Abs. 2 Nr. 1 b AO Straflosigkeit zu erreichen.[723]

Folglich lässt der BGH bei eingeleitetem Steuerstrafverfahren die Steuererklärungspflicht und deren Strafbewehrung hinsichtlich nachfolgender Besteuerungszeiträume bestehen. Jedoch führe das Verbot des Selbstbelastungszwanges in diesen Konstellationen dazu, „dass die Erklärungen eines Beschuldigten, die er in Erfüllung seiner weiter bestehenden steuerrechtlichen Pflichten für nicht strafbefangene Besteuerungszeiträume und Steuerarten gegenüber den Finanzbehörden macht, allein im Besteuerungsverfahren verwendet werden dürfen“.[724] Dies bedeutet im Umkehrschluss, dass strafverfahrensrechtlich aus der Selbstbelastungsfreiheit ein Verwendungsverbot bezüglich dieser Erklärungen folgt.

Ein strafprozessuales Verwertungsverbot gilt auch für Informationen und Beweismittel, die unter Verstoß gegen die Belehrungspflicht nach § 393 Abs. 1 S. 4 AO erlangt worden sind. Die Belehrungspflicht verlangt die Belehrung des Steuerpflichtigen sowohl über das strafprozessuale Schweigerecht, als auch über das Fortbestehen der steuerlichen Mitwirkungspflichten und über das Bestehen des steuerlichen Zwangsmittelverbotes bei Selbstbelastungsgefahr.[725] Wird die Unter-

721 BGH, Urteil vom 26.04.2001, 5 StR 587/00, BGHSt 47, 8, 14; Urteil vom 10.01.2002, 5 StR 452/01, NStZ 2002, 436; Urteil vom 23.01.2002, 5 StR 540/01, NStZ 2002, 437.

722 BGH, Urteil vom 23.01.2002, 5 StR 540/01, NStZ 2002, 437, 438.

723 BGH, Urteil vom 26.04.2001, 5 StR 587/00, BGHSt 47, 8, 14.

724 BGH, Urteil vom 12.01.2005, 5 StR 191/04, NJW 2005, 763, 765.

725 Hellmann in HHSp, AO, § 393, Rn. 104.

richtung über die strafprozessualen Rechte bewusst unterlassen, so verstößt dies als bewusste Täuschung gegen § 136a StPO und die gewonnenen Informationen unterliegen einem Verwertungsverbot nach § 136a Abs. 3 S. 2 StPO i. V. m. § 385 AO.[726] Entsprechendes gilt bei versehentlichem Unterlassen, hier folgt das strafprozessuale Verwertungsverbot aus § 136 Abs. 1, 163a StPO i. V. m. § 385 Abs. 1 AO.[727] Bei Verletzung der Belehrungspflicht über das Zwangsmittelverbot besteht ein strafprozessuales Verwertungsverbot, da die Regelungen des § 393 Abs. 1 S. 2–4 AO der Gewährleistung der Selbstbelastungsfreiheit dienen.[728]

Ein steuerliches Verwertungsverbot erkennt die Rechtsprechung jedoch nicht an. Ausdrücklich entschieden wurde vom BFH nur die Konstellation der unterlassenen Belehrung über das Bestehen des Zwangsmittelverbots. Ausgehend von der Trennung von Straf- und Besteuerungsverfahren stellte er sich auf den Standpunkt, dass das Zwangsmittelverbot nur dem strafprozessualen Schutz durch Gewährleistung der Selbstbelastungsfreiheit diene. Zudem würde ein steuerliches Verwertungsverbot dem verfassungsrechtlichen Grundsatz steuerlicher Belastungsgleichheit widersprechen.[729] Die Literatur hingegen erblickt im nemo-tenetur-Grundsatz einen allgemeinen, nicht nur auf das Strafverfahren beschränkten Rechtsgedanken und fordert bei Verletzung der Pflicht zur Belehrung über das Zwangsmittelverbot ein steuerliches Verwertungsverbot.[730] Ob der BFH dem folgen wird, scheint *Hilgers-Klautzsch*[731] wohl zurecht zu bezweifeln. Grundsätzlich erkennt der BFH zwar ein steuerliches Verwertungsverbot bei Verstößen gegen Grundrechte an.[732] Allerdings legt er die Grundrechte restriktiv aus und tendiert zu einer Verneinung der Betroffenheit der jeweiligen Schutzbereiche. So sah er beispielsweise in seinen Entscheidungen zu Frage der internationalen Steuerauskunft regelmäßig den Schutzbereich des Rechts auf informationelle Selbstbestimmung als nicht betroffen an.[733] Damit blieb der BFH hinter den

726 BGH, Urteil vom 14.05.1974, 1 StR 366/73, BGHSt 25, 325; OLG Stuttgart, Urteil vom 13.09.1976, 3 Ss (8) 306/76, MDR 1977, 70; Hilgers-Klautzsch in Kohlmann, § 393, Rn. 61; Rüster, wistra 1988, 49, 54.

727 BGH, Urteil vom 27.02.1992, 5 StR 190/91, BGHSt 38, 214; Hilgers-Klautzsch in Kohlmann, § 393, Rn. 62.

728 BFH, Urteil vom 23.01.2002, XI R 10,11/01, DB 2002, 983 f.; Hellmann in HHSp, AO, § 393, Rn. 121; Hilgers-Klautzsch in Kohlmann, § 393, Rn. 63.1; Jäger in Klein, § 393, Rn. 41; Besson, S. 137 f.

729 BFH, Urteil vom 23.01.2002, XI R 10,11/01, DB 2002, 983, 984.

730 Hellmann in HHSp, AO, § 393, Rn. 123; Hilgers-Klautzsch in Kohlmann, § 393, Rn. 63.2; Streck/Spatschek, wistra 1998, 334, 338.

731 Hilgers-Klautzsch in Kohlmann, § 393, Rn. 64 a. E.

732 Seer in Tipke/Lang, § 21, Rn. 217.

733 BFH, Urteil vom 17.05.1995, I B 118/94, BStBl. II 1995, 497, 498 f.; Urteil vom 27.10.1993, I R 25/92, BStBl. II 1994, 210, 211; Beschluss vom 20.01.1988, I B 72/87, BStBl. II 1988, 412. Vgl. hierzu ausführlich Hendricks, S. 108–111.

datenschutzrechtlichen Vorgaben des Volkszählungsurteils des Bundesverfassungsgerichts zurück.[734]

Ein anderes Bild ergibt sich in den Fällen des Verschweigens von Einkünften aus strafbaren Handlungen. So hat der BGH die Nichterklärung von erhaltenen Schmiergeldzahlungen als Steuerhinterziehung gewertet.[735] Die Steuererklärungspflicht sei nicht suspendiert, da der Steuerpflichtige durch das Steuergeheimnis und das Verwertungsverbot des § 393 Abs. 2 S. 1 AO geschützt sei. Soweit aber deren Schutz aufgrund der Durchbrechung im öffentlichen Interesse nach §§ 30 Abs. 5 Nr. 5, 393 Abs. 2 S. 2 AO nicht greife, sei zum Ausgleich des Spannungsverhältnisses zwischen den Schutzgütern der §§ 30 Abs. 5 Nr. 5, 393 Abs. 2 S. 2 AO und der Selbstbelastungsfreiheit des Steuerpflichtigen zum einen geboten, an die Konkretisierung der steuerlichen Erklärung geringere Anforderungen zu stellen, als von § 90 AO gefordert. Es solle insofern genügen, die Einkünfte nur betragsmäßig ohne genaue Quellenangabe zu benennen. Zusätzlich müsse – und hierbei beruft sich der BGH auch auf Art. 6 Abs. 1 EMRK – bei der Rechtsfolgenentscheidung der enge sachliche und zeitliche Zusammenhang zwischen Bestechlichkeit und Steuerhinterziehung durch eine „straffe Zusammenziehung“ der jeweiligen Einzelstrafen berücksichtigt werden.[736]

3. Rechtslage in England

3.1 Geltungsgrund

Obwohl der nemo-tenetur-Grundsatz als *privilege against self-incrimination* und als *right to silence* im englischen Recht als Rechtsprinzip des *common law* eine lange Tradition aufweist, die sich mindestens bis ins Jahr 1568 zurückverfolgen lässt[737], und sie in s. 14 *Civil Evidence Act 1968* normiert ist (wobei dieser Normierung lediglich deklaratorischer Charakter zukommen soll),[738] herrscht bis heute eine ausgeprägte Unsicherheit sowohl über ihren Geltungsgrund, die ihre

734 Hendricks, S. 110 f.

735 BGH, Urteil vom 05.05.2004, 5 StR 139/03, HFR 2005, 62, 63; Urteil vom 02.12.2005, 5 StR 119/05, NJW 2006, 925.

736 BGH, Urteil vom 05.05.2004, 5 StR 139/03, HFR 2005, 62, 63 (unter II. 1. b) der Gründe); Urteil vom 02.12.2005, 5 StR 119/05, NJW 2006, 925 (unter III. 4 der Gründe).

737 Sedley, 52 NILQ 107, 110.

738 Rio Tinto Zinc v Westinghouse [1978] AC 547, 636, HL per Lord Diplock.

kohärente Anwendung erschwert,[739] als auch über die Begrifflichkeiten und ihre genaue Abgrenzung[740].

Einerseits gilt das *privilege against self-incrimination* als Recht des Zeugen, wohingegen der Beschuldigte bzw. Angeklagte sich auf das *right to silence* berufen kann.[741] Andererseits wird der nemo-tenetur-Grundsatz als synonym zum *right to silence* verstanden,[742] nach anderer Ansicht aber mit dem *privilege against self-incrimination* gleichgesetzt, das zwar mit dem *right to silence* in engem Zusammenhang stehe, jedoch von diesem zu unterscheiden sei[743]. Das *right to silence* wird als generelles Bürgerrecht angesehen, der Polizei selbstbelastende Informationen vorzuenthalten.[744] Nach all diesen Ansichten betreffen sowohl das *right to silence* als auch das *privilege against self-incrimination* lediglich ein Recht zur Aussageverweigerung angesichts eines laufenden oder drohenden Strafverfahrens. Einen dritten Ansatz verfolgt Lord Mustill, nach dem das *right to silence* den Oberbegriff von unterschiedlichen Rechten bilde: Neben den allgemeinen Rechten, gegenüber anderen Personen oder Behörden überhaupt zur Beantwortung von Fragen gezwungen zu werden oder zur Offenlegung selbstbelastenden Materials gezwungen zu werden, fallen auch die besonderen Schweigerechte des Beschuldigten bzw. Angeklagten im Rahmen polizeilicher oder richterlicher Befragung hierunter.[745] Doch folgert auch Lord Mustill, dass das *right to silence* nur in der Situation der Befragung (*questioning*) greift.[746] Festzustellen ist aber, dass unabhängig davon, ob und wie das *privilege against self-incrimination* vom *right to silence* abgegrenzt wird, nur ein Aussageverweigerungsrecht gewährt wird. Die Frage der Verwertbarkeit von entgegen diesen Rechts gewonnenen Erkenntnissen ist davon losgelöst und wird nach dem Urteil *R v Sang* im Rahmen der Unfairness der Beweiserlangung diskutiert.

Die Ratio des nemo-tenetur-Grundsatzes wird zumeist in der Vermeidung falscher Aussagen gesehen, woraus das *House of Lords* für das Zivilverfahren ableitete, dass die Selbstbelastungsfreiheit nicht für das zwangsbewehrte Herausgabeverlangen nach bereits existierenden Dokumenten gelten könne, da diese für sich selbst sprächen und daher keine Gefahr eines falschen Geständnisses bestehe.[747] Diese Ansicht steht jedoch im Widerspruch zu s. 14 *Civil Evidence Act 1968*, der

---

739 Thanki, S. 319.

740 Mirfield, S. 14.

741 Janicki, S. 186.

742 R v Sang [1979] 3 WLR 263, HL per Lord Diplock.

743 Galligan, [1988] CLP 69; Zuckerman, (1986) 102 LQR 43, 48.

744 Zuckerman, (1986) 102 LQR 43, 48.

745 R v Director of Serious Fraud Office, ex parte Smith [1993] AC 1, HL per Lord Mustill.

746 Mirfield, S. 235.

747 AT&T Istel Ltd. v Tully [1993] AC 45, 57, HL.

den Schutz der Selbstbelastungsfreiheit auch auf existierende Dokumente und körperliche Gegenstände erstreckt.[748] Die Vermeidung falscher Aussagen bzw. in einem weiteren Sinne von unzuverlässigen Beweismitteln kann daher nicht der alleinige Geltungsgrund sein.

Teils wird angenommen, die Selbstbelastungsfreiheit sei Ausfluss der Achtung der Menschenwürde. Das *Privy Council* sah ihre Geltung in der „Unerwünschtheit eines Staates, der eine Person zwingt, sich aus eigenem Mund selbst zu überführen." Es existiere ein „instinktives Zurückschrecken vor der Anwendung von Zwangsmaßnahmen zu diesem Zweck".[749] Australische Gerichte haben die Selbstbelastungsfreiheit charakterisiert als „Schild gegen die Demütigung und das Eindringen in die Privatsphäre, die im Zwang zur Selbstbelastung liegen."[750] Kritisiert wird dieser Ansatz wegen seiner ausschließlichen Anknüpfung an die Ausübung von Zwang zur Erlangung von Beweismitteln, die auch und besonders in anderen als strafrechtlichen Verfahren zur Verfolgung öffentlicher Interessen üblich und anerkannt ist.[751]

Festzuhalten ist, dass keiner der diskutierten Geltungsgründe in Einklang mit der gerichtlichen und gesetzlichen Konkretisierung des nemo-tenetur-Grundsatzes steht.

3.2 Geltung in Steuerverfahren und Steuerstrafverfahren

Die Selbstbelastungsfreiheit gilt grundsätzlich auch im Rahmen nicht-strafrechtlicher Verfahren („*civil proceedings*"), wenn die Gefahr der Selbstbelastung hinsichtlich eines Vergehens besteht, das strafrechtlich verfolgt werden kann, s. 14 (1) (a) *Civil Evidence Act 1968*. Dabei soll der Anwendungsbereich der Vorschrift sich nicht nur auf gerichtliche Verfahren beschränken.[752] Die Gefahr muss „im Hinblick auf die Rechtslage und den gewöhnlichen Lauf der Dinge greifbar und spürbar" sein („*real and appreciable, with reference to the ordinary operation of law and in the ordinary course of things*")[753]. Zu dieser Beurteilung wird auf die Üblichkeit der Strafverfolgung hinsichtlich eines bestimmten rechtswidrigen

748 Thanki, S. 320.

749 Brannigan v Davison [1997] AC 238, 249, PC.

750 Pyneboard Pty. Ltd. v Trade Practices Commission and Another (1983) 152 CLR 328, 346; Environment Protection Authority v Caltex Refining Co. Pty. Ltd. (1993) 178 Crim.L.R. 477, 499 f., 508; wiedergegeben nach Thanki, S. 320.

751 Thanki, S. 322.

752 R v ICAEW, ex parte Nawaz [1997] PNLR 433, 447.

753 Boyes (1861) 1 B.&S. 311, 330, per Cockburn J.; Re Reynolds (1882) 20 Ch.D. 294; beide zitiert nach May/Powles, S. 316.

Verhaltens, dessen etwaige Geringfügigkeit oder den Zeitablauf seit der Begehung abgestellt.[754]

Besteht lediglich die Gefahr einer Selbstbelastung hinsichtlich eines Vergehens, dass nicht strafrechtlich sanktioniert wird („*civil offence*"), ist der Schutzbereich der Selbstbelastungsfreiheit nicht eröffnet, s. 16 (1) *Civil Evidence Act 1968.*

Steuerliche Sanktionen werden üblicherweise im Rahmen des Besteuerungsverfahrens in Form von Zuschlägen und Bußgeldern („*penalties*") verhängt.[755] Sie gelten als *civil offences*.[756] Strafverfahren wegen Steuerhinterziehung spielen nur eine untergeordnete Rolle, so wurden im Steuerjahr 2003/2004 lediglich 110 Steuerstrafverfahren eingeleitet, nur 99 endeten mit einer Verurteilung.[757] Daher sind Geldbußen das wichtigste Mittel zur Ahndung jeglicher Verstöße gegen Steuergesetze – selbst zur Sanktionierung von Steuerhinterziehungen.[758] Weitgehend, jedoch nicht abschließend, sind diese in Teil X des *Taxes Management Act 1970* kodifiziert[759], weitere Tatbestände finden sich in anderen Abschnitten des TMA 1970 und weiteren Gesetzen, insbesondere dem *VAT Act 1994 (VATA)*, *Income and Corporations Taxes Act 1988*, dem *Inland Revenue Regulations Act 1890*, diversen *Finance Acts* sowie auch vereinzelt in Rechtsverordnungen[760]. Die Nichtabgabe einer (Einkommen- oder Kapitalertrag-)Steuererklärung trotz entsprechender Aufforderung durch die Steuerbehörden (HMRC – "*Her Majesty's Revenue and Customs*") kann nach s. 93 (1) TMA 1970 mit einer Geldbuße geahndet werden. Nach s. 93 (2) TMA 1970 kann zunächst ein Bußgeld in Höhe von 100 GBP erhoben werden, bei fortgesetzter Weigerung kann HMRC gemäß s. 93 (3) TMA 1970 bei den *General* oder *Special Commissioners* – die zum 01.04.2009 im *First-Tier Tribunal (Tax)* aufgegangen sind[761] – die Verhängung eines weiteren Bußgeldes von bis zu 60 GBP für jeden weiteren Tag der Weigerung beantragen.

Es steht im Ermessen der Steuerbehörden, welchen Weg der Sanktionierung sie einschlagen. Der HMRC stehen hierbei auch staatsanwaltliche Befugnisse zu. Der Möglichkeit eines Strafverfahrens bedient sich die Behörde nur selektiv. Bei der Auswahl der Fälle kommt es weniger auf die Schwere der Verfehlung, als auf

754 Murphy, S. 452.
755 Menzel, S. 108.
756 S. 100D (3) TMA 1970.
757 Inland Revenue Annual Report 2003/2004, S. 11; Menzel, S. 101.
758 Menzel, S.111.
759 Ss. 93–107 TMA.
760 Siehe dazu die Aufzählung bei Menzel, S. 112.
761 SI 2009/56.

die zu erzielende abschreckende Wirkung auf die Allgemeinheit an[762]. Das formelle, in Teil X des *Taxes Management Act 1970* kodifizierte Bußgeldverfahren, nach dem die Geldbuße abhängig vom zu ahndenden Vergehen von der Steuerbehörde, den *Commissioners* oder durch die Gerichte förmlich festgesetzt wird, findet jedoch in der Praxis ebenfalls kaum Anwendung.[763] Vielmehr hat sich ein „informelles" Verfahren durchgesetzt, das auf s. 102 TMA gestützt wird[764]. Die Vorschrift gewährt den Steuerbehörden ein Ermessen, Geldbußen zu mindern, Verfahren auszusetzen oder einzustellen oder auch nachträglich bereits verhängte Geldbußen zu erlassen oder zu mindern („*The Board may in their discretion mitigate any penalty, or stay or compound any proceedings for a penalty, and may also, after judgment, further mitigate or entirely remit the penalty*").

Über die Jahre hatte sich hierbei folgender Verfahrensablauf herausgebildet: Werden bei der Prüfung eines Steuerpflichtigen Unregelmäßigkeiten entdeckt, wird der Steuerpflichtige hierüber schriftlich informiert, sog. *opening letter*. Kann oder will der Steuerpflichtige in Reaktion auf den *opening letter* diese Unregelmäßigkeiten nicht ausräumen, vereinbart die Steuerbehörde mit ihm ein Treffen, sog. *opening interview*. Zieht der betreffende Steuerbeamte während der Befragung eine strafrechtliche Verfolgung in Betracht, händigt er dem Steuerpflichtigen eine Kopie des *Hansard Statements* aus. Hierin stellt die Steuerbehörde einen Vergleich („*money settlement*") hinsichtlich der festgestellten Unregelmäßigkeiten sowie einen Verzicht auf eine strafrechtliche Verfolgung in Aussicht, wenn der Steuerpflichtige die betreffenden steuerlichen Unregelmäßigkeiten vollständig aufklärt. Ursprünglich behielt sich die (damalige) *Inland Revenue* die Möglichkeit einer strafrechtlichen Verfolgung trotz vollumfänglicher Mitwirkung des Steuerpflichtigen vor. Zweck des *Hansard Statements* ist der Hinweis des Steuerpflichtigen auf eine mögliche strafrechtliche Verfolgung. Gleichzeitig soll die Verwertbarkeit der durch die Mitwirkung des Steuerpflichtigen erlangten Beweismittel in einem Strafverfahren gewährleistet werden, die in s. 105 (1) TMA 1970 und s. 60 (4) VATA 1994 ausdrücklich statuiert werden.[765]

Vor diesem Hintergrund wird verständlich, dass der Selbstbelastungsfreiheit im englischen Steuerverfahrensrecht nur eine sehr eingeschränkte Bedeutung zukommt. Nach englischem Recht kann sie damit theoretisch zunächst nur in zwei Konstellationen relevant werden: Die Nichtabgabe einer Steuererklärung zur Vermeidung einer Selbstbelastung hinsichtlich einer steuerlichen Straftat wie

762 Brown, [2000] B.T.R. 61, 62.

763 Rignell, S. 112; Menzel, S. 117 f.

764 Diese Handhabung ist gerichtlich anerkannt, erstmals gerichtlich bestätigt durch A-G Johnstone (1926) 10 TC 758, 763d, zitiert nach Menzel, S. 121.

765 Ausführlich hierzu Beckett/Sabine, S. 85–90; Ormerod, E. & P. 2000, 147 ff.; Menzel, S. 122 ff.

etwa der *common law offence* des *cheating the public revenue*, oder aber zur Vermeidung einer Selbstbelastung hinsichtlich einer nichtsteuerlichen Straftat.

Hinsichtlich der ersten Konstellation ist keine gerichtliche Entscheidung ersichtlich, in denen die Zwangsausübung in der Verhängung oder Androhung eines Bußgeldes hinsichtlich der Nichtabgabe der Steuererklärung gesehen worden wäre oder dies vom Steuerpflichtigen als Argument vorgebracht worden wäre. Es werden lediglich Fälle diskutiert, die Mitwirkung des Steuerpflichtigen im Rahmen des *Hansard Procedure* als durch dieses erzwungen anzusehen und in denen es um die Verwertung der gewonnenen Informationen geht.[766] Dies erscheint insoweit konsequent, als dass sowohl bei Nichtabgabe einer Steuererklärung zur Vermeidung einer Selbstbelastung als auch bei einem sich aus der abgegebenen Steuererklärung ergebenden Verdachts eines steuerlichen Vergehens die Behörden sich zunächst – nach *opening letter* und *opening interview* – des *Hansard procedure* bedienen werden, bevor ein ein förmliches Strafverfahren in Betracht gezogen wird. Einer strafrechtliche Verfolgung wegen eines steuerlichen Vergehens sind insoweit eine Reihe weiterer steuerlicher Verfahrensschritte vorgeschaltet. Zudem ist – wie aufgezeigt – eine strafrechtliche Verfolgung eher unüblich.

Andererseits vermag eine zeitliche Eröffnung des Schutzbereichs erst ab der Anwendung des *Hansard Procedure* nicht recht zu überzeugen. In der kartellrechtlichen Entscheidung in Sachen *Rio Tinto Zinc Corporation v Westinghouse Electric Corporation* wurde vorgebracht, dass Unternehmen, denen Kartellrechtsverstöße zur Last gelegt wurden, dennoch gezwungen werden könnten, belastende Dokumente vorzulegen, da die Europäische Kommission trotz Kenntnis des kartellrechtswidrigen Verhaltens darauf verzichtet habe, Bußgelder zu verhängen. Eine Sanktionierung sei daher unwahrscheinlich. Dieses Argument wies das *House of Lords* zurück. Im zu entscheidenden Fall sei davon auszugehen, dass eine erzwungene Vorlage belastenden Materials die Wahrscheinlichkeit für ein Bußgeldverfahren erhöhen würde.[767]

Diese Erwägungen lassen sich auch auf das Steuerverfahren übertragen. Aus einer wahrheitsgemäßen Steuererklärung ergeben sich üblicherweise Anhaltspunkte für die Unrichtigkeit von Erklärungen vorangegangener Veranlagungszeiträume. Insbesondere ein unvermittelter Anstieg von Einkünften aus Kapitalvermögen kann Unregelmäßigkeiten indizieren. Somit erhöht sich auch zwangsläufig die Wahrscheinlichkeit einer strafrechtlichen Verfolgung. Zudem ist zu beachten, dass das Einhalten des *Hansard procedure* vor der Einleitung eines Strafverfahrens zwar in der Praxis üblich, aber rechtlich nicht zwingend ist.

766 R v Allen [2001] UKHL 45; R v Gill and Gill [2003] EWCA Crim 2256.

767 Rio Tinto Zinc Corporation v Westinghouse Electric Corporation [1978] AC 547.

So wird auf das *Hansard*-Verfahren üblicherweise verzichtet, wenn der Steuerpflichtige bereits wegen eines steuerlichen Vergehens verurteilt wurde, da in diesen Fällen das öffentliche Strafverfolgungsinteresse das Interesse an einer zügigen höchstmöglichen Steuereinnahme überwiegt[768].

In *R v Barker* hatte der *Court of Appeal* bereits 1941 entschieden, dass die Verwertung von belastendem Material, dass der Steuerpflichtige im Rahmen des *Hansard procedure* im Vertrauen darauf vorgelegt hatte, dass aufgrund seiner Mitwirkung kein Strafverfahren gegen ihn eingeleitet werde, unzulässig sei.[769] Er lag damit auf einer Linie mit der *common law*-Regel, dass ein Geständnis nur dann als Beweismittel zulässig ist, wenn die Strafverfolgungsbehörden nachweisen können, dass das Geständnis „freiwillig" war, wenn es also „weder durch die Furcht, noch durch die Hoffnung auf einen Vorteil"[770] erlangt wurde. Auf das Urteil reagierte der Gesetzgeber prompt durch die gesetzliche Anordnung der Verwertbarkeit in s. 34 *Finance Act 1942*. Die Regelung ging schließlich in s. 105 TMA 1970 auf.[771] Die Vorschrift erklärt die im Rahmen des *Hansard procedure* erlangten Informationen für verwertbar in Strafverfahren, Steuerverfahren sowie in Verfahren zur Festsetzung von *civil penalties*. Für die Umsatzsteuer findet sich eine korrespondierende Regelung in s. 60 (4) VATA 1994. Dem *Hansard procedure* entspricht hier die sog. *VAT Notice 730*.

Fraglich ist, in welchem Verhältnis s. 105 TMA 1970 und s. 60 (4) VATA 1994 zu den Regelungen des *Police and Criminal Evidence Act (PACE) 1984* stehen.

Nach s. 76 (2) PACE 1984 ist die Verwertung eines Geständnisses unzulässig, wenn es durch „Unterdrückung" (*oppression*) (subs. a) oder unter Umständen erlangt wurde, die es als unglaubhaft (*unreliable*) erscheinen lassen (subs. b). Zudem stellt s. 78 (1) PACE 1984 den Ausschluss von solchen Beweismitteln in das Ermessen des Gerichts, deren Zulassung bei Betrachtung aller Umstände, einschließlich der Umstände, in denen das Beweismittel erlangt wurde, einen solch nachteiligen Einfluss auf die Fairness des Verfahrens hätte, dass es nicht zugelassen werden sollte.

In der Literatur wird eine vorrangige Geltung des PACE 1984 vertreten.[772] Dafür spreche Sinn und Zweck des Gesetzes, als „umfassende Kodifizierung des Strafverfahrens" die Ermittlungsbefugnisse aller mit der Befugnis zur Strafverfolgung ausgestatteten Behörden zu regeln. Gerade die *Inland Revenue* – bzw. ihre Nachfolgebehörde *HMRC* – weise in ihren Befugnissen große Ähnlichkeit zur Polizei auf, dies insbesondere, da die Steuerbehörden sich hinsichtlich der

---

768 Ormerod, E.&P. 2000, 147ff.

769 R v Barker [1941] 2 KB 381.

770 R v Ibrahim [1914] AC 599.

771 Archbold, § 15–71; Ormerod, [2001] B.T.R. 194, 202.

772 Ormerod, [2001] B.T.R. 194, 197f.

Durchführung von Durchsuchungen freiwillig den Regelungen des Code B des PACE 1984 unterworfen hätten.[773]

Die Rechtsprechung verneint jedenfalls die Anwendbarkeit von s. 76 PACE 1984. Teils wird dies pauschal mit der Klassifizierung des steuerlichen Verfahrens als *civil procedure* begründet, auf das Vorschriften über das Strafverfahren keine Anwendung finden könnten,[774] teils wird – m. E. zutreffend – von der Spezialität der s. 105 TMA 1970 bzw. s. 60 (4) VATA 1994 jedenfalls im Verhältnis zu s. 76 PACE 1984 ausgegangen. S. 105 TMA 1970 habe eine Regel des *common law* ausgesetzt, die zu einem Verwertungsverbot der im Rahmen des *Hansard procedure* gewonnenen Erkenntnisse geführt hätte, und stelle daher und insoweit eine Ausnahme zu s. 76 PACE 1984 dar.[775] Die *Criminal Division* des *Court of Appeal* hingegen klassifiziert das *Hansard procedure* als strafrechtlich.[776] Gleiches galt für das inhaltsgleiche Verfahren von *Customs & Excise*.[777] Auch wenn die Zielsetzung dieses Verfahrens auf die Aufdeckung und Nachversteuerung von Einkunftsquellen bzw. Umsätzen gerichtet sei, fuße es dennoch auf dem Verdacht eines steuerlichen Vergehens, das einen Straftatbestand erfüllen könne und ausdrücklich die Möglichkeit offen lasse, ein förmliches Strafverfahren einzuleiten.[778]

Dem Ausschluss eines Beweismittels nach s. 78 (1) PACE 1984 steht nach der Rechtsprechung s. 105 TMA 1970 nicht entgegen, sofern sich der negative Einfluss auf die Fairness des Verfahrens nicht ausschließlich aus der Beweiserlangung im Rahmen des *Hansard procedure* ergibt. Seinem Wortlaut zufolge regele s. 105 TMA 1970 die Zulässigkeit solcher Beweismittel, deren Verwertung ausschließlich deshalb unzulässig wäre, weil sie aufgrund eines *inducements* erlangt worden sind. Daher komme ein Ausschluss nach s. 78 (1) PACE 1984 dann noch in Betracht, wenn die Erlangung des Beweismittels aus anderen Gründen unfair wäre. Jedoch sei im Rahmen der Ermessensausübung zu berücksichtigen, dass der Gesetzgeber unter den Voraussetzungen des s. 105 TMA 1970 gerade ausdrücklich die Zulässigkeit der Verwertung normiert habe.[779] In *R v Gill & Anor* folgerte der *Court of Appeal* aus dem Charakter des *Hansard procedure* als strafrechtliches Ermittlungsverfahren die Anwendbarkeit des *Code of Practice for the*

773 Ormerod, [2001] B.T.R. 194, 198.

774 Urteil des Snaresbrook Crown Court vom 15.03.2002, unveröffentlicht, zitiert nach R v Gill & Anor [2003] EWCA Crim 2256.

775 Urteil des Newport Crown Court vom 10.03.1997, unveröffentlicht, zitiert nach Ormerod, [2001] B.T.R. 194, 197.

776 R v Gill & Anor [2003] EWCA Crim 2256.

777 R v Okafor (1994) 99 Cr. App. Rep. 97.

778 R v Gill & Anor [2003] EWCA Crim 2256, Rn. 37 f.

779 R v Gill & Anor [2003] EWCA Crim 2256, Rn. 44 f.

Detention, Treatment and Questioning of Persons by the Police (Code C) hinsichtlich der Befragung der betroffenen Steuerpflichtigen. Nach § 10.1 des Code C hätte eine Belehrung der Steuerpflichtigen erfolgen müssen. Die Tatsache, dass dies unterblieb, sah das Gericht jedoch nicht als ausreichend an, um die Aussagen der Steuerpflichtigen nach s. 78 (1) PACE als Beweismittel auszuschließen. Zweck der Belehrung nach § 10.1 Code C sei die Information der Beschuldigten über ihre Rechte, insbesondere ihres Rechts zu Schweigen, und über die Möglichkeit der Verwertung ihrer Aussagen als Beweismittel in einem Strafverfahren. Im Rahmen des *Hansard procedure* seien die Steuerpflichtigen aber bereits darüber informiert gewesen, nicht zur Mitwirkung oder Aussage verpflichtet zu sein und dass selbst bei bereitwilliger Mitwirkung und einem vollständigen Geständnis die *Inland Revenue* sich die Option, ein förmliches Strafverfahren einzuleiten, offen hielt.[780] Im Ergebnis müssen auch im Rahmen des *Hansard procedure* zwar die Regularien des Code C eingehalten werden, doch selbst ein Verstoß hiergegen vermag keinen Ausschluss der gewonnenen Beweismittel zu rechtfertigen. Die Stellung des Steuerpflichtigen als „Beschuldigtem" wird bloß formal verbessert.

Unklar bleibt die Behandlung der Konstellation, dass ein strafrechtliches Ermittlungsverfahren gegen den Steuerpflichtigen bereits geführt wird und er durch Befolgung einer Steuererklärungspflicht für spätere Veranlagungszeiträume gezwungen ist, weitere, ihn im Rahmen des laufenden Ermittlungsverfahrens belastende Informationen zu offenbaren. Rechtsprechung hierzu ist nicht ersichtlich. Ein *Hansard procedure* wird in diesem Fall nicht durchgeführt.

Einerseits ließe sich argumentieren, dem Steuerpflichtigen müsse als Beschuldigtem ein Schweigerecht zustehen, so dass er seine Mitwirkung auch im Steuerverfahren zumindest bis zum Abschluss des strafrechtlichen Ermittlungsverfahrens verweigern dürfte. Anderseits betrifft die Steuererklärungspflicht nur eine Mitwirkung im Rahmen des Steuerverfahrens und erfolgt zunächst im Interesse der Sicherung des Steueraufkommens. Es ist also zu fragen, ob Erkenntnisse über ein steuerliches Vergehen in einem bereits laufenden strafrechtlichen Ermittlungsverfahren verwertet werden dürfen. Einen Hinweis zur Lösung gibt das Urteil des *House of Lords* in Sachen *R v Allen.* Dort hatte *Lord Hutton* ausgeführt, dass das Interesse an der Sicherung des Steueraufkommens den Staat berechtigte, auch durch die Androhung von Strafzuschlägen seine Bürger zur Mitteilung ihrer Einkünfte anzuhalten. Die bloße Erzwingung dieser Mitwirkung könne daher nicht die Selbstbelastungsfreiheit des Steuerpflichtigen verletzen.[781] Maßgeblich ist also zunächst die Zweckrichtung der erzwungenen Mitwirkung. Dient diese zu anderen Zwecken als der Strafverfolgung, ist sie nicht zu

---

780 R v Gill & Anor [2003] EWCA Crim 2256, Rn. 46–48.
781 R v Allen [2001] UKHL 45, Rn. 30.

beanstanden. Dies steht im Einklang mit dem *Code of Practice 8* der HMRC, der die Verpflichtung des Steuerpflichtigen zur Abgabe fälliger Steuererklärungen auch während eines laufenden *Hansard procedure* betont.[782]

Dann ist aber zu fragen, ob ein Beweisverwertungsverbot im Strafverfahren eingreift. S. 76 (2) (a) PACE 1984 setzt voraus, dass ein Geständnis durch „Unterdrückung" (*opression*) erlangt wurde. Geständnis ist gemäß s. 82 (1) PACE 1984 jede Aussage, die sich insgesamt oder teilweise für den Aussagenden negativ auswirkt, ungeachtet der Tatsache, ob die Aussage gegenüber einer Amtsperson oder einer Privatperson getätigt wurde. Die Erklärung von Einkünften, die Rückschlüsse auf nicht oder falsch deklarierte Einkünfte in vorhergehenden Veranlagungszeiträumen ermöglicht, kann sich zumindest als Indiz in einem anhängigen Steuerstrafverfahren zu Lasten des Steuerpflichtigen auswirken. Das Merkmal der „Unterdrückung" definiert s. 76 (8) PACE 1984 als Folter und anderes unmenschliches Verhalten sowie den Gebrauch und die Androhung von Gewalt, unabhängig davon, ob dieses Verhalten bereits als Folter angesehen werden kann. Dies ist hinsichtlich der Zwangswirkung eines drohenden steuerlichen Strafzuschlages mit Sicherheit zu verneinen. Bliebe die Möglichkeit eines Beweismittelausschlusses nach s. 76 (2) (b) PACE 1984. Dies setzt voraus, dass ein Geständnis unter Umständen erlangt wurde, die es als unzuverlässig erscheinen lassen. Dies ist anhand objektiver Kriterien zu bestimmen: die zum Zeitpunkt der Ablegung des Geständnisses bestehenden Umstände müssen generell geeignet sein, dieses als unzuverlässig erscheinen zu lassen, unabhängig davon, ob das Geständnis tatsächlich der Wahrheit entspricht.[783] Unzuverlässigkeit ist zu bejahen, wenn die Strafverfolgungsorgane nicht darlegen können, dass das Geständnis freiwillig (*voluntary*) erfolgte in dem Sinne, dass es nicht durch Furcht oder die Hoffnung auf einen in Aussicht gestellten Vorteil erlangt wurde, die durch eine Amtsperson erregt oder unterhalten worden ist.[784] Das Merkmal der bestehenden Umstände ist umfassend zu verstehen, es muss „alles, was zum Zeitpunkt des Geständnisses gesagt und getan wurde", also alle äußeren Einwirkungen die den Angeklagten in irgendeiner Weise wahrscheinlich beeinflussen könnten, in Betracht gezogen werden.[785] Es ergeben sich in der zu untersuchenden Konstellation zwei Ansatzpunkte. Zum einen ist die Pflicht zur Abgabe der Steuererklärung mit sanktionsbewehrt, zum anderen muss der Steuerpflichtige fürchten, dass seine Angaben im Steuerstrafverfahren gegen ihn verwendet werden könnten. In beiden Fällen ist die Furcht von außen induziert. Aufgrund von Drohungen, ein Strafverfahren einzuleiten, erhaltene Geständnisse hat die Rechtsprechung üblicherweise als

782 HMRC, Code of Practice 8, S. 9.

783 R v Tyrer (1990) 90 Cr. App. Rep. 446.

784 R v Fulling [1987] 2 WLR 923, 928.

785 R v Walker (1998) Crim. L.R. 211.

unreliable klassifiziert.[786] Ähnlich ist der Fall hier gelagert. Wird keine Steuererklärung abgegeben, droht bereits von Gesetzes wegen die Festsetzung von Verspätungszuschlägen, bis hin zu 60 GBP pro Tag des Verzuges. Insoweit käme ein Ausschluss nach s. 76 (2) (b) PACE in Betracht.

Darüber hinaus könnte s. 78 (1) PACE 1984 eingreifen. Die Vorschrift erfasst im Gegensatz zu s. 76 PACE 1984 alle Arten von Beweismitteln.[787] Es ließe sich argumentieren, dass Beweismittel, die zu anderen Zwecken als der Strafverfolgung vom Beschuldigten erzwungen werden konnten, sich zumindest dann äußerst negativ auf die Fairness des Verfahrens auswirken, wenn der Schuldspruch maßgeblich auf diese Beweismittel gestützt wird. Andererseits ist zu berücksichtigen, dass es sich um legislativen Zwang handelt. So hat die Rechtsprechung einen Ausschluss nach s. 78 (1) PACE 1984 abgelehnt, wenn die Zwangsausübung gesetzlich vorgesehen war, die Verwertung der erlangten Beweise ausdrücklich zugelassen wurde und daher dem Willen des Gesetzgebers entsprach, so dass ein Ausschluss der auf diese Weise erlangten Beweise dieser Wertung widersprochen hätte.[788] Ist jedoch nur der Wille des Gesetzgebers zur Zwangsanwendung ausdrücklich und findet sich keine ausdrückliche Regelung zur Zulässigkeit der Beweisverwertung, so ist der diesbezügliche Wille des Gesetzgebers im Wege der Auslegung zu ermitteln.[789] Sinn und Zweck des s. 93 TMA 1970 ist die Gewährleistung des Steueraufkommens. Zwar ist gerade im Hinblick auf das *penalty system* des *Taxes Management Act 1970* und der geringen praktischen Relevanz von Steuerstrafverfahren nicht davon auszugehen, dass die Vorschrift gerade zur Erlangung von Beweismaterial in einem Strafverfahren dienen soll. Eine ausdrückliche Regelung zur Zulässigkeit von im Steuerverfahren erlangtem Beweismaterial findet sich ausschließlich in s. 105 TMA 1970 hinsichtlich des *Hansard procedure*. Allerdings normiert s. 104 TMA 1970 den Grundsatz, dass die Vorschriften über das Steuerverfahren das Strafverfahren gerade nicht berühren sollen. Daraus ist zu schließen, dass die Beweisverwertung sich ausschließlich nach den strafverfahrensrechtlichen Regeln richten soll. Vor diesem Hintergrund ist zu beachten, dass die Zwangsanwendung ausschließlich in steuerlichem Interesse erfolgt. Ein Ausschluss nach s. 78 (1) PACE 1984 stünde insoweit nicht im Widerspruch zu gesetzlichen Wertungen. Allerdings könnte s. 19 (2) *Anti-Terrorism, Crime And Security Act 2001* für eine zulässige Beweisverwertung sprechen. Die Vorschrift ermächtigt HMRC zur Weitergabe steuerlicher Informationen an andere staatliche Stellen zum Zwecke der Strafverfolgung. Die Regelung liefe leer, wenn die weitergegebenen Informationen nicht in den

---

786 R v Howden-Simpson [1991] Crim. L.R. 49.

787 R v Mason (1987) 3 All ER 481.

788 R v Lyons & Ors. [2002] UKHL 44.

789 Harz v Power [1967] 1 AC 760, 816.

betreffenden Ermittlungs- und Strafverfahren verwendet und verwertet werden dürften. Wenn aber steuerliche Informationen, unabhängig davon, ob sie durch legislativen Mitwirkungszwang oder auf andere Weise erlangt worden sind, zur Verfolgung nicht-steuerlicher Vergehen verwertet werden dürfen, muss dies auch für Steuerstrafverfahren gelten. Daraus ergibt sich der gesetzgeberischer Wille des Gesetzgebers, dass die Verwertung von zu steuerlichen Zwecken erzwungenen Informationen als belastendes Beweismaterial in einem Strafverfahren zulässig sein soll.

Damit erklärt sich auch die Situation bei einer möglichen Selbstbelastung hinsichtlich eines nicht-steuerlichen Delikts. Section 19 (2) *Anti-Terrorism, Crime And Security Act 2001* ermöglicht die Weitergabe steuerlicher Informationen an andere Strafverfolgungsorgane zum Zwecke der Strafverfolgung, sofern die Weitergabe für den konkret verfolgten Zweck aus Sicht der Steuerbehörde verhältnismäßig erscheint, s. 19 (3) *Anti-Terrorism, Crime And Security Act 2001.* Einschlägige Rechtsprechung zur Frage der Verhältnismäßigkeit ist nicht ersichtlich. Zwar legt die Verortung der Vorschrift nahe, dass es sich um die Verfolgung von terroristischer oder sonst organisierter Kriminalität oder sonstiger schwerer Straftaten handeln muss. Doch erklärt s. 20 *Anti-Terrorism, Crime And Security Act 2001* die Vorschrift für die Verfolgung und Ermittlung jedweder krimineller Handlung für anwendbar. Daraus lässt sich schließen, dass an die Verhältnismäßigkeit keine hohen Maßstäbe anzulegen sein dürften. Mindestens dürfte zu fordern sein, dass die steuerlichen Informationen für die Aufklärung des Tatvorwurfs geeignet ist und keine anderen gleichermaßen erfolgversprechende Erkenntnismöglichkeiten bestehen.

Durch den *Anti-Terrorism, Crime And Security Act 2001* wurde erstmals eine weitgehende Möglichkeit der Verwendung und Verwertung steuerlicher Informationen zur Verfolgung nicht-steuerlicher Vergehen geschafften. Erkenntnisse über nicht-steuerliche Delikte konnten ursprünglich nur bei Verdacht auf Mord oder Hochverrat an die zuständigen Strafverfolgungsorgane weitergegeben werden.[790]

3.3 Ergebnis

Im Ergebnis findet der nemo-tenetur-Grundsatz im englischen Steuerverfahrensrecht keine Anwendung. Hinsichtlich der Verfolgung von *civil offences* ist der Schutzbereich bereits nicht eröffnet. Im strafrechtlichen und steuerstrafrechtlichen Verfahren bleiben die steuerlichen Mitwirkungspflichten bestehen. Die Beweisverwertungsverbote der s. 76, 78 PACE 1984 werden durch die Vorschrif-

790 Kennedy, J.F.C. 2007, 372ff.

ten der s. 105 TMA 1970, s. 60 (4) VATA 1994 und s. 19 *Anti-Terrorism, Crime and Security Act 2001* verdrängt.

4. Vergleich mit der Rechtsprechung der Konventionsorgane

Die deutsche Rechtsprechung fasst ebenso wie der EGMR die Selbstbelastungsfreiheit als ausschließlich strafverfahrensrechtliche Garantie auf. Von diesem gemeinsamen Ausgangspunkt aus führt die Auslegung gerade im Hinblick auf die Geltung der Garantie in steuerrechtlichen bzw. steuerstrafrechtlichen Verfahren zu teilweise stark divergierenden Ergebnissen sowohl im Hinblick auf die Reichweite des Schutzbereichs als auch hinsichtlich seiner Gewährleistung.

4.1 Das deutsche Recht

Im Verhältnis zum deutschen Recht ergeben sich Unterschiede hinsichtlich der zeitlichen Eröffnung des Schutzbereichs. Ist nach deutschem Verständnis bereits das Bestehen einer Selbstbelastungsgefahr der grundsätzliche Anknüpfungspunkt, der nicht zwingend an ein laufendes Straf(ermittlungs)verfahren als Indikator gebunden ist, so stellt der EGMR auf das Vorliegen einer strafrechtlichen Anklage im konventionsrechtlichen Sinne ab. Ihr kommt hierbei eine grundsätzlich ausschließliche Indikatorfunktion für das Bestehen einer Selbstbelastungsgefahr zu. Aus dieser Funktion heraus versteht sich auch die zeitliche Schutzbereichserweiterung auf den Zeitpunkt, ab dem die Erhebung einer strafrechtlichen Anklage beabsichtigt ist. Jedoch kann sich die Indikationswirkung ausnahmsweise über die konkrete oder beabsichtigte strafrechtliche Anklage hinaus erstrecken, wenn wie in der Rechtssache *J.B. ./. Schweiz* der Beschuldigte nicht ausschließen kann, dass die von ihm im Rahmen des laufenden Verfahrens zur Bestimmung einer strafrechtlichen Anklage zur Eröffnung eines weiteren solchen Verfahrens führen können.

Der zeitlichen Einschränkung im Verhältnis zur innerstaatlichen Gewährleistung der Selbstbelastungsfreiheit in Deutschland steht eine größere sachliche Weite der konventionsrechtlichen Garantie gegenüber. Auch wenn Übereinstimmung darin besteht, dass die Selbstbelastungsfreiheit nur ein Recht zur Passivität gibt und ihre Grenze an der aktiven Begehung neuen Unrechts findet, so ergeben sich Unterschiede im sachlichen Schutzbereich aus der extensiven Auslegung des konventionsrechtlichen Begriffs der strafrechtlichen Anklage, die zu einer Erstreckung des Schutzbereichs bereits ins steuerliche Festsetzungsverfahren bewirkt, da bereits ein Verfahren, in dessen Rahmen ein Verspätungszuschlag als strafrechtliche Sanktion im konventionsrechtlichen Sinne verhängt werden kann, als Verfahren zur Bestimmung einer strafrechtlichen Anklage gilt. Selbst wenn die Verhängung einer solchen Sanktion vom Steuerverfahren losgelöst erfolgt, wird das Steuerverfahren als Annexverfahren mit in den Schutzbereich einer strafrechtlichen Anklage miteinbezogen, wenn die Bestimmung der Sanktion – und sei es bloß ihrer Höhe nach – nur unter Berücksichtigung der Ergebnisse des Steuerverfahrens erfolgen kann.

Auch der Maßstab zur Annahme einer Verletzung der Selbstbelastungsfreiheit divergiert. Nach Auffassung des Bundesverfassungsgerichts gilt die Selbstbelastungsfreiheit im Strafverfahren absolut in dem Sinne, dass ein Zwang zur Selbstbelastung im Strafverfahren die Selbstbelastungsfreiheit des Beschuldigten verletzt. Außerhalb eines Strafverfahrens erkennt das Bundesverfassungsgericht in seinem Gemeinschuldnerbeschluss diese absolute Geltung nicht an. Die Selbstbelastungsfreiheit ist im Interesse Dritter einschränkbar, der Gesetzgeber sei befugt, die Belange der Beteiligten gegeneinander abzuwägen[791] und verpflichtet, den Eingriff in das allgemeine Persönlichkeitsrecht durch ein strafrechtliches Verwertungsverbot zu kompensieren[792]. Der EGMR hingegen verneint per se eine absolute Geltung der Selbstbelastungsfreiheit. Zur Bestimmung einer Verletzung bedient er sich einer Abwägung von Art und Grad des ausgeübten oder angedrohten Zwangs, der Existenz angemessener Verfahrensgarantien im jeweiligen Verfahren, den Modalitäten einer etwaigen Verwertung der durch Zwang erlangten Beweismittel sowie dem Gewicht des öffentlichen Interesses.[793] Kommt der Zwangswirkung jedoch bereits eine so hohe Intensität zu, dass sie bereits für sich betrachtet den Kerngehalt der Garantie aushöhlt, verzichtet der Gerichtshof auf eine Abwägung. Eine solche faktisch absolute Geltung der Selbstbelastungsfreiheit hat der EGMR bei einer gegen Konventionsgarantien verstoßende Zwangsmaßnahmen, insbesondere mit Art. 3 EMRK unvereinbare Maßnahmen[794], bei mehrjährigen Haftstrafen[795] und der Höhe nach unbestimmten Geldstrafen bzw. -bußen[796] angenommen.

---

791 BVerfG, Beschluss vom 13.01.1981, 1 BvR 116/77, BVerfGE 56, 37, 49.

792 BVerfG, Beschluss vom 13.01.1981, 1 BvR 116/77, BVerfGE 56, 37, 50.

793 Vgl. aus der neueren Rechtsprechung EGMR, Urteil vom 29.06.2007, 15809/02 – O 'Halloran u. Francis ./. Vereinigtes Königreich, Rn. 55–62.

794 Vgl. aus der neueren Rechtsprechung EGMR, Urteil vom 11.07.2006, 54810/00 – Jalloh ./. Deutschland, Rn. 105–107, ECHR 2006–IX.

795 Vgl. EGMR, Urteil vom 17.12.1996, 19187/91 – Saunders ./. Vereinigtes Königreich, Rn. 74, Reports 1996–VI.

796 Vgl. EGMR, Urteil vom 25.02.1993, 10828/84 – Funke ./. Frankreich, Rn. 44, Series A 256-A.

Andererseits muss die Zwangswirkung aber auch erst eine Erheblichkeitsschwelle überschreiten, um überhaupt zur Annahme einer Verletzung gelangen zu können. Dabei ist diese Schwelle umso niedriger, je umfassender die erzwungene Mitwirkung ist. § 370 Abs. 1 Nr. 1, 2 AO erfordert die vollständige und wahrheitsgemäße Offenlegung steuererheblicher Tatsachen, ist also im üblichen Falle einer Steuererklärung als umfassend und weitgehend einzustufen. Wo konkret die Erheblichkeit in einer solchen Gestaltung beginnt, lässt sich aus der Rechtsprechung nicht konkret bestimmen. Jedenfalls hat der Gerichtshof hinsichtlich einer eng umgrenzten Mitwirkungsverpflichtung (Fahrerbenennung) die Androhung einer Geldbuße von 1.000 GBP als erheblich angesehen, nicht jedoch eine Geldbuße von 300 GBP, die wegen einer Verletzung steuerlicher Mitwirkungspflichten nach s. 20 (1), 98 (1) TMA 1970 festgesetzt worden ist.

Hierbei treten in steuerlichen Sachverhalten zwei weitere bedeutende Unterschiede zu Tage: Art und Grad der Zwangswirkung werden im deutschen Recht nicht thematisiert und den öffentlichen Interessen an Sicherung des Steueraufkommens, der Gleichheit der Besteuerung oder auch an der Effektivität der Strafverfolgung, wird stärkeres Gewicht eingeräumt als von Seiten des EGMR.

Im deutschen Steuerrecht sind die steuerlichen Mitwirkungspflichten sanktionsbewehrt. So stellt § 370 Abs. 1 Nr. 2 AO deren pflichtwidrige Nichterfüllung und § 370 Abs. 1 Nr. 1 AO die wahrheitswidrige bzw. unvollständige Mitwirkung unter Strafe und ordnet eine Höchststrafe von fünf Jahren Haft an. Diese Zwangswirkung verletzt in jeden Fall die von Art. 6 Abs. 1 EMRK gewährleistete Selbstbelastungsfreiheit, wenn die erzwungenen Beweismittel, hier die in Erfüllung der steuerlichen Mitwirkungspflichten gemachten Angaben, in einem Verfahren zur Bestimmung einer strafrechtlichen Anklage verwendet werden können, dieses Verfahren also bereits eingeleitet ist, behördlicherseits beabsichtigt wird oder die Mitwirkung in einem solchen Verfahren erzwungen wurde und aus Sicht des Steuerpflichtigen nicht auszuschließen ist, dass aufgrund der erzwungenen Angaben ein weiteres Verfahren eingeleitet wird. Bedenkt man, dass nach Auffassung des EGMR als Verfahren zur Bestimmung einer strafrechtlichen Anklage auch bereits das steuerliche Ermittlungsverfahren in Betracht kommt, wenn entweder innerhalb dieses Verfahrens beispielsweise ein Verspätungszuschlag – als eine strafrechtliche Sanktion im konventionsrechtlichen Sinne – verhängt werden kann oder aber zu dessen Festsetzung in einem eigenständigen Verfahren die Ergebnisse des steuerlichen Ermittlungsverfahren verwendet werden, dann ist dies nach dem deutschen Steuerrecht bereits dann der Fall, wenn der Steuerpflichtige seiner – durch § 370 Abs. 1 Nr. 1, 2 AO strafbewehrten – Steuererklärungspflicht verspätet nachkommt, da dann bereits nach § 152 Abs. 3 AO der Verspätungszuschlag mit der Steuer festgesetzt werden kann. Eine Festsetzung ist aber ebenso gut außerhalb des Steuerfestsetzungsverfahrens möglich.[797] Das Ergebnis des steuerlichen Ermittlungsverfahren ist aber über die festgesetzte Steuer Grundlage der betragsmäßigen Bestimmung des Verspätungszuschlags, so dass das steuerliche Ermittlungsverfahren als Annexverfahren in das zur Festsetzung des Verspätungszuschlags führende Verfahren als Verfahren zur Bestimmung einer strafrechtlichen Anklage im konventionsrechtlichen Sinne einbezogen ist. Da insoweit § 370 Abs. 1 Nr. 1, 2 AO eine die konventionsrechtliche Selbstbelastungsfreiheit verletzende Zwangswirkung bedeutet, dürfen die vom Steuerpflichtigen in seiner Steuererklärung gemachten Angaben nicht zur Festsetzung des Verspätungszuschlags verwendet werden.

Ähnliches gilt hinsichtlich der Festsetzung von Hinterziehungszinsen wie auch hinsichtlich der Festsetzung eines Strafzuschlags nach § 162 Abs. 4 AO.

Um überhaupt die Möglichkeit zu haben, die Ergebnisse des Steuerfestsetzungsverfahren zur Festsetzung des Zuschlags bzw. der Säumnis- oder Hinterziehungszinsen oder auch in einem Steuerstrafverfahren verwenden zu können, müsste de lege ferenda die Strafdrohung des § 370 Abs. 1 AO mindestens auf unter zwei Jahre Freiheitsstrafe, besser noch auf eine bloße, der Höhe nach festgelegten Geldstrafe reduziert werden. Doch selbst dann würde zunächst nur die Abwägung zur Bestimmung einer Verletzung der Selbstbelastungsfreiheit i. S. d. Art. 6 Abs. 1 EMRK eröffnet.

Dies führt zum zweiten Problemkreis, der divergierenden Gewichtung öffentlicher Interessen. Bereits der Anknüpfungspunkt der Interessenabwägung ist unterschiedlich. Die deutsche Rechtsprechung wägt hier das öffentliche Interesse an der Gleichmäßigkeit der Steuererhebung und der Notwendigkeit der Sicherung des Steueraufkommens gegen das Interesse des Steuerpflichtigen, sich nicht selbst belasten zu müssen, ergo gegen die bestehende Selbstbelastungsgefahr,[798] während der EGMR das öffentliche Interesse lediglich gegen Art und Grad der Zwangswirkung durch Zwangsausübung bzw. -androhung abwägt[799] und damit im Ergebnis die Verletzung der Selbstbelastungsfreiheit über einen fehlenden Ausgleich der Zwangswirkung definiert und die Selbstbelastungsgefahr über den Begriff der strafrechtlichen Anklage typisiert.

Für die Straßburger Richter ist bei Gewichtung des öffentlichen Interesses maßgebend, dass keine Selbstbelastungsgefahr bestehen darf. Werden also während eines Verfahrens zur Bestimmung einer strafrechtlichen Anklage Informationen

---

797 BFH, Urteil vom 11.06.1997, X R 14/95, BStBl. II 1997, 642, 644.

798 So BGH, Urteil vom 26.04.2001, 5 StR 587/00, BGHSt 47, 8 ff.; Urteil vom 10.01.2002, 5 StR 452/01, NStZ 2002, 436; Urteil vom 23.01.2002, 5 StR 540/01, NStZ 2002, 437.

799 Vgl. aus der neueren Rechtsprechung EGMR, Urteil vom 29.06.2007, 15809/02 – O' Halloran u. Francis ./. Vereinigtes Königreich, Rn. 55–62.; EGMR, Urteil vom 11.07.2006, 54810/00 – Jalloh ./. Deutschland, Rn. 117, ECHR 2006–IX.

erzwungen, die entweder in diesem Verfahren verwertet werden können oder bei denen der Steuerpflichtige es im Sinne des *J.B.*-Urteils nicht ausschließen kann, dass seine erzwungenen Angaben Grundlage eines weiteren Verfahrens zur Bestimmung einer strafrechtlichen Anklage werden, so kann kein wie auch immer geartetes öffentliches Interesse die Zwangsausübung oder -androhung mehr rechtfertigen.[800]

Das deutsche Steuerrecht normiert Durchbrechungen des Steuergeheimnisses, § 30 Abs. 4 Nr. 5a, b AO, sowie des Verwertungsverbots steuerlicher Tatsachen zur Verfolgung nichtsteuerlicher Straftaten, § 393 Abs. 2 S. 2 i. V. m. § 30 Abs. 4 Nr. 5 AO, im zwingenden öffentlichen Interesse der Verfolgung schwerer Straftaten. Es ließe sich argumentieren, dass die Zwangswirkung des § 370 AO die Sicherung des Steueraufkommens bezwecke und nicht der Verfolgung schwerer Straftaten diene; insoweit wäre eine „Zweckentfremdung" steuerlicher Angaben nach der Abwägungssystematik des EGMR stets zulässig. Doch ist zu beachten, dass durch den Begriff der strafrechtlichen Anklage die Selbstbelastungsgefahr indiziert wird und die Zwangswirkung insbesondere durch die Abwägungspunkte der Möglichkeiten der Verwendung und der Existenz angemessener Verfahrensgarantien in ihrer Wirkungsrichtung auf die Bestimmung der den Schutzbereich eröffnenden strafrechtlichen Anklage zu beurteilen ist. Damit erfolgt die Zwangswirkung des § 370 AO faktisch auch im Interesse der Verfolgung schwerer nichtsteuerlicher Straftaten, wenn die erzwungenen steuerlichen Angaben zu eben dieser Verfolgung verwendet werden können. Unterstellt, die Zwangswirkung des § 370 AO wäre einer Abwägung zugänglich, was – wie oben dargelegt – de lege lata nicht der Fall ist, so ließen sich nach der Rechtsprechung des EGMR die genannten Durchbrechungen nicht rechtfertigen, eine Verwendung der steuerlichen Angaben in nichtsteuerlichen Strafverfahren würde die konventionsrechtliche Selbstbelastungsfreiheit des steuerpflichtigen Beschuldigten verletzen.

Zudem ist bereits fraglich, ob Steuergeheimnis und insbesondere das Verwertungsverbot des § 393 Abs. 2 S. 1 AO, im Lichte der Straßburger Rechtsprechung als angemessene Verfahrensgarantien gelten können. Nach Auffassung des EGMR steht der Annahme einer angemessenen Verfahrensgarantie entgegen, dass die innerstaatliche Rechtslage hinsichtlich der Zulässigkeit des Beweismaterials unklar ist.[801]

Hinsichtlich der Verfolgung schwerwiegender Vergehen gegen Leib, Leben oder den Staat und seine Einrichtungen – hier beispielsweise Untreue und Unter-

800 Vgl. EGMR, Urteil vom 04.10.2005, 6563/03 – Shannon ./. Vereinigtes Königreich, Rn. 38.

801 Vgl. EGMR, Urteil vom 21.12.2000, 34720/97 – Heaney u. McGuiness ./. Irland, Rn. 53, ECHR 2000–XII.

schlagungshandlungen zum Nachteil des Staates, die zu einem gewichtigen Schaden führen – oder hinsichtlich der Verfolgung wegen schwerer Umweltgefährdungen, die zu einer konkreten Gefährdung einer Vielzahl von Menschen führen,ist umstritten, ob sie unter den Ausschlusstatbestand des § 30 Abs. 4 Nr. 5 a AO fallen, auf den auch die Ausschlussnorm des § 393 Abs. 2 S. 2 AO verweist. Eine klärende Judikatur ist nicht ersichtlich.

Auch ist in der Literatur umstritten und auch nicht höchstrichterlich geklärt, ob § 393 Abs. 2 S. 1 AO Fernwirkung zukommt. Die Rechtsprechung des EGMR scheint grundsätzlich die Fernwirkung von Verwertungsverboten zu fordern.

Unter der Prämisse einer Reform des § 370 Abs. 1 AO unter Einführung einer Höchststrafe von unter zwei Jahren Freiheitsstrafe steht die Lösung des BGH, bei eingeleitetem Steuerstrafverfahren die Steuererklärungspflicht und deren Strafbewehrung hinsichtlich nachfolgender Besteuerungszeiträume aufgrund eines überwiegenden öffentlichen Interesses an Steuergerechtigkeit und der Sicherung des Steueraufkommens bestehen und die so gewonnenen steuerlichen Informationen einem strafverfahrensrechtlichen Verwendungsverbot unterfallen zu lassen,[802] wenigstens zum Teil in Einklang mit der Rechtsprechung des Gerichtshofs. Jedoch verkennt der BGH bei seiner ausdrücklichen Feststellung der Verwendbarkeit im Besteuerungsverfahren, dass steuerliche Nebenleistungen wie insbesondere der Verspätungszuschlag, als strafrechtliche Anklage im konventionsrechtlichen Sinne gelten können und insoweit auch ein Verwendungsverbot zu fordern wäre.

In der Konstellation der Nichterklärung von erhaltenen Schmiergeldzahlungen sah es der BGH als geboten an, zum Ausgleich des Spannungsverhältnisses zwischen den Schutzgütern der §§ 30 Abs. 5 Nr. 5, 393 Abs. 2 S. 2 AO und der Selbstbelastungsfreiheit des Steuerpflichtigen geringere Anforderungen an die Konkretisierung der steuerlichen Erklärung zu stellen, als von § 90 AO gefordert. Geringere Anforderungen an die Konkretisierung zielen darauf ab, die Selbstbelastungsgefahr zu neutralisieren – unabhängig davon, ob dies tatsächlich dazu führt, da eine geringere Konkretisierung gerade den Verdacht des Finanzamtes wecken dürfte[803]. Nach der Rechtsprechung des EGMR wird die Selbstbelastungsgefahr grundsätzlich durch das Bestehen oder der Beabsichtigung einer strafrechtlichen Anklage gegen den Steuerpflichtigen indiziert. Ist noch kein Strafverfahren hinsichtlich der Bestechlichkeit eingeleitet oder beabsichtigt, so ist der Schutzbereich der konventionsrechtlichen Selbstbelastungsfreiheit in zeitlicher Hinsicht noch nicht eröffnet. Es bleibt aber auch bei eingeschränkter Konkretisierung dabei, dass die Angaben aufgrund der Strafbewehrung des § 370 Abs. 1 AO

802 BGH, Urteil vom 12.01.2005, 5 StR 191/04, NJW 2005, 763.
803 Siehe dazu Wulf, wistra 2006, 89, 94.

durch Zwang erlangt wurden mit der Folge, dass deren Verwendung in einem Strafverfahren gegen den Steuerpflichtigen gegen Art. 6 Abs. 1 EMRK verstieße. Aus konventionsrechtlicher Sicht ist die Reduzierung der Anforderungen an die Konkretisierung steuerlicher Angaben also unerheblich.

Fraglich erscheint auch, ob eine Selbstanzeige nach § 371 Abs. 1 AO dann die Zwangswirkung des § 370 Abs. 1 AO ausreichend neutralisieren kann. Als Unterfall des strafbefreienden Rücktritts „bildet die Selbstanzeige (§ 371 AO) einen persönlichen Strafaufhebungsgrund, der die bereits entstandene Strafbarkeit rückwirkend wieder beseitigt [...]“.[804] Sie muss die Berichtigung oder Ergänzung der ursprünglich unrichtigen oder unvollständigen Angaben oder die Nachholung unterlassener Angaben enthalten, sofern sie steuerlich relevant sind.[805] Der Steuerpflichtige muss also genau die Angaben liefern, die er unter der Strafdrohung des § 370 Abs. 1 AO im Rahmen seiner Mitwirkungspflicht machen musste. § 371 Abs. 1 AO greift als persönlicher Strafaufhebungsgrund nur ein, wenn der Steuerpflichtige die erzwungene Handlung vornimmt. Betrachtet man die zu neutralisierende Zwangswirkung aber als qualitative Größe, bestimmt man sie also danach, ob der Betroffene sich ihr entziehen kann, ohne die erzwungene Handlung vorzunehmen, dann kann § 371 Abs. 1 AO die Zwangswirkung nicht ausgleichen.

Somit dürfte die vom BGH angenommene Verwertbarkeit einer im Rahmen einer Selbstanzeige nach § 371 Abs. 1 AO offenbarten Urkundenfälschung und die einhergehende Auslegung, dass eine Selbstanzeige nicht dem Tatbestandsmerkmals des § 393 Abs. 2 S. 1 AO der Offenbarung „in Erfüllung steuerlicher Pflichten“ unterfällt,[806] mit der Rechtsprechung des EGMR nicht in Einklang stehen.

Hinsichtlich der aufgezeigten Defizite des deutschen Steuerrechts könnte die Reduzierung der von § 370 Abs. 1 AO ausgehenden Zwangswirkung bis unter die konventionsrechtliche Erheblichkeitsschwelle zwar eine einfache und elegante Lösung darstellen. Dies würde jedoch eine Entpönalisierung steuerlicher Vergehen und damit einen Systemwechsel bedeuten, so dass dieser Weg wohl nicht umsetzbar sein dürfte.

Um in Einklang mit der Rechtsprechung des EGMR zu stehen, bedarf die deutsche Rechtslage folgender Reformen:

Zunächst ist die Strafdrohung des § 370 Abs. 1 AO auf unter zwei Jahre Freiheitsstrafe, besser auf eine nach oben begrenzte Geldstrafe, zu reduzieren. Sodann sollte § 393 Abs. 2 S. 2 AO gestrichen werden.

---

804 Seer in Tipke/Lang, § 23, Rn. 54 (Hervorhebung im Original).

805 BGH, Urteil vom 05.05.2004, 5 StR 548/03, wistra 2004, 309, 310.

806 BGH, Urteil vom 05.05.2004, 5 StR 548/03, wistra 2004, 309, 312.

Im Steuerverfahren ist bei Festhalten an den zur Gewährleistung der Gleichmäßigkeit der Besteuerung und der Sicherung des Steueraufkommens gebotenen sanktionsbewehrten Mitwirkungspflichten ein steuerliches Verwertungsverbot hinsichtlich der Festsetzung der steuerlichen Nebenleistungen der §§ 152, 162 Abs. 4, 235 AO zu fordern. Zusätzlich müsste den strafrechtlichen sowie den steuerrechtlichen Verwertungsverboten Fernwirkung zukommen.

4.2 Das englische Recht

Das englische Steuerverfahrensrecht bleibt auf den ersten Blick deutlich hinter den Vorgaben des EGMR zurück. Ausgehend von der übereinstimmenden Einordnung der Selbstbelastungsfreiheit als strafverfahrensrechtliche Garantie ist der Schutzbereich des innerstaatlichen *privilege against self-incrimination* bzw. des *right to silence* hinsichtlich der Verfolgung von *civil offences* schon nicht eröffnet. Als solche gelten auch die steuerlichen Strafzuschläge und Bußgelder. Zudem gelten im Strafverfahren die Beweisverwertungsverbote der s. 76, 78 PACE 1984 nicht hinsichtlich steuerlicher Informationen – auch wenn diese durch Zwang erlangt worden sein sollten.

Doch ist es nach der Rechtsprechung des Gerichtshofs gerade die nicht hinreichend neutralisierte Zwangswirkung, die konstitutiv für eine Verletzung der konventionsrechtlichen Selbstbelastungsfreiheit ist. Die an eine Verletzung steuerlichen Mitwirkungspflichten im englischen Steuerverfahrensrecht geknüpften Sanktionen bleiben aber weitgehend unter der vom EGMR definierten Erheblichkeitsschwelle, die sich bei Geldbußen bzw. Steuerzuschlägen zwischen 300 bis 1000 GBP bewegt. So sanktioniert s. 93 (2) TMA 1970 die Nichtabgabe einer Einkommensteuererklärung zunächst mit einem Bußgeld von 100 GBP. Eine gleichlaufende Regelung findet sich in s. 93A (1), (2) TMA 1970 hinsichtlich der Nichtabgabe der Steuererklärungen einer *partnership.* Nach s. 98 (1) (i) TMA 1970 ist u. a. die Mitwirkungspflicht nach s. 20 (1) TMA 1970, der *HMRC* ermächtigt, über die Steuererklärung hinaus weitere Informationen und Dokumente vom Steuerpflichtigen anzufordern, mit einem Bußgeld von bis zu 300 GBP bewehrt.

Erst bei fortgesetzter Mitwirkungsverweigerung kann *HMRC* nach s. 93 (3) TMA 1970 bzw. nach s. 98 (1) (ii) TMA 1970 beim *First-Tier Tribunal (Tax)* die Verhängung eines weiteren Bußgelds von bis zu 60 GBP pro Tag der Weigerung beantragen. Erst dieses weitere Bußgeld überschreitet die Erheblichkeitsschwelle, da die Höhe des Bußgeldes nach oben offen ist. Damit ist nach dem *Funke*-Urteil des EGMR jedoch bereits eine solche Zwangsintensität verbunden, dass allein hierdurch dann bereits der Kerngehalt der Garantie ausgehöhlt ist. Durch das vorgesehene gestufte Vorgehen sieht sich der Steuerpflichtige zunächst nur einer höchstmöglichen Sanktion von 100 GBP bzw. 300 GBP ausgesetzt. Die nächste Stufe knüpft dann erst an die fortgesetzte Weigerung an. Hiervon scheint auch der EGMR in der Entscheidung *Brian Roger Allen ./. Vereinigtes Königreich* ausgegangen zu sein, in dem er in der Beurteilung der Zwangsintensität nur die konkrete Festsetzung berücksichtigt hat.

Über die Erheblichkeitsschwelle hinaus gehen dürften aber die Sanktionierungen der Verletzung von Mitwirkungspflichten im englischen Umsatzsteuerrecht. Charakteristisch ist hier die Verhängung von Strafzuschlägen, die sich nach Prozentanteilen bis zu 100% der durch die Pflichtverletzung verkürzten oder hinterzogenen Umsatzsteuer bemessen. So sanktioniert s. 60 (1) VATA 1994 die Abgabe einer bewusst falschen Erklärung zum Zwecke der Steuerhinterziehung mit einem Strafzuschlag von bis zu 100% der hinterzogenen Umsatzsteuer.

Trotz der Nichtgeltung des nemo-tenetur-Grundsatzes im englischen Steuerverfahren steht das Sanktionensystem des englischen Steuerrechts – mit Ausnahme des umsatzsteuerrechtlichen Sanktionensystems – in Einklang mit der konventionsrechtlichen Gewährleistung der Selbstbelastungsfreiheit.

II. Gebot angemessener Verfahrensdauer

1. Rechtsprechung der Konventionsorgane

Die bisher meistgerügte Verletzung des Art. 6 Abs. 1 EMRK bezieht sich auf das Gebot der angemessenen Verfahrensdauer. Die Garantie ist Ausfluss des Gebots effektiven Rechtsschutzes, dient daher insbesondere im Strafverfahren dazu, die mit einem solchen Verfahren verbundene Ungewissheit gering zu halten[807]. Dieser Aspekt ist jedoch auch bei Verfahren unter der zivilrechtlichen Rubrik relevant, insbesondere bei steuerrechtlichen Streitigkeiten, soweit sie erfasst werden. Hier steht sieht sich der Steuerpflichtige im Rahmen der Eingriffsverwaltung hoheitlichem Handeln ausgesetzt, das in seiner Eingriffsintensität einer (Geld-)Strafe durchaus gleichwertig ist. Bedenkt man, dass der Schutzbereich des Art. 6 Abs. 1 EMRK unter der zivilrechtlichen Rubrik in steuerrechtlichen Streitigkeiten nur dann eröffnet wird, wenn um Steuererstattungen gestritten wird, wenn also im Gegensatz zum Strafverfahren der Eingriff in die Rechtsposition des Betroffenen bereits erfolgt ist, so ist für steuerrechtliche Streitigkeiten das

807 Grabenwarter/Pabel, EMRK, § 24, Rn. 69. Zur Rechtsprechung des Gerichtshofs im allgemeinen zum Gebot angemessener Verfahrensdauer vergleiche die ausführliche Darstellung bei Grabenwarter/Pabel, EMRK, § 24, Rn. 69–72, an der sich die Darstellung unter 1.1 orientiert.

Gebot einer angemessenen Verfahrensdauer bei Verfahren, die unter die zivilrechtliche Rubrik fallen, noch bedeutsamer.

1.1 Rechtsprechung des Gerichtshofs im allgemeinen

Der zu beurteilende Zeitraum umfasst grundsätzlich das gesamte Streitverfahren, in Strafverfahren ab dem Zeitpunkt der Anklageerhebung im konventionsrechtlichen Sinne, also nach ständiger Rechtsprechung der Zeitpunkt, ab dem die Situation des Betroffenen von den Ermittlungen maßgeblich beeinflusst wurde[808], in zivilrechtlichen Verfahren ab Zeitpunkt der Klageerhebung[809]. Bei verwaltungsgerichtlichen Verfahren ist auch die Dauer eines etwaigen verwaltungsrechtlichen Vorverfahrens einzubeziehen, wenn dessen Durchführung Sachentscheidungsvoraussetzung für das gerichtliche Verfahren ist.[810] Er endet mit dem Ende des Verfahrens, konkret mit der Zustellung der abschließenden Entscheidung[811].

Gelegentlich stellt der Gerichtshof auch bloß auf einen Verfahrensabschnitt ab, wenn dieser bereits zu lange gedauert hat.[812]

Miteinbezogen wird auch ein verfassungsgerichtliches Verfahren, wobei jedoch bei der Beurteilung der Verfahrensdauer die besondere Stellung und Aufgabe des Verfassungsgerichts berücksichtigt wird[813].

Eine fixe Zeitspanne gibt die Rechtsprechung nicht vor.[814] Vielmehr beurteilt der Gerichtshof die Angemessenheit der Verfahrensdauer aufgrund einer Einzelfallbetrachtung anhand vierer Kriterien: der Komplexität der Sache, ihrer Bedeutung für den Beschwerdeführer sowie des Verhaltens des Beschwerdeführers und der Gerichte und Behörden.[815]

Die Bedeutung der Sache bestimmt sich nach der subjektiven Bedeutung des Verfahrensausgangs für den Beschwerdeführer. Bei einer besonderen Bedeutung kann bereits eine geringere Zeitspanne als unangemessen gelten.[816] Bejaht wurde

---

808 EGMR, Urteil vom 15.07.1982, 8130/78 – Eckle ./. Deutschland, Rn. 73, Series A 51; Urteil vom 02.10.2003, 41444/98 – Hennig ./. Österreich, Rn. 32.

809 EGMR, Urteil vom 26.03.1992, 11760/85 – Editions Périscope ./. Frankreich, Rn. 43, Series A 234-B.

810 EGMR, Urteil vom 28.06.1978, 6232/73 – König ./. Deutschland, Rn. 98, Series A 27; Urteil vom 23.04.1987, 9616/81 – Erkner u. Hofauer ./. Österreich, Rn. 64, Series A 117.

811 EGMR, Urteil vom 29.08.1997, 22714/93 – Worm ./. Österreich, Rn. 33, Reports 1997–V.

812 EGMR, Urteil vom 21.12.1999, 26297/95 – G.S. ./. Österreich, Rn. 33–37.

813 EGMR, Urteil vom 27.07.2000, 33379/96 – Klein ./. Deutschland, Rn. 39 f.

814 So im Ergebnis auch Grabenwarter/Pabel, EMRK, § 24, Rn. 70.

815 EGMR, Urteil vom 28.06.1978, 6232/73 – König ./. Deutschland, Rn. 102–105, 107–111, Series A 27; Urteil vom 06.05.1981, 7759/77 – Buchholz ./. Deutschland, Rn. 49, Series A 42.

816 Grabenwarter/Pabel in Grote/Marauhn, Kap. 14, Rn. 104; Grabenwarter/Pabel, EMRK, § 24, Rn. 70.

sie in strafrechtlichen Verfahren bei einer Inhaftierung des Beschwerdeführers[817], in zivilrechtlichen Verfahren bei familienrechtlichen Streitigkeiten oder Auswirkungen des Verfahrensausgangs auf den Lebensunterhalt des Betroffenen, insbesondere bei arbeitsrechtlichen Verfahren[818].

Das Merkmal der Komplexität der Sache bildet Umfang und Schwere des Falles in Sach- oder Rechtsfragen ab.[819] Eine besondere Komplexität kann eine längere Verfahrensdauer rechtfertigten, wenn dies der Sicherung einer ordnungsgemäßen Rechtsprechung dient[820]. Als besonders komplex hat der Gerichtshof bisher regelmäßig Wirtschaftsstrafverfahren angesehen[821], oder allgemein Verfahren, in denen eine Vielzahl an Zeugen bzw. Sachverständigen vernommen oder umfangreiches Aktenmaterial gesichtet werden muss[822].

Ein Verhalten des Beschwerdeführers, das das Verfahren verzögert hat, wird bei der Beurteilung berücksichtigt, es darf ihm jedoch nicht zum Nachteil gereichen, alle ihm zur Verfügung stehenden Rechtsmittel zu ergreifen[823] oder die Befangenheit des Richters zu rügen[824]. Eine aktive Zusammenarbeit mit den Strafverfolgungsbehörden kann im Strafverfahren nicht gefordert werden.[825] Die Behörden und Gerichte hingegen haben das Verfahren zügig zu betreiben, Phasen der Inaktivität[826] oder Verzögerungen durch das Einlegen von Rechtsmitteln[827] haben sie grundsätzlich zu verantworten, ebenso wie Verzögerungen durch das Unterlassen des Gerichts, für eine zügige Erstattung von Sachverständigengutachten zu sorgen[828] oder durch mangelnde Kooperation der Behörden[829]. Sie können sich grundsätzlich auch nicht auf Arbeitsüberlastung berufen. Die

---

817 EGMR, Urteil vom 27.06.1968, 2122/64 – Wemhoff ./. Deutschland, Rn. 17 der Entscheidungsgründe, Series A 7.

818 Grabenwarter/Pabel, EMRK, § 24, Rn. 70.

819 Grabenwarter/Pabel, EMRK, § 24, Rn. 70.

820 EGMR, Urteil vom 12.10.1992, 12919/87 – Boddaert ./. Belgium, Rn. 39, Series A 235-D; Urteil vom 27.10.1994, 12539/86 – Katte Klitsche de la Grange ./. Italien, Rn. 61, Series A 239-B.

821 EGMR, Urteil vom 27.06.1968, 2122/64 – Wemhoff ./. Deutschland, Rn. 17 der Entscheidungsgründe, Series A 7.

822 EGMR, Urteil vom 16.12.2003, 42083/98 – Mianowski ./. Polen, Rn. 47; Urteil vom 30.09.2004, 41171/98 – Zaprianov ./. Bulgarien, Rn. 19, 80 (23 Zeugen und fünf Sachverständige).

823 EGMR, Urteil vom 08.12.1983, 7984/77 – Pretto u. a. ./. Italien, Rn. 71, Series A 71; Urteil vom 11.12.2003, 50064/99 – Girardi ./. Österreich, Rn. 56.

824 EGMR, Urteil vom 13.07.2004, 37761/97 – Lislawska ./. Polen, Rn. 34.

825 EGMR, Urteil vom 15.07.1982, 8130/78 – Eckle ./. Deutschland, Rn. 82, Series A 51.

826 EGMR, Urteil vom 02.10.2003, 41444/98 – Hennig ./. Österreich, Rn. 35.

827 EGMR, Urteil vom 04.03.2004, 75139/01 – Pibernik ./. Kroatien, Rn. 56f.

828 EGMR, Urteil vom 02.12.2003, 42042/98 – Peryt ./. Polen, Rn. 57; Urteil vom 08.07.2004, 20077/02 – Wohlmeyer Bau GmbH ./. Österreich, Rn. 52.

829 EGMR, Urteil vom 08.07.2004, 42987/98 – Vachev ./. Bulgarien, Rn. 96.

Konventionsstaaten haben ihre Justizorgane so zu organisieren, dass für jedermann eine angemessene Verfahrensdauer gewährleistet ist.[830]

1.2 Rechtsprechung in Steuersachen

Bei der Untersuchung der Rechtsprechung zum Gebot einer angemessenen Verfahrensdauer in steuerrechtlichen Verfahren fällt zunächst auf, dass keine Entscheidung unter der zivilrechtlichen Rubrik ergangen ist, was bei der restriktiven Handhabung des EGMR hinsichtlich der Schutzbereichseröffnung aber auch wenig verwunderlich ist.

Somit knüpfen sämtliche ersichtlichen Entscheidungen an die Erhebung einer strafrechtlichen Anklage an. Ließ der Gerichtshof den zu beurteilenden Zeitraum in einer älteren Entscheidung erst mit der Klageerhebung des Steuerpflichtigen gegen die verhängte Sanktion beginnen,[831] so stellte er aber in der Folge auf den Zeitpunkt der Erhebung der strafrechtlichen Anklage ab. Als Erhebung der strafrechtlichen Anklage wertete er bereits die Mitteilung des Betriebsprüfungsberichts, in dem bereits die Verhängung eines Säumniszuschlages vorsah[832] oder die Bekanntgabe einer *Hansard*-Warnung im englischen Steuerverfahren[833]. Sind gegen eine Kapitalgesellschaft steuerliche Strafzuschläge festgesetzt worden, dann ist für das gegen den Geschäftsführer angestrengte Strafverfahren wegen Steuerbetruges dies nicht der maßgebliche Anfangszeitpunkt des zu beurteilenden Zeitraums, sondern erst die Befragung des und Verdachtseröffnung gegenüber dem Geschäftsführer.[834]

Verfahren betreffend die Festsetzung von Straf-, Verspätungs- oder Säumniszuschlägen sah der Gerichtshof stets als komplex an, wenn das Gericht im Rahmen seiner Überprüfung der Festsetzung des Zuschlags auch die ihr zugrunde liegende Steuerfestsetzung zu überprüfen hatte, da die Höhe des Zuschlags von der festgesetzten Steuer abhing.[835] Erst recht ordnete er das Verfahren als komplex ein, wenn zur Festsetzung des Zuschlags die Finanzbehörde zunächst eine Nachveranlagung durchzuführen hatte, die ebenfalls vom Gericht zu überprüfen war.[836] Auch kann ein Finanzprozess die Komplexität eines Strafverfahrens

830 EGMR, Urteil vom 24.05.1991, 11891/85 – Vocaturo ./. Italien, Rn. 17, Series A 206-C.
831 EGMR, Urteil vom 22.09.1994, 13616/88 – Hentrich ./. Frankreich, Rn. 58, Series A 296-A.
832 EGMR, Urteil vom 23.07.2002, 34619/97 – Janosevic ./. Schweden, Rn. 92, ECHR 2002–VII.
833 EGMR, Urteil vom 16.11.2004, 13881/02 – King ./. Vereingtes Königreich, Rn. 33.
834 EGMR, Urteil vom 22.05.1998, 21961/93 – Hozee ./. Niederlande, Rn. 44, 46, Reports 1998–III.
835 EGMR, Urteil vom 23.07.2002, 34619/97 – Janosevic ./. Schweden, Rn. 95, ECHR 2002–VII.
836 EGMR, Entscheidung vom 16.05.2000, 40042/98 – Georgiou ./. Vereinigtes Königreich.

beeinflussen, wenn der Ausgang eines Finanzprozesses abgewartet wird und das Strafverfahren deshalb ausgesetzt wurde.[837]

Steuerrechtlichen Verfahren, die als Annexverfahren unter den Schutzbereich der zivilrechtlichen Rubrik fallen, sind demnach grundsätzlich auch als komplexe Verfahren anzusehen. Schließlich impliziert die Prüfung eines Steuererstattungsanspruchs eine Überprüfung der vorgenommenen Steuerveranlagung.

Eine besondere Bedeutung für den Beschwerdeführer hat der EGMR nur dann angenommen, wenn die in Streit stehenden Zuschläge gegen den Beschwerdeführer bereits vollstreckt worden sind („*Nor can the relative complexity of the case justify such lengthy periods. On the contrary, the enforcement measures taken against the applicant called for a prompt examination of his appeals*")[838]. Die Höhe der Zuschläge wurde dabei nicht explizit mit in die Erwägungen einbezogen, sie war aber mit 161.261 SEK (ca. 15.520 EUR) auch nicht unbedeutend. Allerdings hat der Gerichtshof auch bei höheren Steuerzuschlägen eine besondere Bedeutung für den Beschwerdeführer verneint. Im Urteil *King ./. Vereinigtes Königreich* sah der Gerichtshof zwar einen noch nicht vollstreckten Strafzuschlag von 50.000 GBP als erheblich an, doch verneinte er eine besondere Bedeutung mit dem Hinweis, dass die Verfahrensverzögerung dem Beschwerdeführer einen Zinsvorteil verschafft habe.[839] Maßgebend dürfte also in erster Linie die Tatsache sein, ob der Beschwerdeführer bereits eine Vermögenseinbuße erlitten hat.

Hieraus ergeben sich Konsequenzen für diejenigen steuerrechtlichen Verfahren, die unter die zivilrechtliche Rubrik fallen. Maßgebend für die Schutzbereichseröffnung ist hier der restitutive Charakter des geltend gemachten Steuererstattungsanspruchs. Der Steuerpflichtige hat also gerade eine Vermögenseinbuße in Form einer rechtswidrig erhobenen Steuer erlitten. Damit dürfte in diesen Fällen stets die besondere Bedeutung des Verfahrens für den Steuerpflichtigen zu bejahen sein.

Eine Verfahrensverzögerung, die durch die Unfähigkeit des Beschwerdeführers bedingt ist, die Streitfrage präzise zu formulieren, wird diesem zugerechnet, ebenso eine Verzögerung durch erstmaliges Rügen von Rechtsfehlern der ersten Tatsacheninstanz erst in der zweiten Revisionsinstanz.[840] Nicht zugerechnet wird dem Beschwerdeführer jedoch eine – auch mehrfache – Aussetzung des Strafverfahrens auf dessen Antrag oder auch auf den vom Beschwerdeführer gebilligten Antrag von Finanzbehörde oder Staatsanwaltschaft zur Klärung steuerlicher Sachverhalte im Rahmen eines finanzgerichtlichen Verfahrens. Nach Auffassung

837 EGMR, Urteil vom 10.10.2006, 36288/97 – Fryckman ./. Finnland, Rn. 33, 35.
838 EGMR, Urteil vom 23.07.2002, 34619/97 – Janosevic ./. Schweden, Rn. 94, ECHR 2002–VII.
839 EGMR, Urteil vom 16.11.2004, 13881/02 – King ./. Vereingtes Königreich, Rn. 39.
840 EGMR, Entscheidung vom 16.05.2000, 40042/98 – Georgiou ./. Vereinigtes Königreich.

des Gerichtshofs dienten die Aussetzungen auch der Vorbereitung der Verteidigung und dürften daher dem Beschwerdeführer nicht zum Nachteil gereichen.[841]

Ist kein dem Beschwerdeführer zurechenbarer Verursachungsbeitrag ersichtlich, so wird auch in steuerrechtlichen Verfahren eine Verfahrensverzögerung der Behörde oder dem entscheidenden Gericht zugerechnet, wenn nicht die Komplexität des Verfahrens diese rechtfertigt („*There is no indication that the applicant contributed to the length of those periods by his conduct. Nor can the relative complexity of the case justify such lengthy periods.* [...] *The length of the proceedings must therefore be attributed to the conduct of the authorities*").[842] Eine solche Rechtfertigung hat der Gerichtshof jedoch bislang in keinem steuerrechtlichen Sachverhalt angenommen. Die jeweilige Verfahrensdauer betrug sechs Jahre[843] bis hin zu 13 Jahren und zehn Monaten[844]. In der *Georgiou*-Entscheidung berief sich der Gerichtshof zwar darauf, dass ein komplexes Verfahren zwar eine längere Vefahrensdauer rechtfertigen könne, ging aber davon aus, dass das Verhalten des Beschwerdeführers (diffus gefasste Anträge, spätes Rügen von Rechtsfehlern) zu dieser Komplexität „in unnötiger Weise" beigetragen habe, sodass er in der Folge die Verfahrensdauer von sechs Jahren als angemessen ansah. Eine Verletzung des Gebots einer angemessenen Verfahrensdauer hat der EGMR in Verfahren angenommen, in denen die Verfahrensverzögerung den Finanzbehörden oder Gerichten zugerechnet werden konnte. Nicht mehr angemessen waren Verfahrensdauern von sechs Jahren und acht Monaten an aufwärts[845].

Berücksichtigt man, dass die bisherige Rechtsprechung des Gerichtshof im allgemeinen eine Verfahrensdauer ungefähr ab fünf Jahren als unangemessen beurteilt,[846] erscheint es möglich, dass dies auch in steuerrechtlichen Verfahren durchaus eine Richtschnur darstellen könnte. Dafür spricht, dass zwar die Einordnung steuerlicher Sachverhalte als besonders komplex eine längere Verfahrensdauer rechtfertigen kann, dies aber durch die besondere Bedeutung für den Steuerpflichtigen wieder aufgewogen werden kann. Bei Verfahren, die dem zivilrechtlichen Schutzbereich des Art. 6 Abs. 1 EMRK unterfallen sowie bei Verfahren unter dem strafrechtlichen Schutzbereich, in denen Steuerzuschläge bereits gezahlt oder vollstreckt sind, ist diese besondere Bedeutung aber regelmäßig zu

841 EGMR, Urteil vom 10.10.2006, 36288/97 – Fryckman ./. Finnland, Rn. 48.

842 EGMR, Urteil vom 23.07.2002, 34619/97 – Janosevic ./. Schweden, Rn. 94, ECHR 2002–VII.

843 EGMR, Urteil vom 23.07.2002, 34619/97 – Janosevic ./. Schweden, ECHR 2002–VII.

844 EGMR, Urteil vom 16.11.2004, 13881/02 – King ./. Vereingtes Königreich.

845 Vgl. EGMR, Urteil vom 23.07.2002, 34619/97 – Janosevic ./. Schweden, Rn. 92, 95, ECHR 2002–VII; Urteil vom 22.09.1994, 13616/88 – Hentrich ./. Frankreich, Rn. 58, 61, Series A 296-A (sieben Jahre, drei Monate); Urteil vom 16.11.2004, 13881/02 – King ./. Vereingtes Königreich, Rn. 33, 42 (13 Jahre, zehn Monate).

846 Vgl. Baker, [2000] B.T.R. 211, 239.

bejahen. Dies wird auch durch die Entscheidungspraxis der ehemaligen EKMR gestützt, die – wenn auch ohne nähere argumentative Auseinandersetzung – in einem auf Steuererstattung gerichteten Verfahren eine Verfahrensdauer von fünf Jahren und vier Monaten bereits als unangemessen ansah.[847]

2. Rechtslage in Deutschland

Das Grundrecht auf effektiven Rechtsschutz, das hinsichtlich der Verwaltungsgerichtsbarkeit aus Art. 19 Abs. 4 S. 1 GG folgt, gewährleistet auch wirksamen Rechtsschutz in angemessener Zeit.[848] Die Verletzung von Art. 19 Abs. 4 S. 1 GG durch eine übermäßig lange Verfahrensdauer ist auch für das steuerrechtliche Verfahren anerkannt.[849] Allerdings berücksichtigt der Bundesfinanzhof im Rahmen einer Verfahrensrüge nach § 115 Abs. 2 Nr. 3 FGO lediglich die Verfahrensdauer vor den Finanzgerichten, nicht die des Einspruchsverfahrens.[850]

Allgemeingültige Zeitvorgaben existieren nicht.[851] Auch lassen sich nach Auffassung des Bundesverfassungsgerichts dem Grundgesetz keine Grundsätze zur Bestimmung der Angemessenheit der Verfahrensdauer entnehmen, so dass die Angemessenheit der Dauer eines Verfahrens stets nach den besonderen Umständen des einzelnen Falles zu bestimmen ist.[852] Das Bundesverfassungsgericht nimmt die in das Ermessen des Gerichts gestellte Ausgestaltung der Verfahrensführung als Ausgangspunkt. Lasse der Arbeitsanfall des betreffenden Spruchkörpers eine alsbaldige Bearbeitung und Terminierung sämtlicher zur Entscheidung anstehender Fälle nicht zu, so müsse dieser zwangsläufig eine zeitliche Reihenfolge festlegen.[853] Dies definiert einen relativen Maßstab: Bei gleichmäßiger Verzögerung sämtlicher Verfahren „kann eine unangemessene zeitliche Verfahrensgestaltung nicht vorliegen."[854]

---

847 EKMR, Entscheidung vom 24.10.1995, 25564/94 – Filipello ./. Italien, Rn. 10–12.

848 Vgl. BVerfG, Beschluss vom 22.01.1978, 2 BvR 887/73 und 379, 497, 526/74, BVerfGE 40, 237, 257; Beschluss vom 16.12.1980, 2 BvR 419/80, BVerfGE 55, 349, 369; Beschluss vom 12.01.1983, 2 BvR 864/81, BVerfGE 63, 45, 68 f.; Beschluss vom 20.04.1982, 2 BvL 26/81, BVerfGE 60, 253, 269; Beschluss vom 16.05.1995, 1 BvR 1087/91, BVerfGE 93, 1, 13.

849 BVerfG, Beschluss vom 22.01.1987, 1 BvR 103/85, DB 1987, 1722; Beschluss vom 07.01.1992, 1 BvR 1490/89, DB 1992, 1224; BFH, Urteil vom 17.12.1996, IX R 47/95, BFHE 182, 178; Urteil vom 23.02.1999, IX R 19/98, BFHE 188, 264 m. w. N.

850 BFH, Beschluss vom 26.09.2007, VII B 75/07, BFH/NV 2008, 126.

851 BVerfG, Beschluss vom 06.05.1997, 1 BvR 711/96, NJW 1997, 2811; Beschluss vom 16.12.1980, 2 BvR 419/80, BVerfGE 55, 349, 369.

852 BVerfG, Beschluss vom 16.12.1980, 2 BvR 419/80, BVerfGE 55, 349, 369.

853 BVerfG, Beschluss vom 16.12.1980, 2 BvR 419/80, BVerfGE 55, 349, 369.

854 List, DB 2005, 571, 572.

So hat das Finanzgericht Köln sogar eine gerichtliche Verfahrensdauer von insgesamt knapp 14 Jahren, von denen sechs Jahre auf den ersten Rechtszug entfielen, drei Jahre auf das Revisionsverfahren und weitere knappe fünf Jahre auf den zweiten Rechtszug, als im Rahmen der üblichen Verfahrensdauer angesehen, da keine Umstände ersichtlich waren, die ein zeitliches Vorziehen der Entscheidung des Verfahrens angezeigt sein ließen.[855]

Nur wenn „die Dauer des konkreten Verfahrens den üblichen zeitlichen Rahmen" überschreitet, wird geprüft, „ob bestimmte, gerade für den zu beurteilenden Fall vorliegende Umstände die Verzögerung verursacht haben."[856] Im Rahmen einer Abwägung werden hierbei insbesondere die „Auswirkungen einer langen Verfahrensdauer für die Beteiligten"[857], die „Schwierigkeit der Sachmaterie"[858] und „das den Beteiligten zuzurechnende Verhalten"[859], die Natur des Verfahrens und die Bedeutung der Sache,[860] und „die gerichtlich nicht zu beeinflussenden Tätigkeiten von Dritten, wie etwa Sachverständigen"[861] berücksichtigt.[862] Der Staat kann sich hierbei jedoch nicht auf „Umstände berufen, die in seinem Verantwortungsbereich liegen".[863]

Als besondere Bedeutung der Sache für die Beteiligten hat die Rechtsprechung das Alter des Steuerpflichtigen sowie eine aufgrund Krankheit oder ähnlicher Umstände verminderte Lebenserwartung berücksichtigt. Eine Verfahrensdauer von fünf Jahren vor dem Finanzgericht hat das Bundesverfassungsgericht bereits deshalb als unangemessen angesehen, weil die Klägerin, die kurz vor Ergehen des Urteils bereits aufgrund der bisherigen Verfahrensdauer Verfassungsbeschwerde eingelegt hatte, zu diesem Zeitpunkt 65 Jahre alt war.[864] Auch das Alter der Zeugen ist maßgebend, jedenfalls wenn die Beweislage schwierig und ausschließlich durch die Vernehmung von Zeugen geklärt werden kann.[865]

Eine große zeitliche Distanz zur streitigen Veranlagung indiziert ebenfalls eine besondere Bedeutung für den Steuerpflichtigen, der an der Klärung seiner Verpflichtungen interessiert sei. Im konkreten Fall sah das Bundesverfassungs-

855 FG Köln, Urteil vom 21.11.2005, 12 K 436/01, juris.
856 List, DB 2005, 571, 572.
857 BVerfG, Beschluss vom 14.10.2003, 1 BvR 901/03, NVwZ 2004, 334, 335.
858 BVerfG, Beschluss vom 20.07.2000, 1 BvR 352/00, NJW 2001, 214, 215.
859 BVerfG, Beschluss vom 20.07.2000, 1 BvR 352/00, NJW 2001, 214, 215.
860 BVerfG, Beschluss vom 04.10.1977, 2 BvR 80/77, BVerfGE 46, 17, 29.
861 BVerfG, Beschluss vom 20.07.2000, 1 BvR 352/00, NJW 2001, 214, 215.
862 BVerfG, Beschluss vom 14.10.2003, 1 BvR 901/03, NVwZ 2004, 334, 335.
863 BVerfG, Beschluss vom 14.10.2003, 1 BvR 901/03, NVwZ 2004, 334, 335.
864 BVerfG, Beschluss vom 22.01.1987, 1 BvR 103/85, DB 1987, 1722.
865 BFH, Urteil vom 23.02.1999, IX R 19/98, BFHE 188, 264, 269.

gericht einen Zeitraum von 20 Jahren zwischen Veranlagungszeitraum und erstinstanzlichem Urteil als problematisch an.[866]

Nicht jeder steuerrechtlicher Sachverhalt wird von der Rechtsprechung als tatsächlich oder rechtlich schwierig angesehen. Die Frage nach der steuerlichen Anerkennung einer Rücklage für Ersatzbeschaffung ist nach Auffassung des Bundesverfassungsgerichts weder rechtlich noch tatsächlich schwierig.[867] Gleiches gilt für die Streitfrage nach der dauernden Vermietung einer Wohnung im Rahmen der Klärung einer steuerlichen Anerkennung von Verlusten aus Vermietung und Verpachtung.[868]

Als in tatsächlicher Hinsicht komplex hat das Niedersächsische Finanzgericht die Frage nach der Gewerblichkeit des Grundstückshandels angesehen, wobei die wirtschaftliche Zurechnung einzelner Grundstücke in Streit stand.[869]

Indiz für die besondere rechtliche Schwierigkeit kann auch sein, dass bezüglich der Streitfrage ein Musterverfahren durchgeführt und das laufende Verfahren ausgesetzt wurde, um dessen Ausgang abzuwarten.[870]

Einen Verstoß gegen das Grundrecht auf effektiven Rechtsschutz wegen überlanger Verfahrensdauer nimmt die Finanzrechtsprechung nur an, wenn die Verfahrensdauer auf Umständen beruht, die Finanzverwaltung oder Finanzgericht zu vertreten haben „und die Dauer des Verfahrens als unverständlich und nicht gerechtfertigt erscheinen lassen".[871] Die Zurechnung von Verfahrensverzögerungen an Finanzverwaltung oder Finanzgerichte handhabt der Bundesfinanzhof eher restriktiv. Zwar rechnet er die grundlose Nichtförderung des Verfahrens seitens des Finanzgerichts diesem unproblematisch zu und ordnet folglich eine erstinstanzliche Verfahrensdauer von sechs Jahren und neun Monaten angesichts einer Nichtförderung über einen Zeitraum von ungefähr vier Jahren als nicht mehr als angemessen ein.[872] Andererseits rechnet er die von dritten Behörden verursachte Verfahrensverzögerung weder Gericht noch Finanzverwaltung zu. So wertete der BFH eine Verfahrensdauer von sechs Jahren vor dem Finanzgericht, wovon insgesamt zwei Jahre und drei Monate ohne Verfahrensförderung seitens des Gerichts verstrichen waren, nicht als unangemessen lang. Die Nichtförderung rechnete er dabei dem Finanzgericht nicht zu, da sie einerseits auf zweijährigem

---

866 BVerfG, Beschluss vom 22.01.1987, 1 BvR 103/85, DB 1987, 1722.

867 BVerfG, Beschluss vom 20.05.1988, 1 BvR 273/88, INF 1989, 454. Ob im konkreten Fall aber eine Verfahrensdauer von acht Jahren vor dem Finanzgericht und weiteren drei Jahren vor dem Bundesfinanzhof Art. 19 Abs. 4 S. 1 GG verletzt, ließ das Gericht jedoch offen.

868 BFH, Urteil vom 23.02.1999, IX R 19/98, BFHE 188, 264, 269.

869 FG Niedersachsen, Urteil vom 13.12.2000, 9 K 130/94, rkr., EFG 2001, 1389.

870 FG Saarland, Gerichtsbescheid vom 15.07.2005, 1 K 353/02, juris.

871 BFH, Urteil vom 23.02.1999, IX R 19/98, BFHE 188, 264, 268; Beschluss vom 17.03.2008, II S 24/07 (PKH), BFH/NV 2008, 1176; Beschluss vom 26.11.2008, II B 71/07.

872 BFH, Urteil vom 23.02.1999, IX R 19/98, BFHE 188, 264, 269 f.

Abwarten einer Aktenübersendung von der Ausländerbehörde beruhte und andererseits auf dreimonatigem Warten auf Übersendung einer Ermittlungsakte von der Staatsanwaltschaft.[873] Dies vermag angesichts der Rechtsprechung des Bundesverfassungsgerichts nicht recht zu überzeugen, die dem Staat die Berufung auf solche Umstände verwehrt, die den staatlichen Verantwortungsbereich fallen.[874] Dies umfasst auch den Zuständigkeitsbereich anderer öffentlicher Behörden. Für den Steuerpflichtigen macht es keinen Unterschied, aus welchem staatlichen Zuständigkeitsbereich die Verfahrensverzögerung herrührt.

3. Rechtslage in England

Das englische Recht kennt keine einheitliche und ausdrückliche Garantie einer angemessenen Verfahrensdauer.[875] Konkrete zeitliche Vorgaben existieren lediglich im Strafverfahrensrecht und auch nur im Hinblick auf die maximal zulässige Dauer der Untersuchungshaft[876].

Ursprünglich wurde die Problematik der Verfahrensverzögerung unter der common law-doctrine *abuse of process* thematisiert. Obwohl die Doktrin in ihren Einzelheiten unscharf und umstritten ist,[877] setzt die Annahme eines abuse jedenfalls ein Parteiverhalten voraus, das die Integrität und Effektivität des Gerichtes gefährdet[878], konkreter gefasst: eine vorsätzliche Manipulation, Störung oder Vereitelung des Verfahrens durch eine Prozesspartei oder ihren Prozessvertreter.[879] Im Strafverfahren wird eine Verfahrensverzögerung durch die Strafverfolgungsbehörden nur dann als *abuse of process* qualifiziert, wenn sie vorsätzlich und erheblich ist und zu einer schweren Beeinträchtigung der Interessen des Angeklagten dahingehend führt, dass ein faires Verfahren nicht mehr stattfinden kann.[880]

Praktisch nicht anwendbar ist die Doktrin jedoch im Finanzprozess vor den *General Commissioners*, *Special Commissioners* und dem *VAT Tribunal* bzw. dem neuen *First-Tier Tribunal (Tax Chamber)*. Das Recht zur Sanktionierung eines Parteiverhaltens als *abuse of process* fließt aus den *inherent powers of jurisdiction* des Gerichts. Sowohl die *General* wie *Special Commissioners* als

873 BFH, Beschluss vom 01.04.2009, X B 90/08, BFH/NV 2009, 1135.
874 BVerfG, Beschluss vom 14.10.2003, 1 BvR 901/03, NVwZ 2004, 334, 335.
875 Dickson in Weissbrodt/Wolfrum, S. 501.
876 Prosecutions of Offences (Custody Time Limits) Regulations.
877 Hierzu Andrews, S. 65 ff.
878 Pattenden, S. 37.
879 Andrews, S. 65.
880 Attorney General's Reference No. 1 of 1990, [1992] 1 QB 630 CA.

auch das *VAT Tribunal* sind bzw. waren keine formellen Gerichte, sondern als Tribunale lediglich *Statutory Bodies*. Ihr Verfahrensrecht sieht keine Möglichkeit der Sanktionierung vor.[881] Eine Sanktionierung kommt daher erst ab dem Revisionsverfahren vor dem *Court of Appeal* in Betracht.

Es findet sich jedoch in den *overriding objectives* der einzelnen gerichtlichen Verfahrensordnungen das Gebot einer zügigen und fairen Verfahrensführung, so in r. 1.1 (2) (d) der *Civil Procedure Rules 1999* und wortgleich in r. 1.1 (2) (e) der *Criminal Procedure Rules*. Präziser gefasst wird das Gebot für das Verfahren in Steuersachen vor dem *First-Tier Tribunal* in r. 2 (2) (e) *Tribunal Procedure (First-Tier Tribunal) (Tax Chamber) Rules 2009*, die das Tribunal verpflichten, eine Verfahrensverzögerung zu vermeiden, sofern es mit einer sachgemäßen Behandlung des Streitgegenstandes zu vereinbaren ist. Nach allen drei Verfahrensordnungen hat das Gericht bzw. Tribunal bei der Ausübung seiner Befugnisse nach der jeweiligen Verfahrensordnung die *overriding objectives* umzusetzen[882] und die Parteien das Gericht bei deren Förderung zu unterstützen[883]. Jedoch gewährleisten auch die *overriding objectives* kein Verfahren in angemessener Zeit, sie sind lediglich Interpretationshilfen für die Auslegung der Verfahrensordnung.[884]

4. Vergleich mit der Rechtsprechung der Konventionsorgane

Der EGMR bestimmt eine Verletzung des Gebots einer angemessenen Verfahrensdauer im Rahmen einer einzelfallbezogenen Abwägung. Ausgangspunkt ist zunächst die Bestimmung des zu beurteilenden Zeitraums. Hier knüpft der Gerichtshof grundsätzlich an den Zeitpunkt der Schutzbereichseröffnung des Art. 6 EMRK an, also den Zeitpunkt, ab dem Vorliegen einer strafrechtlichen Anklage im konventionsrechtlichen Sinne bzw. ab dem ein Streit über zivilrechtliche Ansprüche oder Verpflichtungen anhängig ist. Hierbei wird bei verwaltungsrechtlichen Streitigkeiten auch das Vorverfahren einbezogen, wenn dessen Durchführung Sachentscheidungsvoraussetzung für das gerichtliche Verfahren ist.

Sodann beurteilt er die Angemessenheit dieses Zeitraumes durch eine Abwägung der rechtlichen und tatsächlichen Komplexität der Sache, ihrer Bedeu-

881 Carter Lauren Construction Ltd. v Revenue & Customs (2006) SpC 603; Smith v Revenue & Customs [2005] UKVAT 896.

882 R. 1.2, r. 1.4 Civil Procedure Rules 1999, r. 1.3 Criminal Procedure Rules, r. 2 (3) Tribunal Procedure (First-Tier Tribunal) (Tax Chamber) Rules 2009.

883 R. 1.1 (3) Civil Procedure Rules 1999.

884 Jacob, S. 5.

tung für den Beschwerdeführer sowie des Verhaltens von Beschwerdeführer und Gerichte und Behörden. Hierbei kann sich der Vertragsstaat jedoch nicht auf Arbeitsüberlastung seiner Gerichte und Behörden oder auf die mangelnde Kooperation seiner Organe berufen.

4.1 Deutschland

Die Rechtslage in Deutschland wird diesen Vorgaben nicht ganz gerecht.

Zwar bedient sich auch die deutsche Rechtsprechung einer einzelfallbezogenen Abwägung, die in ihren Kriterien mit der des EGMR grundsätzlich übereinstimmt.

Abweichungen ergeben sich zum einen hinsichtlich der Bestimmung des maßgeblichen Zeitraums, zum anderen in der Beurteilung seiner Angemessenheit.

So berücksichtigt der BFH nur die Dauer des gerichtlichen Verfahrens. Das Einspruchsverfahren als Vorverfahren bleibt außer Acht, obwohl seine Durchführung nach § 44 Abs. 1 FGO grundsätzlich Sachurteilsvoraussetzung für das Klageverfahren in Gestalt einer Anfechtungs- oder Verpflichtungsklage ist.

Bei der Beurteilung der Angemessenheit fällt zunächst der im Vergleich zur Straßburger Rechtsprechung relative Maßstab auf. Durch die Wahl der im Ermessen des Spruchkörpers stehenden Ausgestaltung der Verfahrensführung als Ausgangspunkt folgt, dass eine Unangemessenheit erst dann vorliegen kann und folglich erst dann in die Abwägung des Einzelfalls eingetreten werden kann, wenn das betreffende Verfahren länger andauerte bzw. andauert, als die übrigen dort anhängigen Verfahren. Damit wird die Arbeitsbelastung der Gerichte in den Maßstab der Angemessenheit miteinbezogen und damit ein Kriterium „vor die Klammer gezogen", das der EGMR nicht zugunsten eines Vertragsstaates berücksichtigen würde.

Auch in der Abwägung des Einzelfalls zeigt sich eine im Verhältnis zur Straßburger Rechtsprechung divergierende Handhabung und Gewichtung der einzelnen Kriterien.

Während der EGMR steuerrechtliche Streitigkeiten grundsätzlich als komplex einordnet, folgt die deutsche Rechtsprechung dem nicht.

Auch die Anerkennung einer besonderen Bedeutung für den Steuerpflichtigen scheint restriktiver gehandhabt zu werden. Der Gerichtshof erkennt die besondere Bedeutung bereits an, wenn der Steuerpflichtige die streitige Steuer oder steuerliche Nebenleistung bereits gezahlt hat. Dem wird auf deutscher Seite keine eigene Bedeutung beigemessen. Dies wird höchstens mittelbar dann relevant, wenn zwischen der streitigen Veranlagung und der gerichtlichen Entscheidung bereits eine große zeitliche Distanz entstanden ist. Doch gilt dies auch unabhängig von Zahlung und Nichtzahlung als Indiz der besonderen Bedeutung des Verfahrensausgangs für den Steuerpflichtigen.

Schließlich zeigt sich die deutsche Finanzrechtsprechung bei der Zurechnung von Verfahrensverzögerungen an Gerichte und Behörden restriktiver als der Gerichtshof. Zwar rechnet auch sie eine bloße Untätigkeit des Finanzgerichts diesem zu, für Verzögerungen durch andere Behörden gilt das jedoch nicht. Dies steht im Widerspruch zur Rechtsprechung sowohl des EGMR als auch des Bundesverfassungsgerichts, die dem Staat die Berufung auf Umstände aus dem eigenen Verantwortungsbereich verwehrt.

4.2 England

Auch das englische Recht bleibt hinter den Vorgaben des EGMR zurück.

So existiert keine ausdrückliche Garantie einer angemessen Verfahrensdauer. Soweit die Problematik der Verfahrensverzögerung unter der *common-law*-Doktrin des *abuse of process* diskutiert wird, ist zu bemerken, dass hiervon nur Parteiverhalten als Ursache der Verfahrensverzögerung erfasst wird. Zudem ist sie im Finanzprozess erst ab dem Verfahren vor dem *Court of Appeal* anwendbar, da das Recht zur Sanktionierung eines solchen Parteiverhaltens seine Grundlage in den *inherent powers of jurisdiction* des Gerichts findet, die jedoch den Tribunalen als *statutory bodies* fehlt.

III. Recht auf Akteneinsicht als Ausfluss des Gebots der Waffengleichheit

1. Rechtsprechung der Konventionsorgane

Der Grundsatz der Waffengleichheit gilt dem Gerichtshof als Bestandteil des Fairnessgebots.[885] Er gilt gleichermaßen für Verfahren unter der strafrechtlichen[886] wie auch unter der zivilrechtlichen Rubrik[887] des Art. 6 EMRK.[888]

In einem – im konventionsrechtlichen Sinne – strafrechtlichen Verfahren umfasst der Grundsatz der Waffengleichheit das Recht auf ein kontradiktorisches

885 EGMR, Urteil vom 23.06.1993, 12952/87 – Ruiz Mateos ./. Spanien, Rn. 63, Series A 262; Urteil vom 28.08.1991, 11170/84, 12876/87, 13468/87 – Brandstetter ./. Österreich, Rn. 66, Series A 211.

886 EGMR, Urteil vom 28.08.1991, 11170/84, 12876/87, 13468/87 – Brandstetter ./. Österreich, Rn. 67, Series A 211.

887 EGMR, Urteil vom 23.06.1993, 12952/87 – Ruiz Mateos ./. Spanien, Rn. 63, Series A 262; Urteil vom 27.10.1993, 14448/88 – Dombo Beheer B.V. ./. Niederlande, Rn. 33, Series A 274.

888 Hierzu ausführlich Grabenwarter, Verfahrensgarantien, S. 596–600.

Verfahren. Dies gebietet, dass den Parteien Möglichkeit gegeben werden muss, Kenntnis der von der Gegenseite vorgebrachte Stellungnahmen und Beweismittel zu erlangen und ihrerseits hierzu Stellung zu nehmen.[889] Zusätzlich legt er der Anklagebehörde – im konventionsrechtlichen Sinne – die Pflicht auf, der Verteidigung alle in ihrem Besitz befindlichen belastenden wie entlastenden Beweismittel offen zu legen[890].

In Verfahren, die unter den Schutzbereich der zivilrechtlichen Rubrik des Art. 6 Abs. 1 EMRK fallen, soll den Konventionsstaaten jedoch ein größerer Ermessensspielraum eingeräumt sein[891], den der Gerichtshof aus dem Fehlen weiterer detaillierter Verfahrensgarantien, wie sie in den Vorschriften der Art. 6 Abs. 2 und 3 EMRK für das strafrechtliche Verfahren normiert sind, und den sich daraus ergebenden unterschiedlichen Anforderungen an ein faires Verfahren herleitet[892]. Dies bedeutet, dass jeder Partei lediglich Gelegenheit gegeben werden muss, ihren Fall – einschließlich ihrer Beweise – unter Bedingungen zu präsentieren, die keinen wesentlichen Nachteil gegenüber ihrem Gegner bedeutet.[893] Die gegenüberstehenden Parteien müssen verfahrensrechtlich grundsätzlich gleichgestellt werden. Unerheblich ist, ob die Gegenpartei einen Vorteil tatsächlich ausgenutzt hat, maßgebend ist nur, ob ein Vorteil abstrakt besteht und ob er von der Partei ausgenutzt werden könnte.[894] Ein wesentlicher Nachteil besteht grundsätzlich, wenn eine Partei sich kein umfassendes und detailliertes Bild der Entscheidungsgrundlagen machen konnte[895].

1.1 Rechtsprechung des Gerichtshofs im allgemeinen

Aus dem Grundsatz der Waffengleichheit folgt sowohl in Verfahren unter der strafrechtlichen wie auch unter der zivilrechtlichen Rubrik ein Recht auf Akten-

---

889 EGMR, Urteil vom 23.06.1993, 12952/87 – Ruiz Mateos ./. Spanien, Rn. 63, Series A 262; Urteil vom 28.08.1991, 11170/84, 12876/87, 13468/87 – Brandstetter ./. Österreich, Rn. 67, Series A 211. Ausführlich zur Rechtsprechung des EGMR im allgemeinen die Ausführungen von Grabenwarter, Verfahrensgarantien, S. 600–606, an denen sich die Darstellung insoweit orientiert.

890 EGMR, Urteil vom 16.02.2000, 28901/95 – Rowe und Davis ./. Vereinigtes Königreich, Rn. 60, ECHR 2000–II; Urteil vom 31.03.2009, 21022/04 – Natunen ./. Finnland, Rn. 39.

891 EGMR, Urteil vom 27.10.1993, 14448/88 – Dombo Beheer B.V. ./. Niederlande, Rn. 32, Series A 274.

892 EGMR, Urteil vom 27.10.1993, 14448/88 – Dombo Beheer B.V. ./. Niederlande, Rn. 32, Series A 274.

893 EGMR, Urteil vom 27.10.1993, 14448/88 – Dombo Beheer B.V. ./. Niederlande, Rn. 33, Series A 274; Urteil vom 23.10.1996, 17748/91 – Ankerl ./. Schweiz, Rn. 38, Reports 1996–V.

894 EGMR, Urteil vom 30.10.1991, 12005/86 – Borgers ./. Belgien, Rn. 27f., Series A 214-B.

895 EGMR, Urteil vom 24.06.1993, 14518/89 – Schuler-Zgraggen ./. Schweiz, Rn. 52, Series A 263.

einsicht.[896] Seine Reichweite bestimmt sich nach seiner Funktion, eine effektive Vertretung der eigenen Rechtsposition zu ermöglichen[897]. So sind grundsätzlich solche Dokumente zugänglich zu machen, die zur Beurteilung der Erfolgsaussichten eines Rechtsbehelfs erforderlich sind oder auf die die Gegenseite ihren Standpunkt maßgeblich stützt[898]. Die Gewährung der Einsichtnahme in Dokumente, auf die die Gegenseite sich nicht stützt, setzt jedoch die Darlegung der Gründe voraus, weshalb die Kenntnis dieser Dokumente zur Vertretung der eigenen Rechtsposition erforderlich ist[899].

Das Recht auf Akteneinsicht gilt weder in zivilrechtlichen, noch in strafrechtlichen Verfahren absolut[900]. Die Einsichtnahme kann versagt werden, wenn Interessen Dritter überwiegen. Als solche kommen in Betracht die Grundrechte Dritter oder der Schutz wichtiger öffentlicher Interessen[901], wie beispielsweise die Belange der nationalen Sicherheit, des Zeugenschutzes oder der Geheimhaltung von polizeilichen Ermittlungsmethoden[902]. Die Abwägung hat ausschließlich nach Gesichtspunkten der Verhältnismäßigkeit zu erfolgen[903]. Von der Akteneinsicht können demnach einzelne Dokumente ausgenommen werden. Eine vollständige Versagung der Akteneinsicht dürfte in kaum einem vorstellbaren Fall verhältnismäßig sein. Soweit die Akteneinsicht versagt wird muss der hierdurch entstehende Nachteil der einen Partei aber durch geeignete Maßnahmen ausgeglichen werden[904]. Der Gerichtshof beschränkt jedoch seinen Prüfungsmaßstab darauf festzustellen, ob das Zustandekommen der Entscheidung über die Einschränkung der Akteneinsicht den Anforderungen der Waffengleichheit gerecht wurde und die vorgenommenen Maßnahmen zur Nachteilsausgleichung angemessen waren[905]. Die zur Begründung des Einsichtnahmeinteresses vorgetragene Begründung muss auch einer gerichtlichen Überprüfung zugänglich

896 Grabenwarter, Verfahrensgarantien, S. 601.

897 Grabenwarter, Verfahrensgarantien, S. 602.

898 EGMR, Urteil vom 24.02.1995, 16424/90 – McMichael ./. Vereinigtes Königreich, Rn. 80, Series A 307-B.

899 EGMR, Urteil vom 24.02.1994, 12547/86 – Bendenoun ./. Frankreich, Rn. 52, Series A 284.

900 EGMR, Urteil vom 16.02.2000, 28901/95 – Rowe und Davis ./. Vereinigtes Königreich, Rn. 61, ECHR 2000–II.

901 EGMR, Urteil vom 16.02.2000, 28901/95 – Rowe und Davis ./. Vereinigtes Königreich, Rn. 61, ECHR 2000–II.

902 EGMR, Urteil vom 26.03.1996, 20524/92 – Doorson ./. Niederlande, Rn. 70, Reports 1996–II.

903 EGMR, Urteil vom 16.02.2000, 28901/95 – Rowe und Davis ./. Vereinigtes Königreich, Rn. 62, ECHR 2000–II.

904 EGMR, Urteil vom 26.03.1996, 20524/92 – Doorson ./. Niederlande, Rn. 72, Reports 1996–II; Urteil vom 23.04.1997, 21363/93 , 21363/94 u. 21427/93 – Van Mechelen u. a. ./. Niederlande, Rn. 54.

905 EGMR, Urteil vom 16.02.2000, 28901/95 – Rowe und Davis ./. Vereinigtes Königreich, Rn. 62, ECHR 2000–II.

sein.[906] Diesem Maßstab nicht gerecht wird das Vorgehen einer Strafverfolgungsbehörde, die nach eigener Abwägung der Verteidigung Dokumente unter Verweis auf öffentliche Geheimhaltungsinteressen verweigert, ohne das Gericht hierüber zu informieren[907]. Auch sah der Gerichtshof den Grundsatz der Waffengleichheit möglicherweise als verletzt an, weil in einer Streitigkeit über die angemessene Enteignungsentschädigung ein Vertreter des öffentlichen Interesses eine Empfehlung zur angemessenen Höhe der Entschädigung machen konnte, die er durch Auswertung eines Registers ermittelte, zu dem der Enteignete nur begrenzten Zugang hatte[908]. Dieser Nachteil war auch nicht dadurch auszugleichen, dass der Enteignete ein im eigenen Auftrag gefertigtes Wertgutachten als Beweismittel hätte einbringen können, da diesem nur ein geringerer Beweiswert zugekommen wäre und das Gericht nach innerstaatlichem Recht nicht befugt war, ein Sachverständigengutachten erstellen zu lassen[909].

Es genügt, dass Akteneinsicht auf Antrag einer Partei gewährt wird, die Initiative muss nicht vom Gericht (oder von der entscheidenden Behörde) ausgehen[910]. Etwas anderes kann jedoch gelten, wenn die Partei nicht anwaltlich vertreten ist und es ihr nicht geläufig ist, dass bestimmte Dokumente nicht von Amts wegen den Parteien zugestellt werden[911].

Wird das Recht auf Akteneinsicht verletzt, kann diese Verletzung in späteren Verfahrensstadien durch nachträgliche Gewährung der Einsichtnahme geheilt werden, wenn die Partei alle auf der Aktenkenntnis beruhenden Verteidigungsschritte nachholen kann.[912] Dies muss jedoch in einer Tatsacheninstanz geschehen, die in eine Beweiswürdigung etwaig nachträglich vorgelegter Beweismittel eintreten kann.[913]

---

906 EGMR, Urteil vom 31.03.2009, 21022/04 – Natunen ./. Finnland, Rn. 46.

907 EGMR, Urteil vom 16.02.2000, 28901/95 – Rowe und Davis ./. Vereinigtes Königreich, Rn. 63, ECHR 2000–II.

908 EGMR, Urteil vom 24.04.2003, 44962/98 – Yvon ./. Frankreich, Rn. 34, ECHR 2003–V. Dabei sah der EGMR den Vertreter des öffentlichen Interesses – trotz seiner formal neutralen Stellung – aufgrund seiner dienstlichen Angehörigkeit und Einordnung innerhalb der Gegenseite als „Partei“ an, Rn. 32.

909 EGMR, Urteil vom 24.04.2003, 44962/98 – Yvon ./. Frankreich, Rn. 36, ECHR 2003–V.

910 EGMR, Urteil vom 16.12.1992, 13071/87 – Edwards ./. Vereinigtes Königreich, Rn. 38, Series A 247-B.

911 EGMR, Urteil vom 19.07.1995, 17506/90 – Kerojärvi ./. Finnland, Rn. 42, Series A 322.

912 EGMR, Urteil vom 16.12.1992, 13071/87 – Edwards ./. Vereinigtes Königreich, Rn. 34–39, Series A 247-B; Urteil vom 24.06.1993, 14518/89 – Schuler-Zgraggen ./. Schweiz, Rn. 52, Series A 263; Grabenwarter, S. 601.

913 EGMR, Urteil vom 19.07.1995, 17506/90 – Kerojärvi ./. Finnland, Rn. 42, Series A 322.

1.2 Besonderheiten im Strafverfahren

Diese allgemeinen Grundsätze erfahren für das – im konventionsrechtlichen Sinne – strafrechtliche Verfahren aus dem Zusammenspiel mit der in Art. 6 Abs. 3 lit. d EMRK normierten Gewährleistung einer effektiven Verteidigung einige Modifikationen. Da die Garantien des Art. 6 Abs. 3 EMRK besondere Ausprägungen des in Art. 6 Abs. 1 EMRK verankerten Rechts auf ein faires Verfahren darstellen, prüft der Gerichtshof beide Vorschriften zusammen.[914] Zur Gewährleistung eines fairen Verfahrens müssen Schwierigkeiten der Verteidigung aufgrund einer Beschränkung ihrer Rechte im Verfahren vor den Gerichten hinreichend ausgeglichen werden.[915] Insgesamt muss der Verteidigung die Akteneinsicht ermöglicht werden.[916] So hat der Gerichtshof es zwar für zulässig erachtet, dass das Einsichtsrecht auf den Verteidiger eingeschränkt werden darf[917]. Auch muss die Akteneinsicht grundsätzlich nicht in jedem Verfahrensstadium gegeben sein.[918]

Jedoch darf die Akteneinsicht nicht einem Verteidiger vorbehalten bleiben, sondern muss dem Angeklagten gewährt werden, wenn dieser sich selbst verteidigt.[919]

Ebenfalls abweichend von den dargelegten Grundsätzen fällt die Wertung des EGMR aus für die Akteneinsicht während des strafrechtlichen Ermittlungsverfahren bei Verteidigung im Haftprüfungsverfahren.[920] Das in Art. 5 Abs. 4 EMRK garantierte Haftprüfungsverfahren muss die aus Art. 6 EMRK fließenden Anforderungen an ein faires Verfahren soweit wie unter den Umständen eines laufenden Ermittlungsverfahrens möglich erfüllen („*proceedings conducted under Article 5 § 4 of the Convention should in principle also meet, to the largest extent possible under the circumstances of an ongoing investigation, the basic requirements of a fair trial*"),[921] d. h. dass auch das Haftprüfungsverfahren adversatorisch ausgestaltet sein und dem Gebot der Waffengleichheit genü-

---

914 EGMR, Urteil vom 16.12.1992, 13071/87 – Edwards ./. Vereinigtes Königreich, Rn. 33, Series A 247-B; Urteil vom 15.01.2008, 37469/05 – Luboch ./. Polen, Rn. 59.

915 EGMR, Urteil vom 26.03.1996, 20524/92 – Doorson ./. Niederlande, Rn. 72, Reports 1996–II.

916 Gollwitzer, Art. 6 EMRK, Rn. 182.

917 EGMR, Urteil vom 19.12.1989, 9783/82 – Kamasinski ./. Österreich, Rn. 66–69, 88, Series A 168.

918 Gollwitzer, Art. 6 EMRK, Rn. 182.

919 EGMR, Urteil vom 17.02.1997, 22209/93 – Foucher ./. Frankreich, Rn. 35 f., Reports 1997–II.

920 Vgl. dazu Kühne, Strafprozessrecht, Rn. 216.1; Esser, S. 351 ff.; Kempf, FS Riess, S. 217 ff.

921 EGMR, Urteil vom 13.02.2001, 23541/94 – Garcia Alva ./. Deutschland, Rn. 39; Urteil vom 13.02.2001, 24479/94 – Lietzow ./. Deutschland, Rn. 44, Reports 2001–I; Urteil vom 13.02.2001, 25116/94 – Schöps ./. Deutschland, Rn. 44, Reports 2001–I; Urteil vom 13.12.2007, 11364/03 – Mooren ./. Deutschland, Rn. 91.

gen muss.[922] Dabei begründet der Gerichtshof das Erfordernis des aus Art. 6 Abs. 1 EMRK fließenden Gebots der Waffengleichheit mit den schwerwiegenden Auswirkungen der Freiheitsentziehung auf die Grundrechte des Betroffenen.[923] Das Interesse an einer effektiver Strafverfolgung und das damit einhergehende Interesse an Geheimhaltung wenigstens eines Teils der Ermittlungsergebnisse lässt der EGMR dann hinter den Verteidigungsrechten zurücktreten.[924] So muss der Verteidigung die Möglichkeit zur Einsicht in solche Dokumente gegeben werden, die für eine wirksame Anfechtung der Rechtmäßigkeit der Freiheitsentziehung wesentlich sind und hierzu auch Stellung zu nehmen.[925] Informationsvermittlungen, die Sachverhalte lediglich nach dem Verständnis der Ermittlungsbehörden schildern, sind nicht ausreichend.[926] Ebenfalls nicht ausreichend ist die bloße Mitteilung des Inhalts der Anklage.[927] Es ist vielmehr Einsicht in diejenigen Schriftsätze und Beweismittel zu gewähren, auf die die andere Prozesspartei ihr Vorbringen im Haftprüfungsverfahren stützt („*Counsel must therefore be given access to those parts of the case files on which the suspicion against the applicant was essentially based.*"),[928] wohingegen solche Dokumente und Beweismittel von der Akteneinsicht ausgenommen sein sollen, die im Haftprüfungsverfahren keine Verwendung finden[929]. Die Akteneinsicht muss also auch im Haftprüfungsverfahren für Gericht und Staatsanwaltschaft eine identische Informationsquelle sein, will also die Staatsanwaltschaft Teile der Ermittlungsakte geheim halten, so darf sie diese Teile auch nicht dem Haftrichter vorlegen.[930] Eine Fallkonstellation, die es rechtfertigen könnte, der Verteidigung die Einsicht in die vollständigen dem Gericht vorliegenden Akten zu verwehren, erscheint jedoch nicht vorstellbar.[931]

Fraglich ist, ob diese zum Haftprüfungsverfahren ergangene Rechtsprechung auch auf Fälle der gerichtlichen Überprüfung anderer Zwangsmaßnah-

922 EGMR, Urteil vom 30.03.1989, 10444/83 – Lamy ./. Belgien, Rn. 29, Series A 151; Urteil vom 13.02.2001, 23541/94 – Garcia Alva ./. Deutschland, Rn. 39; Urteil vom 13.02.2001, 24479/94 – Lietzow ./. Deutschland, Rn. 44, Reports 2001–I; Urteil vom 13.02.2001, 25116/94 – Schöps ./. Deutschland, Rn. 44, Reports 2001–I.

923 EGMR, Urteil vom 13.02.2001, 24479/94 – Lietzow ./. Deutschland, Rn. 44, Reports 2001–I.

924 EGMR, Urteil vom 13.02.2001, 24479/94 – Lietzow ./. Deutschland, Rn. 44, Reports 2001–I; Urteil vom 13.12.2007, 11364/03 – Mooren ./. Deutschland, Rn. 92.

925 EGMR, Urteil vom 13.02.2001, 24479/94 – Lietzow ./. Deutschland, Rn. 44, Reports 2001–I.

926 EGMR, Urteil vom 13.12.2007, 11364/03 – Mooren ./. Deutschland, Rn. 95.

927 EGMR, Urteil vom 13.02.2001, 23541/94 – Garcia Alva ./. Deutschland, Rn. 43; Urteil vom 13.02.2001, 25116/94 – Schöps ./. Deutschland, Rn. 50, Reports 2001–I.

928 EGMR, Urteil vom 13.12.2007, 11364/03 – Mooren ./. Deutschland, Rn. 96.

929 EGMR, Entscheidung vom 11.03.2008, 41077/04 – Falk ./. Deutschland.

930 Kühne, Strafprozessrecht, Rn. 216.1.

931 Kühne/Esser, StV 2002, 383, 391.

men übertragen werden kann. Dies wird von *Park* bejaht.[932] Da der Anspruch auf ein faires Verfahren (ebenso wie der Anspruch auf rechtliches Gehör) dem unmittelbaren Grundrechtsschutz diene, liefe es im Ergebnis auf eine Abwägung im Einzelfall zwischen der Intensität des jeweiligen Grundrechtseingriffs aufgrund der jeweiligen Zwangsmaßnahme und dem jeweiligen staatlichen Geheimhaltungsinteresse hinaus.[933] So bedient sich *Park* für diese Abwägung der Wertungen der Rechtsprechung des Bundesverfassungsgerichts: Er legt dar, dass demnach hinsichtlich des dinglichen Arrests der Eingriff in die wirtschaftliche Handlungsfreiheit des Beschuldigten überwiege,[934] ebenfalls die Durchsuchung einen hinreichend schweren Grundrechtseingriff darstelle, der zudem so lange andauere, wie die Durchsicht der beschlagnahmten Unterlagen nicht abgeschlossen sei und solange Beschwerde gegen die Anordnung eingelegt werden könne[935]. Insbesondere überwiege bei der Beschlagnahme der Schutz des Eigentums, dem durch die Beschlagnahme ein bleibender Nachteil zugefügt werde.[936]

Parks Begründungsansatz erscheint problematisch, da er im Ergebnis aus Wertungen des Bundesverfassungsgerichts auf eine mögliche Wertung des EGMR schließt. Doch legen EGMR und Bundesverfassungsgericht unterschiedliche Regelungsmaterien aus, die trotz inhaltlicher Überschneidungen unabhängig voneinander gelten.[937] Auch wenn das Bundesverfassungsgericht gehalten ist, im Rahmen „methodisch vertretbarer Gesetzesauslegung“ die Gewährleistungen der EMRK und die Entscheidungen des EGMR zu berücksichtigen,[938] so kann im konkreten Fall die Rechtsprechung des Bundesverfassungsgerichts keinen Aufschluss über eine Wertung des EGMR geben, da der EGMR zu dieser Frage der Übertragbarkeit noch nicht entschieden hat. Und allein aus den Entscheidungen zur Akteneinsicht im Haftprüfungsverfahren lässt sich m. E. nicht extrapolieren, ob diese Grundsätze auch für die Akteneinsicht in gerichtlichen Verfahren zur Überprüfung anderer Zwangsmaßnahmen Anwendung finden.

Greift man die ständige Rechtsprechung des EGMR auf, wonach die Waffengleichheit als eine aus Art. 6 Abs. 1 EMRK fließenden Garantie gerade wegen des schwerwiegenden Grundrechtseingriffs in Form der Freiheitsentziehung

932 Park, StV 2009, 276, 284.
933 Park, StV 2009, 276, 278.
934 Park, StV 2009, 276, 279.
935 Park, StV 2009, 276, 279 f.
936 Park, StV 2009, 276, 282.
937 Kühne, Strafprozessrecht, Rn. 38.1.
938 BVerfG, Beschluss vom 14.10.2004, 2 BvR 1481/04, BVerfGE 111, 307 (erster Leitsatz).

gelten soll und damit auch das aus ihr fließende Recht auf Akteneinsicht[939], so begründet sich die Anwendbarkeit aus einer Eingriffsintensität, die bereits am oberen Ende einer Skala der möglichen Eingriffsintensitäten liegt. Ein Maßstab für die Einordnung geringerer Eingriffsintensitäten ist aus der Rechtsprechung des EGMR hierzu nicht erkennbar.

Jedoch deutet die Gewährleistung einer effektiven Verteidigung auf die Möglichkeit einer Übertragbarkeit der Rechtsprechung zur Akteneinsicht im Haftprüfungsverfahren auf gerichtliche Verfahren. Immerhin hat der Gerichtshof in seiner Rechtsprechung zum Haftprüfungsverfahren die Brücke zur Anwendbarkeit des Art. 6 EMRK durch den Hinweis geschlagen, dass die Vorschrift unter ihrer strafrechtlichen Rubrik auch auf Vorverfahren Anwendung finde.[940] Im Ergebnis wird man die Frage nach der Übertragbarkeit der Rechtsprechung zur Akteneinsicht im Haftprüfungsverfahren auf gerichtliche Verfahren zur Überprüfung anderer Zwangsmaßnahmen wohl offen lassen müssen.

1.3 Rechtsprechung in Steuersachen

Ist das Steuerverfahren lediglich als Annexverfahren zur Bestimmung einer strafrechtlichen Anklage in den Schutzbereich des Art. 6 Abs. 1 EMRK einbezogen, so ist nach dem *Bendenoun*-Urteil das Recht auf Akteneinsicht auf solche Dokumente beschränkt, auf die sich die Finanzbehörde zum Beweis der Schuld des Steuerpflichtigen stützt.[941] Gegen den Beschwerdeführer waren wegen zollrechtlicher Verfehlungen Strafzuschläge festgesetzt worden, die er gerichtlich überprüfen ließ. Im Rahmen des gerichtlichen Verfahrens beantragte er erfolglos Einsicht in die komplette Zollakte, nachdem die Finanzbehörden vor Gericht lediglich vier Vermerke über die Befragung des Beschwerdeführer als Beweismittel vorgelegt hatten, in denen der Beschwerdeführer die vorgeworfenen Verfehlungen einräumte. Der EGMR betonte zudem, dass das Begehren der Einsichtnahme in solche Dokumente, auf die sich die Finanzbehörde im gerichtlichen Verfahren nicht stützt, der Begründung bedarf, weshalb die Kenntnis dieser Dokumente zur Verteidigung der eigenen Rechtsposition erforderlich sei. An solche Begründung stellt der Gerichtshof keine hohen Anforderungen („*However, it is necessary, at*

939 EGMR, Urteil vom 13.02.2001, 24479/94 – Lietzow ./. Deutschland, Rn. 44, Reports 2001–I; Urteil vom 13.02.2001, 25116/94 – Schöps ./. Deutschland, Rn. 44, Reports 2001–I; Urteil vom 13.12.2007, 11364/03 – Mooren ./. Deutschland, Rn. 91.

940 EGMR, Urteil vom 13.02.2001, 24479/94 – Lietzow ./. Deutschland, Rn. 44, Reports 2001–I; Urteil vom 13.02.2001, 25116/94 – Schöps ./. Deutschland, Rn. 44, Reports 2001–I.

941 EGMR, Urteil vom 24.02.1994, 12547/86 – Bendenoun ./. Frankreich, Rn. 52, Series A 284.

the very least, that the person concerned should have given, even if only briefly, specific reasons for his request“).[942]

Die Beschränkung der Akteneinsicht auf die zur Bestimmung der Schuld vorgelegten Dokumente dürfte in einigen Verfahrenskonstellationen zur Festsetzung von Steuerzuschlägen oder deren gerichtlichen Überprüfung kaum noch praktische Relevanz aufweisen.

Der Gerichtshof hat in seinem *Janosevic*-Urteil auch verschuldensunabhängige Steuerzuschläge als strafrechtlich klassifiziert. Zwar ließ sich insoweit die Beschränkung der Akteneinsicht noch auf die Bestimmung der objektiven Pflichtverletzung, an die der jeweilige Zuschlag anknüpft, übertragen. Wenn sich aber wie im Fall *Janosevic* die Höhe des Zuschlags prozentual nach der geschuldeten Steuer bestimmt, so ist zur Festsetzung eines Steuerzuschlags als Bestimmung einer strafrechtlichen Anklage jedweder Aspekt zu berücksichtigen, der sich auch im Rahmen des zugrunde liegenden Steuerfestsetzungsverfahrens auf die Höhe der festzusetzenden Steuer auswirkt. Mithin muss die Akteneinsicht auch diejenigen Dokumente umfassen, auf die die Steuerfestsetzung gestützt wird oder die hierfür maßgeblich sein können.

Dies bedeutet aber auch, dass die Reichweite des Rechts auf Akteneinsicht maßgeblich von der Ausgestaltung derjenigen Sanktion abhängt, die den strafrechtlichen Schutzbereich des Art. 6 Abs. 1 EMRK eröffnet. Während unter dem zivilrechtlichen Schutzbereich die Akteneinsicht insoweit zwingend das Steuer(festsetzungs)verfahren als Annexverfahren mitumfasst, als dass zur Bestimmung eines Steuererstattungsanspruchs die Rechtmäßigkeit der Steuerfestsetzung maßgeblich ist, so kann sich unter der strafrechtlichen Rubrik die Ausgestaltung der Sanktion rechtsschutzverkürzend auswirken. Ein verschuldensunabhängiger Steuerzuschlag, der an eine steuerliche Pflichtverletzung geknüpft und der Höhe nach pauschal festgesetzt wird, kann zwar den strafrechtlichen Schutzbereich aktivieren, wenn er nach Art und Schwere als strafrechtlich zu qualifizieren ist, doch gleichzeitig würde der Rahmen eines aus Art. 6 Abs. 1 EMRK fließenden Rechts auf Akteneinsicht grundsätzlich auf Null reduziert. Die Gewährung von Akteneinsicht steht in diesem Fall unter der Bedingung eines begründeten Antrags. Gemildert wird diese Folge immerhin durch die geringen Anforderungen an die Begründung des Interesses an der Einsichtnahme.

Diese, sich aus der bloß subsidiären Einbeziehung des Steuerverfahrens als Annexverfahren in den Schutzbereich des Art. 6 Abs. 1 EMRK ergebende Konsequenz steht in einem Spannungsverhältnis zum Postulat eines effektiven Rechtsschutzes. Sie ist ein weiteres Argument für eine direkte Einbeziehung des Steuerverfahrens in den zivilrechtlichen Schutzbereich.

---

942 EGMR, Urteil vom 24.02.1994, 12547/86 – Bendenoun ./. Frankreich, Rn. 52, Series A 284.

2. Rechtslage in Deutschland

2.1 Steuerverwaltungsverfahren

Die Abgabenordnung sieht im steuerlichen Verwaltungsverfahren – im Gegensatz zum Verwaltungsverfahrensgesetz in dessen § 29 – einen Anspruch auf Einsicht in die Verfahrens- und Ermittlungsakten nicht vor. Er kann auch nicht aus § 91 Abs. 1 AO, dem hierzu ergangenen Anwendungserlass oder aus § 364 AO hergeleitet werden.[943] Der Gesetzgeber sah ein solches Recht als nicht praktikabel an, da auch der Schutz Dritter, insbesondere das Steuergeheimnis, gewährleistet werden müsse und die Finanzverwaltung nicht vor jeder Einsichtnahme das Verfahrensmaterial auf schützenswerte Interessen Dritter überprüfen könne.[944] Jedoch hat die Rechtsprechung aus dem in § 91 AO normierten Recht auf Gehör des Betroffenen vor Erlass eines Verwaltungsaktes einen Anspruch auf ermessensfehlerfreie Entscheidung über das Ersuchen um Akteneinsicht entwickelt,[945] wobei im Rahmen der Ermessensausübung das Interesse des Steuerpflichtigen gegen das Interesse der Verwaltung, insbesondere deren Interesse an einem geordneten Geschäftsgang, abzuwägen ist.[946] Der Ermessensrahmen ist durch das Fehlen eines Anspruchs auf Akteneinsicht so gezogen, dass die Einsichtnahme in die Akten während des laufenden Verwaltungs- oder Steuerermittlungsverfahrens lediglich eine aus Gründen der Gewährung rechtlichen Gehörs zu gewährende Ausnahme sein soll.[947] Nicht ausreichend ist ein bloß wirtschaftliches Interesse des Steuerpflichtigen, beispielsweise die Prüfung von Regressmöglichkeiten.[948]

Die Gewährung der Akteneinsicht wird durch das Steuergeheimnis begrenzt.[949] Zwar kommt dem Steuergeheimnis kein Verfassungsrang zu,[950] jedoch besitzt es als Ausfluss des Grundrechts auf informationelle Selbstbestimmung einen hohen Stellenwert.[951] Unter seinen Schutz stehen die Verhältnisse eines anderen. Umfasst werden sämtliche Kenntnisse der Finanzbehörde über eine Person, von

943 Ständige Rechtsprechung des BFH, vgl. BFH, Beschluss vom 04.06.2003, VII B 138/01, BStBl. II 2003, 790, m. w. N. Vgl. hierzu und zur Rechtslage im deutschen Steuerrecht insgesamt ausführlich Dißars, DStR 2005, 137 ff. Hieran orientiert sich die folgende Darstellung.

944 BT-Drs. 7/4292, 24 f.; Dißars, DStR 2005, 137.

945 Vgl. BFH, Beschluss vom 04.06.2003, VII B 138/01, BStBl. II 2003, 790, m. w. N.

946 Dißars, DStR 2005, 137, 138 f.

947 BFH, Beschluss vom 04.06.2003, VII B 138/01, BStBl. II 2003, 790.

948 FG Hessen, Urteil vom 16.03.1990, 1 K 4538/89, rkr., EFG 1990, 503.

949 Dißars, DStR 2005, 137, 138.

950 Hellwig in HHSp, AO, § 30, Rn. 9 f. m. w. N.; Dißars, DStR 2005, 137, 138.

951 BVerfG, Urteil vom 15.12.1983, 1 BvR 209, 269, 362, 420, 440, 484/83, BVerfGE 65, 1, 46.

ihrer bloßen Existenz[952], ihrer steuerlichen Erfassung, über familiäre, berufliche und betriebliche Verhältnisse, schriftliche wie mündliche Bekundungen jeglicher Art[953], bis hin zur steuerlichen Behandlung bestimmter Vorgänge[954]. Unerheblich ist, ob die Verhältnisse steuerliche Bedeutung haben.[955] Solche Kenntnisse über die Verhältnisse Dritter sind zwingend von der Einsichtnahme auszunehmen.[956] Nicht geschützt sind die im Rahmen von Steuerverfahren anderer gewonnenen anonymisierten Daten, Richtsätze oder statistischen Angaben.[957]

2.2 Einspruchsverfahren

Im Rahmen des Einspruchsverfahrens ist die Finanzbehörde nach § 364 AO verpflichtet, den Beteiligten auf Antrag die Unterlagen der Besteuerung mitzuteilen. Hierbei handelt es sich um eine gebundene Entscheidung.[958] Die Behörde hat den Beteiligten die Unterlagen der Besteuerung bereits von Amts wegen mitzuteilen, wenn dies zur Begründung des Einspruchs oder allgemein für die Durchführung des Einspruchsverfahrens erforderlich ist.[959] Unterlagen der Besteuerung sind nach einhelliger Meinung alle Beweismittel, die für das Einspruchsverfahren von Bedeutung sind, insbesondere auch Gutachten und Schätzungsunterlagen,[960] Amtshilfemitteilungen und Kontrollmitteilungen[961]. Ein Verstoß gegen § 364 AO stellt zwar eine Verletzung des Rechts auf rechtliches Gehör dar,[962] führt aber nicht zur Nichtigkeit des Einspruchsbescheides[963]. Jedoch kann unter den Voraussetzungen des § 100 Abs. 3 FGO ein Verstoß zur Aufhebung der Einspruchsentscheidung im Klageverfahren führen.[964] Ein allgemeines Akteneinsichtsrecht besteht aber auch im Einspruchsverfahren nicht,[965] sondern lediglich ein Anspruch auf ermessensfehlerfreie Entscheidung.[966] Im Rahmen der

952 BFH, Urteil vom 14.05.2002, IX R 31/00, BStBl. II 2002, 712.

953 FG Nürnberg, Urteil vom 09.12.1981, V 148/81, EFG 1982, 392.

954 Rüsken in Klein, § 30, Rn. 43.

955 Rüsken in Klein, § 30, Rn. 43; Dißars, DStR 2005, 137, 138.

956 Hardtke in Kühn/v. Wedelstädt, § 364 AO, Rn. 4; Dißars, DStR 2005, 137, 138.

957 Rüsken in Klein, § 30, Rn. 43a.

958 Birkenfeld in HHSp, AO, § 364, Rn. 40; Dißars, DStR 2005, 137, 138.

959 Dumke in Schwarz, § 364, Rn. 8; Dißars, DStR 2005, 137, 138.

960 Vgl. etwa Birkenfeld in HHSp, AO, § 364, Rn. 26 f.; Dißars, DStR 2005, 137, 139.

961 Seer in Tipke/Kruse, § 364 AO, Rn. 4; Hardtke in Kühn/v. Wedelstädt, § 364 AO, Rn. 3.

962 FG Rheinland-Pfalz, Urteil vom 06.02.1992, 5 K 1341/91, rkr., EFG 1992, 311.

963 BFH, Urteil vom 16.02.1972, I R 110/71, BStBl. II 1972, 430.

964 BFH, Urteil vom 10.11.1989, VI R 124/88, BStBl. II 1990, 414; Birkenfeld in HHSp, AO, § 364, Rn. 43; Dißars, DStR 2005, 137, 139.

965 BFH, Beschluss vom 06.10.1993, VIII B 121/92, BFH/NV 1994, 311.

966 Birkenfeld in HHSp, AO, § 364, Rn. 34 f.; Seer in Tipke/Kruse, § 364 AO, Rn. 5; Dißars, DStR 2005, 137, 139.

Ermessensausübung ist die Funktion des Einspruchsverfahrens zu beachten, das auch „dazu dient, langwierige und kostenintensive Finanzgerichtsprozesse zu vermeiden".[967] Gerade weil in finanzgerichtlichen Verfahren ein Recht auf Akteneinsicht bestehe, habe die Finanzverwaltung in ihrer Abwägung zwingend zu berücksichtigen, ob die Gewährung der Akteneinsicht zur Vermeidung eines Finanzprozesses beitrage.[968]

2.3 Rechtsschutz gegen die Versagung der Akteneinsicht

Die Entscheidung über die Ablehnung der Akteneinsicht ist mit dem Einspruch anfechtbar,[969] daran anschließend ist der Finanzgerichtsweg gegeben[970]. Strittig ist, ob hierbei die Verpflichtungsklage oder die allgemeine Leistungsklage die statthafte Klageart ist. Während einzelne Finanzgerichte und Stimmen in der Literatur in der Versagung der Einsichtnahme einen Realakt sehen und folgerichtig die allgemeine Leistungsklage als statthaft betrachten,[971] ordnet der Bundesfinanzhof sie als Verwaltungsakt ein[972]. Letzteres erscheint gerade im Hinblick auf die Zuerkennung eines aus § 91 AO abgeleiteten Anspruchs auf ermessensfehlerfreie Entscheidung als zutreffend. Das FG Saarland hat seine abweichende Ansicht gerade auch mit dem Fehlen einer Ermächtigungsgrundlage begründet.

Der Prüfungsmaßstab des Gerichts erschöpft sich nach § 102 S. 1 FGO in der Überprüfung auf Ermessensfehler. Eine Zweckmäßigkeitsprüfung ist ihm nach dem Grundsatz der Gewaltenteilung, Art. 20 Abs. 2 S. 2 GG, verwehrt.[973]

2.4 Finanzgerichtliches Verfahren

In allen finanzgerichtlichen Verfahren gewährt § 78 Abs. 1 FGO einen gebundenen Anspruch auf Akteneinsicht. Es erstreckt sich auf den Akteninhalt, der dem Gericht als Entscheidungsgrundlage zur Urteilsfindung dient.[974] Was entscheidungserheblich ist, bestimmt das Gericht, daher können die Beteiligten nicht verlangen, dass das Gericht sich weitere Akten vorlegen lässt, um diese anschließend

967 Dißars, DStR 2005, 137, 139.

968 Birkenfeld in HHSp, AO, § 364, Rn. 35; Dißars, DStR 2005, 137, 139.

969 Dißars, DStR 2005, 137, 138.

970 BFH, Urteil vom 13.09.1972, I R 189/70, DB 1973, 168.

971 FG Saarland, Urteil vom 04.11.1994, 1 K 151/94, EFG 1995, 156; Seer in Tipke/Kruse, § 91 AO, Rn. 33; Wagner in Kühn/v. Wedelstädt, § 91 AO, Rn. 11; Dißars, DStR 2005, 137, 138.

972 BFH, Beschluss vom 08.06.1995, IX B 168/94, BFH/NV1996, 64; Urteil vom 16.12.1987, I R 66/84, BFH/NV 1988, 319; Beschluss vom 04.06.2003, VII B 138/01, BStBl. II 2003, 790.

973 Wagner in Kühn/v. Wedelstädt, § 102 FGO, Rn. 1.

974 Brandis in Tipke/Kruse, § 78 FGO, Rn. 1.

einsehen zu können.[975] Ausgenommen sind nach § 78 Abs. 3 FGO Gerichtsinterna. Auszunehmen sind aber auch solche Teile der Akte, deren Offenlegung das Steuergeheimnis verletzen würde. Da solche Teile aber nicht einseitig dem Finanzgericht zur Kenntnis gebracht werden können, da sie dem Steuerpflichtigen vorenthalten werden müssten, hat das Gericht zur Wahrung der Waffengleichheit diese Aktenteile vor Bearbeitung an die Finanzbehörde zurückzusenden.[976]

Den Beteiligten ist innerhalb angemessener Frist vor dem Ergehen einer Entscheidung des Gerichts Gelegenheit zur Einsicht und zur Äußerung zum eingesehenen Akteninhalt zu geben. Ist eine mündliche Verhandlung vorgesehen, dann in angemessener Frist vor diesem Termin.[977] Der Beteiligte kann persönlich Einsicht nehmen, die Bevollmächtigung eines Vertreters sperrt sein Recht auf Akteneinsicht nicht.[978] Grundsätzlich hat die Einsichtnahme in den Räumlichkeiten des sachentscheidenden Gerichts stattzufinden, über einen Antrag auf Aktenversendung entscheidet das Gericht nach pflichtgemäßem Ermessen.[979] Die Entscheidung ist auf Beschwerde überprüfbar.[980] Die Aktenversendung wird jedoch restriktiv gehandhabt. Die Rechtsprechung begründet diese Praxis insbesondere mit der Vermeidung von Aktenverlusten, jederzeitiger Verfügbarkeit der Akten im Gericht und der Wahrung des Steuergeheimnisses gegenüber Dritten.[981] Allerdings wird in vielen Finanzgerichtsbezirken dem Antrag auf Übersendung in das für den Beteiligten nächstliegende Amtsgericht oder Finanzamt üblicherweise stattgegeben.[982]

2.5 Strafverfahren

Im Steuerstrafverfahren finden die allgemeinen Gesetze über das Strafverfahren Anwendung, § 385 Abs. 1 AO. Damit gelten auch die allgemeinen Strafverfah-

975 BFH, Beschluss vom 15.11.2007, IX E 11/07, BFH/NV 2008, 800; Beschluss vom 08.12.2006, XI B 59/06, BFH/NV 2007, 737; Beschluss vom 08.10.2003, VII B 321/02, BFH/NV 2004, 499.

976 BFH, Urteil vom 16.11.1965, I 302/61 S, BStBl. III 1966, 97; Bartone in Kühn/v. Wedelstädt, § 78 FGO, Rn. 4.

977 Brandis in Tipke/Kruse, § 78 FGO, Rn. 2.

978 Brandis in Tipke/Kruse, § 78 FGO, Rn. 3.

979 BFH, Beschluss vom 11.06.2002, V B 5/02, BFH/NV 2002, 1464; Beschluss vom 31.10.2008, V B 29/08, BFH/NV 2009, 194; Beschluss vom 28.08.2009, III B 89/09, DStZ 2009, 872; Brandis in Tipke/Kruse, § 78 FGO, Rn. 10; Dißars, DStR 2005, 137, 140.

980 BFH, Beschluss vom 24.03.1981, VII B 64/80, BStBl. II 1981, 475; Dißars, DStR 2005, 137, 140.

981 Brandis in Tipke/Kruse, § 78 FGO, Rn. 11.

982 Brandis in Tipke/Kruse, § 78 FGO, Rn. 13; Dißars, DStR 2005, 137, 141.

rensgrundsätze.[983] Die Akteneinsicht bestimmt sich somit nach den Regelungen des § 147 StPO. § 147 Abs. 1 StPO gewährt nur dem Verteidiger ein Einsichtsrecht in die dem Gericht vorliegenden bzw. im Falle der Anklageerhebung dem Gericht vorzulegenden Akten und amtlich verwahrten Beweisstücke, dem unverteidigten Beschuldigten können jedoch nach § 147 Abs. 7 StPO Auskünfte und Abschriften aus den Akten gewährt werden.

Das Einsichtsrecht des Verteidigers gilt grundsätzlich in jedem Verfahrensstadium[984] und umfasst grundsätzlich die „vollständige Akte", also „alle gesammelten Unterlagen"[985]. Hierunter fallen im Steuerstrafverfahren auch die Akten der Steuerfahndung und sonstige Beiakten[986], beispielsweise die Steuerakten, die für das Strafverfahren herangezogen werden[987], aber auch das Fallheft des Betriebsprüfers[988], insbesondere Vermerke des Betriebsprüfers zu straf- oder bußgeldrechtlichen Feststellungen[989] und der Strafregisterauszug[990]. Nicht erfasst sind hingegen die Handakten der Staatsanwaltschaft oder der Buß- und Strafsachenstellen, die dem Gericht nicht vorgelegt werden[991], sofern sie keine Beweismittel enthalten, die dem Gericht nach § 199 Abs. 2 S. 2 StPO vorzulegen sind[992]. Ebenfalls besteht kein Anspruch auf Einsicht in das Fallheft der Steuerfahndung.[993]

Im Ermittlungsverfahren entscheidet über die Einsichtnahme die Staatsanwaltschaft, § 402 AO Abs. 1 AO i.V.m. 147 Abs. 5 S. 1 StPO, bzw. die Buß- und Strafsachenstelle der Finanzbehörde, § 399 Abs. 1 AO i.V.m. § 147 Abs. 5 S. 1 StPO, wenn sie die Ermittlungen nach § 386 Abs. 2 AO selbstständig führt; nicht aber die Steuerfahndung.[994] Hingegen entscheidet nach § 147 Abs. 5 S. 1 StPO in der Zeit ab „Eingang der Anklage bei Gericht" bis zum rechtskräftigen Abschluss des Verfahrens der Vorsitzende des mit der Sache befassten Gerichts.[995]

Das Einsichtsrecht nach § 147 Abs. 1 StPO unterliegt im Steuerstrafverfahren im wesentlichen zwei Beschränkungen: Zum einen aufgrund der Gefährdung des Untersuchungszwecks nach Maßgabe des § 147 Abs. 2 S. 1 StPO sowie aufgrund

983 Jäger in Klein, AO, § 385, Rn. 7.
984 Kühne, Strafprozessrecht, Rn. 216.
985 Kühne, Strafprozessrecht, Rn. 217; Jäger in Klein, AO, § 392, Rn. 21.
986 Jäger in Klein, AO, § 392, Rn. 13; Dißars, DStR 2005, 137, 140.
987 Nr. 34 Abs. 2 S. 2 AStBV.
988 Burkhard, INF 2001, 168, 170.
989 Burkhard, INF 2001, 168, 171; Jäger in Klein, AO, § 392, Rn. 13.
990 Jäger in Klein, AO, § 392, Rn. 21.
991 Nr. 34 Abs. 3 AStBV, Nr. 187 Abs. 2 RiStBV; Jäger in Klein, AO, § 392, Rn. 13; vgl. hierzu auch Müller, StBp 2004, 79, 80.
992 Jäger in Klein, AO, § 392, Rn. 13.
993 OLG Frankfurt/Main, Beschluss vom 10.06.2003, 2 Ws 01/03, NStZ 2003, 566; a.A. Müller, StBp 2004, 79, 81.
994 Müller, StBp 2004, 79.
995 Meyer-Goßner, StPO, § 147, Rn. 35.

des Steuergeheimnisses, soweit die Akten Informationen zu den steuerlichen Verhältnissen Dritter enthalten.[996]

Im Ermittlungsverfahren kann die Einsicht durch die Staatsanwaltschaft nach § 402 Abs. 1 AO i.V.m. § 147 Abs. 2 S. 1 StPO, bzw. die Straf- und Bußgeldsachenstelle nach § 399 Abs. 1 AO i.V.m. § 147 Abs. 2 S. 1 StPO, soweit die Ermittlungen nach § 386 Abs. 2 AO von ihr geführt werden, verweigert oder auf einzelne Aktenstücke eingeschränkt werden, wenn durch Einsichtnahme der Untersuchungszweck gefährdet werden kann.

Ein hieraus resultierender Informationsvorsprung der Strafverfolgungsbehörde ist verfassungsrechtlich nicht zu beanstanden, sofern weder die Kontrolle von Zwangsmaßnahmen, noch die Erhebung der Anklage oder eine richterliche Anordnung in Frage stehen.[997]

Zur Vorbereitung der Haftprüfung jedoch folgerte das Bundesverfassungsgericht aus dem Recht auf ein faires Verfahren und dem auf rechtliches Gehör dem inhaftierten Beschuldigten einen Anspruch auf Teilakteneinsicht seines Verteidigers zu gewähren, soweit eine mündliche Mitteilung der für das Gericht für dessen Haftentscheidung relevanten Tatsachen und Beweismittel nicht ausreicht und die Kenntnis des Akteninhalts für eine effektive Einwirkung auf die gerichtliche Haftentscheidung benötigt wird.[998] Diese Rechtsprechung hat das Bundesverfassungsgericht auch auf das Akteneinsichtsrecht bei Rechtsschutzverfahren gegen andere Zwangsmaßnahmen übertragen.[999]

Zur Umsetzung der Rechtsprechung des EGMR hat der Gesetzgeber zum 1. Januar 2010 den § 147 Abs. 2 S. 2 StPO eingeführt,[1000] der vorsieht, dass wenn sich der Beschuldigte in Untersuchungshaft befindet oder diese im Falle der vorläufigen Festnahme beantragt ist, dem Verteidiger „die für die Beurteilung der Rechtmäßigkeit der Freiheitsentziehung wesentlichen Informationen in geeigneter Weise zugänglich zu machen“ sind und ihm „in der Regel [...] insoweit Akteneinsicht zu gewähren“ ist. Hierzu werfen *Beulke/Witzigmann* die Frage auf, auf welche Weise die wesentlichen Informationen zu gewähren sind, „wenn

996 Vgl. zur Beschränkung nach § 147 Abs. 2 StPO Kühne, Strafprozessrecht, Rn. 216 sowie Rn. 219 zu den hier nicht beleuchteten Beschränkungen der Akteneinsicht des Verteidigers während des Verteidigerausschlussverfahrens und während einer Kontaktsperre nach §§ 31 ff. EGGVG.

997 BVerfG, Beschluss vom 15.01.2004, 2 BvR 1895/03, wistra 2004, 179; Kühne, Strafprozessrecht, Rn. 216, Dißars, DStR 2005, 137, 140.

998 BVerfG, Beschluss vom 11.07.1994, 2 BvR 777/94, NJW 1994, 3219.

999 Beulke/Witzigmann, NStZ 2011, 254, 257 unter Bezugnahme auf BVerfG, Beschluss vom 04.12.2006, 2 BvR 1290/05, NStZ 2007, 274 (Durchsuchung); BVerfG, Beschluss vom 19.01.2006, 2 BvR 1075/05, NJW 2006, 1048 (strafprozessualer Arrest).

1000 Beulke/Witzigmann, NStZ 2011, 254, 257 unter Bezugnahme auf BT-Drs. 16/11644, S. 2, 13, 33 f.

nicht durch Akteneinsicht“.[1001] Schließlich genügten nach der Rechtsprechung des EGMR[1002] solche Informationsvermittlungen nicht, die Sachverhalte lediglich nach dem Verständnis der Ermittlungsbehörden schildern, hierauf nehmen auch die Gesetzesmaterialien Bezug.[1003] Somit könne die erforderliche Unterrichtung nur durch Gewährung von Akteneinsicht erfolgen.[1004] Dies dürfte wiederum die Einsicht in die vollständige dem Gericht vorliegende Akte erfordern, denn nur dies dürfte den Anforderungen des EGMR genügen.[1005]

Die Beschränkungen nach § 147 Abs. 2 StPO sind spätestens mit Abschluss der Ermittlungen aufzuheben, § 147 Abs. 6 S. 1 StPO.

Allerdings darf nach § 147 Abs. 3 StPO in keinem Verfahrensstadium die Einsicht versagt werden in Niederschriften über die Vernehmung des Beschuldigten sowie über solche richterlichen Untersuchungshandlungen, bei denen der Verteidiger anwesend war oder ein Anwesenheitsrecht des Verteidigers bestand.

Verhältnisse Dritter, die sich aus den Akten ergeben und die dem Steuergeheimnis unterliegen, sind vom Akteneinsichtsrecht nur umfasst, wenn entweder der Dritte die Finanzbehörde vom Steuergeheimnis entbindet, § 30 Abs. 4 Nr. 3 AO oder wenn die Durchbrechung des Steuergeheimnisses nach § 30 Abs. 4 Nr. 1 AO eingreift, beispielsweise, wenn Beweisstücke im Rahmen des Steuerstrafverfahrens der Staatsanwaltschaft oder dem Gericht vorgelegt werden.[1006]

3. Rechtslage in England

3.1 Steuerverfahren

Der das Besteuerungsverfahren regelnde *Taxes Management Act 1970* trifft keine Regelung über die Akteneinsicht. Im Rahmen des Besteuerungsverfahrens ergibt sich immerhin ein grundsätzliches Recht auf Akteneinsicht aus s. 7 (1) (c) *Data Protection Act 1998* (DPA), der jedermann das Recht einräumt, die über ihn gespeicherten persönlichen Informationen einzusehen. Der Begriff der „persönlichen Information“ umfasst hierbei nach s. 1 (1) DPA sämtliche Informationen, die sich auf eine existierende Person beziehen und die wiederum allein aufgrund dieser Informationen oder aus dem Zusammenspiel mit anderen gespeicherten

1001 Beulke/Witzigmann, NStZ 2011, 254, 257.
1002 EGMR, Urteil vom 13.12.2007, 11364/03 – Mooren ./. Deutschland, Rn. 95.
1003 Beulke/Witzigmann, NStZ 2011, 254, 257 unter Bezugnahme auf BT-Drs. 16/11644, S. 34.
1004 Beulke/Witzigmann, NStZ 2011, 254, 257, Weider, StV 2010, 102, 105.
1005 So im Ergebnis Kühne/Esser, StV 2002, 383, 391; Beulke/Witzigmann, NStZ 2011, 254, 259.
1006 Jäger in Klein, AO, § 392, Rn. 25.

Informationen identifiziert werden kann. *HMRC* legt dies dahingehend aus, dass auch steuerliche Informationen hierunter fallen.[1007]

Dieses Recht unterliegt jedoch Einschränkungen. Zum einen findet es nach s. 7 (4) DPA seine Grenze dort, wo Informationen über dritte Personen berührt werden. Eine Einsichtnahme ist nur zulässig mit Einverständnis des Dritten, s. 7 (4) (a) DPA, oder wenn eine Abwägung des Informationsinteresses gegen das Schutzinteresse des Dritten ergibt, dass die Gewährung der Einsichtnahme in jeder Hinsicht angemessen ist, s. 7 (4) (b) DPA. Nach s. 7 (6) DPA sind in die Abwägung einzustellen: eine etwaige Verschwiegenheitspflicht gegenüber dem Dritten, s. 7 (6) (a) DPA, etwaige Bemühungen, das Einverständnis des Dritten zu erlangen, s. 7 (6) (b) DPA, die Fähigkeit des Dritten, wirksam in die Weitergabe einzuwilligen, s. 7 (6) (c) DPA, und ob der Dritte bereits ausdrücklich einer Weitergabe widersprochen hat, s. 7 (6) (d) DPA.

Zum anderen kann die Offenlegung persönlicher Informationen, die zu Zwecken der Steuerveranlagung oder -erhebung erhoben worden sind, nach s. 29 (1) (c) DPA verweigert werden, soweit durch die Offenlegung die Steuerveranlagung oder -erhebung wahrscheinlich beeinträchtigt würde. Eine Ermächtigung, die Akteneinsicht vollständig zu versagen, gibt die Norm nicht.[1008] Das Merkmal „wahrscheinlich" wird zudem restriktiv ausgelegt. Es wird ein Grad an Wahrscheinlichkeit gefordert, der sich zu einer „sehr erheblichen und gewichtigen Möglichkeit der Beeinträchtigung"[1009] eines der in Abs. 1 genannten jeweiligen öffentlichen Interessen verdichtet. Welchen Konstellationen ein solches Gewicht zukommt, die Steuerveranlagung oder -erhebung derart zu beeinträchtigen, ist – soweit ersichtlich – noch nicht gerichtlich geklärt.

Entscheidungen über die Gewährung oder Versagung der Einsichtnahme sind nach s. 7 (9) i. V. m. s. 15 DPA gerichtlich überprüfbar.

In s. 56B TMA 1970 findet sich eine Ermächtigungsgrundlage für den Erlass von Rechtsverordnungen zur Regelung des Verfahrens vor den *General* und *Special Commissioners.* S. 56B (2) (b) TMA 1970 ermächtigt hierbei ausdrücklich zum Erlass von Vorschriften über die Einsichtnahme in Dokumente durch die beteiligten Parteien.

Doch weder in den *Special Commissioners (Jurisdiction and Procedure) Regulations 1994*[1010] noch in den *General Commissioners (Jurisdiction and Pro-*

1007 HMRC, Data Protection Fact Sheet 1.

1008 R (on the application of Alan Lord) v Secretary of State for the Home Department [2003] EWHC 2073 (Admin), Rn. 129.

1009 R (on the application of Alan Lord) v Secretary of State for the Home Department [2003] EWHC 2073 (Admin), Rn. 100.

1010 SI 1811/1994.

cedure) Regulations 1994[1011] fand sich ein ausdrückliches Recht auf Akteneinsicht.

Die *Value Added Tax Tribunal Rules 1986*[1012] sahen in r. 20 (1) die Ermächtigung des *VAT Tribunals* vor, die Parteien zur Offenlegung derjenigen Dokumente zu verpflichten, auf die sie sich in der mündlichen Verhandlung zu berufen beabsichtigen, also auf die sie ihr Vorbringen sützt. Nach r. 20 (3) *Value Added Tax Tribunal Rules 1986* konnte das Tribunal die Offenlegung weiterer Dokumente auf Antrag der Gegenpartei anordnen, die Dokumente waren aber bereits im Antrag genau zu bezeichnen; eine Kenntnis der Gegenpartei war also bereits implizit vorausgesetzt. Die Praxis des *VAT Tribunals* ist jedoch vereinzelt über diese Regelungen hinausgegangen. Stand die Versagung des Vorsteuerabzugs aufgrund des Verdachts der Beteiligung an einem Umsatzsteuerkarussell in Streit, so ging das Tribunal zunächst davon aus, dass der Steuerpflichtige nicht daran beteiligt war und daher keine Kenntnis von den umsatzsteuerlichen Verhältnissen des Geschäftspartners haben könne. *HMRC* habe daher bereits unabhängig von einer Weisung des Tribunals auch alle Dokumente und Informationen dem Steuerpflichtigen offenzulegen, auf die sie direkt oder indirekt die Beteiligung des Steuerpflichtigen an den Karussellgeschäften bzw. im weiteren die Versagung des Vorsteuerabzugs stützt.[1013] Dies könne steuerliche Informationen über die weiteren Unternehmer in dem – vermeintlichen – Umsatzsteuerkarussell umfassen, die nach Maßgabe der ss. 18, 19 *Commissioners for Revenue and Customs Act 2005* (CRCA) zugänglich zu machen seien.[1014]

Fraglich ist hierbei, ob die ss. 18, 19 CRCA nicht doch einer solchen Offenlegung entgegenstehen. Das *VAT Tribunal* scheint implizit vom Gegenteil ausgegangen zu sein, nähere Ausführungen dazu sind nicht ersichtlich. S. 18 (1) CRCA normiert den Grundsatz, dass Informationen, die *HMRC* in Erfüllung ihrer Aufgaben erhält, nicht offengelegt oder weitergegeben werden dürfen. Ausnahmen hierzu sind in s. 18 (2) CRCA geregelt. So ist nach s. 18 (2) (c) CRCA die Offenlegung in gerichtlichen Steuerstreitverfahren zulässig. Hierunter sollen auch die Verfahren vor den Tribunalen fallen.[1015] S. 18 (2) (d) CRCA lässt zudem die Offenlegung in Strafverfahren und strafrechtlichen Ermittlungsverfahren zu. S. 19 (1) CRCA stellt den Verstoß gegen s. 18 (1) CRCA unter Strafe. Jedoch bestimmt s. 22 (a) CRCA, dass jedwede Offenlegung oder Weitergabe unter dem *Commissioners for Revenue and Customs Act 2005* nur nach Maßgabe des *Data*

1011 SI 1812/1994.

1012 SI 590/1986.

1013 Calltell Telecom Ltd. & Anor. v Revenue & Customs (2007) UKVAT 20266, Rn. 16.

1014 Calltell Telecom Ltd. & Anor. v Revenue & Customs (2007) UKVAT 20266, Rn. 23.

1015 HM Government, Explanatory Notes to Commissioners for Revenue and Customs Act 2005, Rn. 98.

Protection Act 1998 erfolgen darf. Damit ist man hinsichtlich der Einsichtnahme in steuerliche Informationen über Dritte wieder auf s. 7 (4) DPA zurückgeworfen.

In den die *VAT Tribunals Rules 1986* und die *Special Commissioners (Jurisdiction and Procedure) Regulations 1994* seit dem 1. April 2009 ablösenden *Tribunal Procedure (First-tier-tribunal) (tax chamber) Rules 2009* (TPR) findet sich in r. 5 (3) (d) die Ermächtigung des Tribunals, einer Partei aufzugeben, Dokumente oder Schriftsätze den anderen Parteien zugänglich zu machen. Deren Reichweite wird jedoch nicht näher bestimmt. R. 5 (3) TPR konkretisiert hierbei die in r. 5 (1) TPR normierte Generalklausel der *case management powers*, wonach das Tribunal das Verfahren innerhalb der durch die TPR gesetzten Grenzen frei gestaltet. Seine Befugnisse muss es aber im Rahmen der in r. 2 (1) TPR normierten *overriding objective* einer fairen Verfahrensführung ausüben.

Eine identische Regelung findet sich in den *Tribunal Procedure (Upper Tribunal) Rules 2008.*

Entscheidungen zur Akteneinsicht unter der neuen Verfahrensordnung sind noch nicht ersichtlich. Doch erscheint es wahrscheinlich, dass die Reichweite der Akteneinsicht ähnlich extensiv ausgelegt werden wird wie in der bisherigen Rechtsprechung des *VAT Tribunals.* Dafür spricht neben der ausdrücklich normierten Zielvorgabe einer fairen Verfahrensführung auch der Wille des Verordnungsgebers. Im Rahmen der Vorbereitung der neuen Verfahrensordnung hatte das zuständige Justizministerium betont, dass trotz gewollter Beibehaltung der grundsätzlichen Informalität des Verfahrens gerade in komplexen bzw. rechtlich schwierig zu beurteilenden Streitigkeiten eine eher gerichtliche Verfahrensführung anzustreben sei und die bisherige Verfahrensführung des *VAT Tribunals* und der *Special Commissioners* im Gewand des neuen Tribunals verbessert werden solle.[1016] Die Informalität des Verfahrens wiederum dürfte es nahe legen, dass eine Einsicht in solche Dokumente der Gegenpartei, auf die diese ihr Vorbringen nicht stützt, aber für die Verteidigung der eigenen Rechtsposition von Bedeutung sein könnten, einer Anregung oder Antrages an das Tribunal bedarf, schon weil das Tribunal von diesen Dokumenten nicht zwingend Kenntnis haben muss.

Im gerichtlichen Verfahren ergibt sich ein Recht auf Akteneinsicht aus r. 31.10 (2) der *Civil Procedure Rules 1998* (CPR), die nach r. 2.1 (1) CPR nur auf das Verfahren vor den *county courts*, dem *High Court* und der *Civil Division* des *Court of Appeal* Anwendung finden. Bis zum 31. März 2009 war der *High Court* als erste gerichtliche Instanz zur Überprüfung der Entscheidungen des *VAT Tribunals* und der *Special* und *General Commissioners* zuständig. Seit dem 1. April 2009 ist

---

1016 Ministry of Justice, Tribunals Service, Transforming Tribunals – Implementing Part 1 of the Tribunals, Courts and Enforcement Act 2007 – The Government's Response, S. 28, 29.

diese Zuständigkeit auf das neu geschaffene *Upper Tribunal (Tax and Chancery)* übergegangen.

Nach r. 31.10 (2) i. V. m. r. 31.6 CPR ist eine Partei verpflichtet, jeder anderen Partei des Verfahrens eine Liste der Dokumente zur Verfügung zu stellen, auf die sie ihr Vorbringen zu stützen beabsichtigt, oder lediglich die Position der Gegenseite nachteilig beeinflusst oder die Position der Gegenseite stärkt bzw. ihre eigene Position nachteilig beeinflusst. R. 31.10 (2) i. V. m. r. 31.15 CPR verpflichtet, jeder anderen Partei auf deren schriftliche Aufforderung hin Einsichtnahme in die aufgeführten Dokumente binnen sieben Tagen nach Zugang der Aufforderung zu gewähren. Dies kann nach r. 31.15 (c) CPR auch durch die Überlassung von Kopien – gegen Erstattung der Kopierkosten – geschehen.

Ausgenommen von der Einsichtnahme sind gemäß 31.19 (1) CPR solche Dokumente, die der *public interest immunity* unterliegen. Dies kann im Finanzprozess insoweit relevant werden, als dass die Steuerbehörden zur Offenlegung der steuerlichen Verhältnisse eines Dritten angehalten sein können. In dieser Konstellation greift insoweit die *public interest immunity,* sofern der Dritte einer Offenlegung nicht zugestimmt hat.[1017] Damit dürfte die oben skizzierte Rechtsprechung des *VAT Tribunal* im Widerspruch zur Reichweite des Akteneinsichtsrechts im gerichtlichen Verfahren stehen.

3.2 Strafverfahren

Die Regeln der *disclosure* im Strafverfahren sind seit 1996 im Wesentlichen im *Criminal Procedure and Investigation Act 1996* (CPIA) kodifiziert, der durch den *Criminal Justice Act 2003* (CJA) wiederum reformiert wurde.[1018] Bis 1996 bestimmte sich das *disclosure*-Verfahren nach *common law.*[1019] Hierbei formulierte die Rechtsprechung die Pflicht der Staatsanwaltschaft, jegliches ihr verfügbare Beweismaterial dem Beschuldigten offenzulegen, unabhängig davon, ob es die Position der Staatsanwaltschaft stützt oder erschwert und ob es der Verteidigung dienen könnte.[1020]

Der CPIA 1996 sieht ein zweistufiges Verfahren vor:

Zunächst ist die Staatsanwaltschaft im Rahmen der *primary disclosure* verpflichtet, dem Beschuldigten das ihr vorliegende Beweismaterial offen zu legen. Hieran schließt sich die *defence disclosure* an, in der der Beschuldigte seine Entlastungsbeweise vorlegt. Darauf kann die Staatsanwaltschaft mit einer *secondary disclosure* reagieren, in der sie bislang nicht präsentiertes Beweisma-

1017 Lonrho plc v Fayed & Ors. (No, 4) [1994] QB 775.

1018 Die Neufassung trat zum 04.04.2005 in Kraft, vgl. Rhodes in Colvin/Cooper, S. 229, 233.

1019 Rhodes in Colvin/Cooper, S. 229, 233–235.

1020 R v Ward (1993) 96 Cr. App. Rep. 1, 51.

terial vorlegt.[1021] Die Einsichtnahme ist jeweils nicht nur auf die Akte als solche beschränkt, sondern umfasst auch andere Beweisstücke.[1022]

In der *primary disclosure* war die Staatsanwaltschaft nach der ursprünglichen Fassung des s. 3 CPIA 1996 verpflichtet, dem Beschuldigten sämtliches Beweismaterial offen zu legen, dass noch nicht offengelegt worden war und das in den Augen der Staatsanwaltschaft ihre Beweisführung schwächen könnte (). S. 3 CPIA 1996 a.F. normierte also einen subjektiven Maßstab zur Bestimmung des vorzulegenden Beweismaterials.[1023] Die Norm wurde durch den CPA 2003 dahingehend geändert, dass nunmehr nur noch solches Beweismaterial von der Staatsanwaltschaft vorzulegen ist, das „vernünftigerweise als in der Lage anzusehen ist, (a) die Beweisführung der Staatsanwaltschaft zu schwächen oder (b) die Beweisführung zugunsten des Beschuldigten zu fördern", s. 3 CPIA 1996 n.F. Dadurch soll ein objektiver Maßstab formuliert sein.[1024]

Nach s. 3 CPIA 1996 muss jedoch nicht solches Beweismaterial offengelegt werden, das sich nicht oder gar negativ auf die Beweisführung des Beschuldigten auswirkt.[1025] Dies bedeutet eine wesentliche Einschränkung im Vergleich zur Situation unter der *common law*-Regelung und Benachteiligung des Beschuldigten.[1026] Doch gerade diese Einschränkung war mit der Einführung des CPIA 1996 vom Gesetzgeber bezweckt.[1027]

Weiter eingeschränkt wird die *primary disclosure* durch die *public interest immunity*, aufgrund derer Informationen zurückgehalten werden können, wenn eine Offenlegung nationale Sicherheitsinteressen, polizeiliche Interessen an der Gewährleistung der Sicherheit von Informanten und verdeckten Ermittlern oder auch den Ermittlungserfolg in einem anderen Verfahren gefährden würde.[1028]

Im Rahmen der *defence disclosure* ist der Beschuldigte nach s. 5 CPIA 1996 zur Abgabe eines *defence case statements* verpflichtet (in Fällen, die vor den *magistrates' courts* verhandelt werden, ist dies freigestellt[1029]), in dem er seine Entlastungsbeweise vorstellt. Hierauf hatte ursprünglich wiederum die Staatsanwaltschaft solches Beweismaterial vorzulegen, das bislang noch nicht vorgelegt worden war, aber unter dem Eindruck des *defence case statements* nun der

1021 Zu diesem Ablauf der *disclosure* Kühne, Strafprozessrecht, Rn. 1177; Rhodes in Colvin/Cooper, S. 229, 235 f.
1022 Kühne, Strafprozessrecht, Rn. 1177.
1023 Rhodes in Colvin/Cooper, S. 229, 235.
1024 Rhodes in Colvin/Cooper, S. 229, 236.
1025 R v H and C [2004] 2 AC 134, HL.
1026 Rhodes in Colvin/Cooper, S. 229, 237.
1027 Rhodes in Colvin/Cooper, S. 229, 235.
1028 Kühne, Strafprozessrecht, Rn. 1177; ähnlich Rhodes in Colvin/Cooper, S. 229, 240.
1029 Rhodes in Colvin/Cooper, S. 229, 236, Fn. 26.

Beweisführung des Beschuldigten dienlich sein könnte, s. 7 CPIA 1996 a.F.[1030] Letzteres wurde durch den CJA 2003 reformiert. Nunmehr trifft die Staatsanwaltschaft die stete Pflicht zur Überprüfung, ob Beweismaterial vorliegt, das nach s. 3 CPIA 1996 n.F. dem Beschuldigten vorzulegen ist, s. 7A CPIA n.F.[1031]

Sofern sich der Beschuldigte vor vom *disclosure*-Verfahren in Haft befindet, haben er und sein Rechtsbeistand Anspruch auf Einsicht in die *custody records*, die jedoch keine hinreichende Informationen über den Stand der Ermittlungen beinhalten.[1032]

Träger des Rechts auf *disclosure* ist der Beschuldigte.[1033]

4. Vergleich mit der Rechtsprechung der Konventionsorgane

Das Recht auf Akteneinsicht umfasst nach der Rechtsprechung des EGMR diejenigen Dokumente, die zur Beurteilung der Erfolgsaussichten eines Rechtsbehelfs erforderlich sind bzw. auf die die Gegenseite ihren Standpunkt maßgeblich stützt. Zur Geltendmachung einer weitergehenden Akteneinsicht trifft diejenige Partei, die die Einsicht begehrt, die Darlegungslast hinsichtlich der Erforderlichkeit der Kenntnis dieser Dokumente zur Vertretung der eigenen Rechtsposition. Aus der bloß subsidiären Einbeziehung des Steuerverfahrens als Annexverfahren in den Schutzbereich des Art. 6 Abs. 1 EMRK ergibt sich eine strukturelle Einschränkung des Akteneinsichtsrechts auf diejenigen Dokumente, auf die sich die Finanzbehörde im Verfahren zur Bestimmung der strafrechtlichen Anklage als solcher maßgeblich stützt. Hiermit korrespondiert eine Ausdehnung der Darlegungslast des Steuerpflichtigen zur Erforderlichkeit der Einsichtnahme der Steuerakte. Im Ergebnis besteht nach der Rechtsprechung des Gerichtshofs keine einheitliche Reichweite des Akteneinsichtsrechts im Steuerverfahren.

Die Akteneinsicht darf im überwiegenden Interesse Dritte oder wichtiger staatlicher Interessen beschränkt, aber nicht im Ganzen ausgeschlossen werden. Eine etwaige Verletzung kann in einer späteren Tatsacheninstanz geheilt werden.

Ob die Akteneinsicht von Amts wegen oder nur auf Parteiantrag gewährt wird, ist für den EGMR grundsätzlich nicht relevant. Lediglich bei nicht anwaltlich

1030 Vgl. dazu die Ausführungen bei Rhodes in Colvin/Cooper, S. 229, 236.
1031 Vgl. dazu die Ausführungen bei Rhodes in Colvin/Cooper, S. 229, 236.
1032 Kühne, Strafprozessrecht, Rn. 1178.
1033 Kühne, Strafprozessrecht, Rn. 1179.

vertretenen Parteien soll auf das eventuelle Erfordernis eines Parteiantrages und die Möglichkeit der Akteneinsicht hingewiesen werden.

4.1 Deutschland

Das deutsche Steuerverfahrensrecht erfüllt diese Vorgaben.

Die Reichweite der Akteneinsicht variiert zwar je nach Verfahrensstadium. Während im Verwaltungsverfahren die Einsicht grundsätzlich auf die Akte des laufenden Verfahrens bezogen ist, besteht im Einspruchsverfahren zusätzlich ein gebundener Anspruch auf Mitteilung der Unterlagen der Besteuerung, also aller Beweismittel, die für das Einspruchsverfahrens von Bedeutung sind. Im gerichtlichen Verfahren besteht dann nur noch der Anspruch auf Einsicht in den Akteninhalt, der nach Auffassung des Gerichts entscheidungserheblich ist. Dies wird dem Maßstab des EGMR gerecht.

Im Rahmen des Verwaltungsverfahren besteht kein Anspruch auf Akteneinsicht. Ein solcher wird vom Gerichtshof auch nicht gefordert. Es besteht nur ein Anspruch auf ermessensfehlerfreie Entscheidung über die Gewährung von Akteneinsicht, in deren Rahmen die Interessen des Steuerpflichtigen gegen die Interessen Dritter, hier gerade die Wahrung des Steuergeheimnisses, oder des Staates, typischerweise dessen Interesse an einem geordneten Geschäftsgang, abzuwägen. Während der EGMR eine Abwägung gegen die Grundrechte Dritter anerkennt, akzeptiert er aber nur wichtige staatliche Interessen als Grenze der Akteneinsicht, so beispielsweise Belange der nationalen Sicherheit, der Geheimhaltung polizeilicher Ermittlungsmethoden oder des Zeugenschutzes. Ob das öffentliche Interesse an einem geordneten Geschäftsgang der Finanzverwaltung ebenfalls so hoch eingeschätzt werden kann, erscheint auf den ersten Blick fraglich. Doch dürfte auch die Berücksichtigung dieses Interesses mit der Rechtsprechung des EGMR vereinbar sein.

Zum einen dürfte das Interesse an einem geordneten Geschäftsgang eine Ausprägung des staatlichen Interesses einer effektiven und gleichmäßigen Steuerfestsetzung und -erhebung darstellen.

Zum anderen dürfte eine Beeinträchtigung des Geschäftsgang durch die Gewährung von Akteneinsicht sich in erster Linie aus der Überprüfung der Akten auf solches Material ergeben, dessen Offenlegung das Steuergeheimnis Dritter verletzen würde. Eine Beeinträchtigung durch die Einsichtnahme als solche dürfte nicht ins Gewicht fallen, jedenfalls wenn die Einsichtnahme bei dem betreffenden Finanzamt selbst erfolgt. Da jedoch das Interesse Dritter an Wahrung des Steuergeheimnisses in der Ermessensentscheidung zu berücksichtigen ist, ist das Aktenmaterial ohnehin hierauf zu überprüfen. Somit dürfte das öffentliche Interesse an einem geordneten Geschäftsgang lediglich im Rahmen des Entschließungsermessens zu berücksichtigen sein, während das Interesse Dritter an Wahrung des Steuergeheimnisses dann im Rahmen des Auswahlermessens zur Bestimmung der Reichweite der zu gewährenden Akteneinsicht in die Abwägung einzustellen wäre. Im Rahmen des Entschließungsermessens wird das Interesse an einem geordneten Geschäftsgang gegen das Einsichtsnahmeinteresse des Steuerpflichtigen abgewogen, das jedenfalls dann überwiegt, wenn die Einsichtnahme der Gewährung rechtlichen Gehörs dienen soll.[1034] Dies ist immer dann der Fall, wenn die Einsichtnahme zur Beurteilung der Erfolgsaussichten eines Rechtsbehelfs erfolgt. Gerade dies ist auch der Zweck des konventionsrechtlichen Akteneinsichtsrechts. Die Berücksichtigung des öffentlichen Interesses an einem geordneten Geschäftsgang der Finanzverwaltung bewirkt also nur eine Erhöhung der Darlegungslast hinsichtlich des Einsichtsnahmeinteresses des Steuerpflichtigen. Ein Widerspruch zu den Wertungen des Gerichtshof besteht insofern nicht.

Auch die Berücksichtigung des Interesses Dritter an Wahrung des Steuergeheimnisses ist mit der Rechtsprechung des EGMR vereinbar. Ihm kommt als Ausfluss des Grundrechts auf informationelle Selbstbestimmung ein hohen Stellenwert zu.[1035]

Im gerichtlichen Verfahren besteht hingegen nach § 78 Abs. 1 FGO ein gebundener Anspruch auf Akteneinsicht. Insoweit kann im Einklang mit der EGMR-Rechtsprechung in der Gewährung von Akteneinsicht im Verfahren vor dem Finanzgericht als Tatsacheninstanz die Heilung einer Versagung der Akteneinsicht im Verwaltungsverfahren liegen.

Ausfluss des Steuergeheimnisses Dritter wiederum ist die gerichtliche Praxis, grundsätzlich die Akteneinsicht nur beim sachentscheidenden Gericht zu gewähren. Auch wenn der EGMR über eine solche räumliche Einschränkung soweit ersichtlich nicht entschieden hat, dürfte diese Handhabung mit dem Grundsatz der Einschränkbarkeit der Akteneinsicht im überwiegenden Interesse Dritter vereinbar sein. Ihre Grenze dürfte sich jedoch aus der Funktion der Akteneinsicht als Ausfluss des Grundsatzes der Waffengleichheit und als Voraussetzung einer effektiven Verteidigung ergeben[1036], so dass eine Versendung jedenfalls dann zu erfolgen haben dürfte, wenn weder der Partei noch ihrem Verfahrensbevollmächtigten das Aufsuchen des Gerichts zum bloßen Zwecke der Akteneinsicht zumutbar ist. Dies dürfte bei großer räumlicher Distanz oder in Relation hierzu knapper Zeit bis zur mündlichen Verhandlung der Fall sein.

1034 BFH, Beschluss vom 04.06.2003, VII B 138/01, BStBl. II 2003, 790.

1035 BVerfG, Urteil vom 15.12.1983, 1 BvR 209, 269, 362, 420, 440, 484/83, BVerfGE 65, 1, 46.

1036 Grabenwarter, Verfahrensgarantien, S. 602.

Auch die Akteneinsicht im Strafverfahren erfüllt überwiegend die Maßstäbe der EGMR-Rechtsprechung. Dies dürfte auch hinsichtlich der Gewährung von Akteneinsicht in den Fällen der Untersuchungshaft gelten, wenn man den zum 1. Januar 2010 eingeführten § 147 Abs. 2 S. 2 StPO dahingehend versteht, dass die dort vorgesehene erforderliche Unterrichtung nur durch Gewährung von Akteneinsicht in die vollständige dem Gericht vorliegende Akte erfolgen kann.[1037] Die bisherige Rechtsprechung des Bundesverfassungsgerichts, wonach in diesen Fällen lediglich eine Teilakteneinsicht gewährt wurde, genügte den Anforderungen des Gerichtshofs nicht.[1038] Ebenfalls nicht ausreichend ist die Regelung des § 147 Abs. 7 StPO, wonach dem unverteidigten Beschuldigten Auskünfte und Abschriften aus der Akten gegeben werden können, soweit der nicht gefährdet wird und nicht schutzwürdige Belange Dritter entgegenstehen.[1039]

4.2 England

Auch das englische Steuerverfahren genügt den Anforderungen der Straßburger Rechtsprechung.

Ein Akteneinsichtsrecht besteht vom steuerlichen Verwaltungsverfahren an bis hin zum gerichtlichen Verfahren. Im Verfahren vor den Tribunalen und vor dem *Court of Appeal* ist jeder Partei Einsicht in diejenigen Dokumente zu gewähren, auf die sie ihr Vorbringen stützt. Darüber hinaus hat im gerichtlichen Verfahren die eine Partei auch Einsicht in solche Dokumente zu gewähren, die die Position der anderen Partei nachteilig beeinflusst. Eine solch weitergehende Einsichtnahme bedarf vor den Tribunalen jedoch wohl auch nach den neuen Verfahrensregeln der *Tribunal Procedure Rules* eines Antrages.

Es findet seine Grenze nur am Interesse Dritter an Geheimhaltung ihrer in steuerlichen und sonstigen persönlichen Informationen sowie am staatlichen Interesse der Steuerveranlagung und Steuererhebung, kann aber hierdurch nur eingeschränkt, nicht komplett versagt werden.

Im englischen Strafverfahren jedoch wird die Beschränkung der *primary disclosure* nach s. 3 CPIA 1996 auf diejenigen Beweismittel, die entweder die Beweisführung der Staatsanwaltschaft schwächen oder die Beweisführung des Beschuldigten stützen können, den Vorgaben des Gerichtshofs nicht gerecht.[1040] Ebenso wenig dürfte das Einsichtsrecht des Beschuldigten und seines Rechtsbeistands bei

---

1037 So im Ergebnis wohl auch Börner, NStZ 2010, 417, 418: "Es steht außer Frage, dass § 147 Abs. 2 S. 2 StPO n.F. nicht hinter dem zurückbleiben kann, was das BVerfG und der EGMR als notwendig erachtet haben."

1038 Kühne, Strafprozessrecht, Rn. 216.

1039 Kühne, Strafprozessrecht, Rn. 220.

1040 Rhodes in Colvin/Cooper, Rn. 10.24f.

Inhaftierung in die *custody records* der EGMR-Rechtsprechung hinsichtlich des Akteneinsichtsrechts zur Vorbereitung einer Haftprüfung genügen.[1041]

IV. Ergebnis Teil D

Sowohl deutsches wie englisches Steuerverfahrensrecht und werden den Vorgaben des EGMR hinsichtlich der Selbstbelastungsfreiheit und des Gebots einer angemessenen Verfahrensdauer nicht gerecht. Lediglich hinsichtlich des aus dem Gebot der Waffengleichheit fließenden Rechts auf Akteneinsicht genügen die beiden Rechtsordnungen den konventionsrechtlichen Anforderungen.

1041 Kühne, Strafprozessrecht, Rn. 1178.

E. Rezeption der Straßburger Rechtsprechung

I. Rezeption in Deutschland

1. Anwendungsbereich des Art. 6 Abs. 1 EMRK

1.1 Anwendbarkeit unter der zivilrechtlichen Rubrik

Die Rechtsprechung des BFH zeigt seit jeher einen sehr restriktiven Umgang mit der Frage der Anwendbarkeit des Art. 6 Abs. 1 EMRK unter dessen zivilrechtlicher Rubrik.

Seit der – soweit ersichtlich – ersten Befassung mit diesem Thema 1991 lehnt der oberste Gerichtshof des Bundes für Steuern und Zölle mit gleichbleibender Begründung die Anwendbarkeit ab – jeweils mit der apodiktischen Feststellung, dass die Vorschrift wegen des öffentlich-rechtlichen Charakters der Besteuerung im finanzgerichtlichen Verfahren keine Anwendung finde.[1042] Lediglich die Fundstellen, auf die er sich in seiner Entscheidung stützt, hat sich im Laufe der Zeit gewandelt. Stützte er sich in seinem ersten Beschluss vom 13. September 1991 noch auf die Kommissionsentscheidung in *X. ./. Deutschland*[1043] sowie einzelne Literaturmeinungen von *Peukert*[1044] und *Mössner*[1045] oder aber noch im Beschluss vom 31. Juli 2003[1046] auf die Kommentierung von *Miehsler/Vogler*[1047] im Internationalen Kommentar und die eigene Rechtsprechung, so nimmt er in

1042 BFH, Beschluss vom 13.09.1991, IV B 105/90, BStBl. II 1992, 148; Urteil vom 21.03.1996, XI R 82/94, BStBl. II 1996, 518; Beschluss vom 27.02.2002, VII B 294/01, BFH/NV 2002, 942; Beschluss vom 31.07.2003, IX E 6/03, BFH/NV 2003, 1603; Urteil vom 21.07.2004, X R 73/01, BFH/NV 2005, 513; Beschluss vom 17.01.2006, VIII B 172/05, BFH/NV 2006, 799; Beschluss vom 21.02.2006, I B 32/05, BFH/NV 2006, 1305; Beschluss vom 02.08.2006, VII E 20/05, BFH/NV 2006, 2276; Beschluss vom 25.10.2006, VII B 269/06, BFH/NV 2007, 260; Urteil vom 12.04.2007, VI R 42/03, NJW 2007, 1999, 2000; Beschluss vom 14.03.2008, II S 23/07 (PKH) (NV); Beschluss vom 22.07.2008, II B 18/08, BFH/NV 2008, 1866; Beschluss vom 01.04.2009, X B 90/08, BFH/NV 2009, 1135; Beschluss vom 07.05.2009, XI B 111/08, BFH/NV 2009, 1472.

1043 EKMR, Entscheidung vom 15.12.1967, 2552/65 – X. ./. Deutschland.

1044 Peukert, EuGRZ 1979, 261, 267.

1045 Mössner, StuW 1991, 224, 226.

1046 BFH, Beschluss vom 31.07.2003, IX E 6/03, BFH/NV 2003, 1603.

1047 Miehsler/Vogler in Internationaler Kommentar, Art. 6, Rn. 172.

seiner jüngeren Rechtsprechung auf die EGMR-Entscheidungen in *Ferrazzini* und *Emesa Sugar* Bezug[1048]. Keine Erörterung findet das Urteil *National & Provincial Building Societies ./. Vereinigtes Königreich*, in der der EGMR die Schutzbereichseröffnung der zivilrechtlichen Rubrik des Art. 6 Abs. 1 EMRK auf steuerliche Erstattungsansprüche und die Einbeziehung des steuerrechtlichen Verfahrens als Annex-Verfahren formuliert hatte.[1049] Dafür, dass der BFH diese Entscheidung übersehen oder in ihrer Bedeutung unzutreffend eingeordnet hat, sprechen einige Indizien: So lässt sich keiner seiner Entscheidungen, in denen er sich mit der Schutzbereichseröffnung des Art. 6 Abs. 1 EMRK auseinander setzte, dem Tatbestand – soweit veröffentlicht – entnehmen, ob der Steuerpflichtige die in Streit stehende Steuer gezahlt hat oder ob ihm Aussetzung oder Aufhebung der Vollziehung gewährt worden war. Gerade diese Abgrenzung ist aber nach dem genannten Straßburger Urteil für die Schutzbereichseröffnung maßgebend. Und geradezu greifbar wird diese fehlende Auseinandersetzung mit dem *Building-Societies*-Urteil im Beschluss vom 21. Februar 2006[1050]. Der BFH hatte über die Zulassung der Revision gegen ein finanzgerichtliches Urteil zu entscheiden, das einen Streit über die Veranlagung zur Einkommensteuer zu beheben hatte. Ein Hinweis, dass dem Steuerpflichtigen eine Aussetzung oder Aufhebung der Vollziehung des streitigen Steuerbescheides gewährt worden wäre, ist dem Beschluss nicht zu entnehmen. Insoweit wäre wegen des nach §§ 361 Abs. 1 S. 1 AO, 69 Abs. 1 S. 1 FGO fehlenden Suspensiveffekts von Einspruch und Klage zu folgern, dass der Steuerpflichtige die streitige Steuer bereits gezahlt hat und mit den vom ihm eingelegten Rechtsmitteln die Änderung des rechtswidrigen Steuerbescheides und korrespondierend die Erstattung des rechtswidrig erhobenen Teils der Steuer begehrt. Dann aber wäre nach den Grundsätzen des *Building-Societies*-Urteils der zivilrechtliche Anwendungsbereich des Art. 6 Abs.1 EMRK eröffnet gewesen.

1.2 Anwendbarkeit unter der strafrechtlichen Rubrik

Ebenso zurückhaltend beurteilt der BFH die Anwendbarkeit unter dem strafrechtlichen Schutzbereich.

So hat er hinsichtlich der Festsetzung von Hinterziehungszinsen die Anwendbarkeit der Unschuldsvermutung des Art. 6 Abs. 2 EMRK mit der Begründung verneint, die Vorschrift gelte nur für „Sanktionen im konkreten Strafverfahren,

---

1048 BFH, Beschluss vom 21.02.2006, I B 32/05, BFH/NV 2006, 1305; Urteil vom 12.04.2007, VI R 42/03, NJW 2007, 1999, 2000.

1049 EGMR, Urteil vom 23.10.1997, 21319/93 – Building Societies ./. Vereinigtes Königreich, Rn. 97 f, Reports 1997–VII.

1050 BFH, Beschluss vom 21.02.2006, I B 32/05, BFH/NV 2006, 1305.

nicht jedoch für steuerrechtliche oder zivilrechtliche Ansprüche, auch wenn sie auf strafbaren Handlungen beruhen".[1051] Ergänzend stützt er sich auf die Rechtsprechung der Kommission und einige Literaturmeinungen, wonach Art. 6 EMRK auf steuerrechtliche Verfahren nicht anwendbar sei.[1052]

Abgesehen davon, dass der BFH hiermit zivilrechtlichen und strafrechtlichen Schutzbereich vermischt, setzt er sich über diese Feststellungen hinaus nicht mit der Straßburger Rechtsprechung, insbesondere den im *Engel*-Urteil entwickelten Kriterien auseinander. Immerhin aber führt er aus, dass Hinterziehungszinsen nach innerstaatlichem Recht kein Strafcharakter zukomme. Deren Festsetzung diene wie auch die nachträgliche Erhebung der hinterzogenen Steuern nur der Gleichmäßigkeit der Besteuerung und soll den in der verspäteten Zahlung der Steuer liegenden Vorteil des Steuerpflichtigen ausgleichen.[1053] Doch gerade dieses Element des Nachteilsausgleichs zugunsten des Fiskus ist es, das den repressiven Charakter ausmacht. So sieht der BFH etwa auch den Zweck von Verspätungszuschlägen nach § 152 Abs. 1 AO im Ausgleich der aus der verspäteten Abgabe der Steuererklärung gezogenen Vorteile.[1054] Hinsichtlich dieses Nachteilsausgleichs ist anerkannt, dass hierdurch für den Steuerpflichtigen ein Nachteil an ein in der Vergangenheit liegendes Verhalten knüpft und insofern repressiv wirkt.[1055] Aufgrund der gleich gelagerten Zielsetzung kann für Hinterziehungszinsen nach § 235 AO nichts anderes gelten.

Zudem knüpft § 235 AO an die Feststellung des Vorliegens einer schuldhaften und vollendeten Steuerhinterziehung an.[1056] Auch stehen Strafausschließungs- oder Strafaufhebungsgründe wie beispielsweise Selbstanzeige, Verfolgungsverjährung oder die Einstellung des Strafverfahrens wegen Geringfügigkeit nach § 153a StPO der Festsetzung von Hinterziehungszinsen nicht entgegen.[1057]

Verneinte man den repressiven Charakter der Hinterziehungszinsen, so bliebe immer noch die Möglichkeit, deren Festsetzung als Annexverfahren zum Steuerstrafverfahren in den strafrechtlichen Schutzbereich des Art. 6 Abs. 1 EMRK einzubeziehen. Dazu müsste aber als weitere Voraussetzung tatsächlich ein Steuerstrafverfahren durchgeführt worden sein.

1051 BFH, Urteil vom 27.08.1991, VIII R 84/89, BStBl. II 1992, 9; Beschluss vom 23.10.2003, VIII B 155/03, BFH/NV 2004, 503.

1052 BFH, Urteil vom 27.08.1991, VIII R 84/89, BStBl. II 1992, 9.

1053 BFH, Urteil vom 27.08.1991, VIII R 84/89, BStBl. II 1992, 9; Urteil vom 01.08.2001, II R 48/01, HFR 2002, 278.

1054 BFH, Urteil vom 22.01.1993, III R 92/89, BFH/NV 1993, 455.

1055 So im Hinblick auf Verspätungszuschläge Seer in Tipke/Kruse, § 152 AO, Rn. 2.

1056 BFH, Urteil vom 27.08.1991, VIII R 84/89, BStBl. II 1992, 9; Rüsken in Klein, § 235, Rn. 5; Reiß, GS Trzaskalik, S. 473, 501.

1057 Wagner in Kühn/v. Wedelstädt, § 235 AO, Rn. 3.

Immerhin erkennt der BFH an, dass Steuerstrafverfahren dem strafrechtlichen Schutzbereich des Art. 6 Abs. 1 EMRK unterfallen.[1058] Hiervon geht auch der BGH wie selbstverständlich aus.[1059]

2. Garantien

2.1 Selbstbelastungsfreiheit

Die Auseinandersetzung mit der konventionsrechtlichen Selbstbelastungsfreiheit im steuerlichen Kontext ist in der deutschen Rechtsprechung bislang nur vereinzelt erfolgt.

In der Konstellation der Nichterklärung von erhaltenen Schmiergeldzahlungen hat der BGH hinsichtlich der Strafzumessung direkten Bezug auf die konventionsrechtliche Selbstbelastungsfreiheit genommen. Soweit der Schutz des Steuergeheimnisses und des Verwertungsverbotes nach § 393 Abs. 2 S. 1 AO im öffentlichen Interesse nach §§ 30 Abs. 5 Nr. 5, 393 Abs. 2 S. 2 AO durchbrochen sei, sei zum Ausgleich des Spannungsverhältnisses zwischen den Schutzgütern der §§ 30 Abs. 5 Nr. 5, 393 Abs. 2 S. 2 AO und der Selbstbelastungsfreiheit des Steuerpflichtigen nach Art. 6 Abs. 1 EMRK geboten, bei der Rechtsfolgenentscheidung den engen sachlichen und zeitlichen Zusammenhang zwischen Bestechlichkeit und Steuerhinterziehung durch eine „straffe Zusammenziehung" der jeweiligen Einzelstrafen zu berücksichtigen werden.[1060]

Hiermit schießt der BGH über das Ziel hinaus.

Konventionsrechtlich ist zur Gewährleistung maßgebend, die auf den Steuerpflichtigen ausgeübte Zwangswirkung bis unter die Erheblichkeitsschwelle zu neutralisieren. Wie dies zu geschehen hat, hat der EGMR ins Ermessen der Konventionsstaaten gestellt.[1061] Dies kann durch ein Verwertungsverbot der erzwungenen Informationen und Beweismittel erfolgen oder aber durch eine Reduzierung der Zwangswirkung als solcher. Vorliegend war die Steuererklärungspflicht durch § 370 Abs. 1 AO strafbewehrt.

Fraglich ist, ob hierin eine maßgebliche Zwangswirkung gesehen werden kann, die die konventionsrechtliche Selbstbelastungsfreiheit verletzt. Die Zwangsanwendung als solche verletzt die Selbstbelastungsfreiheit dann noch nicht, wenn sie nicht während eines Strafverfahrens im konventionsrechtlichen

1058 BFH, Urteil vom 27.08.1991, VIII R 84/89, BStBl. II 1992, 9.

1059 BGH, Urteil vom 05.05.2004, 5 StR 139/03, HFR 2005, 62.

1060 BGH, Urteil vom 05.05.2004, 5 StR 139/03, HFR 2005, 62 (unter II. 1. b) der Gründe); Urteil vom 02.12.2005, 5 StR 119/05, NJW 2006, 925 (unter III. 4 der Gründe).

1061 EGMR, Urteil vom 03.05.2001, 31827/96 – J.B. ./. Schweiz, Rn. 70, ECHR 2001–III.

Sinne erfolgt.[1062] Erfolgt sie außerhalb eines solchen Strafverfahrens, dann ist für die Schutzbereichseröffnung maßgeblich, ob die erzwungenen Informationen in einem bereits anhängigen Strafverfahren relevant werden könnten,[1063] ein solches behördlicherseits zum Zeitpunkt des Auskunfts- bzw. Mitwirkungsersuchens bereits beabsichtigt ist[1064] oder dass aufgrund eines bereits anhängigen Strafverfahrens im Zeitpunkt des Auskunfts- bzw. Mitwirkungsersuchens der dadurch Verpflichtete nicht ausschließen kann, dass die Möglichkeit einer gegen ihn gerichteten Verwendung besteht.[1065]

Hier hatte der Angeklagte in den Jahren 1994 bis 1996 die erhaltenen Schmiergelder nicht erklärt und für das Jahr 1993 gar keine Steuererklärung abgegeben.[1066] Wann genau das Strafverfahren – auch wegen Steuerhinterziehung – gegen den Angeklagten eingeleitet worden ist, ist dem Urteil nicht zu entnehmen. Da aber Schmiergeldzahlungen bis August 1999 im Tatbestand erwähnt werden, dürfte ein Strafverfahren wohl nicht vor diesem Zeitpunkt eingeleitet worden sein. Anhaltspunkte für die beabsichtigte Einleitung des Strafverfahrens zu einem früheren Zeitpunkt sind ebensowenig ersichtlich wie ein anderweitiges Strafverfahren.

Die Zwangswirkung des § 370 Abs. 1 AO erstreckt sich zeitlich bis zur Vollendung der Steuerhinterziehung. Diese tritt bei einer Veranlagungssteuer wie der Einkommensteuer mit der Steuerfestsetzung ein, also mit Bekanntgabe des Steuerbescheides.[1067] Im Falle der Nichtabgabe der Steuererklärung tritt Vollendung zu dem Zeitpunkt ein, in dem das Festsetzungsfinanzamt die Veranlagungsarbeiten des betreffenden Veranlagungszeitraumes spätestens abgeschlossen worden wären.[1068]

Geht man davon aus, dass das Strafverfahren erst in der zweiten Jahreshälfte 1999 eingeleitet worden ist, ist auch davon auszugehen, dass die Steuern für die Jahre 1994 bis 1996 zu diesem Zeitpunkt bereits festgesetzt und die Veranlagungsarbeiten für den Veranlagungszeitraum 1993 bereits abgeschlossen waren. Zum Zeitpunkt der Einleitung des Strafverfahrens unterlag der Steuerpflichtige daher nicht mehr der Zwangswirkung durch die Strafdrohung des § 370 Abs. 1 AO. Damit war hinsichtlich der Steuererklärungen 1993 bis 1996 der Schutzbereich

---

1062 EGMR, Urteil vom 08.04.2004, 38544/97 – Weh ./. Österreich, Rn. 44.

1063 EGMR, Urteil vom 03.05.2001, 31827/96 – J.B. ./. Schweiz, Rn. 66, ECHR 2001–III; Urteil vom 04.10.2005, 6563/03 – Shannon ./. Vereinigtes Königreich, Rn. 38.

1064 EGMR, Urteil vom 08.04.2004, 38544/97 – Weh ./. Österreich, Rn. 42, 28; Urteil vom 04.10.2005, 6563/03 – Shannon ./. Vereinigtes Königreich, Rn. 34 f.

1065 EGMR, Urteil vom 03.05.2001, 31827/96 – J.B. ./. Schweiz, Rn. 66, ECHR 2001–III.

1066 BGH, Urteil vom 05.05.2004, 5 StR 139/03, HFR 2005, 62.

1067 Jäger in Klein, AO, § 370, Rn. 90.

1068 Jäger in Klein, AO, § 370, Rn. 92.

der konventionsrechtlichen Selbstbelastungsfreiheit nicht eröffnet, so dass im konkret entschiedenen Fall jedenfalls aus konventionsrechtlichen Gründen keine Reduzierung der Zwangswirkung durch straffes Zusammenziehen der Einzelstrafen erforderlich gewesen wäre.

Der Schutzbereich der Selbstbelastungsfreiheit unter Art. 6 Abs. 1 EMRK wäre aber eröffnet gewesen, wären steuerliche Informationen im Strafverfahren wegen Bestechlichkeit verwendet worden, die der Angeklagte dem Finanzamt in Erfüllung seiner – durch § 370 Abs. 1 AO strafbewehrten – steuerlichen Mitwirkungspflichten offenbart hätte. Dann wäre tatsächlich auch eine Verletzung der konventionsrechtlichen Selbstbelastungsfreiheit zu bejahen – schon allein aufgrund des von der Strafdrohung des § 370 Abs. 1 AO von fünf Jahren Freiheitsstrafe ausgehenden Zwangs.[1069]

Der BFH hatte sich im Jahr 2007 mit der Frage zu befassen, ob eine Weiterleitung steuerlicher Informationen nach § 31a Abs. 1 Nr. 1 lit. b) bb) AO an die Agentur für Arbeit die Selbstbelastungsfreiheit nach Art. 6 Abs. 1 EMRK verletzt. Er verneint eine Verletzung mit der knappen Begründung, dass mit der Mitteilung an die Agentur für Arbeit keine Entscheidung über die Verwertbarkeit der Feststellungen des Finanzamtes in einem etwaigen Strafverfahren verbunden sei. Die Berechtigung des Steuerpflichtigen zum Bezug öffentlicher Leistungen zu überprüfen, verbiete die Vorschrift nicht.[1070]

Im Ergebnis ist diese Entscheidung zutreffend – jedenfalls im Hinblick auf ein etwaiges Strafverfahren nach innerstaatlichem Verständnis. Es sind keine Anhaltspunkte dafür ersichtlich, dass ein Strafverfahren gegen den Steuerpflichtigen bereits eingeleitet war oder dies beabsichtigt wurde. Nach den oben zum Urteil des BGH genannten Grundsätzen des EGMR ist auch hier insoweit der Schutzbereich der konventionsrechtlichen Selbstbelastungsfreiheit nicht eröffnet, so dass erst eine Verwertung in einem späteren Strafverfahren diese Verfahrensgarantie verletzen könnte.

Allerdings ist auch die Ausweitung des Schutzbereichs durch die extensive Auslegung des Begriffs der strafrechtlichen Anklage zu beachten, wonach auch verwaltungsrechtliche Sanktionen dem Begriff unterfallen können. Der Beschluss enthält keinerlei Hinweise auf die Möglichkeit einer solchen Sanktionierung. Dies legt nahe, dass weder der BFH noch die Verfahrensbeteiligten diesem Punkt Beachtung geschenkt haben.

1069 Vor diesem Hintergrund wäre dem Steuerpflichtigen zu raten, seine erhaltenen Bestechungsgelder ordnungsgemäß zu deklarieren und später der Verwertung der Angaben im Strafprozess unter Berufung auf Art. 6 Abs. 1 EMRK zu widersprechen.

1070 BFH, Beschluss vom 04.10.2007, VII B 110/07, BStBl. II 2008, 42.

2.2 Gebot angemessener Verfahrensdauer

Das konventionsrechtliche Gebot angemessener Verfahrensdauer ist wohl auch im steuerrechtlichen Verfahren die meistgerügte Verletzung des Art. 6 Abs. 1 EMRK. Von den ersichtlichen 14 Verfahren vor dem BFH, in denen Art. 6 Abs. 1 EMRK als verletzt gerügt wurde, bezogen sich neun[1071] hierauf. Da der BFH jedoch stets bereits die Schutzbereichseröffnung verneinte, brauchte er bisher die Verfahrensdauer nicht nach konventionsrechtlichen Maßstäben zu beurteilen.

2.3 Recht auf Akteneinsicht

Eine Verletzung des konventionsrechtlichen Rechts auf Akteneinsicht wurde bislang – soweit ersichtlich – noch nicht im deutschen Finanzprozess gerügt. Dies dürfte maßgeblich darin seinen Grund finden, dass das Recht auf Akteneinsicht in Besteuerungsverfahren und Finanzprozess nicht hinter den konventionsrechtlichen Vorgaben zurückbleibt.

II. Rezeption in England

1. Anwendbarkeit des Art. 6 Abs. 1 EMRK

1.1 Anwendbarkeit unter der zivilrechtlichen Rubrik

Der *Court of Appeal* vertrat 2001 in einem obiter dictum, dass ein Streit über die Voraussetzungen eines Steuererstattungsanspruchs keinen Streit über einen zivilrechtlicher Anspruch im konventionsrechtlichen Sinne darstelle.[1072] Er verkennt dabei die im *Building-Societies*-Urteil des EGMR bereits 1997 vollzogene Schutzbereichserweiterung auf das Steuerverfahren als Annexverfahren zur Bestimmung des Ob und Wie eines Erstattungsanspruchs aus dem Steuerverhältnis. 2002 hielt ein *Special Commissioner* die Verhängung von Steuer-

1071 BFH, Beschluss vom 13.09.1991, IV B 105/90, BStBl. II 1992, 148; Urteil vom 21.03.1996, XI R 82/94, BStBl. II 1996, 518; Urteil vom 21.07.2004, X R 73/01, BFH/NV 2005, 513; Beschluss vom 17.01.2006, VIII B 172/05, BFH/NV 2006, 799; Beschluss vom 21.02.2006, I B 32/05, BFH/NV 2006, 1305; Beschluss vom 14.03.2008, II S 23/07 (PKH) (NV); Beschluss vom 22.07.2008, II B 18/08, BFH/NV 2008, 1866; Beschluss vom 01.04.2009, X B 90/08, BFH/NV 2009, 1135; Beschluss vom 07.05.2009, XI B 111/08, BFH/NV 2009, 1472.

1072 Eagerpath v Edwards [2001] STC 26.

zuschlägen für so eng mit dem Steuerverfahren verbunden, dass sie wie das Steuerverfahren zu behandeln seien und daher aus dem Anwendungsbereich des Art. 6 Abs. 1 EMRK herausfallen.[1073] Eine Eröffnung des Schutzbereichs unter der strafrechtlichen Rubrik war von den Parteien nicht vorgetragen und vom *Special Commissioner* nicht thematisiert worden. Damit stellt er die Argumentation des EGMR auf den Kopf: Der Gerichtshof legt zur Gewährung effektiven Rechtsschutzes den Anwendungsbereich grundsätzlich weit aus und erstreckt ihn auch auf Verfahren, die ihm nicht unterfallen, sofern sie in enger Verbindung zu einem Verfahren stehen, dass vom Schutzbereich umfasst wird, wie der Gerichtshof für den Anwendungsbereich unter der zivilrechtlichen Rubrik in seinem *Building-Societies*-Urteil[1074] ausgeführt und später in der *Georgiou*-Entscheidung[1075] auch für den Anwendungsbereich der strafrechtlichen Rubrik formuliert hat.

War die Auseinandersetzung mit der EGMR-Rechtsprechung zur Eröffnung des zivilrechtlichen Anwendungsbereichs bis hierhin eher rudimentär, so setzte sich das *VAT Tribunal* in einer 2002 ergangenen Entscheidung der Rechtssache *N Ali & S Begum & Anor v Customs & Excise*[1076] vertieft mit dem *Ferrazzini*-Urteil auseinander. In Streit stand neben der jeweiligen Umsatzsteuerfestsetzung der Kläger auch die Festsetzung von Straf- und Verspätungszuschlägen. Unter Verweis auf die fehlende Bindung an die Straßburger Rechtsprechung schloss sich das Tribunal dem Sondervotum *Lorenzens* an. Das englische Recht kenne kein öffentliches Recht nach kontinentaleuropäischem Verständnis. Die Rechtsbeziehungen zwischen dem Steuerpflichtigen und dem Staat bestimmten sich nach *civil law* und gewähre dem Steuerpflichtigen einen zivilrechtlichen Anspruch auf die Rückzahlung zuviel gezahlter Steuern („*The relationship between a taxpayer and the State frequently gave rise to a civil right and claim against the State – for example the right to repayment of overpaid tax*").[1077] Gerade die auf dem *VAT Act* fußenden Ansprüche und Verpflichtungen seien zudem Ausfluss des Gemeinschaftsrechts und somit nicht von den Verfassern der Konvention bedacht worden. Daher seien sowohl die Umsatzsteuerfesetzung als auch die festgesetzten Straf- und Verspätungszuschläge nicht als öffentlich-rechtliche Verpflichtungen vom Schutzbereich des Art. 6 Abs. 1 EMRK ausgenommen („[...] *were not excluded from the scope of the Convention as obligations of a*

1073 Bancroft v Crutchfield (2002) SpC 322, (2002) STI 1153, 1154.

1074 EGMR, Urteil vom 23.10.1997, 21319/93 – Building Societies ./. Vereinigtes Königreich, Rn. 98, Reports 1997–VII.

1075 EGMR, Entscheidung vom 16.05.2000, 40042/98 – Georgiou ./. Vereinigtes Königreich.

1076 N Ali & S Begum & Anor v Customs & Excise (2002) UKVAT 176851, (2002) STI 1675 ff.

1077 N Ali & S Begum & Anor v Customs & Excise (2002) UKVAT 176851, (2002) STI 1675, 1676.

public law nature")[1078]. Eine Auseinandersetzung mit den Argumenten *Lorenzens* findet aber nicht statt. Implizit scheint das *VAT Tribunal* hier lediglich den *common law*-Begriff des *civil law* mit dem konventionsrechtlichen Begriff der „*civil rights and obligations*" gleichzusetzen. Dagegen, dass das Tribunal beide Begriffe synonym verstanden wissen wollte, spricht jedoch die vorgenommene Abgrenzung zum öffentlichen Recht nach kontinentaleuropäischem Verständnis wie auch die zweite Erwägung der Einordnung des englischen Umsatzsteuerrechts als Ausfluss europäischen Gemeinschaftsrechts. Vielmehr dürfte dahinter der unausgesprochene Gedanke der Maßgeblichkeit der innerstaatlichen Einordnung stehen. Auch wenn dies zur Bestimmung des Anwendungsbereichs unter der strafrechtlichen Rubrik ein Kriterium darstellt, so kann dies nicht auf die Bestimmung des zivilrechtlichen Anwendungsbereich übertragen werden. Die Annahme der Anwendbarkeit des Art. 6 Abs. 1 EMRK unter dessen zivilrechtlicher Rubrik erscheint damit nicht als Ergebnis vertiefter konventionsrechtlicher Auseinandersetzung, sondern vielmehr als Folge einer tiefen Verhaftung mit den Begrifflichkeiten des innerstaatlichen Rechts. Dieser Eindruck wird durch die anschließende Prüfung der Eröffnung des strafrechtlichen Anwendungsbereichs hinsichtlich der Straf- und Verspätungszuschläge untermauert. Das *VAT Tribunal* wendet die im *Engel*-Urteil des EGMR entwickelten Kriterien der Einordnung im innerstaatlichen Recht, der Natur des Vergehens sowie der Art und Schwere der Sanktion an, verneint jedoch pauschal alle drei unter Hinweis darauf, dass die praktische Handhabung des Zuschlagssystems dem Steuerpflichtigen bereits einen angemessenen Schutz vermittele, so dass es des Schutzes unter der strafrechtlichen Rubrik des Art. 6 Abs. 1 EMRK nicht bedürfe.[1079]

An dieser Rechtsprechung hat das *VAT Tribunal* in den Folgejahren jedoch nicht mehr festgehalten. In *Wharam & Wharam v HMRC* hielt das Tribunal den Anwendungsbereich der zivilrechtlichen Rubrik nicht mehr für eröffnet. Es entspräche gefestigter Rechtsprechung des EGMR, dass Art. 6 EMRK nicht auf Streitigkeiten über das Steuerverhältnis oder die Steuerfestsetzung anwendbar sei.[1080] Auch der *High Court* ließ sich nicht mehr auf Diskussionen ein. In *Havard Sharkey v HMRC* lehnte er im Februar 2006 die Anwendbarkeit lapidar unter Hinweis auf die Rechtsprechung des *House of Lords* in *R (Ullah) v Secretary of State* und auf das *Ferrazzini*-Urteil ab.[1081] Diese Begründung greift aber

1078 N Ali & S Begum & Anor v Customs & Excise (2002) UKVAT 176851, (2002) STI 1675, 1677.

1079 N Ali & S Begum & Anor v Customs & Excise (2002) UKVAT 176851, (2002) STI 1675, 1677.

1080 Wharam & Wharam v HMRC (2007) UKVAT 1080, Rn. 43.

1081 Harvard Sharkey v HMRC [2006] EWHC 300 (Ch), Rn. 43.

zu kurz. Zwar mag diese restriktive Rechtsprechung des Gerichtshofs durchaus eine gefestigte sein, eine klare, eindeutige Rechtsprechung, wie vom *House of Lords* gefordert, ist sie noch lange nicht, wie einerseits das Sondervotum der Richter *Lorenzen, Rozakis, Bonello, Birsan, Fischbach* und der Richterin *Straznicka* und das knappe Abstimmungsergebnis im Fall *Ferrazzini* zeigen. Andererseits führt – wie oben bereits dargelegt – diese Rechtsprechung zu Rechtsschutzverwerfungen in steuerrechtlichen Streitigkeiten und verhindert so gerade das Erreichen des zentralen Auslegungsziels des EGMR, die Gewährleistung eines effektiven Rechtsschutzes.

1.2 Anwendbarkeit unter der strafrechtlichen Rubrik

Die gerade skizzierte Verneinung des *VAT Tribunals* einer Klassifizierung von Straf- und Verspätungszuschlägen als strafrechtliche Anklage stand von Anfang an in Widerspruch zur höheren Rechtsprechung.

Bereits im Mai 2001 setzte sich der *High Court* in *King v Walden*[1082] mit der Frage auseinander. In Streit standen Zuschläge nach s. 95 (1) TMA 1970 für die vorsätzliche oder fahrlässige Abgabe unrichtiger Angaben in Steuererklärungen, mithin an ein schuldhaftes Handeln anknüpfende Sanktionen, die bis zu 100 % der verkürzten Steuer betragen können. Das Gericht orientierte sich streng an den Entscheidungen *Georgiou* und *Bendenoun* und ordnete die Festsetzung der Zuschläge als strafrechtliche Anklage im konventionsrechtlichen Sinne ein.[1083] Es erteilte dem Parteivortrag, wonach den Konventionsstaaten ein Ermessensspielraum hinsichtlich der Annahme einer strafrechtlichen Anklage zustehe, eine deutliche Absage und nahm als Maßstab die Kriterien des *Engel*-Urteils in einer kumulativen Betrachtung.[1084] Hierbei kam es zu dem Ergebnis, dass die Strafzuschläge nach s. 95 (1) TMA 1970 der Bestrafung des Steuerpflichtigen wie auch der Abschreckung der Allgemeinheit dienten, die Strafhöhe erheblich ausfallen kann, die Zuschlagshöhe schuldabhängig sei, dass zudem in Berufungs- und Revisionsverfahren gegen die Festsetzung der Strafzuschläge die Beweislast bei der Finanzbehörde liege (im Gegensatz zu Berufungs- und Revisionsverfahren gegen die Steuerfestsetzung) und dass der Zuschlag nicht auf die Höhe entstandener Kosten beschränkt sei.[1085] Mit letzterem Punkt will das Gericht feststellen, dass den Zuschlägen kein restitutiver Charakter zukommt.

1082 King v Walden (Inspector of Taxes) [2001] STC 822 ff.

1083 King v Walden (Inspector of Taxes) [2001] STC 822, 880–882, 885.

1084 King v Walden (Inspector of Taxes) [2001] STC 822, 881.

1085 King v Walden (Inspector of Taxes) [2001] STC 822, 882.

Der *Court of Appeal* kam im Fall *Han & Yau & Anor v Customs & Excise*[1086] nur zwei Monate später hinsichtlich der Strafzuschläge nach s. 60 (1) VATA zu demselben Ergebnis. Auch diese Zuschläge sind schuldabhängig. Das Gericht prüfte die *Engel*-Kriterien und wählte hierbei ebenfalls einen kumulativen Ansatz. Es betrachtete die beiden Kriterien der Natur des Vergehens sowie der Art und Schwere der Sanktion wertend zusammen.[1087] Das Kriterium der Einordnung im innerstaatlichen Recht maß es in Übereinstimmung mit dem EGMR lediglich als Ausgangspunkt der Betrachtungen nur untergeordnetes Gewicht zu, so dass die konkrete Einordnung innerhalb des *VAT Act 1994* als *civil penalty* nicht als relevant angesehen wurde. Hierbei betonte das Gericht, dass die legislatorische Verortung nicht als Indiz einer vom Gesetzgeber gewollten Dekriminalisierung von Umsatzsteuerhinterziehung oder Umsatzsteuerverkürzung angesehen werden könne. Dafür spräche die im selben Gesetzesabschnitt in s. 72 VATA 1994 erfolgte Normierung des Straftatbestandes der Umsatzsteuerhinterziehung. Beide Normen stünden gleichberechtigt nebeneinander und erlaubten während der Ermittlungen einen flexiblen Wechsel untereinander. Art. 6 EMRK aber bezwecke den Schutz eines Beschuldigten bereits von frühen Verfahrensstadien an.[1088] Das Kriterium der Natur des Vergehens wird in knappen Ausführungen bejaht, da auch von den Parteien keine andere Ansicht dargelegt worden war.[1089] Schließlich wird die erhebliche Schwere der Zuschläge ohne nähere Ausführungen bejaht. Ausweislich des Tatbestandes betrugen diese jeweils 90 % der festgesetzten Umsatzsteuer. Diese wiederum betrug für die Kläger *Han* und *Yau* 67.095 GBP, für die Kläger Martins und Martins 86.202 GBP. Damit liegt der im jeweiligen konkreten Fall mögliche Höchstzuschlag deutlich über den Beträgen von 5.513,80 CHF, die der EGMR im Fall *EL, RL u. JOL ./. Schweiz*[1090] oder sogar von 3.875,85 CHF und 2.882,90 CHF im Fall *A. P., M. P. und T. P. ./. Schweiz*[1091] bereits als erheblich angesehen hat.

Nicht als strafrechtliche Anklage gewertet wurden Zuschläge nach s. 97AA (1) (a) TMA 1970. Die Vorschrift sanktioniert die Nichtvorlage von Dokumenten, die die Finanzbehörde nach s. 19A TMA 1970 vom Steuerpflichtigen zur Überprüfung von dessen Angaben verlangen kann, mit einem einmaligen pauschalen Zuschlag von 50 GBP. Eine schuldhafte Verletzung der Vorlagepflicht ist nicht

1086 Han & Yau & Anor v Customs & Excise [2001] STC 1188 ff.

1087 Han & Yau & Anor v Customs & Excise [2001] STC 1188, 1208 f.

1088 Han & Yau & Anor v Customs & Excise [2001] STC 1188, 1208 f.

1089 Han & Yau & Anor v Customs & Excise [2001] STC 1188, 1209.

1090 EGMR, Urteil vom 29.08.1997, 20919/92 – E. L., R. L. und J. O.-L. ./. Schweiz, Rn. 45, Reports 1997–V.

1091 EGMR, Urteil vom 29.08.1997, 19958/92 – A. P., M. P. und T. P. ./. Schweiz, Rn. 40, Reports 1997–V.

vorausgesetzt. Der *High Court* prüfte in *Harvard Sharkey v HMRC* die *Engel*-Kriterien unter Berufung auf *Han & Yau & Anor v Customs & Excise* ebenfalls unter wertender Gesamtschau der Natur des Vergehens sowie der Art und Schwere der Sanktion.[1092] Das Gericht kam hierbei zu dem Ergebnis, dass keines der beiden Kriterien für eine Klassifizierung des Zuschlags als strafrechtlich im konventionsrechtlichen Sinne spreche. Zum einen setze der Zuschlag kein schuldhaftes Verhalten voraus.[1093] Ferner wirke er in erster Linie als Zwangsmittel, auch wenn er daneben repressive und abschreckende Wirkung entfalte.[1094] Schließlich sei auch die Höhe mit 50 GBP sehr niedrig. Auch wenn dies der Annahme einer strafrechtlichen Sanktion nicht per se entgegenstehe, so müsse dies durch die übrigen Kriterien kompensiert werden, was vorliegend jedoch nicht der Fall sei.[1095]

2. Garantien

2.1 Selbstbelastungsfreiheit

In *R v Allen* hatte sich das *House of Lords* erstmals mit der Frage der Geltung der konventionsrechtlichen Selbstbelastungsfreiheit im Steuerverfahren auseinander zu setzen.

Die Finanzbehörden richteten gegen den Steuerpflichtigen Allen ein Auskunftsersuchen nach s. 20 (1) TMA 1970, mit dem unter anderem die Vorlage einer Vermögensübersicht gefordert wurde. Nachdem Herr Allen dem nicht nachgekommen war, leitete die Revenue gegen ihn ein Hansard procedure ein, woraufhin Herr Allen eine mit falschen Angaben versehene Vermögensübersicht vorlegte, um einer etwaigen Sanktion zu entgehen. Daraufhin wurde er des common law-Vergehens des „cheating the public revenue" angeklagt. Hierin sah der Steuerpflichtige eine Verletzung der von Art. 6 Abs. 1 EMRK gewährleisteten Selbstbelastungsfreiheit.[1096]

Das *House of Lords* sah hierin schon deshalb keine Verletzung von Art. 6 Abs. 1 EMRK, da der durch das *Hansard procedure* gesetzte Anreiz des Verzichts auf Strafverfolgung an die Abgabe einer korrekten Vermögensübersicht geknüpft war.[1097] Daraus, dass der konventionsrechtliche Grundsatz der Selbstbelastungsfreiheit nicht absolut gelte, folgerte *Lord Hutton* unter Berufung auf das

1092 Harvard Sharkey v HMRC [2006] EWHC 300 (Ch), Rn. 17.
1093 Harvard Sharkey v HMRC [2006] EWHC 300 (Ch), Rn. 35.
1094 Harvard Sharkey v HMRC [2006] EWHC 300 (Ch), Rn. 37.
1095 Harvard Sharkey v HMRC [2006] EWHC 300 (Ch), Rn. 40 f.
1096 R v Allen [2001] UKHL 45.
1097 R v Allen [2001] UKHL 45, Rn. 35.

Urteil des *Privy Council* in *Brown v Stott*[1098], dass eine Verletzung der Selbstbelastungsfreiheit durch verhältnismäßige Maßnahmen zur Erfüllung eines im öffentlichen Interesse stehenden Ziels gerechtfertigt sein könne. Dies gelte auch für steuerliche Mitwirkungspflichten zur Sicherung des Steueraufkommens, so dass eine Verletzung der Selbstbelastungsfreiheit von vornherein ausscheide.[1099]

Im Ergebnis wurde dieses Urteil durch den EGMR bestätigt.[1100] Dennoch zeigt die Begründung problematische Punkte: Auch wenn das *House of Lords* zutreffend davon ausgegangen ist, dass die Selbstbelastungsfreiheit unter Art. 6 Abs. 1 EMRK nicht absolut gilt, so ist die Annahme einer möglichen Rechtfertigung einer erzwungenen Mitwirkungspflicht im öffentlichen Interesse in dieser Pauschalität nicht zutreffend. Dem hat der EGMR bereits im Urteil *Funke ./. Frankreich*[1101] eine Absage erteilt. Voraussetzung ist das Fehlen einer konkreten Selbstbelastungsgefahr, die grundsätzlich durch das Vorliegen einer strafrechtlichen Anklage im konventionsrechtlichen Sinne indiziert wird. Mit dem Begriff der strafrechtlichen Anklage und dessen konkreter zeitlicher Eingrenzung hat sich das *House of Lords* jedoch nicht befasst. Dies dürfte seinen Grund darin finden, dass sich *Lord Hutton* in seinen Ausführungen maßgeblich auf das Urteil in Sachen *Brown v Stott* stützt. Dort war das *Privy Council* ohne Befassung mit dem Begriff der strafrechtlichen Anklage und seiner Indikationsfunktion für die Selbstbelastungsgefahr zu der Überzeugung gelangt, dass das öffentliche Interesse an der Gewährleistung der Straßenverkehrssicherheit bereits die Erzwingung einer Mitwirkung in Form der Fahrerbenennung rechtfertigen, ungeachtet der Tatsache, dass die hierdurch erlangten Informationen im Strafverfahren verwertet werden durften.[1102]

Die pauschale und grundsätzliche Übergewichtung des öffentlichen Interesses, gepaart mit einer unzureichenden Auseinandersetzung mit dem autonom auszulegenden Anklagebegriff und seiner Funktionen, scheint auch über diese beiden Entscheidungen hinaus ein Wesensmerkmal der Rezeption der Straßburger Rechtsprechung zu sein. So zog das *House of Lords* in *R v Hertfordshire County Council, ex parte Green Environmental Industries Ltd* – ohne näher auf Anklagebegriff und Selbstbelastungsgefahr einzugehen – die Grenze des konventionsrechtlichen Schutzbereichs recht unscharf zwischen dem aus dem Schutzbereich herausfallenden Auskunftsverlangen in außergerichtlichen Verfahren und der vom Schutzbereich erfassten gerichtlichen Verwertung der erlang-

1098 Brown v Stott (Procurator Fiscal, Dunfermline) [2001] 2 WLR 817, 836.
1099 R v Allen [2001] UKHL 45, Rn. 30.
1100 EGMR, Entscheidung vom 10.09.2002, 76574/01 – Brian Roger Allen ./. Vereinigtes Königreich, ECHR 2002–VIII.
1101 EGMR, Urteil vom 25.02.1993, 10828/84 – Funke ./. Frankreich, Rn 44, Series A 256-A.
1102 Brown v Stott (Procurator Fiscal, Dunfermline) [2001] 2 WLR 817, 836.

ten Informationen im Strafverfahren.[1103] In *R v Kearns* zog der *Court of Appeal* aus den Urteilen *Saunders* und *Funke* den Schluss, dass die konventionsrechliche Selbstbelastungsfreiheit durch ein Gesetz eingeschränkt werden kann, das einem erkennbaren sozialen oder ökonomischen Zweck dient und die Einschränkung verhältnismäßig ist.[1104] Eine Verbindung zum Bestehen oder Nichtbestehen einer Selbstbelastungsgefahr stellte das Gericht im Gegensatz zum EGMR jedoch nicht her.

Die Argumentation einer pauschalen Rechtfertigung des zwangsbewehrten Mitwirkungsverlangens, sofern dieses zu steuerlichen Zwecken erfolgt, macht sich auch die jüngere Rechtsprechung der *Special Commissioners* immer noch wenigstens hilfsweise zu eigen. In *Harvard Sharkey v HMRC* war dies aber nur noch das abschließende Argument eines obiter dictums[1105]. Maßgeblich stützte er sich jedoch auf das Fehlen einer strafrechtlichen Anklage.[1106] Gegen den Kläger war wegen Nichtvorlage von Dokumenten zur Überprüfung seiner steuerlichen Angaben ein pauschaler Zuschlag von 50 GBP nach s. 97AA (1) (a) TMA 1970 festgesetzt worden. Weitere Maßnahmen, wie etwa die Festsetzung von Strafzuschlägen wegen Steuerhinterziehung oder deren Beabsichtigung, waren nicht vorgetragen. Im Ergebnis wurde die Entscheidung vom *High Court* bestätigt.[1107]

Interessant ist zudem ein zweites obiter dictum in dieser Entscheidung der *Special Commissioners.* Selbst wenn eine Verletzung der konventionsrechtlichen Selbstbelastungsfreiheit gegeben wäre, so sah das Tribunal keine Möglichkeit, dies zu sanktionieren.[1108] In dieser Pauschalität erscheint diese Feststellung zweifelhaft. Wurden von den Finanzbehörden im Rahmen der Festsetzung von Zuschlägen, die als strafrechtliche Anklage im konventionsrechtlichen Sinne zu klassifizieren sind, solche Informationen verwertet, die sie in Erfüllung sanktionsbewehrter Mitwirkungspflichten vom Steuerpflichtigen erhalten haben, so wäre – eine erhebliche Zwangswirkung im konventionsrechtlichen Sinne vorausgesetzt – den konventionsrechtlichen Anforderungen zur Gewährleistung der Selbstbelastungsfreiheit genügt, wenn entweder die Festsetzung nicht maßgeblich auf diese Informationen gestützt wäre oder diese Informationen gar nicht erst zur Festsetzung des Zuschlags verwertet werden. Verwertungsverbote sind weder dem *Taxes Management Act 1970* noch den Verfahrensordnungen des *First Tier Tribunal (Tax Chamber)* oder der *General Commissioners* (bzw. den Verfah-

1103 R v Hertfordshire County Council, ex parte Green Environmental Industries Ltd [2000] 2 AC 412, 422 f.

1104 R v Kearns [2002] EWCA Crim 748, Rn. 53.

1105 Harvard Sharkey v HMRC (2005) SpC 459, Rn. 41.

1106 Harvard Sharkey v HMRC (2005) SpC 459, Rn. 31.

1107 Harvard Sharkey v HMRC [2006] EWHC 300 (Ch), Rn. 44.

1108 Harvard Sharkey v HMRC (2005) SpC 459, Rn. 37.

rensordnungen der ehemaligen *Special Commissioners* oder des *VAT Tribunals*, die zum 1. April 2009 im *First Tier Tribunal (Tax Chamber)* aufgegangen sind) zu entnehmen. Nach r. 17 (6) *Special Commissioners (Jurisdiction and Procedure) Regulations 1994* waren die *Special Commissioners* frei, auch solche Beweismittel zur Entscheidungsfindung heranzuziehen, die in einem Gerichtsverfahren unzulässig wären, sie sollen aber auch nicht solche Beweise ausschließen, die in einem gerichtlichen Verfahren zulässig sind. Gleiches gilt nach r. 15 (6) *General Commissioners (Jurisdiction and Procedure) Regulations 1994* noch heute für die *General Commissioners.* Somit war es den *Special Commissioners* möglich, die vom Steuerpflichtigen erzwungenen Angaben als Beweismittel auszuschließen, sofern deren Verwertung nicht im gerichtlichen Verfahren zulässig wäre.

Mit der Frage der Verwertbarkeit hatte sich bereits 2001 der *Court of Appeal* in *Han & Yau & Anor v Customs & Excise* befasst. Das Gericht hielt ebenfalls in einem obiter dictum die vom Steuerpflichtigen erzwungenen Angaben für zulässige Beweismittel. S. 76 wie auch s. 78 PACE 1984 seien nicht anwendbar. Auch wenn das zur Festsetzung von Strafzuschlägen führende Steuerverfahren als strafrechtliche Anklage im Sinne des Art. 6 EMRK einzuordnen sei, könne keinesfalls gefolgert werden, dass dieses Verfahren auch nach innerstaatlichem Recht als strafrechtlich anzusehen sei.[1109]

Den Versuch einer konventionskonformen Auslegung nach s. 3 (1) HRA unternimmt das Gericht noch nicht einmal. Angesichts der Tatsache, dass in *civil proceedings* grundsätzlich keine Beweisverwertungsverbote existieren und jedwedes Beweismittel, dem ein Beweiswert zukommt, auch zulässig ist,[1110] sind auch keine anderen Vorschriften ersichtlich, aus denen sich unmittelbar die beweisrechtliche Unzulässigkeit ergeben könnte. Jedoch räumen die auch für finanzgerichtliche Verfahren vor dem *Court of Appeal* – und bis zum 31. März 2009 auch vor dem *High Court* – geltenden *Civil Procedure Rules* in r. 32.1 CPR dem Gericht ein Ermessen ein, im Rahmen seiner Verfahrensführung auch solche Beweise auszuschließen, die sonst zulässig wären. Die Rahmenanforderungen an die Verfahrensführungen sind in den *overriding objectives* in r. 1.1 CPR normiert, so auch das Gebot einer fairen Verfahrensführung in r. 1.1 (2) (d) CPR. In diesem Lichte ist auch r. 32 (1) CPR auszulegen.[1111] Würde die Verwertung eines Beweismittels gegen Art. 6 Abs. 1 EMRK verstoßen, so dürfte dies gerade ein Indiz für eine dem Grundsatz einer fairen Verfahrensführung im Sinne der *overriding objective* sein, so dass ihre ermessenslenkenden Wirkung zu einer Ermessensreduzierung des von r. 32.1 CPR eingeräumten Ermessens auf Null

1109 Han & Yau & Anor v Customs & Excise [2001] STC 1188.

1110 Hannibal/Mountford, S. 15.

1111 Hannibal/Mountford, S. 15.

führen müsste. Einer analogen Anwendung der ss. 76, 78 PACE 1984 bedarf es dann nicht.

Sind also im gerichtlichen Verfahren Beweismittel auszuschließen, weil ihre Verwertung gegen Art. 6 EMRK verstieße, so ist zur Vermeidung von Wertungswidersprüchen das in r. 17 (6) *Special Commissioners (Jurisdiction and Procedure) Regulations 1994* bzw. r. 15 (6) *General Commissioners (Jurisdiction and Procedure) Regulations 1994* normierte intendierte Ermessen („*it shall not refuse to admit any evidence which would be admissible in such proceedings.*") dahingehend auszulegen, nur solche Beweismittel nicht auszuschließen, die auch im gerichtlichen Verfahren nicht auszuschließen wären.

In r. 15 (2) (b) (iii) der *Tribunal Procedure (First-tier Tribunal) (Tax Chamber) Rules 2009* ist dieses intendierte Ermessen einem an der *overriding objective* einer fairen Verfahrensführung, r. 2 (1), orientierten pflichtgemäßen Ermessen gewichen. Eine gleich lautende Regelung findet sich in r. 15 (2) (b) (iii) der *Tribunal Procedure (Upper Tribunal) Rules 2008.*

2.2 Gebot angemessener Verfahrensdauer

Obwohl vor dem EGMR die meistgerügte Garantie des Art. 6 Abs. 1 EMRK findet sich in der englischen Steuerrechtsprechung seit Inkrafttreten des *Human Rights Act 1998* – soweit ersichtlich – nur ein einziges Judikat, das sich ausführlich mit der Gewährleistung einer angemessenen Verfahrensdauer befasst. Zwar wurde auch in den Fällen *Harvard Sharkey v HMRC*[1112] und *Wharam & Wharam v HMRC*[1113] die Verletzung des konventionsrechtlichen Gebots einer angemessenen Verfahrensdauer gerügt, doch verneinten die Tribunale jeweils bereits die Eröffnung des Schutzbereichs des Art. 6 Abs. 1 EMRK, so dass es auf eine Auseinandersetzung mit der Angemessenheit der Verfahrensdauer nicht mehr ankam.

In *King v Walden (Inspector of Taxes)* hatte der *High Court* die Festsetzung zweier Strafzuschläge auf ihre Vereinbarkeit mit Art. 6 Abs. 1 EMRK zu überprüfen.

> Im Oktober 1994 war gegen den Steuerpflichtigen ein erster Zuschlag festgesetzt worden auf Grundlage der von den Special Commissioners im Januar 1993 festgestellten steuerlichen Bemessungsgrundlagen für die Jahre 1973 bis 1986. In diesem Zusammenhang war dem Steuerpflichtigen bereits im November 1987 eine Hansard-Warnung ausgesprochen worden. Gegen diese Festsetzung erhob der Steuerpflichtige wiederum Klage zu den Special Commissioners. Während dieses Verfahren sowie während das Revisionsverfahren gegen die zwischenzeitlich vom High Court bestätigte erste Entscheidung der Special Commissioners noch vor dem Court of Appeal anhängig war, stellte sich heraus, dass der Steuerpflichtige im

1112 Harvard Sharkey v HMRC (2005) SpC 459.

1113 Wharam & Wharam v HMRC (2007) UKVAT 1080.

Rahmen des Veranlagungsverfahrens falsche Vermögensübersichten vorgelegt hatte. Aufgrund dessen setzte die Inland Revenue im April 1996 einen zweiten Strafzuschlag fest. Auch hiergegen erhob der Steuerpflichtige Klage zu den Special Commissioners, die mit dem dort noch anhängigen Verfahren gegen die Festsetzung des ersten Bußgelds verbunden wurde. Aufgrund dessen kam es erst 1998 zu einer ersten mündlichen Verhandlung vor den Special Commissioners. Es folgten weitere 16 Verhandlungstage, endend mit der letzten Verhandlung im April 1999. Ihre den Rechtszug abschließende Entscheidung verkündeten die Special Commissioners erst am 23. März 2000.[1114]

Der *High Court* bejahte im Ergebnis eine Verletzung des Gebots angemessener Verfahrensdauer, sah hierin jedoch für den Steuerpflichtigen keinen Nachteil, so dass er die Revision als unbegründet zurückwies.[1115]

Zur Beurteilung der Verfahrensdauer stellte er auf den Zeitraum von der *Hansard*-Warnung im November 1987 an bis zur Entscheidung der *Special Commissioners* im März 2000 ab.[1116] Hinsichtlich des Beginns des zu beurteilenden Zeitraums berief sich das Gericht auf das Urteil des EGMR in *Eckle ./. Deutschland*, wonach bei Verfahren unter der strafrechtlichen Rubrik des Art. 6 Abs.1 EMRK der Zeitraum mit Erhebung der Anklage im konventionsrechtlichen Sinne beginne, also ab der offiziellen Mitteilung des Betroffenen durch die zuständigen Behörde, dass er der Begehung einer strafbaren Handlung – im konventionsrechtlichen Sinne – verdächtigt werde.[1117] Hierbei war das Gericht jedoch sehr auf die Befolgung der innerstaatlichen höchstrichterlichen Rechtsprechung bedacht. So vergaß es nicht zu betonen, dass das *Privy Council* das *Eckle*-Urteil ebenfalls als Beurteilungsmaßstab zur Bestimmung der zu beurteilenden Verfahrensdauer herangezogen habe.[1118]

Eine besondere Bedeutung der Sache für den Steuerpflichtigen mochte das Gericht nicht anerkennen, da keine Haftstrafe in Rede stehe, sondern lediglich ein Zuschlag, dessen Betrag der Steuerpflichtige seit der Festsetzung 1994 sicher kannte, das zudem bisher nicht fällig geworden sei und auch keiner Verzinsung unterliege und dem Steuerpflichtigen daher auch kein Zinsnachteil drohe. Auch wenn dem Steuerpflichtigen Verfahrensverzögerungen im Hinblick auf die aufgrund seiner Erkrankung immer wieder vertagte mündlichen Verhandlung, die sich schließlich über einen Zeitraum von knapp 13 Monaten erstreckte, zugerechnet wurden, so stellte das Gericht auch drei Verfahrensverzögerungen durch Tribunal und Steuerbehörde fest, die sich auf einen Zeitraum von knapp fünf Jahren summierten: Zum einen blieb das Tribunal acht Monate lang untätig, zum anderen wartete die Steuerbehörde nach der Feststellung der steuerlichen Bemessungs-

1114 King v Walden (Inspector of Taxes) [2001] STC 822 ff.
1115 King v Walden (Inspector of Taxes) [2001] STC 822, 888, Rn. 96.
1116 King v Walden (Inspector of Taxes) [2001] STC 822, 887, Rn. 88–90.
1117 King v Walden (Inspector of Taxes) [2001] STC 822, 887, Rn. 88.
1118 King v Walden (Inspector of Taxes) [2001] STC 822, 887, Rn. 89 f.

grundlagen durch die *Special Commissioners* im Januar 1993 bis zum Oktober 1994 mit der Festsetzung des Zuschlages auf dieser Grundlage. Schließlich wurde die Klage gegen die Festsetzung des ersten Strafzuschlages durch die Verbindung mit der Klage gegen die Festsetzung des zweiten Zuschlages weiter verzögert, sodass erst 1998 in die mündliche Verhandlung eingetreten werden konnte und eine abschließende Entscheidung erst im März 2000 erging. Das Gericht schätzt die dadurch entstandene Verzögerung auf drei Jahre.[1119] Diese Verfahrensverzögerung von insgesamt fünf Jahren, die ausschließlich staatlichen Stellen zugerechnet wurde, sah der *High Court* für sich noch nicht als unangemessen an. Maßgebend für die Annahme einer Verletzung von Art. 6 Abs. 1 EMRK war letztlich die durch die Verfahrensverbindung entstandene Verfahrensverzögerung.[1120] Hierbei scheint er in dieser Verfahrensführung eine besondere Pflichtverletzung der *Special Commissioners* zu sehen, denn es ließe sich auch gerade das Gegenteil argumentieren: Dass nämlich durch die Verfahrensverbindung das Verfahren durch das Zusammenspiel zweier ineinandergreifender Sachverhalte an Komplexität gewonnen habe und hierdurch eine längere Verfahrensdauer gerechtfertigt wäre. So führte das Gericht auch aus, dass solche Verfahrenskonstellationen künftig bevorzugt bearbeitet werden sollten.[1121]

Der EGMR bestätigte im Ergebnis das Urteil des *High Court*.[1122] Insbesondere sah auch der Gerichtshof die *Hansard*-Warnung als maßgebenden Beginn des zu beurteilenden Zeitraums an.[1123] Auch er verneinte eine besondere Bedeutung für den Beschwerdeführer, da der Strafzuschlag noch nicht gezahlt und dem Beschwerdeführer daher – mangels einer vorgesehenen Verzinsung – durch die Verfahrensverzögerung sogar ein Zinsvorteil entstanden war.[1124]

2.3 Akteneinsicht

Steuerrechtliche Entscheidungen, die die Verletzung des konventionsrechtlichen Rechts auf Akteneinsicht thematisieren, sind nicht ersichtlich. Dies könnte darin begründet sein, dass sowohl das englische Besteuerungsverfahren, als auch das Verfahren vor den Tribunalen grundsätzlich informell und hinsichtlich der Akteneinsicht – jedenfalls in der Rechtsprechung des *VAT Tribunals* – großzügig gehandhabt wird. Zudem besteht bereits nach dem *Data Protection Act* ein Anspruch auf Einsicht in die eigenen Steuerakten.

1119 King v Walden (Inspector of Taxes) [2001] STC 822, 888, Rn. 93–95.
1120 King v Walden (Inspector of Taxes) [2001] STC 822, 888, Rn. 96.
1121 King v Walden (Inspector of Taxes) [2001] STC 822, 888, Rn. 96.
1122 Vgl. EGMR, Urteil vom 16.11.2004, 13881/02 – King ./. Vereinigtes Königreich.
1123 EGMR, Urteil vom 16.11.2004, 13881/02 – King ./. Vereinigtes Königreich, Rn. 33.
1124 EGMR, Urteil vom 16.11.2004, 13881/02 – King ./. Vereinigtes Königreich, Rn. 39.

III. Vergleich

Auf den ersten Blick zeigt die englische Finanzrechtsprechung eine vertiefte Auseinandersetzung mit der Rechtsprechung der Konventionsorgane.

Von einer kritischen Auseinandersetzung kann aber dennoch keine Rede sein. Vielmehr zeigt sich die englische Rechtsprechung ihrer Verpflichtung aus s. 2 (1) HRA bewusst und um eine – vielleicht ergebnisorientierte – Synthese mit dem innerstaatlichen Recht bemüht. Augenfällig ist dies in der Entscheidung *N Ali & S Begum & Anor v Customs & Excise*, in der das VAT Tribunal die Eröffnung des zivilrechtlichen Schutzbereichs auf die innerstaatliche Einordnung des Steuerrechts als *civil* stützte. Auch der *Court of Appeal* nahm in *Han & Yau & Anor v Customs & Excise* in strikter Orientierung an der Straßburger Rechtsprechung sämtliche Klippen der Anwendbarkeit sowie der Schutzbereichseröffnung der konventionsrechtlichen Selbstbelastungsfreiheit, um dann – noch nicht einmal überzeugend – festzustellen, dass zur Gewährleistung der Selbstbelastungsfreiheit kein Beweisverwertungsverbot eingreifen könne.

Schon diese beiden genannten Entscheidungen sind symptomatisch für den Umgang der englischen Finanzrechtsprechung mit den Fragestellungen des Art. 6 Abs. 1 EMRK. Trotz der bei gesamthafter Betrachtung grundsätzlichen Tendenz einer extensiven Auslegung der Anwendbarkeit der Vorschrift in steuerrechtlichen Verfahren tendieren die Tribunale eher dazu, bereits die Anwendbarkeit zu verneinen, während die Obergerichte eher die Gewährleistungen restriktiv auslegen. Ein Beispiel hierfür ist das Urteil des *House of Lords* in *R v Allen*, in dem das höchste Gericht des Vereinigten Königreichs in einem obiter dictum eine Verletzung der konventionsrechtlichen Selbstbelastungsfreiheit im Steuerverfahren durch eine pauschale Übergewichtung des öffentlichen Interesses an der Steuererhebung grundsätzlich ausschließen will.

Im deutlichen Gegensatz steht hierzu die Rechtsprechung der deutschen Finanzrechtsprechung. Der BFH verneint in ständiger Rechtsprechung bereits jegliche Anwendbarkeit des Art. 6 Abs. 1 EMRK auf das steuerrechtliche Verfahren unter knappen Verweis auf die EGMR-Rechtsprechung und die eigene Judikatur. Hierbei lässt er aber auch das *Building-Societies*-Urteil des Gerichtshofs außer Acht, demzufolge das Steuerverfahren bei Geltendmachung eines Steuererstattungsanspruchs mit in den zivilrechtlichen Schutzbereich einbezogen wird.

IV. Ergebnis Teil E

Im Ergebnis ist festzustellen, dass die Auseinandersetzung der englischen wie auch der deutschen Finanzrechtsprechung mit den Fragen der Anwendbarkeit und den Gewährleistungen des Art. 6 Abs. 1 EMRK defizitär ist. Während die englische Rechtsprechung eher die Gewährleistungen restriktiv auslegt, verneint die deutsche Finanzrechtsprechung bereits die Anwendbarkeit, teilweise in Verkennung der Straßburger Rechtsprechung und damit schon in einer grundrechtsrelevanten Art und Weise.

F. Endergebnis

Die EMRK gilt sowohl in Deutschland als auch in England im Range eines formellen Gesetzes. In Deutschland kommt ihr auch mittelbarer Verfassungsrang im Rahmen der Auslegung des Grundgesetzes sowie im Bereich des Steuerrechts über § 2 Abs. 1 AO ein Anwendungsvorrang durch eine Versagung der Derogierbarkeit zu. Hingegen versagt ihr in England und Wales der Gesetzgeber zwecks Wahrung der Parlamentssouveränität einen Vorrang.

Die Entscheidungen des Gerichtshofs sind von deutschen und englischen Gerichten bei ihrer Entscheidungsfindung zu berücksichtigen. Während für die deutschen Gerichte der übertragungsfähige Inhalt der EGMR-Entscheidungen verbindlich ist, sind englische Gerichte zwar nicht an die Rechtsprechung des Gerichtshofs gebunden, sie haben aber einer klaren und konstanten Rechtsprechung der Konventionsorgane zu folgen, sofern keine besondere Umstände eine Abweichung erfordern, jedoch bleibt die Bindung an höherrangige Rechtsprechung unberührt, selbst wenn diese im Widerspruch zur Straßburger Rechtsprechung stehen sollte.

Art. 6 Abs. 1 EMRK ist nach der Rechtsprechung des EGMR unter seiner zivilrechtlichen Rubrik auf Verfahren zur Entscheidung über steuerliche Erstattungsansprüche und Vollstreckungsmaßnahmen eröffnet. Hieran anknüpfend kann das Besteuerungsverfahren als Annex-Verfahren in den zivilrechtlichen Schutzbereich miteinbezogen werden, wenn es als „*Teil einer kalkulierten Strategie zur Geltendmachung*“[1125] der Erstattungsansprüche eng mit diesen verbunden sind.

Als strafrechtliche Anklage werden nicht nur Freiheits- und Geldstrafen und Bußgelder klassifiziert, sondern auch Strafzuschläge, Verspätungs- und Säumniszuschläge sowie Verspätungs-, Säumnis- und Hinterziehungszinsen. Das steuerliche Festsetzungsverfahren wird als Annex-Verfahren mit in den Schutzbereich miteinbezogen, soweit es zur Bestimmung der strafrechtlichen Anklage notwendig ist. Hierbei genügt schon die Maßgeblichkeit der Steuerfestsetzung für die Sanktions- oder Zinshöhe.

Die für das steuerrechtliche Verfahren nahe liegende Einordnung als Entscheidung über zivilrechtliche Ansprüche und Verpflichtungen wird vom EGMR

1125 EGMR, Urteil vom 23.10.1997, 21319/93 – Building Societies ./. Vereinigtes Königreich, Rn. 98, Reports 1997–VII.

abgelehnt. Trotz eines gewichtigen Sondervotums zum *Ferrazzini*-Urteil hält der Gerichtshof an seiner Zuordnung des Steuerverfahrens zum Kernbereich des öffentlichen Rechts fest.

Dies vermag nicht zu überzeugen. Zum einen führt die Zuordnung des Steuerverfahrens zum Kernbereich des öffentlichen Rechts zu der einseitigen Einbeziehung von steuerlichen Erstattungsansprüchen in den zivilrechtlichen Schutzbereich und dem Ausschluss der korrespondierenden Verpflichtung. Ob aber über Erstattung oder Verpflichtung im konkreten Fall gestritten wird, ist von der konkreten innerstaatlichen Verfahrensausgestaltung abhängig, eine Abhängigkeit, die der Gerichtshof durch seine autonome Auslegung gerade vermeiden wollte. Zum anderen erscheint angesichts der seit Inkrafttreten der EMRK deutlich zugenommenen Eingriffsintensität im Steuerverfahren zumindest im Rahmen der dynamischen Konventionsinterpretation eine andere Bewertung geboten. Zur Sicherung eines kohärenten Rechtsschutzes in steuerlichen Streitigkeiten erscheint eine teleologischen Reduktion des negativen Kriteriums der effektivere Weg, so dass steuerrechtliche Streitigkeiten aus dem Kernbereich des öffentlichen Rechts herausfallen.

Sowohl deutsches wie englisches Steuerverfahrensrecht werden den Vorgaben des EGMR hinsichtlich der Selbstbelastungsfreiheit und des Gebots einer angemessenen Verfahrensdauer nicht gerecht.

Hinsichtlich des aus dem Gebot der Waffengleichheit fließenden Rechts auf Akteneinsicht genügen zwar die beiden Steuerverfahrensordnungen den konventionsrechtlichen Anforderungen, jedoch wird im Falle eines Steuerstrafverfahrens das englische Strafverfahrensrecht diesen Anforderungen nicht gerecht.

Die Auseinandersetzung der deutschen und der englischen Finanzrechtsprechung mit der Judikatur des EGMR ist defizitär, so dass den Gewährleistungen nur unzureichend Wirkung verliehen wird.

Literaturverzeichnis

Andrews, Neil	Abuse of Process in English Civil Litigation in: Taruffo, Abuse of procedural Rights, S. 65 ff. Den Haag 1999
Baker, Philip	Taxation and the European Convention on Human Rights B.T.R. 2000, 211 ff.
Baum, Marius	Rights Brought Home / Zur Inkorporierung der Europäischen Konvention zum Schutze der Menschenrechte und Grundfreiheiten in das nationale Recht des Vereinigten Königreiches von Großbritannien und Nordirland EuGRZ 2000, 281 ff.
Bausback, Winfried	Die kommunale Feuerschutzabgabe als Entscheidungsgegenstand des EGMR und des BVerfG BayVBl. 1995, 737 ff.
Beckett, Leslie Sabine, Basil	Revenue Investigations and Appeals Manual 2d Edition London 1990
Benda, Ernst	Die Bindungswirkung von Entscheidungen des Europaischen Gerichtshofs für Menschenrechte Anwaltblatt 2005, 602 ff.
Bernhardt, Rudolf	The Convention and Domestic Law in: Macdonald/Matscher/Petzold, The European System for the Protection of Human Rights, S. 25 ff. Dordrecht 1993
Bernhardt, Rudolf	Die Europäische Menschenrechtskonvention und die deutsche Rechtsordnung EuGRZ 1996, 339 ff.
Besson, Philipp	Das Steuergeheimnis und das Nemo-tenetur-Prinzip im strafrechtlichen Ermittlungsverfahren Diss. Bochum 1996

Beulke, Werner Witzigmann, Tobias	Das Akteneinsichtsrecht des Strafverteidigers in Fällen der Untersuchungshaft NStZ 2011, 254 ff.
Bezgovsek, Rok	Art. 6 Ziff. 1 EMRK und das steuerrechtliche Verfahren Diss. Zürich 2002
Blackstone, William	Commentaries on the Laws of England Band 1 Oxford 1765 zitiert als: 1 Commentaries
Börner, René	Grenzfragen der Akteneinsicht nach Zwangsmaßnahmen NStZ 2010, 417 ff.
Bradley, Anthony Wilfred Ewing, Keith D.	Constitutional and Administrative Law 13th Edition Harlow 2003
Braun, Johann	Restitutionsklage wegen Verletzung der Europäischen Menschenrechtskonvention NJW 2007, 1620 ff.
Breuer, Marten	Urteilsfolgen bei strukturellen Problemen – Das erste „Piloturteil" des EGMR / Anmerkung zum Fall Broniowski gegen Polen EuGRZ 2004, 445, 447
Brown, Bob	Powers to combat serious Tax Fraud – The Inland Revenue Consultative Paper B.T.R. 2000, 61 ff.
Bundesfinanzhof	Jahresbericht 2010 München 2011
Burkhard, Jörg	Die Ablehnungspraxis der Finanzämter bei Akteneinsichtsgesuchen im Steuerstrafverfahren INF 2001, 168 ff.
Castringius, Arnold	Schweigen und Leugnen des Beschuldigten im Strafprozess Diss. Hamburg 1965
Chryssogonos, Kostas	Zur Inkorporation der Europäischen Menschenrechtskonvention in den nationalen Rechtsordnungen der Mitgliedstaaten EuR 2001, 49 ff.

Cremer, Hans-Joachim	Zur Bindungswirkung von EGMR-Urteilen EuGRZ 2004, 683 ff.
Dettmers, Wiebke Maria	Zur Selbstbelastungsproblematik bei der Umsatzsteuer-verkürzung Diss. Hamburg 2004
Dicey, Albert Venn	An Introduction to the Study of the Constitution 10th Edition London 1959
Dickson, Brice	The Right to a Fair Trial in England and Wales in: Weissbrodt/Wolfrum, The Right to a Fair Trial, S. 488 ff. Berlin, Heidelberg, New York 1997
Dingeldey, Thomas	Das Prinzip der Aussagefreiheit im Strafprozeßrecht JA 1984, 407 ff.
Dißars, Ulf-Christian	Akteneinsicht im steuerlichen Verwaltungsverfahren DStR 2005, 137 ff.
Echterhölter, Rudolf	Die Europäische Menschenrechtskonvention im Rahmen der verfassungsmäßigen Ordnung JZ 1955, S. 689 ff.
Ehlers, Dirk	Die Europäisierung des Verwaltungsprozessrechts DVBl. 2004, 1441 ff.
Esser, Robert	Die Umsetzung der Urteile des Europäischen Gerichtshofs für Menschenrechte im nationalen Recht – ein Beispiel für die Dissonanz völkerrechtlicher Verpflichtungen und verfassungsrechtlicher Vorgaben? StV 2005, 348 ff.
Esser, Robert	Auf dem Weg zu einem europäischen Strafverfahrensrecht Diss. Trier 2002
Franzen, Klaus Gast-de Haan, Brigitte Joecks, Wolfgang	Steuerstrafrecht 7. Auflage München 2009

Frowein, Jochen Abr.	Incorporation of the Convention into Domestic Law in: J. P. Gardner (Hrsg.), Aspects of Incorporation of the European Convention of Human Rights into Domestic Law, S. 3 ff. London 1993
Frowein, Jochen Abr. Peukert, Wolfgang	Europäische Menschenrechtskonvention 3. Auflage Kehl 2009
Galligan, D. J.	The Right to Silence reconsidered [1988] CLP 69 ff.
Gollwitzer, Walter	Menschenrechte im Strafverfahren: MRK und IPBPR – Kommentar Berlin 2005
Golsong, Herbert Karl, Wolfram	Internationaler Kommentar zur Europäischen Menschenrechtskonvention Loseblattwerk. Stand: 13. Lieferung Dezember 2010 zitiert als: Internationaler Kommentar
Grabenwarter, Christoph	Verfahrensgarantien in der Verwaltungsgerichtsbarkeit Habil. Wien 1997 zitiert als: Verfahrensgarantien
Grabenwarter, Christoph Pabel, Katharina	Europäische Menschenrechtskonvention 5. Auflage München 2012 zitiert als: EMRK
Grote, Rainer	Die Inkorporierung der europäischen Menschenrechtskonvention in das britische Recht durch den Human Rights Act 1998 ZaöRV 1998, 309 ff.
Grote, Rainer Marauhn, Thilo	Konkordanzkommentar zum europäischen und deutschen Grundrechtsschutz Tübingen 2006
Grupp, Klaus Stelkens, Ulrich	Zur Berücksichtigung der Gewährleistung der Europäischen Menschenrechtskonvention bei der Auslegung deutschen Rechts DVBl. 2005, 133 ff.

Hahn, Hartmut	Art. 6 EMRK und das steuerliche Verfahrensrecht DStZ 2001, 453 ff.
Hahn, Hartmut Ziegler, Jörg	„Penalties" i. S. des § 162 Abs. 4 AO im Lichte des Art. 6 Abs. 1 EMRK IStR 2004, 78 ff.
Hannibal, Martin Mountford, Lisa	The Law of Criminal and Civil Evidence – Principles and Practice Harlow 2002
Harrington, Joanna	Scrutiny and Approval: The Role for Westminster-Style Parliaments in Treaty-Making 55 ICLQ 121 ff.
Hendricks, Michael	Internationale Informationshilfe im Steuerverfahren Diss. Münster 2004
Hilliard, Jonathan	Article 6 and the Scope of the Right not to incriminate Oneself in the Tax Field B.T.R. 2002, 470 ff.
HMRC	Data Protection Fact Sheet London 2009
Hübschmann, Walter Söhn, Hartmut	Hübschmann – Hepp – Spitaler: Abgabenordnung Loseblattwerk, Stand: Oktober 2011 zitiert als: HHSp
Jacob, Joseph M.	Civil Justice in the Age of Human Rights Aldershot 2007
Janicki, Kathrin	Beweisverbote im deutschen und englischen Strafprozess Diss. Trier 2002
Jesse, Lenhard	Einspruch und Klage im Steuerrecht 3. Auflage München 2009
Kadelbach, Stefan	Der Status der Europäischen Menschenrechtskonvention im deutschen Recht Jura 2005, 480 ff.
Kaufmann, Franz-Xaver	Diskurse über Staatsaufgaben in: Grimm/Hagenath, Staatsaufgaben, S. 15 ff. Baden-Baden 1994

Kempf, Eberhard — Die Rechtsprechung des EGMR zum Akteneinsichtsrecht und §§ 114, 115 Abs. 3, 115a Abs. 3 StPO
in: Festschrift für Peter Riess zum 70. Geburtstag am 4. Juni 2002, S. 217 ff.
Berlin 2002

Kennedy, Anthony — Winning the Information Wars – Collecting, sharing and analysing Information in Asset Recovery Investigations
J.F.C. 2007, 372 ff.

Kilian, Dieter — Die Bindungswirkung der Entscheidungen des Europäischen Gerichtshofs für Menschenrechte
Diss. Mannheim 1993

Kirchhof, Paul — Die Steuern
in: Isensee/Bauer/Badura, Handbuch des Staatsrechts der Bundesrepublik Deutschland
Band V, 3. Auflage, Heidelberg 2007, § 118
zitiert als HdStR

Kirchhof, Paul — Verfassungsrechtlicher Schutz und internationaler Schutz der Menschenrechte: Konkurrenz oder Ergänzung?
EuGRZ 1994, 16 ff.

Kleeberger, Wolfgang — Die Stellung der Rechte der Europäischen Menschenrechtskonvention in der Rechtsordnung der Bundesrepublik Deutschland.
Diss. München 1992

Klein, Eckart — Anmerkung zum Beschluss des 2. Senats des BVerfG zur Bindung staatlicher Organe an Entscheidungen des EGMR, BVerfG, Beschluss v. 14.10.2004 – 2 BvR 1481/04
JZ 2004, 1176 ff.

Klein, Franz — Abgabenordnung
10. Auflage. München 2009

Kley-Struller, Andreas — Der Anspruch auf richterliche Beurteilung „zivilrechtlicher“ Streitsachen im Bereich des Verwaltungsrechts sowie von Disziplinar- und Verwaltungsstrafen gemäss Art. 6 EMRK
AJP 1994, 23 ff.

Kohlmann, Günter — Steuerstrafrecht mit Ordnungswidrigkeitenrecht und Verfahrensrecht
Köln
Loseblattwerk, Stand Dezember 2011

Kopetzki, Christian — Zur Anwendbarkeit des Art. 6 MRK im (österreichischen) Verwaltungsstrafverfahren
ZaöRV 1982, 1 ff.

Kopetzki, Christian — Art. 5 und 6 EMRK und das österreichische Verwaltungsverfahrensrecht
EuGRZ 1983, 173 ff.

Krause, Peter — Das Recht auf informationelle Selbstbestimmung – BVerfGE 65,1
JuS 1984, 268 ff.

Kühl, Kristian — Freie Beweiswürdigung des Schweigens des Angeklagten und der Untersuchungsverweigerung eines angehörigen Zeugen
JuS 1986, 115 ff.

Kühn, Rolf, von Wedelstädt, Alexander — Abgabenordnung und Finanzgerichtsordnung – Kommentar
20. Auflage
Stuttgart 2011

Kühne, Hans-Heiner — Strafprozessrecht
8. Auflage
Heidelberg 2010

Kühne, Hans-Heiner — Europäische Methodenvielfalt und nationale Umsetzung von Entscheidungen europäischer Gerichte
GA 2005, 195 ff.

Kühne, Hans-Heiner, Esser, Robert — Die Rechtsprechung des Europäischen Gerichtshofs für Menschenrechte (EGMR) zur Untersuchungshaft
StV 2002, 383 ff.

Kunert, Karl Heinz — Wie weit schützt die Strafprozeßordnung die Grundrechte des Beschuldigten?
MDR 1967, 539 ff.

Lagdony, Otto	Verdeckte Ermittler und V-Leute im Spiegel von § 136a StPO als „angewandtem Verfassungsrecht“ StV 1996, 167 ff.
Laule, Gerhard	Die Europäische Menschenrechtskonvention und das deutsche Steuerrecht EuGRZ 1996, 357 ff.
Lester, Anthony	Fundamental Rights: the United Kingdom isolated? P. L. 1984, 46 ff.
List, Heinrich	Überlange Verfahrensdauer von Einspruchsverfahren – Grundgesetzliche Problematik und Sanktionen DB 2005, 571 ff.
Löwe, Ewald Erb, Volker Esser, Robert Franke, Ulrich Graalmann-Scheerer, Kirsten Hilger, Hans Ignor, Alexander	Löwe/Rosenberg Die Strafprozessordnung und das Gerichtsverfassungsgesetz Großkommentar 26. Auflage Berlin 2006–2011 zitiert als: Löwe/Rosenberg
Loewenstein, Karl	Staatsrecht und Staatspraxis Großbritanniens Band I Berlin, Heidelberg, New York 1967
Loose, Matthias	Steuerliche Berücksichtigung von Umweltlasten und Weitergabe von Erkenntnissen über Verstöße gegen Umweltschutzbestimmungen FR 1995, 393 ff.
Mäder, Detlef	Betriebliche Offenbarungspflichten und Schutz vor Selbstbelastung Diss. Freiburg 1996
Masterman, Roger	Section 2 (1) of the Human Rights Act 1998: Binding Domestic Courts to Strasbourg P. L. 2004, 725 ff.
May, Richard Powles, Steven	Criminal Evidence 5th Edition London 2004

McNair, Arnold Duncan	Law of Treaties Oxford 1961 Reprint Oxford 1998
Menzel, Tim	Die Steuerhinterziehung im deutschen und englischen Recht Diss. Kiel 2006
Meyer-Goßner, Lutz	Strafprozessordnung 54. Auflage München 2011
Meyer-Ladewig, Jens Petzold, Herbert	Die Bindung deutscher Gerichte an Urteile des EGMR NJW 2005, 15 ff.
Miebach, Klaus	Der teilschweigende Angeklagte NStZ 2000, 234 ff.
Ministry of Justice Tribunals Service	Transforming Tribunals: Implementing Part 1 of the Tribunals, Courts and Enforcement Act 2007 – The Governments Response London 2007
Mirfield, Peter	Silence, Confessions and improperly obtained Evidence Oxford 1997
Mößlang, Gerhard	Sölch/Ringleb – Umsatzsteuergesetz 66. Auflage München 2012 zitiert als: Sölch/Ringleb
Mössner, Manfred	Internationale Menschenrechte und Steuern StuW 1991, 224 ff.
Müller, Jürgen R.	Akteneinsicht in das Fallheft der Steuerfahndung StBp 2004, 79 ff.
Murphy, Peter	Murphy on Evidence 10th Edition Oxford 2008
OECD	Revenue Statistics 1965 – 2006 Paris 2007

Ormerod, David	Hansard Invitations and Confessions in Criminal Trial E.& P. 2000, 147 ff.
Ormerod, David	Caution with Tax Investigations B.T.R. 2001, 194 ff.
Pache, Eckhard	Die Europäische Menschenrechtskonvention und die deutsche Rechtsordnung EuR 2004, 393 ff.
Paeffgen, Hans-Ullrich	Vorüberlegungen zu einer Dogmatik des Untersuchungshaftrechts Habil. München 1986
Pahlke, Armin Koenig, Ulrich	Abgabenordnung 2. Auflage München 2009
Papier, Hans-Jürgen	Gerichte an ihren Grenzen: Das Bundesverfassuungsgericht in: Hilf/Kämmerer/König: Höchste Gerichte an ihren Grenzen Berlin 2007
Papier, Hans-Jürgen	Umsetzung und Wirkung der Entscheidungen des Europäischen Gerichtshofes für Menschenrechte aus der Perspektive der nationalen deutschen Gerichte EuGRZ 2006, 1 ff.
Park, Tido	Der Anspruch auf rechtliches Gehör im Rechtsschutzverfahren gegen strafprozessuale Zwangsmaßnahmen StV 2009, 276 ff.
Partsch, Karl-Josef	Die Rechte und Freiheiten der europäischen Menschenrechtskonvention Berlin 1966
Pattenden, Rosemary	Judicial Discretion and Criminal Litigation 2d Edition Oxford 1990
Peukert, Wolfgang	Die überlange Verfahrensdauer (Art. 6 Abs. 1 EMRK) in der Rechtsprechung der Straßburger Instanzen EuGRZ 1979, 261 ff.

Polakiewicz, Jörg — Die Verpflichtungen der Staaten aus den Urteilen des EGMR
Diss. Heidelberg 1992

Reiß, Wolfram — Besteuerungsverfahren und Steuerstrafverfahren – zugleich ein Beitrag zur Bedeutung des Grundsatzes von nemo tenetur se ipsum prodere im Besteuerungsverfahren
Habil. Bonn 1986

Reiß, Wolfram — Auswirkungen der Unschuldsvermutung aus Art. 6 Abs. 2 der EMRK im Steuerrecht
in: Gedächtnisschrift für Christoph Trzaskalik, S. 473 ff.
Köln 2005

Ress, Georg — Wirkung und Beachtung der Urteile und Entscheidungen der Straßburger Konventionsorgane
EuGRZ 1996, 350 ff.

Rhodes, David — Disclosure
in: Colvin/Cooper, Human Rights in the Investigation and Prosecution of Crime, S. 229 ff.
Oxford 2009

Richardson, P. J. (Hrsg.) — Archbold – Pleading, Evidence and Practice in Criminal Cases
London 1997
zitiert als: Archbold

Rignell, John — How to survive an Inland Revenue Investigation
Plymouth 1992

Rogall, Klaus — Der Beschuldigte als Beweismittel gegen sich selbst
Diss. Bonn 1976

Rüster, Susanne — Rechtsstaatliche Probleme im Grenzbereich zwischen Besteuerungsverfahren und Steuerstrafverfahren
wistra 1988, 49 ff.

Ruffert, Matthias — Die Europäische Menschenrechtskonvention und innerstaatliches Recht
EuGRZ 2007, 245 ff.

Schmalz, Nikolaus	Die Rechtsfolgen eines Verstoßes gegen die Europäische Menschenrechtskonvention für die Bundesrepublik Deutschland Diss. Münster 2006
Schmidt-Aßmann, Eberhard	Verfahrensgarantien im Bereich des öffentlichen Rechts / Darstellung der Rechtslage in der Bundesrepublik Deutschland mit vergleichenden Hinweisen auf die Bundesverwaltungspflege in der Schweiz im Blick auf Art. 6 Abs. 1 EMRK EuGRZ 1988, 577 ff.
Schroth, Hans-Jürgen	Europäische Menschenrechtskonvention und Ordnungswidrigkeitenrecht EuGRZ 1985, 557 ff.
Schwarz, Bernhard	Kommentar zur Abgabenordnung 11. Auflage Freiburg 1998 ff. Loseblattwerk, Stand Juni 2011
Schweitzer, Michael	Staatsrecht, Völkerrecht, Europarecht 10. Auflage Heidelberg 2010
Sedley, Stephen	Wringing out the Fault: Self-Incrimination in the 21st Century 52 NILQ 107 ff.
Seebode, Manfred	Schweigen des Beschuldigten zur Person MDR 1970, 185 ff.
Seer, Roman	Grenzen der Zulässigkeit eines treaty overridings am Beispiel der Switch-over-Klausel des § 20 AStG IStR 1997, 481 ff., 520 ff.
Seer, Roman Krumm, Marcel	Die sog. Steuerzuschläge des § 162 Abs. 4 AO aus der Sicht des Art. 6 EMRK und der Grundfreiheiten des EGV IWB, Nr. 9 vom 10.05.2006, Gruppe 2, Fach 11, 735 ff.
Seer, Roman Krumm, Marcel	Die Bedeutung des Art. 6 der Europäischen Menschenrechtskonvention für ein steuerverfahrensrechtliches Zuschlagssystem StuW 2006, 346 ff.

Starmer, Keir	European Human Rights Law: The Human Rights Act 1998 and the European Convention London 1999
Starmer, Keir Klug, Francesca	Incorporation through the Back Door P. L. 1997, 223 ff.
Statistisches Bundesamt	Fachserie 10 Reihe 2.5 – Rechtspflege Finanzgerichte 2010 Wiesbaden 2011
Stern, Klaus	Staatsrecht Band III/2 München 1994
Streck, Michael Spatschek, Rainer	Steuerliche Mitwirkungspflicht trotz Strafverfahrens? wistra 1998, 334 ff.
Stürner, Rolf	Strafrechtliche Selbstbelastung und verfahrensförmige Wahrheitsfindung NJW 1981, 1757 f.
Teske, Doris	Das Verhältnis von Besteuerungs- und Steuerstrafverfahren unter besonderer Berücksichtigung des Zwangsmittelverbotes wistra 1988, 207 ff.
Teske, Doris	Die Abgrenzung der Zuständigkeiten und der Beweisverfahren im Besteuerungsverfahren und im Steuerstrafverfahren Diss. Köln 1987
Thanki, Bankim	The Law of Privilege Oxford 2006
Tipke, Klaus	Die Steuerrechtsordnung Band 1: Wissenschaftsorganisatorische, systematische und grundrechtlich-rechtsstaatliche Grundlagen 2. Auflage Köln 2000
Tipke, Klaus Kruse, Heinrich Wilhelm	Kommentar zur Abgabenordnung und Finanzgerichtsordnung Köln Loseblattwerk, Stand November 2011

Tipke, Klaus Lang, Joachim	Steuerrecht 20. Auflage Köln 2010
Uerpmann, Robert	Die Europäische Menschenrechtskonvention und die deutsche Rechtsprechung Diss. FU Berlin 1991
Uerpmann, Robert	Internationales Verfassungsrecht JZ 2001, 568 ff.
van Dijk, Pieter van Hoof, Godefridus Josephus Henricus	Theory and Practice of the European Convention on Human Rights 3rd Edition Den Haag 1998
Vogel, Klaus Lehner, Moris	Doppelbesteuerungsabkommen der Bundesrepublik Deutschland auf dem Gebiet der Steuern vom Einkommen und Vermögen 5. Auflage München 2008
Weber-Grellet, Heinrich	Die Funktion des Rechts in der fragmentierten modernen Gesellschaft – am Beispiel des Steuerrechts DB 2002, 9 ff.
Weider, Hans-Joachim	Das Gesetz zur Änderung des Untersuchungshaftrechts StV 2010, 102 ff.
Wüstenhagen, Peggy	Die Selbstbelastungsfreiheit im Steuerrecht Steuer und Studium 2006, 511 ff.
Wulf, Martin	Steuererklärungspflichten und „nemo tenetur" – zur Strafbarkeit wegen Steuerhinterziehung bei Einkünften aus illegalem Verhalten wistra 2006, 89 ff.
Zuckerman, Adrian A. S.	The Right against Self-Incrimination: An Obstacle to the Supervision of Interrogation (1986) 102 LQR 43 ff.

Internationales und Europäisches Strafverfahrensrecht

Herausgegeben von Hans-Heiner Kühne und Robert Esser

Band 1 Sibyl Stein: Zum europäischen *ne bis in idem* nach Artikel 54 des Schengener Durchführungsübereinkommens. Zugleich ein Beitrag zur rechtsvergleichenden Auslegung zwischenstaatlich geltender Vorschriften. 2004.

Band 2 Friederike Charlotte Grube: Richter ohne Robe. Laienrichter in Strafsachen im deutschen und anglo-amerikanischen Rechtskreis. Eine rechtsgeschichtliche und rechtsvergleichende Untersuchung unter besonderer Berücksichtigung verfassungsrechtlicher Aspekte. 2005.

Band 3 Christiane Paul: Das Abwesenheitsverfahren als rechtsstaatliches Problem. Rechtsvergleichende Untersuchung deutscher, englischer, französischer, niederländischer und österreichischer Regelungen angesichts der Rechtsprechung des Europäischen Gerichtshofs für Menschenrechte. 2007.

Band 4 Kai Peter Hecheltjen: Der Richtervorbehalt im kartellrechtlichen Nachprüfungsverfahren der Europäischen Kommission. 2007.

Band 5 Martina Werwie-Haas: Die Umsetzung der strafrechtlichen Entscheidungen des Europäischen Gerichtshofs für Menschenrechte in Deutschland, Österreich, der Schweiz und im Vereinigten Königreich. 2008.

Band 6 Vera Warnking: Strafprozessuale Beweisverbote in der Rechtsprechung des Europäischen Gerichtshofs für Menschenrechte und ihre Auswirkungen auf das deutsche Recht. 2009.

Band 7 Christian Mülfarth: Grundlagen und Grenzen von Beweiserhebung und Beweisverwertung im spanischen Strafverfahren. Eine rechtsvergleichende Untersuchung. 2009.

Band 8 Daniel Joachim Hußung: Der Tatbegriff im Artikel 54 des Schengener Durchführungsübereinkommens. 2011.

Band 9 Johannes Stalberg: Zum Anwendungsbereich des Art. 50 der Charta der Grundrechte der Europäischen Union (ne bis in idem). 2013.

Band 10 Oded Friedmann: The Possibility of the ICJ and the ICC Taking Action in the Wake of Israel's Operation "Cast Lead" in the Gaza Strip. A Jurisdiction and Admissibility Analysis. 2013.

Band 11 Andreas Neuendorf: Bedeutung und Rezeption des Art. 6 Abs. 1 EMRK im deutschen und englischen Steuerrecht. 2013.

www.peterlang.de

www.ingramcontent.com/pod-product-compliance
Ingram Content Group UK Ltd.
Pitfield, Milton Keynes, MK11 3LW, UK
UKHW021845290926
8980IPUK00005B/666

9 783631 642597